Trivialliteratur

# Trivialliteratur.

Aufsätze.

Herausgegeben von Gerhard Schmidt-Henkel,
Horst Enders, Friedrich Knilli, Wolfgang Maier
Literarisches Colloquium
Berlin

1964
Alle Rechte vorbehalten
© Literarisches Colloquium Berlin
Umschlag und Typographie
Christian Chruxin
Druck Paul Funk Berlin

# Inhalt

# Karl Markus Michel
# Zur Naturgeschichte der Bildung

*Einer unserer Voreltern muß in einem verbotenen*
*Buche gelesen haben.*
                              Lichtenberg

»Soames Forsyte is dead«, begann vor vierzig Jahren ein berühmter Leitartikel
der Times. Tausende trauerten um ihn, denn Tausende hatten viele Jahre
lang auf sozusagen intimem Leserfuße mit ihm und seiner illustren Familie
verkehrt und mußten dann zusehen, wie der Gentleman in den Flammen seines
Hauses ums Leben kam. Gott sei seiner Seele gnädig ... Gott? Der Autor, John
Galsworthy, ist sein Schöpfer und sein Mörder. Er hat das poetische Feuer gelegt oder, banausischer gesagt, er hat die ganze Sache arrangiert, erfunden, zu-
sammengeschwindelt. Trotzdem, der Leitartikelschreiber behält recht. Der alte
Forsyte starb wirklich, denn der alte Forsyte hat gelebt. Nicht durch das ›Es
werde!‹ des Dichters, der lieferte nur das Konzept. Für ihn, den Sohn des ver-
schmitzten Lügengottes Hermes, bleibt alles fictio oder schlimmstenfalls frisierte
confessio; mag es auch manchmal über ihn kommen, daß er die Tinte nicht mehr
halten kann unter dem Drang der Gesichte, so ist's schließlich doch Tinte, was
da auf dem Papier steht, und nicht die Kontur irgendeines geheimnisvollen
Schicksals. Dazu wird der Text erst durch den faszinierten Blick von tausend, von
Millionen Lesern, die genau wissen, daß sie es mit Schwindeleien zu tun haben,
und gleichwohl daran glauben und die schwarzen Lettern in ein ›theatrum mundi‹
verwandeln, in eine zweite Welt.

Die zweite Welt der Illusion macht sich mitten in der geschichtlichen breit; welche
von beiden an der anderen schmarotzt, ist keineswegs klar. Vielleicht gibt es Geschichte nur, wo es Geschichten gibt und nicht umgekehrt. »Bücher«, sagt Nova-
lis, »sind eine moderne Gattung historischer Wesen, aber eine höchst bedeutende.
Sie sind vielleicht an die Stelle der Traditionen getreten.« Auch Nietzsche wußte,
daß Bücher oft fast zu Menschen werden und, sobald sie aus den Händen des
Schriftstellers in die der Leser geraten sind, ein eigenes Leben für sich weiter-
leben. Sie leben mitten unter uns, ihre Helden sind unsere Mitbürger. Ein spani-
scher Grande geht zu Besuch und findet die Familie des Gastfreundes in tiefer
Trauer. »Amadis ist tot«, sagt erschüttert der Hausherr. Empörte Briefe erreichen
eines Tages Conan Doyle: »Sie Mörder des Sherlock Holmes!« In englischen
Kirchen läuten 1741 die Glocken: Pamela, die Heldin von Richardsons mit In-
brunst gelesenem Fortsetzungsroman, feiert Hochzeit, die ganze Gemeinde freut
sich mit ihr. Und immer wieder werden die Glocken geläutet, denn immer wieder
... Wir spielen mit. Und spielen es dann allein nochmals nach, verführt durch
die eigene Illusion, bis die derart verdoppelte Illusion zur tragikomischen Wirk-

lichkeit wird. Verführung durch Lektüre — das Motiv kommt von weit her; wir begegnen ihm bei Abaelard, bei Dante, und gerade mit ihm beginnt auch die Geschichte des neueren Romans: Don Quijote, der besessenste aller Leser, zieht am Gängelband seiner irren Phantasie aus, um der entzauberten Welt ein Abenteuer abzulisten.

Seit es den Traum vom Abenteuer gibt, wird Rosinante gesattelt. Caracallas seraphischer Alexanderwahn entstammte der Welt des spätantiken Romans. Kaiser Maximilians verhängnisvolle Ritterromantik nährte sich aus der Lektüre mittelalterlicher Epen. Im 17. Jahrhundert rührte d'Urfées Hirtenroman ›Astrée‹ etliche deutsche Cavaliers und Dames von Stande so sehr, daß sie sich Daphnis und Phyllis nannten, ihre Lämmlein an rosa Schleifen auf die Fluren führten und Schäfer spielten. Dann wurde es einmal Mode, Werther zu spielen und sich aus lauter Liebe und Weltschmerz eine Kugel durch den Kopf zu jagen, nicht nur auf dem Papier. Andere jagten die Kugeln lieber ihren Mitmenschen durch den Kopf; sie zogen nach dem leuchtenden Vorbild der Rinaldo, Abällino und Karl Moor in die Wälder, um Räuber zu spielen, edle Räuber natürlich, die nur die Reichen schlachten. Wer spielte da nicht gerne mit? Die beiden intellektuellen Mörder Loeb und Leopold taten es unlängst als Adepten des acte gratuite; mit ihren Papiermessern schlitzten sie nicht nur die Romane Gides auf, sondern auch die Bäuche ihrer diesbezüglichen Opfer. Das geht zu weit, sagt der Biedermann und ist zufrieden, wenn er sich wenigstens ein Fetzchen Traum aus der Rosawelt des Romans in den grauen Alltag retten kann. Sein Töchterchen tauft er dann schlicht Rosemarie, denn er liebt so über alles die Mär von der Heiligen und ihrem Narren, oder er macht's wie Carl Zuckmayer und nennt sein Pflänzchen Winnetou.

Jene in der Tat etwas zu weit geratenen Demonstrationen der Sympathie mit der Welt des Romans ziehen nur die Konsequenz aus der stets latenten Bereitschaft des Lesers, Figuren der Fiktion in den Rahmen der Aktualität zu projizieren oder das eigene Leben an einer bestimmten Stelle des Romans anzuknüpfen. Der passionierte Leser sucht den Roman in der Wirklichkeit; der schöne Schein, den er eben noch als Lüge entlarvte, weil er sein Versprechen nicht hielt, läßt plötzlich, operettenhaft absurd, Hoffnung aufleuchten — für ihn, den Leser, ganz persönlich. In dem orientalischen Märchen lügt Nas'r-ed-din seinen Genossen vor, zum Strande sei ein ungeheurer Walfisch angeschwommen; als dann alle hingeeilt sind und schon wieder erbost zurückkommen, läuft er ihnen entgegen, um zu sehen, ob der Wal nicht doch existiere. Noch im nüchternsten Romanleser steckt etwas von diesem Nas'r-ed-din: er weiß genau, daß alles Wahn ist, aber er braucht die Illusion. Er braucht den Wal. Das gesteigerte Dasein in der Phantasie dient als Trost für das geminderte in der Realität. Der Trottel versucht sich als strahlender Amadis, die Öde garniert sich mit Abenteuern, das Elend mit Glanz — das Leben wird erleichtert. Der Roman nimmt seinem Publikum die Mühe ab, selbst zu wünschen und zu hoffen. Er nimmt ihm mitunter auch die Mühe ab, selbst zu handeln und zu leiden, indem er ihm vorspiegelt, daß etwas los ist in der Welt und daß er, der kleine Mann, daran teilhat.

Was geschieht da eigentlich mit uns — Verwandlung, Verzauberung, Verhexung oder das Wiederfinden verlorener Sphären unmittelbaren Gefühls? Die zu Natur und Schicksal verklärte fiktive Welt des Romans, die das Erbe der Mythen und Märchen angetreten hat, läßt den Leser offenbar weit über die eigne Kindheit hinaus auf eine frühe menschliche Entwicklungsstufe zurückfallen. Der Genuß der in der Phantasie erfüllten und nur in ihr erfüllbaren Wünsche übt Rache an der nüchternen rationalen Tauschgesellschaft. Solange es Faszination durch Lektüre gibt, gibt es noch einen Rest Mythos. Und dieses inmitten der geschichtlichen Welt ausgesparte Residuum mythischen Genusses macht selbst Geschichte. Der Roman, heißt das, kann indirekt zum politischen Faktor werden, der eine gesellschaftliche Entwicklung aufhält oder antreibt.

Die von deutschester Deutschheit strotzenden Romane der Ritter-, Räuber- und Schauerromantik, die den grünen Wald priesen und gegen die Obrigkeit wetterten, dienten einst dem von jeder aktiven Teilnahme am politischen Geschehen ausgeschlossenen Mittelstand als Auspuff für alle Unzufriedenheit mit den gesellschaftlichen Zuständen. In Frankreich gab es die große Revolution, in Deutschland tausend kleine im Gehirn der Leser, grauslich, wunderbar und hausbacken, wie man sich's wünschte. Carl Gottlob Cramer, der wohl beliebteste Autor dieses Genres, füllte dreiundneunzig Bände mit seinen Phantasien, die — wie er sich rühmen konnte — »nicht gelesen, sondern verschlungen« wurden. Allenthalben rumort da zwischen schlüpfrigen, blutrünstigen und biederherzigen Situationen der Drang nach Auflehnung gegen das verrottete Leben an den deutschen Höfen, gegen Kabinettsjustiz, Beamtendruck, fürstliche Blutsaugerei. »In der ganzen Welt gibt's kein härteres Ding als ein Fürstenherz. Sie sehen schöne Dirnen und Possenspiele; aber nicht die Noth ihrer Länder! Hören ihre Jagdhörner und Sängerinnen; aber nicht die Seufzer und Thränen der Armen.« Es fehlt hingegen nicht an altdeutschen Rittern, die sich zu Rächern des Unrechts aufwerfen, allen voran Hasper a Spada: »Deutschland würde keine Mördergrube sein, wenn *er* seine Kaiserkrone trüg. Er wühlt kalt im Herzblute lachender Buben, und weint der leidenden Unschuld eine gefühlvolle Thräne! faßt mit der Rechten den stolzen tückischen Mönch an der Gurgel, und theilt mit der Linken der hungernden Witwe sein Brot aus.« Das Publikum erlabte sich zwei Generationen lang an diesem Brot. Ritter und Räuber der Vergangenheit wurden der Gegenwart zum Heiland, zu dem man hoffnungsvoll aufsah, und das Rabengekrächz vom Kyffhäuser übertönte das Kampflied der Revolution von jenseits des Rheins.

»Warum gefällt uns aber die Lektüre der Ritterromane? Weil diese uns in ein Zeitalter zurückversetzen, das reich an Abenteuern war, und weil sie uns Sitten und eine Denkungsart zeigen, die weit von der unsrigen abweichen, die aber einen Anstrich vom Romantischen und Heroischen haben. Man wähnt, Treue und Ehrlichkeit, Kühnheit und Bravheit sey damals unter den Rittern einheimisch gewesen; ihr frommer Aberglaube und ihre heldenmäßige Denkungsart, ihre Kühnheit, ihre Derbheit zieht unsern Geist an ..., bringt uns auf den Wahn, daß die Menschen damals nicht allein mehr körperliche Stärke, sondern auch eine edlere und erhabenere Denkungsart besessen haben.« So J. A. Bergk 1799 in seiner Schrift ›Die Kunst, Bücher zu lesen‹. Noch strenger urteilte er über die Geisterromane: »Sie befördern Unthätigkeit, anstatt den Menschen von der natürlichen

Trägheit loszureißen, sie verbreiten den Wahn von übernatürlichen Einwirkungen, anstatt daß sie diesen ausrotten sollten ... Sie sind Gaukler, die den gedankenlosen Pöbel vollends ganz um den Verstand bringen, und die jede Hoffnung zu Grabe tragen, daß er jemals das Joch des Wahnglaubens abschütteln werde.«

Als Kleist 1800 in eine Würzburger Leihbücherei kam, fragte er vergeblich nach Wieland, Schiller, Goethe, die würden nie verlangt; ja aber was denn da an den Wänden stehe? »Rittergeschichten, lauter Rittergeschichten«, wurde er belehrt, »rechts die Rittergeschichten mit Gespenstern, links ohne Gespenster, nach Belieben.« Nach Belieben? Die freie Wahl war Schein, denn Wieland, Schiller, Goethe waren verboten. Verboten war in Würzburg fast alles außer Rittern und Gespenstern. Die aber dienten als Opium für die Untertanen, und das Angebot war reich, den Lesern zu Gefallen, den Kritikern zum Trotz: »die Menge der ritterlichen Lanzen und Schwerter dringt immer unaufhaltsamer auf sie ein. Vor den Fehmgerichten, den geheimen Bündnissen und Geistern ist vollends gar keine Rettung mehr.« So klagte Auguste Wilhelm Schlegel 1797. Cramer antwortete ihm und seinesgleichen: »Uns ist daran gelegen, daß die Welt uns lese und gern lese; darum kümmern wir uns auch nicht, es ist uns einerley, was ihr von uns schmiert, wenn wir nur den Ton treffen, in welchem Herzen und Sinne unsers Zeitalters gestimmt sind.«

Also doch: nach Belieben. Was der Leser wünscht, wird ihm geboten. Er wünscht sich Selbstbestätigungen. Wenn die Wirklichkeit sie nicht bietet, sucht er sie im Geisterreich. Kann das Heute sie nicht liefern, so muß das Gestern herhalten. Stets sind es Zeiten politischen Niedergangs und der Unterdrückung eines Volkes oder bestimmter sozialer Schichten, in denen die Phantasie in die Vergangenheit auswandert, um sich ideologisch an großen Männern und Taten aufzurichten. Nach Katastrophen — Heroenporträts; nach Debakeln — Memoiren. Die miserable Gegenwart wird beschwiegen, wo immer die Vergangenheit der größeren Sympathien des Publikums sicher sein kann. In Alexander und Ninos feierten die unterdrückten Griechen, in Semiramis, Sesostris und Nektanebos die Assyrer, Babylonier, Ägypter ihre Nationalhelden. In Deutschland wurden ein Arminius, Barbarossa, Fridericus, ein Luther und Goethe, ein Beethoven und Bismarck zum Heros gekürt, und in unserer, wie Nietzsche schon höhnte, »an die biographische Seuche gewöhnten Zeit« kommt es gar nicht mehr darauf an, was gerühmt wird, wenn es nur recht lorbeer- und schicksalsträchtig zugeht.

Seit fünfundvierzig Jahren dient der zum Artikel des gehobenen literarischen Massenkonsums avancierte biographische Roman dem deutschen Bürgertum als Emigrationsliteratur. Er hat das Erbe nicht nur des historischen, sondern auch des Erziehungsromans angetreten, in welchem ein in sich konsistentes Individuum in die gegenwärtige Welt zog, um sich selbst zu finden; leidend oder siegend wurden ihm Zeit, Geschichte, Gesellschaft zur Erfahrung, und dem Leser mit ihm. Im biographischen Roman aber sind die geschichtlichen und gesellschaftlichen Momente nur noch Kulisse; der Leser flieht in eine ferne, in bengalischem Lichte schillernde Welt, in welcher er nach Herzenslust Übermensch sein und Schicksal erleben darf, zugleich jedoch als zynischer Zuschauer dem gnadenlosen Ablauf der Ereignisse sich entziehen kann.

Nicht nur in Deutschland ist der kleine Mann geneigt, sich in den Schatten des großen zu stellen. Jedes Land hat seine Heldenindustrie, jeden Helden gibt es in beliebigen Ausgaben. Aber die deutschen Napoleons sind die besten. Sie ziehen alle nur möglichen Superlative und Einzigartigkeiten, Mystizismen und mythologischen Verbrämungen auf sich; sie sind Seher, Genius, Halbgott, ihr Leben erscheint als Sage, Legende, Geheimnis. »Der Mann auf dem Felsen, die Hände auf dem Rücken, starrt über die Fläche, seine Einsamkeit ist sehr groß...« Emil Ludwig weiß das zuverlässig. Von einem späteren Napoleon wird uns ähnliches berichtet: »Sein Inneres erschloß er jedoch niemandem! Auch jetzt gab es keinen Freund, dem er sich rückhaltlos anvertraute, gab es keine Frau, die sich hätte rühmen können, ihn zu kennen... Das letzte Geheimnis hütete er selbst bis in seinen Tod in schrecklicher Verlorenheit!« (Walter Görlitz und Herbert A. Quint, ›Adolf Hitler. Eine Biographie‹, 1952) Der erste Napoleon freilich zeigt sich seiner Einsamkeit und seinem Geheimnis gewachsen, wird doch sein Schicksal »vom innersten Gefühl seiner Seele« bedingt und nähert sich »mit mystischer Gewalt« dem des Augustus; »mit der Hand eines Halbgotts« macht er Geschichte, und wenn dann schließlich »eine große Sage zu Ende geht«, lebt der Ruhm »seiner geheimnisvollen Wirkung« weiter, und »die glühende Jugend Europas findet als Vorbild und Warnung keinen größeren als ihn, der unter allen Männern des Abendlandes die subtilsten Erschütterungen schuf und litt.« Der Mensch wird sein eigener Mythos, das heißt aber, er wird zur Ware, deren Eigenschaften sich anpreisen lassen wie im Katalog eines Versandhauses, verklärt und verdinglicht zugleich.

In den klischeehaften Hymnen auf Seele, Leidenschaft, Geheimnis, auf das Tiefste, Innerste und Letzte träumt der verdinglichte Mensch von seiner Apotheose zum autonomen Individuum. Die Biographie erfüllt ihren Lesern den Wunsch, selbst eine Biographie zu erleben, aber auch den, die eigne, zur Biographie untaugliche Mittelmäßigkeit als Schicksal hinzunehmen. Das Schicksal des Übermenschen bestrahlt das seiner Opfer. Es agiert als der große Moloch, dem man sich demütig ausliefert. Selbst ein Napoleon wird ihm zum Spielball: »Die erhabenen Atemzüge der Geschichte bestimmen den Rhythmus der Epoche zuweilen gegen den Willen des Genius, der sie belebte.« (Emil Ludwig) Der durch weihevolle Exklamationen verschleierte Widerspruch zwischen dem Preis des Helden und dem des gnadenlosen Schicksalszusammenhanges sagt die Wahrheit über die biographische Mode: die Apotheose des Mächtigen meint die der Macht schlechthin. Die Konsumenten solcher Geschichtsphilosophie waren schon vor dem Auftreten autoritärer Systeme bereit, sich mit dem Fatalismus und Fanatismus des Ohnmächtigen jeder Kommandogewalt zu unterwerfen und rauschhaft die eigene Entmündigung zu genießen.

Die Tendenz, aus der verdinglichten und verwalteten Welt in eine ursprüngliche und mythische auszubrechen, die oft genug im biographischen Roman anklingt, kommt im Heimat- und Bauernroman offen zum Austrag. Je schwieriger es wird, den Bruch zwischen dem prosaischen Dasein und dem ersehnten Land der Unmittelbarkeit zu überbrücken, desto emsiger negiert man ihn. Die Entfremdung, die sich nur im Bewußtsein aufheben ließe, soll in magischer Beschwörung des Urtümlichen aufgelöst werden; der Mensch soll möglichst zum Hominiden regredieren, um wieder zum Menschen zu werden. Ganz Europa war in den zwanziger und dreißiger Jahren von einer leidenschaftlichen Gegenbewegung gegen die liberalen und humanitären Ideale des 19. Jahrhunderts durchpulst. Illustrer Ausdruck dieses Trends zum Irrationalen sind die Rhapsodien auf die im taufrischen Zustand der Schöpfungsfrühe erträumte Natur bei Hamsun und Giono, die nicht zufällig beide in Deutschland so berühmt wurden und schließlich auch offen mit dem Faschismus sympathisierten. Die emphatische Abschirmung solcher Paradiese gegen das reale gesellschaftliche Leben kann ein berechtigtes Moment von Kulturkritik enthalten, neigt jedoch dauernd dazu, die Kultur vollends an jene Barbarei zu verraten, die der braunen Mystik heilig war. Die bei der Lektüre entfesselten Instikte, die sich in der erzählten Geschichte nicht abreagieren können, weil sie realer Erfahrung entrückt ist, suchen nach Objekten und finden sie, wo immer die Aggressionstendenzen einzelner durch politische Manipulationen auf ein bestimmtes Ziel gelenkt werden. Der Totalitarismus bescherte dem Leser dann am eigenen Leib, was er zuvor nur in der Phantasie genossen hatte: das zu Natur und Mythos verklärte System roher Gewalt.

In den Nürnberger Parteitagen fand Bluncks ›Urvätersaga‹ ihre Krönung. Führt nicht auch von Karl May ein Weg dorthin? Kaum ein Romanautor hat auf die Erziehung des deutschen Volkes so starken Einfluß ausgeübt wie er. Seine Wirkung gründet weniger in dem Neuen, das er seiner Generation zu bieten hatte, als in dem Uralten, das er ihr aus den Tiefen des kollektiven Unbewußten heraufzauberte. »Man sieht, daß ich ein echt deutsches, also ein einheimisches Rätsel in ein fremdes, orientalisches Gewand kleide, um es spannender zu machen und anschaulicher lösen zu können.« Das Rätsel, das gelöst werden soll, ist die zum beklemmenden Alpdruck, zur Traumangst gewordene Spießbürgerlichkeit. Karl May, der Traumschreiber, setzt sie halluzinativ in Abenteuer um. Der Zusammenhang seiner Szeneriedarstellungen mit dem Lebensgefühl einer vergangenen Epoche, wie es sich im bürgerlichen Wohnmilieu der Makartzeit manifestiert, ist der Hebel der Suggestionskraft. Das Traum-Ich aber, der Held der Romane, triumphiert über den nächtlich exotischen Spuk. Das erlebt der Leser als die ersehnte Erlösung aus dem drohenden sozialen Milieu, als Steigerung seiner Existenz in den Bereich des Irrationalen.

Vielen galten Karl Mays Helden als der Idealtyp des vorbildlichen Deutschen. Sie bieten die unterleibslose Verkörperung des Übermenschen, wie der deutsche Michel ihn sich denkt: kühn, hart und edel, unbestechlich und scharfsinnig, voller Gottvertrauen und Biederherzigkeit. Diese Helden erhob die Jugend am Anfang unseres Jahrhunderts zu ihren Leithammeln; schon mancher kleine Knirps gestand, die Karl-May-Lektüre habe ihn so stark beeindruckt, daß er sich bei allem, was er tun wollte, zuvor fragte: »Was würde Old Shatterhand dazu sagen?« Die Rückkehr zu den Urformen des menschlichen Lebens, die Rehabilitierung von Rauflust und Kampflist, das Umherschweifen in der freien Natur, die Romantik des Spurenlesens und Campierens, die Poesie des Lagerfeuers, vor allem aber der primitive Mythos von Mannestreue und Kameradschaft wurden Tausenden zum Erlebnis; man protestierte im Banne Mays gegen die Öde des Alltags, gegen die Schranken der Konvention, gegen die Nüchternheit des rationalistischen Weltbildes; man sah ein besseres Morgen vor sich und fühlte sich berufen, dieses Wunschbild zu verwirklichen. In einer Bekenntnisschrift ›Mein Weg zu Karl May und zur Jugendbewegung‹ wird dem beliebten Autor bestätigt, er habe Ausblicke eröffnet »weit hinaus über die Grenzen des bürgerlichen Nützlichkeitsfanatismus in ein Reich des Geistigen, in eine Welt, wo der Mensch noch als Edelwesen anerkannt wird und nach Vollendung strebt. Er gab der Jugend: Erhebung, Hoffnung, geistiges Neuland, Zukunft.« Die Zukunft wurde Gegenwart und brachte in der Tat das Reich des Geistigen und der Edelmenschen. Das ganze irrationale und noch lange nicht zum Kehraus gelangte Fest der Jugendbewegung, vom Wandervogel und den Singegruppen bis zur HJ und FDJ, trägt den Stempel der Karl-May-Lektüre auf der Stirn: emsig gepflegtes Gemeinschaftserlebnis, Pfadfinderfimmel, borniertes Selbstbewußtsein, praller Chauvinismus und der von ihm genährte Machtkomplex. Deutscher zu sein galt nach dem, was ein Kara Ben Nemsi und Old Shatterhand vollbracht hatten, als Auszeichnung. Die Welt dürstete ja geradezu nach dem deutschen Wesen und war glücklich, von ihm heimgesucht zu werden. Sie wurde heimgesucht.

Die Flucht in die Irrationalität hat ihr Pendant in einer Flucht in die Scheinrationalität, wie der triviale Gesellschaftsroman sie betreibt. »Harmlose Märchen, mit denen ich meinem Publikum einige sorglose Stunden zu schaffen suche«, nennt Frau Courths-Mahler ihre Geschichten. In ihnen geschehen durchweg alltägliche Dinge; banale, aber instinktsicher ausgewählte Requisiten und Probleme bilden die Realitätsgrundlage, über der sich der poetische Überbau luftig erhebt, alles Dunkle und Unberechenbare im märchenhaften Finale negierend. Spannungen gibt es nur zum Zweck ihrer schließlichen glückvollen Lösung nach dem Takt einer prästabilierten Harmonie, die jedes Endliche zum Unendlichen stempelt. Das Automobil tritt auf als »mächtiger Kraftwagen«, der Held steht im Gewühle der Menschen »wie ein Fels in der Brandung«, sein markantes Gesicht scheint »in Erz gegossen«, die Parkanlagen in Wiesbaden sind schlechthin »prächtig«, der Rundblick ist natürlich »überwältigend«, und die Roulette in Monaco bringt stets nach schwindelerregendem Gewinn den plötzlichen Verlust, der den Spieler »mit dämonischer Gewalt« ins Unglück stürzt. Jede Gefühlsregung wird verabsolutiert, jedes Phänomen erhält sein Warenzeichen, und die ganze Welt ist bestens eingeteilt in Positives und Negatives, in gute und schlechte Menschen. Als Etikette dient ihnen ihre äußere Erscheinung, oft schon der bloße Namen. Wenn da ein Roman beginnt: »Ronald Norden schlenderte durch die Räume des Klubs«, so weiß jeder: das ist der Held! Getrost darf man sich in den Sessel lehnen und durch alle Engpässe hindurch den Glauben ans Happy-End bewahren, das dann auch programmgemäß erreicht wird mit dem letzten Absatz: »Ihr Glück war vollkommen und blieb ihnen treu ihr Leben lang.« Dazwischen freilich passiert allerlei. Das Schicksal waltet. Aber es ist mit dem Wunder eine innige Ehe eingegangen; kaum noch trifft man die beiden getrennt an: »Vater! Sieh — das Schicksal hat uns abermals ganz unvermutet zusammengeführt. Ist das nicht ein Wunder? rief Ronald erregt. Der alte Herr richtete sich starr empor. Ja, mein Junge, und an solche Wunder soll man glauben. Und ich will dem Schicksal nicht noch einmal dazwischenpfuschen. Du sollst das Glücksleuchten aus deinen Augen nicht wieder verlieren.«

Auch uns ist das Glücksleuchten nicht verlorengegangen. Wir können den Roman — ›Nur wer die Sehnsucht kennt‹ ist sein Titel — an jedem Kiosk für sechs Groschen erwerben. Die Zeitschrift ›Das Wochenend. Bilderzeitung zur Erholung im Alltag‹ fragte 1950 ihre Leser, ob sie wieder einmal etwas von Hedwig Courths-Mahler lesen wollten; von 7500 Antworten waren 6646 dafür und 639 dagegen. 1948 hatte man begonnen, die über zweihundert Courths-Mahler-Romane neu aufzulegen. 1952 gab es schon hundert Neuauflagen, die zum größten Teil in die Leihbüchereien wanderten, und 1956 wurde eine eigene Courths-Mahler-Taschenbuchreihe eröffnet.

Solange es noch unerfüllte Wünsche gibt, wird es auch Tagträume geben, die den von der Geschichte diktierten Versagungen heimlich ein Schnippchen schlagen. Die bürgerliche Unterhaltungsliteratur nimmt es ihrem Publikum ab, sich selbst solche Wunschwelten zu konstruieren. Aber sie tut es mehr und mehr in der Mimikry an die gesellschaftlichen Verdikte und Moralkanons. Am Anfang der Entwicklung stehen Richardsons Romane, von deren Stoffen die Kulturindustrie heute noch zehrt. Sie eröffnen den Reigen von Wunschtraumgeschichten der benevolenten Mittelmäßigkeit, denen die Anständigkeit als bloßes Mittel zum Zweck dient, dem des opportunen sozialen uplift. Pamela ist tugendhaft, sehr tugendhaft, aus Prinzip und mit einem Gebetbuch in der Hand, und durch ihre raffinierte Tugend, das heißt durch Vermeidung des Äußersten, bringt sie ihren übermütigen Brotgeber dazu, sie zu guter Letzt regelrecht zu heiraten. Heute ist sie Sekretärin und jener ihr Chef. Wie damals die Glocken geläutet wurden, als der letzte Band die Hochzeit verkündete, so lassen sich's die Hörer von Sendefolgen auch heute nicht nehmen, Hochzeitsgeschenke und Gratulationen zu schicken, wenn es einer Pamela wieder einmal glückte, unter die Funk-Haube zu kommen. Geschätzte Romangestalt seit der Mitte des 19. Jahrhunderts war auch der Handlungsgehilfe, der durch Fleiß und Liebe die Tochter seines Patrons und mit ihr dessen Geschäft gewinnt; Soll und Haben werden im lauteren Herzen verbucht. Der kleine Angestellte, der seine Hoffnungen, sich selbständig zu machen, immer mehr schwinden sah, rankte sich an solch tröstlichen Träumen moralisch empor. Amerika, wo die Aufstiegschancen weit größer waren, nährte ein halbes Jahrhundert seine Ideologie an den Romanen Horatio Algers, die alle nach derselben Schablone konstruiert waren: ein Betteljunge rackert sich durch Genügsamkeit, Ehrgeiz, Schweiß und permanentes Smiling hoch zum erfolgreichen Unternehmer. ›Luck und Pluck‹ hieß eine der Serien, Glück und Mut. In Deutschland hätte man mit dieser Devise kaum jemand hinterm Ofen hervorlocken können. Noch am Ende des Jahrhunderts war die Gesellschaftsstruktur unerschütterlich hierarchisch, für Privatinitiative blieb wenig Raum. Das Modell, nach dem die rührendsten Tagträume verfertigt wurden, war das vom Aschenputtel, vom Grafen, der

14

das brave Kind heimholt. Seitdem träumt noch manches alte Mägdlein von einem, der ihm den goldenen Pantoffel reicht. Nicht ganz zu Unrecht wurde die Neigung des deutschen Mittelstandes, auf Adelsschwindler hereinzufallen, seiner Courths-Mahler-Schwäche zugeschrieben.

Daß die tendenziöse Verharmlosung der wirklichen Verhältnisse und die Bindung des Lesers an rosige Wunschwelten planmäßig geschehe, daß die Produzenten solcher Romane abgefeimte Psychologen seien und die soziale Unzufriedenheit ihres Publikums schamlos auszubeuten verstünden, wie behauptet wurde, stimmt kaum. Sie sind nicht Kenner ihres Publikums, sondern selbst ihr bestes Publikum. Nur bleiben ihre den jeweiligen Ideologien angepaßten Tagträume keine Privatangelegenheit; sie sind imstande, das Bewußtsein ganzer Generationen zu vernebeln. Seele, Liebe, Leidenschaft, Glück, Wunder, Paradies, alle diese emphatischen Worte, die im Alltag längst verpönt sind, den Romanhelden aber flüssig von den Lippen gehen, nisten sich hinterrücks in der Vorstellungswelt des Publikums ein und übertünchen die Wirklichkeit, die gerade das, was jene Begriffe meinen, nicht gewährt. Die Berufung auf Gefühl und Schicksal, dieses Zauberwort, das der Kulturindustrie aller Zeiten zum Aushängeschild dient, verhindert die konkrete Erfahrung dessen, was unter der Oberfläche der Konvention rumort. Moralische und gesellschaftliche Tabus bleiben peinlich gewahrt, die Versagung bekommt einen Heiligenschein aufgesetzt, und schon gibt sich, was psychologisch oder soziologisch bedingt ist, als das Walten ewiger Mächte, zu dem es dann schließlich auch wird. In der von diesen Romanen gedüngten Spießbürgerlichkeit konnte die autoritär verordnete ›Volksgemeinschaft‹ ebenso leicht Wurzeln schlagen wie heute die vom Wirtschaftswunder bestrahlte und von den Massenmedien betreute Saturiertheit.

Wer die heutige Unterhaltungsliteratur mustert, kann eine überraschende Feststellung machen: die literarische Unterströmung versiegt, es gibt in Deutschland keine Schundromane mehr. Seit der Mitte des 19. Jahrhunderts war die primitive Wunscherfüllungsliteratur zu einem breiten Strom angeschwollen, von dem der Biedermann kaum eine Ahnung hatte. Vor dem ersten Weltkrieg versorgten in Deutschland 43 000 Kolporteure jährlich rund zwanzig Millionen Leser mit ihrer Ware. Der wohl begnadetste Autor dieses Genres war ein gewisser Guido von Fels. Alle seine Romane hatte er selbst erlebt: in einem Hinterzimmer seiner Wohnung feierte er Orgien, randalierte mit Pistole, Säbel, Morgenstern, stürzte sich unter Schlachtgeheul auf imaginäre Rothäute, Sbirren, Gendarme, hieb auf den Ofen ein und demolierte das Mobiliar, während die Sekretärin an der Schreibmaschine saß und alle Ausbrüche sauber mitschrieb. Wenn dann die Walstatt voller Leichen lag und einzig der triumphierende Held überlebte, war der Roman fertig. So entstanden zweiundsiebzig dicke Räuberschinken und neunhundert Indianerschwarten mit zusammen über 200 000 Druckseiten, die wohl zehnmal so viele Leser fanden wie die weit edleren Produkte Karl Mays.

Der seriöse Bürger schimpfte die niedere Literatur gerne obszön. Das gerade war sie nicht. Obszönität weiß, daß sie Tabus verletzt, die Kolportageromane aber zeigten sich völlig desinteressiert am bürgerlichen Moralkanon. Sie suhlten sich in

melodramatischer Hemdsärmeligkeit und robusten Sentiments und dachten gar nicht daran, ihre krude Romantik mit Moralin zu bespritzen. Was eventuell danach aussah, war naive Frömmigkeit und fast noch animistischer Aberglaube, aber recht gut dazu angetan, die Konsumenten solcher Schmöker bei der Stange der Konvention zu halten. In Ungnade fielen diese Romane jedoch, sobald die Konvention den Machthabern nicht mehr paßte. Im ersten Weltkrieg wurden von den Generalkommandos fast alle Hintertreppenromane verboten: sie hätten die Wehrkraft zersetzen können. Auf den Verbotslisten standen so unheldische Titel wie ›Die Bettelgräfin‹, ›Lieben und Leiden einer edlen Dulderin‹ oder ›Unschuldig im Irrenhaus‹. Dreißig Jahre später wurde die Kolportageliteratur nochmals ausgerottet, von Goebbels, weil ihre Wunscherfüllungen von denen, die das Dritte Reich seinen Edelmenschen gewährte, abwichen. Nach 1945 begann sie schüchtern wieder aufzublühen, aber heute schon sucht man sie vergebens. Was jetzt in den Sechsgroschen-Romanen steht, unterscheidet sich kaum von der Unterhaltungsliteratur, die im Buchhandel vertrieben wird, und schon gar nicht von den Fortsetzungsromanen in Zeitungen und Zeitschriften. Es weht ein frischer moralischer Wind durch den Blätterwald der Hefte; gepriesen wird das Wirtschaftswunder, der Lebensstandard, die Familie, und nur ein paar Gefühle bleiben zurück von der primitiven Pracht aus dem Koffer des Kolporteurs.
Das Publikum der Schundromane scheint ausgestorben zu sein. Es wurde aufgeschluckt vom breiten mittelständischen Publikum. Zu Kühlschränken und Fernsehgeräten passen keine Hintertreppen-Träume. So will es die soziale Metaphysik. Der Witz aus dem Dritten Reich — »Keiner darf hungern und frieren, wer's doch tut, kommt ins Konzentrationslager« — gilt auch heute: Keiner darf in der Sonne des Wirtschaftswunders arm sein, wer's dennoch zu nichts bringt, kriegt auch den melodramatischen Trost, den einst der Schund gewährte, noch genommen und muß zur Strafe Vicky Baum lesen. Elend und Schund, scheint es, sind nicht vorgesehen in der heutigen Gesellschaft, die sich gebärdet, als sei sie die klassenlose. Die Einebnung der Geschmacksdifferenzen ist Symptom für die gesellschaftliche Nivellierung und zugleich das Schmieröl für den reibungslosen Ablauf dieses Prozesses. Sie ist Ideologie.

Nicht besser als dem Schund erging es dem Detektivroman, an welchem sich gestern noch die High-Society erbaute. Er ist nicht länger das Privileg der Besitzenden und Gebildeten, er wird von allen gelesen. Aber das große Publikum von Ellery Queen und Agatha Christie sucht im Detektivroman etwas anderes als die illustren Leser der Gattung von Bismarck bis Adenauer und Guardini. Es sucht ein Vehikel zur Flucht in fiktive Welten, in denen der kleine Mann von heute sich als der große von gestern fühlen darf. Und bei Gardner und Wallace, den beiden wohl höchstbezahlten Autoren der ganzen Welt, verdirbt die Detektivgeschichte zum Kriminalroman, von dem sie sich bisher so peinlich distanziert hatte.
Entstehen konnte die Detektivliteratur erst, nachdem im 19. Jahrhundert eine Konsolidierung der bürgerlichen Ordnung eingetreten war. Ihr Publikum gehörte damals den einigermaßen wohlhabenden Schichten an, die etwas zu verlieren und deshalb allen Grund hatten, mit dem Status quo zu sympathisieren. Der

Leser des Detektivromans steht auf der Seite des Gesetzes und der Vernunft, er identifiziert sich mit dem Detektiv und erbaut sich an der scharfsinnigen Lösung eines Falles, die zwar intellektuelles Spiel ist, dabei aber Exempel statuiert für das praktische Leben, Ressentiments bestätigt, moralische Bedürfnisse befriedigt, das Selbstbewußtsein hebt. Niemals darf ein Geistlicher, ein Angehöriger des Königshauses oder das Staatsoberhaupt, selten ein höherer Polizeibeamter als Verbrecher agieren. Besonders geschätzt sind dagegen Fälle, in denen als Kriminelle entlarvt werden, gegen die man ohnehin schon etwas hat: alle subversiven Elemente der Gesellschaft, Anarchisten und Bolschewisten, Juden und Angehörige der Balkanvölker, deren sich Oppenheim und Wallace mit Vorliebe für ihre literarischen Morde bedienten. Der Bürger braucht Mörder und Räuber als Sündenböcke, und er braucht ihre Bestrafung als Ventil für Aggressionsgelüste, die durch die verdrängte Angst, es könnte ihn selbst einmal erwischen, genährt werden. Wer nichts zu verlieren hat, hält es mit Gangstern und Ganoven, denn er bleibt doch immer im Unrecht. Die Vertreter des Rechts und der Macht bedeuten für ihn eine dauernde Bedrohung, während sie den oberen Zehntausend als Garanten der Sicherheit erscheinen, wenigstens in demokratischen Ländern, wo sich der Bürger instiktiv auf die Seite des Rechts stellt.

In patriarchalischen und autoritären Staaten dagegen, wo der Bürger der Obrigkeit passiv gegenübersteht, kann die Detektivliteratur nur schlecht gedeihen oder wird verboten wie in Italien und Rußland; in Deutschland brauchte man nicht viel zu verbieten, denn es gab keine einheimische Produktion. Nur im gefühlsleeren Raum der *ratiocination*, der bei uns schon immer verabscheut wurde, kann sie sich entfalten. Auch andere Voraussetzungen fehlten: die Erfahrung von Erfolg, die der *detection* zugrunde liegt, und die Identifizierung der Gebildeten und Besitzenden mit der parlamentarischen Obrigkeit. In Deutschland gab es den Monarchen, den Vater, den Polizisten und Prügel; außerdem ein wirres Geflecht von dunklen Affekten und Komplexen, die sich allenfalls in Familien-, Bildungs- und Gottsucherromanen niederschlagen konnten, nicht aber in einer Literatur, in der der Leser selbst das bürgerliche Gesetz repräsentiert und sich — just for fun — ein paar Morde konstruiert, um sie dann lustvoll aufdecken zu können zwecks Sanktionierung der eigenen Moral.

Auch der Spaß an Morden nutzt sich ab. Schon vor zwei Jahrzehnten war die Erstarrung des angelsächsischen Detektivromans evident. Die mühsamen Versuche, ihm neue Impulse zu geben, bestätigen nur, daß er abgewirtschaftet hat. Gemeinsam mit dem Kriminal- und Schundroman mündet er in den breiten Strom der mittleren Unterhaltungsliteratur ein. Liebe und Abenteuer, trautes Heim und ferne Welt, Familie und Verbrechen finden zusammen: im modernen Bestseller. Alle seine Momente und Motive jedoch wirken wie von einer freiwilligen Selbstzensur beschnitten. Einst bot der Unterhaltungsroman Modelle für die Kompensation gefühlter Minderwertigkeit und Versagung. Er war Ersatz für aktive Lebensmeisterung, indem er dem Leser unter Aufhebung der gesellschaftlichen und psychologischen Kausalität den Traum von realer Selbstvervollkommnung gewährte. Heute trägt diese Wunscherfüllung selbst nochmals die Brandmale der Versagung. Der Held ist nicht mehr strahlender Amadis. Er geht gleichsam am

Krückstock der konformen Ideologie, die alle Spannungen und Konflikte nivelliert. Die einst so zwielichtig dämonische Welt des Unterhaltungsromans paßt sich dem genormten Leben an und wird zur Konfektion, zur Verdoppelung der schlechten Realität, anstatt ihr, und sei es auch noch so illusionär, das Bild einer besseren vorzuhalten.

Die Romanlektüre, deren man sich in intimster Absonderung von der Umwelt erfreut, hat öffentlichen Charakter. Was der Erzähler erfindet und der Leser wie unter Narkose nacherlebt, steht plötzlich als selbständige Gestalt voll metaphysischer und politischer Mucken zwischen beiden. »Die Thränen, die so manche edle Seele meinem Siegwart und seinen Freunden oder Freundinnen weinte und der Dank für diese Thränen, der mir von da und dorther zuscholl, sind mir Segen des Himmels und die herrlichste Belohnung«, versicherte treuherzig jener Tränen-Miller, der seinen unglücklichen Siegwart zum Ergötzen des Lesers so ausgiebig hatte weinen und sterben lassen. Siegwart, die ›persona ficta‹, war unversehens zur leibhaftigen Person geworden und die ganze Geschichte aus einer res ficta zur Wirklichkeit. Das Phantasieprodukt von Autor und Publikum schlägt sich als ein geschichtliches Phänomen nieder, als Fetisch mit tausend Gesichtern und magischem Charakter, Generationen überdauernd, die er bezaubert und behext, von denen er angebetet und verflucht wird, verflucht und verfolgt und verbannt von allen, denen er nicht schmeichelt.

Wie groß die Rolle ist, die der Roman im öffentlichen Leben spielt, zeigt der Argwohn der Machthaber. Die Scheiterhaufen, die durch Jahrhunderte von Inquisitoren und Diktatoren geschürt wurden, sind die höchste Huldigung der Geschichte vor den Geschichten, der Macht vor der Ohnmacht. Oft trugen die Rauchschwaden eines verbrannten Buches seinen Ruhm durch die Welt; fast schon gilt es einem Roman als Auszeichnung, einmal eingeäschert worden zu sein. 1762 wurde Rousseaus ›Emile‹ vom französischen Parlament verboten, öffentlich zerrissen und verbrannt; damit begann sein Siegeslauf durch die Welt. Im 20. Jahrhundert wird dem ›Ulysses‹ ähnliches zuteil. Noch heute prangt er auf etlichen schwarzen Listen. Verboten, zerrissen und verbrannt, unterdrückt, konfisziert und geschmäht wurde fast jedes große Werk der Weltliteratur, irgendwann und irgendwo. Immer noch findet man nicht etwa nur Casanova und Cagliostro, Sade und Sartre auf dem Index, sondern auch Romane von Stendhal, Balzac, Hugo, Flaubert, Zola; bei Anatole France und Gide heißt es lakonisch ›opera omnia‹. Kirchliche und weltliche Behörden verfolgten Werke von Defoe, Fielding, Sterne und Swift, von Huxley, Faulkner, Hemingway und Steinbeck. Der ›Werther‹ wurde 1776 in Dänemark verboten, die ›Madame Bovary‹ jahrelang gerichtlich belangt, ›Nana‹ einst in der Person ihres englischen Verlegers ins Gefängnis geworfen, und immer noch steht das Völklein der › Contes drôlatiques‹ unter Aufsicht der Sittenpolizei. Mussolini, Hitler, Stalin sahen in jedem Roman von Rang eine gefährliche Drohung; Franco merzte selbst Werke von Goethe als ›entartet‹ aus.

Die Mächtigen machen den ohnmächtigen Geschichten den Prozeß. Die Klage lautet auf Beleidigung der öffentlichen Moral, Beschmutzung der heiligsten Werte der Menschheit, Angriffe gegen weltliche und kirchliche Autorität, Verbreitung kosmopolitischer oder pazifistischer Ideen, kurz auf ›zersetzende Wirkung‹. Literatur contra Obrigkeit: wir nehmen es beifällig zur Kenntnis, wenn die Herausforderung gelang. Weniger Worte verlieren wir darüber, daß zu den inkriminierten Büchern auch eine Unzahl mittelmäßiger, dürftiger, ja nichtsnutziger Machwerke gehört, während manches wirklich gefährliche, aber esoterische Werk ungeschoren bleibt. Kontrolliert wird weniger die Literatur als die öffentliche Meinung. Die herrschende Clique fürchtet im Roman sein Publikum. Dieses Publikum gilt es bei der Stange zu halten, dem Roman aber war nicht an der Wiege gesungen worden, Subordination zu predigen, vielmehr zeigte er sich immer wieder geneigt, seine Leser dazu zu verführen, religiöse, moralische, gesellschaftliche Konventionen zu verletzen und sich ihrer subversiven Ansprüche bewußt zu werden. Gewiß, es gibt genug brave Romane, die den Mächtigen im Himmel und auf Erden nicht ins Handwerk pfuschen, höchstens einmal mit der Polizei anbändeln und deshalb meist der Protektion von oben sicher sind. Ihre Moral jedoch, auf die sie sich soviel zugute tun, ist im Grunde schamloser Opportunismus.

Das Verhältnis von Moral und Roman unterlag in den letzten dreihundert Jahren vielen Wandlungen. Bald gab sich die hohe, bald die niedere Literatur moralisch, fast immer aber die mittlere. Mit seiner Tugend grenzte der Bürger sich einst ab gegen die lasterhafte Sphäre des Hofes sowohl wie gegen den ungeschlachten Naturalismus des niedern Pöbels. Moral war aggressiv, weil sie Werkzeug des aggressiven Bürgertums war. Als der Mittelstand sich dann der Restauration verschrieb, erstarrte die Moral zur schlechten Ideologie und predigte Treue gegenüber Thron und Altar. Je mehr sie stagnierte, desto strenger wurde sie fetischisiert; die mittlere Unterhaltungsliteratur half kräftig mit. Ihr Publikum machte den Verdacht staatlicher und kirchlicher Zensurinstanzen gegenüber allen literarischen Gegenströmungen zu dem seinen und entrüstete sich über Schund und ästhetischen Immoralismus oder gleich über jede esoterische Stilrichtung. Die Prüderie, in der sich Heimat-, Familien- und historische Romane gefielen, hatte nicht nur privaten Charakter, sie war das politische Ideal des Kleinbürgertums. Die von den Publikumslieblingen der letzten hundert Jahre emsig zelebrierte Wohlanständigkeit spiegelt die Sehnsucht des deutschen Mittelstandes nach dem Mann mit der starken Hand, dem Heros und Führer, dem man sich ohne eigene Verantwortung anvertrauen darf, weil er unter dem Segen der Vorsehung steht und alle Geschicke zum Besten lenkt. Die endlich vom Zaun gebrochene Diktatur war vorgezeichnet im Unterhaltungsroman des 19. Jahrhunderts. Die von den Machthabern organisierten Pogrome setzten die behördlich suggerierte Empörung über Unsittliches und Entartetes in blutiger Weise fort.

Auch den Zensoren, die heute nach Schmutz und Schund schnüffeln, geht es nicht eigentlich um die Sittlichkeit, vielmehr um die Subordination von Autor und Publikum. Peinlich wird darüber gewacht, daß der Schund sich dem Kitsch auch moralisch anpasse. In den Sechsgroschen-Heften hat die Tugend heute ihren Hort. Alle Romane, die dem Volk in die Hände kommen, sollen wertpositiv, aufbauend, idealbildend sein, wie es der Remagener Kreis westdeutscher Romanverleger forderte. Ausgemerzt wird alles Rüde, Unmoralische, Zersetzende, alles was nach

Gosse und Laszivität riecht. Die Bundesprüfstelle, die auf Prüderie Prämien setzt und Steuerbegünstigung, erteilt ihren Segen. Das Publikum läßt sich die gegängelte Sittsamkeit dankbar gefallen. Es ist die Sittsamkeit einer Wohlstandsgesellschaft, in der sich Tugend nicht unbedingt mit einer durch Geburt, Geld oder Kenntnisse privilegierten Stellung verträgt, noch weniger aber mit Armut und Elend, nicht einmal mit Einfalt wie einst. Moralisch sein heißt: wie die meisten sein. Die Abweichung, in der die Erfahrung von Glück gründet, bleibt ausgespart, aufgehoben für einen Helden, der sich spontaner Identifikation entzieht — man kann ihn nur ›wählen‹, als Superman und Führer.

»Ich mag Superman lieber als die anderen, weil sie nicht alles das können, was Superman kann. Batman kann nicht fliegen, und das ist sehr wichtig.« — »Möchtest du denn fliegen können?« — »Ich möchte wohl fliegen können, wenn alle anderen es auch könnten, aber so wäre es verdächtig.« Diese Passage aus einem Interview mit einem zwölfjährigen Mädchen, die Riesman in ›The Lonely Crowd‹ zitiert, wirft Licht auf die Verschränkung von Anpassung an die Vielen und Wunderglaube an den Einen, die der Unterhaltungsroman heute, nicht weniger als Comics und Filme, zu seiner Sache gemacht hat. Wunscherfüllung? Mit der der bürgerlichen Literatur hat sie wenig mehr gemein. Superman, wie immer er sich kleiden mag, steht einem Amadis näher als einem Old Shatterhand, wogegen die Traktorenhelden östlicher Literaturen mit letzterem und gar einer Pamela noch manches gemein haben. Mögen es die Verhältnisse sein, die das Bewußtsein bestimmen, so ist es die Literatur, die dieses Bewußtsein vermittelt, als wäre es ein unmittelbares. Schon aber scheint die Zeit zu Ende zu gehen, in der es solcher Vermittlung bedarf.

*Exkurs*

*»Das Publikum des Schundromans scheint ausgestorben zu sein ... Nur ein paar Gefühle bleiben zurück von der primitiven Pracht aus dem Koffer des Kolporteurs.« Nach der These von Karl Markus Michel spiegelt der Übergang vom Kolportageroman älterer Herkunft zur neueren Trivialliteratur die Verwischung der gesellschaftlichen Grenzen wider, spiegelt überhaupt wider die Veränderung des gesamten gesellschaftlichen Prozesses in den hochtechnisierten Gemeinwesen. Das Verhältnis des Produzenten trivialer Geschichten zum Leser ist anonym geworden, es ist in hohem Grad vermittelt. Zwischen Autor — sofern es überhaupt ein einziger Autor ist — und dem Publikum steht eine hochspezialisierte Herstellungs- und Verteilerindustrie, deren eigengesetzliche ökonomische Bedingungen sowohl den Autor bestimmen als auch die Leserschaft, ja sie schafft sich ihre Autoren und ihr Publikum erst.*
*Die ältere Trivialliteratur, vorwiegend die des neunzehnten Jahrhunderts, suchte ihre Heroen und Helden in mythischer Ferne oder in einer bereits zum Mythos gewordenen geschlossenen Geschichtswelt. Unmündigkeit, politische Hilflosigkeit und Handlungsunfreiheit fanden dort die Bestätigung, die sich aktuell nicht verwirklichen ließ. Die moderne Demokratie ruft im Gegensatz zu autoritären und restaurativen Staatswesen zum politischen Handeln auf und versucht, dem einzelnen das Gefühl eines Eigengewichtes auch im öffentlichen Bereich zu geben. Aber diese Möglichkeit zur Handlung, wo auch immer, ist eingesickert in die Kanäle einer arbeitsteiligen, spezialisierten und miteinander nur vermittelt korrespondierenden Welt. Der ältere Kolportageroman schuf sich den Heroen, der im Guten wie im Bösen sich seine Handlungsfreiheit eroberte. Aber er war im Märchenhaften, im Mythischen angesiedelt: er stand außerhalb einer moralisch-bürgerlichen Ordnung. Der Held dagegen, der im Trivialroman neueren Datums als Gegenkraft gegen das ›Teilhafte‹ des Menschen aufgerufen wird, scheint Realisierbarkeit und Glaubwürdigkeit für sich zu haben: Er zeigt dem Leser die Möglichkeit der Selbstverwirklichung, er spiegelt ihm das ›Ganze Leben‹ vor und dies innerhalb der vorgegebenen und anerkannten gesellschaftlichen Grenzen. Der Held scheint unmittelbar aus der Gegenwart des Lesers entnommen. Er ist aktuell. Er verkörpert in sich die Wünsche, Erfolge, das Ansehen in seiner Gruppe. Überhaupt trägt er insgesamt die Wertmerkmale und Leitbilder der gegenwärtigen Gesellschaft. Mit den Mitteln feinster Werbung wird sein psychologischer, sein physischer und sein gesellschaftlicher Habitus im Sinne einer Reklamefigur ausgenutzt. Auf diese Weise ist er dem Leser erkennbar, ist attraktiv und für den Verbrauch bereit.*
*Das Bestechende an diesem Heldentypus, das heißt seine Erkennbarkeit und die Möglichkeit, sich mit ihm zu identifizieren, beruht auf seiner Geschlossenheit im Sinne eines organischen Menschenbildes, das nicht teilhat an den Auflösungen, wie sie unsere Wirklichkeit bedingt. Diese Geschlossenheit beruht auf Fiktion im trivialsten Sinn. Zwar scheint der Held ›aus dem Leben gegriffen‹ zu sein. Aber*

in seiner spezifischen Aufarbeitung, in der Art, wie er geschildert, in Fiktion überführt wird, wird die Kompliziertheit des Daseins insgesamt verschwiegen. Nehmen wir die Funktion des Helden in seiner Gesellschaft. Der Held, wird er dem Leser — zum Anreiz und als Identifikationsobjekt — als sozial höherstehend geschildert, steht immer außerhalb der Spezifikation und Subordination der arbeitsteiligen Gesellschaft. Verschwiegen wird die Verflochtenheit in ein breiteres soziales und wieder hierarchisch aufgebautes Gebilde, das über dem Helden steht. Anders nämlich würde er seiner Ganzheit entkleidet und herabsinken zum fungiblen Einzelnen, eine Tatsache, über die gerade die Trivialliteratur hinwegtäuschen möchte. So setzt die Trivialliteratur die Fiktion des ›ganzen‹ Menschen ein, in dem der Leser sich als Ganzes wiedererfahren kann, auf den er übrigens seine Verantwortung übertragen kann, anstatt sich selbst handlungsmäßig mit der Wirklichkeit auseinanderzusetzen. Dieser Begriff des Helden, jene Utopie des ›ganzen‹ Menschen scheint uns ein Grundmuster der Trivialliteratur zu sein: wir finden es wieder in der Analyse des Wildwestromans von Hermann Peter Piwitt.

# Hermann Peter Piwitt
## Atavismus und Utopie des ›ganzen‹ Menschen

I

»Wir führten ein freies und verwegenes Leben mit Pferd und Büchse, wir arbeiteten im Hochsommer unter der sengenden Sonne, wenn die weiten Ebenen in der Hitze flimmerten und schimmerten, und waren mit der bitteren Kälte vertraut, die uns zur Zeit des Austriebs im Spätherbst überfiel, wenn wir des Nachts die Herden umritten, ... und doch es war das Leben selbst, das kühn in unseren Adern pulsierte, und wir genossen das Hochgefühl der Arbeit und die Lust am Leben.«

Der das schrieb, in Erinnerung an seine Erlebnisse als Cowboy in Dakota, war kein Geringerer als Theodore Roosevelt; 1901 wurde er zum Präsidenten der Vereinigten Staaten gewählt. Die Zeit, von der er spricht, werden wir uns in den Jahren zwischen 1870 und 1890 zu denken haben, als zunächst in Texas, dann auch in den Gebieten jenseits des Missouri der lange Auftrieb die Herden alljährlich über die noch uneingefriedete Prärie zu den Verlade- und Überwinterungsplätzen führte; denn schon um 1890 herum, als die Staaten Dakota, Montana, Wyoming und Oklahoma, so wie es das Heimstättengesetz versprochen hatte, von Farmern in Besitz genommen waren (›Oklahoma-Run, 1889‹), war die große Zeit der Viehzüchter vorbei. — Es hält schwer, die Spanne Wegs im Geist auszumessen, die Stationen der Vermittlung und Verformung zur Räuberpistole und Pseudolegende abzuschreiten, die zwischen jener authentischen Äußerung des fünfundzwanzigsten US-Präsidenten und dem Konsumprodukt Western unserer Leihbibliotheken liegen. Gebildete Amerikaner, die das Gesicht verzogen, wenn man sie auf ihre Jugendlektüre hin befragt, lassen Zane Grey, Bret Harte und Oliver Wister, von den älteren natürlich Cooper als Chronisten der ›frontier‹ gelten, Zane Grey, von dem ich in deutschen Leihbibliotheken vergeblich etwas suchte. Hierzulande wird die Nachfrage von Verlagen betreut, die ihre eigenen *deutschen* Westernautoren bezahlen (Übersetzungen aus dem Amerikanischen sind weit in der Minderheit), ja, es gibt, wenn man dem Impressum glauben darf, regelrechte Einmannbetriebe wie den Münchener Conny-Cöll-Verlag zum Beispiel, dessen Inhaber Konrad Kölbl gleichzeitig als Autor der Geschichten von ›Conny Cöll mit dem Wolfshund‹ verantwortlich zeichnet; wenigstens legt die Namensähnlichkeit diesen Schluß nahe. Dreieinigkeit von Verleger, Autor und Romanheld — wahrhaftig ein Grad von Rationalisierung, von dem sich mancher Industriebetrieb noch eine Scheibe abschneiden könnte.

Doch vergessen wir nicht, daß jeder Roman, und auch der minderwertigste, insofern er ein komponiertes sprachliches Gebilde ist, teil hat an künstlerischen Darstellungsweisen, die irgendwann einmal an literarischen Hochformen sich bewährt haben. Es gibt den ›reinentsprungenen‹ sowenig wie den kunst-losen Roman. Genauso wie die Trivialliteratur aller Spielarten an bereits ausgehandelten Formen der gehobenen Literatur partizipiert, ist aber auch sattsam ausgewiesen, etwa am Beispiel der deutschen Volksbücher, des Volkslieds, daß Motive, Gestaltungsweisen aus der Trivialsphäre aufsteigen können, ja daß Romane, die wegen gewisser ins Auge fallender Merkmale unterströmigen Gattungen anzugehören scheinen, sich plötzlich als große Literatur entpuppen. Man denke, um eins der bekanntesten Beispiele zu nennen, an Melvilles ›Moby Dick‹; Abenteuerroman von Haus aus, in dem sich ereignet, was hundert andere Abenteuerromane, übrigens auch der gute Western, gewöhnlich vergeblich anstreben: nämlich Mythos, Aufweitung ins Mythische durch Verdichtung im Faktischen. Die Zwiegesichtigkeit, oder besser: den geistigen Umfang dieses Werks unterstreicht denn auch die Tatsache, daß man Melvilles Roman gewichtig, in Leinen gebunden, so gut kaufen kann wie als Jugendbuch mit buntem Umschlag, Kapitän Ahab mit der Harpune darauf in seiner Nußschale vor dem riesigen Leib des Leviathan.

Berührungspunkte gibt es also, Trivialsphäre und gehobene Sphäre können sich überlappen, große Romane beide umgreifen; die befreiende Gewalt des Lapidaren, des Faktischen, die der geläufige Trivialroman, der bloß exotische Arzt-, Spionage-, Halbstarken- oder Zukunftsroman unserer Illustrierten nur von außen, in Trugbildern suggerieren kann, wird in den Abenteuerromanen Melvilles oder Joseph Conrads zu unserer eigenen Sache, da wir sie in den großen Motiven der Reise, der Seefahrt, der unser Leben gleicht, im Sisyphus-Motiv des Ausharrens auf verlorenem Posten erfahren. Daß davon ab und an, natürlich in entsprechend verkürzten Dimensionen, auch dem Western etwas gelingt, nämlich das wuchernde Geschehen in eben jenen dichterischen Grundmodellen aufzufangen (man denke an Filme wie ›High Noon‹, ›Vera Cruz‹ oder ›Sacramento‹, macht denn auch eine nähere Betrachtung des Western als dichterisches Gebilde der Mühe wert.


II


»›Was willst du, Stranger?‹ fragte der Gambler so lässig, als hätte man ihn gefragt, wie spät es ist.
›Sehen, ob du wirklich so schnell mit dem Eisen bist, wie man sich erzählt!‹ krähte der Boy mit leicht überschnappender Stimme. ›Zieh!‹ Flush-King aber lächelte ...
›Die Verrückten sterben nicht aus‹, stellte er traurig fest. ›Cowboy ... warum willst du so jung schon sterben?‹«
Der äußere Anhaltspunkt zur Beurteilung eines Buches ist, wenn man von Umschlagblatt und Waschzettel absieht, oft das Seitenbild. Der Benutzer von Leihbibliotheken, der Leser von Illustriertenromanen rechnet, wenn er ein Buch aufschlägt, gewöhnlich damit, daß zwischen den weißen Randleisten das schwarze Buchstabenmosaik rechts, womöglich auch links, Seite um Seite gezahnt, durch-

24

brochen ist: Der Dialog verheißt dramatische Handlung, Spannung, kurzweilige
Lektüre, und er verhieß es schon den Lesern des ›Rinaldo Rinaldini‹, den Lesern
Coopers, von Dumas ganz zu schweigen. Die Bedeutung des Dialogs als Lesehilfe
war den Trivial- und Abenteuerromanciers von damals so geläufig wie unseren
Illustriertenteams, die mittlerweile den Anteil, den der Dialog in einem Roman
— wenn er ankommen soll — einzunehmen hat, auf ein geradezu groteskes Maß
hochgeschraubt haben. Dabei stoßen wir fast ausschließlich auf die bloß hand-
lungsinformative, streng handlungsgebundene Wechselrede; ein Dialog, wie ihn
etwa die großen Realisten pflegten (man denke z. B. an Turgenjews ›Väter und
Söhne‹), ein Dialog also, der über die Bedürfnisse der bloßen Handlung hinaus-
weist und die gesellschaftliche Problemstellung mit ausformuliert, vertrüge sich
nicht mit dem Primat der Handlung und ihrem dramatisch-faktischen Ablauf.
Nun benutzt andererseits der Western sehr wohl die geläufigen Stilisationsmuster
des literarischen Realismus, er verwendet, meist mit wenig Geschick, die psychologischen Sprechweisen der erlebten und verschleierten Rede, ist um genaue Da-
tierung und Lokalisierung bemüht und schreibt — statt ›sagte X‹ — lieber
›fluchte X konsterniert‹: alles Gepflogenheiten also, die ohne die Entdeckung des
realistisch-psychologischen Romans und seiner frühen journalistischen Auswüchse
nicht denkbar wären; doch verrät gerade die entschiedene Dialogstruktur, er-
zwungen von der Hypertrophie des zu dramatisierenden Stoffes, daß hier unter-
strömig die Tradition der Räuberpistole à la ›Rinaldo Rinaldini‹ so gut fortgesetzt wird wie im Fall des modernen Ärzte-, Frauen- oder Twenromans die Tradition der ›Gartenlaube‹, nur daß aus dem süßen Kitsch ein saurer geworden ist.

Wie wenig der Terminus ›realistisch‹ für den Western wie für die moderne
Trivialliteratur (die ihn in Anspruch nimmt!) überhaupt zutrifft, könnte schließlich jeder Vergleich mit einem beliebigen realistischen Hochroman zeigen: ›Madame
Bovary‹, ›Die Buddenbrooks‹, ›Die Schlafwandler‹ —, für sie alle gilt ja, daß
die Außenwelt der Fakten den Personen in einem aktiven Leben nicht mehr handgreiflich, voll verfügbar ist, sondern nur noch innerlich gespiegelt wird, dadurch
den Charakter der Täuschung annimmt. Dagegen hält der Trivialroman mannig-
facher Prägung die Utopie der ›vita activa‹, des runden erfüllten Lebens, »des
Lebens selbst«, wie Theodore Roosevelt schreibt, des ›ganzen Menschen‹, in den
exotischen Figuren des Detektivs, Cowboys, Arztes (!), Kriegers, Spions oder
Mannequins aufrecht und begibt sich gerade dadurch des Anspruchs, ›realistisch‹,
zu sein, das heißt, triftig für das Selbstverständnis einer in sich entfremdeten
Massengesellschaft, die ›das Leben selbst‹ längst nur noch als Surrogat erfährt.

Kennzeichnet die Dialogstruktur den neueren Trivialroman, wird in ihr ein aktiv-
dialogisches Lebensideal von außen zu verifizieren versucht, so kennzeichnet den
Western insbesondere eine Sprachhaltung, die die ›vita activa‹ in ihren pseudo-
archaischen, handgreiflichen und verfügbaren Verhältnissen beglaubigen möchte.
Zwar kann bei der großen Zahl von Individualitäten, die sich mit der Abfassung
von Western ihr Geld verdienen, von einem homogenen Stil der Gattung nicht
so die Rede sein wie etwa angesichts der totalen stilistischen Übereinkunft des
Illustriertenromans gleich welchen Themas. Impressionistische Partien durch-

brechen die Norm, oft überraschende Naturbilder weisen auf eine gewisse schriftstellerische Originalität zurück, doch finden sich bei vergleichender Lektüre die Stileigentümlichkeiten zu einer mittleren Ebene, zum ›mittleren‹ Western zusammen: Formelhaft verwenden sie die Euphemismen der Gaunersprache, und, da der Western nun einmal ein Massenprodukt ist, stößt man in jedem von neuem auf die gleichen stehenden Formulierungen: Der Mann, der »in den Stiefeln stirbt«, stirbt durch Mord oder im Duell. »Grobgesiebte Luft hat geatmet«, wer eine Weile hinter dem vergitterten Jailfenster verbringt. Man weiß Bescheid, wenn es von einem Sheriff heißt, er habe »mit dem Rücken zur Tür gesessen«: irgendwelche Leute, die »zuerst schießen und dann fragen«, haben ihn »auf den langen Trail« geschickt.

Die Intention der Verschleierung, die in solchen Formulierungen enthalten ist, geht auch von der wichtigsten Westmann-Tugend, dem Understatement, aus. Dem großspurigen Auftreten einer Übermacht von Feinden begegnet der Held mit Untertreibung: Er schnitzt an Serviettenringen zum Beispiel, statt sich zum Widerstand reizen zu lassen, oder erzählt von seiner Großmutter, die ihm Raufereien verboten habe. Überhaupt spielen Großmütter, ähnlich wie im Krimi, ihre Rolle: Ein Mann, der mit der Rechten vortäuschen möchte, als greife er im nächsten Moment zum Colt, dabei das gefährlichere Schießeisen in der Brusttasche trägt, bekommt zur Antwort: »Ich habe mal einen Mann gekannt, Sonny, der stand so vor mir wie du. Ich bin aber nicht darauf reingefallen. Weil mich schon meine Großmutter belehrt hat, daß ein Mensch ... zwei Arme hat. Well?«

Der Held, das heißt diese amerikanische Spielart des Helden, trägt im Bewußtsein seiner Fähigkeiten seinen Heroismus nonchalant, er gibt sich keine Blöße, ja aus Beherrschung, aus Bemeisterung der Lage stellt er sein Licht eher unter den Scheffel, als daß er zur Unzeit sich etwas vergibt oder die Nerven verliert. — Nicht im Gegensatz, sondern im Wechselverhältnis dazu steht die Übertreibung. Sich von den bedrängenden Fakten nicht einschüchtern zu lassen, im Gegenteil über sie zu verfügen und diese Unbefangenheit noch auszuspielen, sei es im Gestus der Übertreibung oder des Understatements, ist die Kunst des abenteuernden Positivisten des Westens. Ein Satz wie: »Ich kenne die Gegend wie meine Hosentasche« — beliebige Western warten damit auf —, ein solcher Satz setzt ein Lebensgefühl voraus, dem, anders als in der authentischen Literatur der letzten 150 Jahre, die Welt noch nicht in Gegenstand (Umwelt) und innere Existenz zerfallen ist. In den einfachen, durchschaubaren, gesellschaftlichen Verhältnissen des Western ereignet sich so immer wieder für uns eine Illusion, die von der hohen Literatur seit dem Realismus, ja seit dem Biedermeier zerstört wurde: Natur, Gesellschaft, Gegenstand funktionieren dem Handelnden, und da er ihrer habhaft ist wie der Seefahrer, der Jäger, der Detektiv, kann er sie wie diese auch übertreiben, ohne das Fundament des Positivismus zu verlieren, ohne daß sich die Groteske emanzipiert:

»Der Sheriff schloß sich mit seinen drei Gehilfen im Jail ein und drohte den Reitern, sie mit Schrotkörnern so anzufüllen, daß sie das doppelte Gewicht bekämen, wenn sie es wagen sollten, mit Gewalt einzudringen.«

Oder: »Wir waren gefangen wie zwei Mistkäfer mitten zwischen vierzig Meilen voneinander entfernten Stücken Kuhmist.«

Verständlich, daß auch der Vergeich in der Übertreibung, so grotesk er anmuten mag, empirisch, handgreiflich im wortwörtlichsten Sinne bleibt.

Noch eine letzte Stileigentümlichkeit wäre hier anzumerken: das ausschließende Lob. Es vergeht kein Western, ohne daß wir den Helden als den besten Reiter, den schnellsten Schützen kennengelernt haben, der seinerzeit im Westen gelebt hat. »Keiner ritt und schoß wie er«, ist fast schon Formel, und: »Es gab bestimmt im ganzen Westen keine ausgekochteren Pokerspieler«, heißt es von vier Männern aus Abilene, die dann doch von Flush-King aufs Kreuz gelegt wurden. Natürlich kollidiert hier die Erfindung immer wieder mit der historischen Wirklichkeit, die immerhin von halblegendären Gestalten wie Wyatt Earp oder dem Sheriff Bill Hickock als den gefährlichsten Männern ihrer Zeit zu berichten weiß. Aber der Western-Autor behilft sich: sein (erfundener!) Held hätte selbst jene bekannten Figuren des Wilden Westens nicht zu fürchten gehabt, schreibt er — und er erhöht damit nicht nur den Schein historischer Glaubwürdigkeit, sondern auch die Aura seines eigenen Mannes. Im ausschließenden Lob treffen wir darüber hinaus auf eine Erscheinung, die im Märchen wie im mittelalterlichen Heldengedicht ihre genaue Entsprechung hat. »Sie war die Schönste im ganzen Land, keine war schöner als sie«, heißt es von der Prinzessin im Märchen. So auch das mittelalterliche Heldengedicht: Nie hat man größere Helden streiten gesehn, weiß es zu berichten, und jedes Gedicht behauptet von ›seinen‹ Helden das gleiche. Wollte man demnach die Helden in ihrem historischen Verbund messen statt im Verbund des einzelnen Kunstwerks als einer autonomen Welt für sich, so käme man zu dem Schluß, daß die Helden der mittelalterlichen Dichtung unlogischerweise einander ausschließen. Derlei aber wäre natürlich literaturwissenschaftlich weder statthaft noch sinnvoll. Es liegt hier vielmehr im Western wie im Heldengedicht eine Tendenz zur spontanen Mythisierung und Legendenbildung vor. Dabei wird die Größe des Helden besonders gern auch an der Größe und Gefährlichkeit des bösen Widersachers gemessen. Es erhöht Rolands Heldengestalt, daß auch die heidnischen Feinde gewaltige Kämpfer sind, so wie es den Ruhm des Helden bekräftigt, wenn er gegen die berufensten Revolvermänner der Schnellere ist. Und so wie es den Ungläubigen des Rolandsliedes an Demut vor Gott fehlt, so fehlt dem Rustler die Bindung an die ferne Verfassung, an die Gesetze, auf die der Held sich beruft, wenn er, so bitter es ihn jedesmal ankommt, jenen abknallen muß:

»Die Entwicklung der Dinge und Ereignisse war für Thomas Shay unvermeidlich gewesen; er hatte alle Gewalttätigkeit aus vollem Herzen gehaßt, aber in der neuen Welt, die er für sein Leben auserkoren hatte, gab es noch keinen Frieden.«

Hier im obligaten und wie auch immer formelhaften Hinweis auf die gute Sache, die Gewaltanwendung rechtfertigt, auf das Sternenbanner, das im Film hinter keinem Sheriffschreibtisch fehlen darf, unterscheidet sich im übrigen der Western, was den moralischen Hintergrund anbetrifft, wiederum vom Krimi. Während der Kriminalroman dem Verbrechen gewöhnlich nur den Vorgang seiner Aufdeckung, also eine intellektuelle Konstruktion jenseits von Gut und Böse, entgegenstellt (und so zur bevorzugten Ausgleichslektüre von Geistesarbeitern arriviert ist), führt der Western moralische Institutionen, den Staat, das Commonwealth dagegen ins Feld und bestätigt sie, indem er nicht nur die schnellsten Schützen, die klügsten Köpfe, sondern auch die edelsten Charaktere auf die Seite des Gesetzes stellt. ›Sauber‹ als Werbeslogan meint denn auch für beide Gattungen etwas anderes: Im Western verheißt es die Gewißheit, daß der Mann des Gesetzes im Grund widerwillig, aber um des Gesetzes willen oder aus Notwehr zur Waffe greift (und sich im übrigen nach einem friedlichen Leben ohne Pulverdampf sehnt!), — ›sauber‹ für den Krimi dagegen bedeutet: frei von hypertonischer Sexualität und sadistischen Gewaltakten; sie könnten unterbewußte Instinkte des Lesers wecken und das Kräfteverhältnis von Verbrechen und intellektueller Entlarvung zugunsten des ersteren verschieben.

III

Eine archaische Welt scheint sich anbiedern zu wollen, wenn man den Western mit der Heldendichtung, besonders der frühmittelalterlichen, zur Deckung zu bringen versucht. Die lapidare Bemeisterung der Faktenaußenwelt, die Schwarzweißzeichnung der Charaktere, die ein psychologisches Verschwimmen moralischer Grenzen nicht kennt, der überspitzt militante Ehrenkodex, die Riten des Duells, die geschützte, aber doch seltsam periphere Stellung der Frau, die formelreiche Sprache, das Rededuell, das der ›heißen‹ Auseinandersetzung vorausgeht — all das weist ja auf die Frühform einer noch nicht seßhaften Gesellschaft zurück oder zumindesten auf die Vorstellung, die sich naive Gemüter vom ›Leben selbst‹ vom ›ganzen Menschen‹ einer früheren Zeit machen. Um so vorsichtiger wird man mit einer Bezeichnung wie ›archaisch‹ sein müssen und gut daran tun, die Vorsilbe ›pseudo-‹ hinzuzufügen. Motiven wie Geschlechterstolz und Sippenehre haftet ja nur allzuoft der fatale Beigeschmack von Blut- und Bodenliteratur an, und die reinblütige, irische Abkunft spielt eine so große Rolle wie der Stammbaum von Mustangs und Weidepferden, wie die arische Großmutter im Mitteleuropa der dreißiger und vierziger Jahre. »Die Erbmasse in ihrem Blut ist es, was sie nicht anders handeln läßt«, — ein Satz, den heute womöglich nicht einmal mehr der Heimatroman wagt: aber der amerikanische Western und der immer noch um einige Grade schlechtere ›deutsche‹ sind sich, was so ›blutige‹ Vererbungstheorien anbetrifft, durchaus einig. Was die Empire einst aufzwang, den engen Zusammenhalt des Familienclans, die Betonung von Herkunft und Geschlecht, erstand dem Konsumprodukt in den Mustern einer dekadenten Ideologie.

Andererseits scheint die Aufweichung dieser pseudo-archaischen Verhältnisse durch die Psychologie unweigerlich in den Kitsch des Gesellschaftsromans zu führen: Der Film ›Cimarron‹ zum Beispiel, der im ersten Teil mit der grandiosen Landnahme Oklahomas aufwartet, endet, nachdem die lapidaren handgreiflichen Außenwiderstände der Pionierzeit bemeistert und bürgerlich-psychologischen Problemen gewichen sind, in Kostümgemälden der Vorweltkriegszeit; der Pionieratem versiegt in den Interieurs, in den Armen der ehrgeizigen Ehefrauen, ohne daß der Western-Autor für die neue Situation eine neue Konzeption findet. Die Städte sind gewachsen, und wenn kein besserer Platz zu finden ist, müssen die Männer ihr Duell nach dem alten Ritus im Boudoir der Hausfrau austragen, leise natürlich, soweit das möglich ist, damit das Kind in der Wiege nicht aufwacht.

Die Welt des Western, der ewige Kampf zwischen Ranchern und Farmern, die Leistung des Einzelgängers, der, obgleich jeder Gewalttat abhold, mit eisernem Besen auskehrt, die Stampede, Landnahme und Städtegründung, die Probleme, die ein schwerfälliges Rechtssystem aufgibt, und die Riten des Duells, — all das ist geordnet in die historische Abfolge der Jahre nach dem Sezessionskrieg. Es erhebt sich die Frage: Wie geschieht nun — poetisches Kardinalproblem überhaupt! — diese Einordnung erfundener Fakten und Vorgänge in den historisch-chronologisch überprüfbaren Hintergrund der Zeit? Als Antwort ein Beispiel: »Am Sonntag, dem 9. April 1865, ergab sich General Robert E. Lee mit seiner Armee von Nord-Virginia dem Nordstaatengeneral Ulysses S. Grant. Der Akt der Übergabe wurde im Rathaus von Appomattox vollzogen. — Am Nachmittag des gleichen Tages schaute in dem drei Meilen entfernten Feldlazarett ein Militärarzt auf das eingefallene Gesicht von Captain Thomas Shay hinunter... Der Arzt sagte zu einem seiner Assistenten: Dieser Mann wird den Sonnenaufgang nicht überleben.« Oder: »1864 wurde Ben Trane erschossen. Drei Jahre später geht ein großer, fast sechs Fuß hoher schlanker Boy durch Matagorda.«

Es ist klar: Statt daß die Fiktion aus sich selbst heraus Raum und Zeit (und damit sich selbst!) realisiert, werden nach dem Vorbild des historischen Romans von Scott und Cooper historische Daten bemüht, mit der Absicht, die Wahrheit des Erfundenen zu verbürgen. Der Wunsch des Publikums nach einer ›wahren‹ Geschichte und die Intention des Autors, eine solche zu schreiben, bewegen ihn dazu, seine Fiktion mit requisitenhaften Zeit-, Raum-, Größen- und Entfernungsangaben zu belegen; aber gerade der Anspruch auf Wahrheit und Authentizität verfälscht die besondere Realität der dichterischen Fiktion, und es bleibt die Ernüchterung, die wir als Kinder empfanden, wenn uns ein gescheiterer Freund aufklärte, daß alles, was Karl May schrieb, nicht wahr, ja Karl May am Ende womöglich niemals im Wilden Westen gewesen sei.

Die gleiche Kollision von historischer Wirklichkeit und reiner Erfindung ist deutlicher noch zu beobachten an der Art und Weise, wie der Raum gehandhabt wird. Einerseits nämlich lokalisiert der Western geographisch genau, er läßt spielen in den ›Pulverfässern‹ des Westens, in den Städten Abilene, Dodge City, Laramie, Santa Fé und wartet kartengerecht mit Namen von Flüssen, Gebirgszügen und Distrikten auf. Andererseits trägt der Raum alle Züge eines illusionistischen Schauplatzes, dem allein Gebirge, Ebene und Main Street (Saloon) unerläßlich sind, während kartengetreue Angaben wie schon die datengetreuen nur die Bedeutung von Requisiten haben, sich auswechseln lassen. Ob der Western in Abilene oder Laramie spielt, ist im Grunde gleichgültig; Hauptsache, es ist eine Main Street in der Stadt, hübsch übersichtlich, um das Bedürfnis nach Duellen zu befriedigen, und Prärie und Gebirge in der Nähe, zum Reiten, Verfolgen und Verstecken. Das heißt: wo ein Mann in Gefahr, in Not ist und ein Versteck braucht, stellt sich Gebirge, Wald ein, gleichgültig, ob das nach den Meilenangaben möglich oder unmöglich ist, und wo eine großangelegte Verfolgung nötig ist, dehnt sich die Prärie endlos: Es bestätigt sich, was wir bereits weiter oben feststellten: die Namen, die Widerstände der gesellschaftlichen Umwelt funktionieren dem Handelnden, nicht umgekehrt. — Es bestätigt sich aber auch an der Naturbehandlung der pseudo-archaisch-atavistische Charakter der Gattung überhaupt: War in der gehobenen Literatur des 19. und 20. Jahrhunderts Natur, wo sie nicht als Ausbeutungsobjekt durchschaut wurde, eine mehr oder minder innerliche ästhetische Qualität, so erlebt sie der Westmann in den kindlichen Verhaltensweisen des Nachlaufens, Kräftemessens, Spurenlesens und Versteckens, Grundfiguren, in denen der Gedanke an Natur als einer ästhetischen Gegenwelt keinen Platz hat. Der Fels interessiert nicht nach Schönheit oder Beschaffenheit, sondern in Hinblick darauf, daß er keine Spuren hält und als Versteck dienen kann. Der Anblick eines seichten, schnell dahinziehenden Baches löst keine Stimmungen aus: man kann darin reiten, und das Wasser verwischt die Spuren schnell. Halten wir fest, daß sich der ›mittlere‹ Western einer ästhetischen Mystifizierung der Natur, wie sie der europäische Bauern- und Heimatroman übt, durchweg enthält, und rechnen wir ihm dies als sympathisches Plus an!

Beschreibung, nicht so sehr Kritik, war die Absicht dieser Untersuchung. Kritik müßte sich ausdehnen auf die Frage nach dem Unterschied zwischen gattungsbedingten Fehlleistungen und solchen, die den verschiedenen Gattungen des Trivialromans insgesamt eigen sind. Sprachliche Unzulänglichkeiten, oberflächliche oder unglaubwürdige Motivation, Sprachschablonen des Western gehen oft nur zu Lasten eines begriffsstutzigen Autors oder des trivialen ›Produktionsmechanismus‹ überhaupt, spiegeln aber nicht die fragwürdigen Gesetzmäßigkeiten der speziellen Art wider. Dagegen wäre — um nur das eine Beispiel zu nennen — das totale Versagen psychologischer Motivation, wie sie aus bürgerlich psychologischem Erfahrungsschatz immer wieder versucht wird, ein Symptom, das die atavistische Gattung Western wie keine andere des Trivialromans charakterisiert.

*Der Wildwestroman läßt sich, bei einiger Freiheit, zur historischen Literatur, zum historischen Roman rechnen. Zwar finden sich Vorstufen des Western schon in der Pionierzeit, zwar bildeten sich Legenden und wurden vertrieben noch zu Lebzeiten der sagenhaften Reiter und Revolvermänner: der Western aber, systematisch hergestellt und in großen Mengen unter die Leute gebracht, ist das Produkt nicht im entferntesten der Zeit, die er beschreibt, sondern das Produkt eines sehr stark in der Industrialisierung begriffenen Landes. So läßt sich der Wildwestroman verstehen als Zeichen eines Traditionsbewußtseins, das den ungeheuren Sprung umspannen will, den Nordamerika geleistet hat von den Anfängen der Pionierzeit mit seiner auf sich gestellten Männlichkeit bis hin zur totalen industriellen Planung, in der der Einzelne nur noch seine genau berechnete Funktion erfüllt.*

*Diese beiden Gegensätze werden ganz deutlich in der Herstellung des Wildwestfilms. Der einzelne, der Held wird, gegen eine Übermacht kämpfend, auf den Schild gehoben. Er ist die zentrale Figur, die alle Vorzüge in sich vereinigt, der totale Mann. Aber um das Ganze zu verwirklichen, in dem Umfange zu verwirklichen, wie es ökonomischen Plänen und der Nachfrage entspricht, sind industrielle Maßnahmen erforderlich, etwa die Arbeitsteilung, deren Gesetzmäßigkeiten gerade der Vorstellung des großen Einzelnen und des ›ganzen‹ Menschen widersprechen.*

*Der Erfolg des Wildwestromans ist sehr stark durch die hohe Schätzung der Pionierzeit als nationale Tradition zu erklären. Er wird zur Metapher des nationalen Selbstbewußtseins und damit zu einer Art national betonter Heimatliteratur. Daß der Western aber auch in so hohem Maße konsumiert wird in Ländern, die mit seinem Entstehungsort und seinen Stoffquellen nicht identisch sind, also außerhalb Amerikas, scheint an der plausiblen Reduktion seines Musters zu liegen, an der modellhaften Vereinfachung der Helden, die präzise auf einen ursprünglichen Instinkt des Lesers zugeschnitten sind, ohne diesen Instinkt durch psychologische Raffinessen oder durch eine problematisierende Handlungsführung zu verwirren. Zu diesem Typensystem, zu diesen Mustern und Modellen gehört vor allem der Außenseiter. Er steht außerhalb von Recht und Gesetz, er steht außerhalb einer bürgerlichen Ordnung, aber er kämpft für sie mit einem Einsatz, den der biedere, Besitz und Familie gefährdende Bürger nicht leisten kann. Dieser Typenzwang ist in fast allen Exemplaren unserer Gattung spürbar. Der Held, der sich außerhalb enger und in bloßen Funktionen erstarrter Ordnung vollkommen verwirklicht, ist für den Leser Garant eines besseren, eines totalen Lebens. Hier genießt er eine sagenhafte, anarchische Freiheit, die jedoch nicht den Bestand der Ordnung gefährdet, sondern sie im Gegenteil wiederherstellt, zurechtrückt oder lüftet. Das Ganze ist ein utopisches Spiel, eine Utopie, die nicht entworfen ist aus der Durchforschung unserer Wirklichkeit, sie ist vielmehr ein romantischer Rückfall,* ein Surrogat für die Freiheit, die unter den augenblicklichen Bedingungen zu erobern wäre.

Der Typenzwang, unter dem der Held wieder und wieder und nur mit geringen Variationen entworfen wird, kehrt zurück in der ethischen Systematisierung. Gut und Bös sind durch feste Regeln bestimmt. Der Leser wird nicht hineingezogen in das Verwirrende eines ›Sich-entscheiden-Müssens‹. Im Zuge dieser Eindeutigkeiten unterliegt auch die Handlung einem gleichsam rituellen Moment, die Handlung wird zelebriert. Immer wieder sind es die gleichen Verschlingungen, Motivationen, Aufgipfelungen oder Schlüsse. Das rituelle Moment ist zum Beispiel deutlich gefaßt im Zweikampf, im Duell, das nach Gesetzen vor sich geht, wie sie abgekarteter und starrer nur noch die Mensur kennt.

Wie aber kann man die Frage nach der Trivialität stellen? Trivial scheint zunächst die grobschlächtige Art zu sein, nach der die Stilisierungs- und Typenmuster vereinfacht, reduziert, gleichsam an die Oberfläche gebracht sind: Garanten der Reproduzierbarkeit; gerade diese aber steht gegen die Auffassung eines unmittelbaren und unverwechselbaren Lebens, wie es die Wildwestliteratur vortäuscht. Der Held als der große Einzelne verträgt nicht die dauernde Reproduktion. Unmittelbarkeit sinkt zum Klischee herab. Der Held könnte eine Rettung erfahren — und damit auch die Literatur, in der er auftritt — wenn die Kluft zwischen historischem Ereignis und Gegenwart in die Werkstruktur hineingenommen würde; wenn Differenzierungen psychologischer und dramaturgischer Art die starren Wertfronten auflösten, wenn eine starke und plastisch dargebotene Figur wie Jesse James die Unverwechselbarkeit demonstrierte. Die dauernde Bestätigung des Lesers aber, das Anzünden einer Erwartung, deren Lösung im Muster dieser Gattung bereits festliegt, eine Scheinerwartung also, deren Erfüllung dem Leser keine neue Erfahrung hinzugibt, dies alles könnte man als Zeichen der Trivialität werten.

Aber man sollte nicht unerwähnt lassen, daß der Aufsatz von Piwitt, dessen Titel ›Atavismus und Utopie des ganzen Menschen‹ uns ein Stichwort für den Zusammenhang der einzelnen Aufsätze geliefert hat, in seiner Schärfe nur auf Beispielen beruhen konnte, die tatsächlich auf den untersten Stufen dieser Gattung stehen. Tatsächlich aber gibt es hohe und mittlere Stufen, es gibt Grenzfälle, die zur gehobenen Unterhaltungsliteratur zu rechnen sind. Auch der Wildwestroman sollte die Möglichkeit besitzen, seine Gestalten psychologisch zu fundieren und sie in neuartige Konflikte zu verwickeln, der Gattung also eine Dimension hinzuzugewinnen, die ihr den Vorwurf der Trivialität ersparen könnte.

# Volker Klotz
## Durch die Wüste und so weiter

### Aventiure

›Multa non multum‹ lautet die Devise der Unterhaltungsliteratur. Sie geht auf möglichst große Mengen von Begebenheiten aus. Viele Begebenheiten — das bedeutet viele Veränderungen, da Vielheit, um erkannt zu werden, in ihren Teilen unterschieden werden will. Alles Geschehen, gelebtes und erzähltes, vollzieht sich in den Kategorien von Zeit und Raum. Daraus ergibt sich, zumal dem Unterhaltungsautor, eine grundsätzliche Entscheidung. Entweder er legt das Gewicht auf die Zeit, d. h. er entfaltet die Vielheit im temporalen Nacheinander, wobei der Raum nur geringes Ausmaß und wenige Veränderungen beansprucht (Beispiel: der Generationsroman). Oder der Autor legt das Gewicht auf den Raum, d. h. er entfaltet die Vielheit im lokalen Hintereinander, wobei die Zeit nur eine geringe Spanne und unerhebliche Zäsuren beansprucht (Beispiel: der Reiseroman).

Die eine Entscheidung, die für die Zeit, wird sich eher von Blicken auf die Personen, auf Inneres, leiten lassen (wie unterscheiden sich die Charaktere der ersten und der zweiten Generation in Gulbranssens ›Und ewig singen die Wälder‹?). Die andere, die für den Raum, wird sich eher von Blicken auf Ereignisse, wörtlich: Eräugnisse, auf Äußeres, leiten lassen. So durchziehen die Helden in Karl Mays ersten sechs Bänden Station für Station ihres Wegs, der ständig neue menschliche und lokale Verbindungen darbietet. — Allerdings, es gibt zahlreiche Vermittlungen und Synthesen zwischen diesen beiden Extremen.

Der Abenteuerroman neigt von jeher zum Raum- und Reisetypus. Heliodors Theagenes und Charikleia werden in exotische Fernen verschlagen. Der Held von Apuleius' ›Metamorphosen‹ reist oder wird vielmehr gereist, da er in einen Esel verwandelt ist. Vollends Erek, Iwain, Parzival, Gawan machen sich auf den Weg, um Abenteuer zu bestehen. Sie heißen dort Aventiuren — lat. adventus, das sowohl Anmarsch wie Ankunft bedeutet. Das heißt: eine Bewegung im Raum auf irgendwelche Ziele hin. Die Merkwürdigkeiten und Montrositäten der Riesen, der verzauberten Schlösser, der hilfreichen Löwen, die ihnen begegnen, stehen im Mittelalter im Zeichen des guten oder bösen Wunders. Sie werden später in einer aufgeklärteren Zeit säkularisiert, ohne an Außerordentlichkeit einzubüßen. Das Exorbitante wird zum Exotischen, das Außerweltliche zum Außerhiesigen. Denn was vor unsrer Türe geschieht, hat, um vom einfachen Leser anerkannt zu werden, jegliches Extravagieren zu unterlassen.

Karl Mays beste Romane sind exotische Reiseerzählungen. Sie haben mit dem mitteralterlichen höfischen Roman nicht nur die Tatsache, sondern auch die Art der Reise gemein. Die Route ist beweglich. Sie ist kein Weg, der schnurstracks auf ein bestimmtes, genau gewußtes, räumlich festgelegtes Ziel hinläuft. Vielmehr: Sinn und Ziel ergeben sich oft erst während der Reise, unvorhergesehene Ereignisse beeinflussen die Richtung, überwundene Hindernisse erzeugen neue Hindernisse, ein Nebenweg wird zum Hauptweg oder zur Sackgasse. Das heißt: ›eventus‹, der Ausgang, ist abhängig von den ›adventus‹, den Abenteuern auf der Reise; nicht nur, weil Abenteuer zu bestehen sind, um den Ausgang zu erreichen, nein: er verändert sich unversehens in Art und Sache mit jenen.

Ein konkretes Beispiel. Die ersten sechs Bände von Karl Mays Werken (›Durch die Wüste‹ etc., 1880—1887) beschreiben eine Reise des ich-erzählenden Kara Ben Nemsi durch den Orient und den Balkan. Sie wird zunächst aus ethnologischen Gründen angetreten. Sogleich im Anfang stoßen Kara Ben Nemsi und sein Diener Hadschi Halef Omar auf die Leiche eines Ermordeten. Dabei finden sie einen Ehering und einen Zeitungsausschnitt, aus denen Kara auf Namen und Herkunft des Toten schließt. Erste Aventiure und Wendung der Reise: sie verfolgen die Spuren der beiden Mörder, holen sie ein und verlieren sie wieder. Beim lebensgefährlichen nächtlichen Ritt über einen Salzsee erschießen die Verfolgten den Führer der beiden. Kara und Halef können sich jedoch gerade noch vorm Versinken retten und treffen später auf den Sohn des Führers, Omar Ben Sadek, der den Verbrechern Blutrache schwört. Jetzt ist die Verfolgung doppelt motiviert. Kara und Halef müssen sich jedoch von Omar trennen, da die Feinde ihnen Hindernisse in den Weg legen (Kara und Halef werden zu Unrecht angezeigt und festgenommen). Durch eigene Tüchtigkeit wieder befreit, geraten sie in den Sog eines neuen Abenteuers, das wiederum die Reisebewegung in eine andere Richtung lenkt: Befreiung eines geraubten Mädchens aus einem Harem. Anschließend fallen sie in die Hände von Seeräubern, dann gelangen sie zu einem Beduinenstamm, den Haddedihns, dem sie siegreich gegen seine Feinde helfen. Kara Ben Nemsi verdient sich dabei seinen berühmten arabischen Vollbluthengst Rih und verspricht, den Sohn des Scheiks, der an unbekanntem Ort von türkischen Soldaten gefangengehalten wird, zu befreien. Dieses Unternehmen führt ihn, über den Umweg durch das Gebiet der geheimnisvollen Teufelsanbeter (dort sind abermals Abenteuer zu bestehen, die zwar gut motiviert sind, aber nichts mit dem Sohn des Scheiks zu tun haben) nach Kurdistan. Das Anfangsmotiv von der Verfolgung der beiden Mörder ist über zwei Bände verschwunden, es taucht erst gegen Ende des dritten Bandes, ›Von Bagdad nach Stambul‹, wieder auf. Doch es hat sich gewandelt: es ist von einem vergleichsweise privaten zu einem kollektiven Motiv geworden. Die beiden Mörder gehören einem größeren Geheimbund von Verbrechern an, hinter dessen Geheimnisse Kara Ben Nemsi zu kommen sucht. Der Gegner ist jetzt keine Person mehr, sondern eine finstere Institution, die es immer weiter aufzuhellen gilt. Diesem Abenteuerkomplex sind die nächsten drei Bände gewidmet. Schritt für Schritt, von Station zu Station der Reise, während an jedem Ort neue Gefahrensituationen und Gegner hervorsprießen, wird die feindliche, halbanonyme Macht greifbar — bis die Helden, nunmehr um zwei vermehrt (Omar ist wieder hinzugekommen und Osco, der Vater des im ersten Band befreiten Mädchens), den eigentlichen Drahtzieher, den Schut, fassen und zur Strecke bringen.

Aus dieser knappen Skizze der Fabel, die im Roman noch erheblich verworrener, doch nie undurchsichtig ist, läßt sich genau das Aventiureprinzip der Mayschen Reiseromane erkennen: Ereignisfolge und Bewegung im Raum, die von Spontaneität, nicht von Plan und festgelegten Richtlinien geleitet sind. Die Weichen sind nicht von vornherein gestellt, sie klappen um beim Drüberfahren. Das Ziel wird erst im Laufe des Prozesses geboren.

## Sinn und Form der Landschaft

»Aus der Tiefe zur Höhe, aus Ardistan nach Dschinnistan, vom niedern Sinnenmenschen zum Edelmenschen empor«, so deutet May rückblickend die innere Bewegung seiner Werke, und er fährt fort: »Im Westen soll die Handlung aus dem niedrigen Leben der Savanne und der Prärie nach und nach bis zu den reinen und lichten Höhen des Mount Winnetou emporsteigen. Im Osten hat sie sich aus dem Treiben der Wüste bis nach dem hohen Gipfel des Dschebel Marah Durimeh zu erheben.« Diese gewollte Symbolik, die landschaftliche Formation und anthropologische Entwicklung in eins setzt, trifft für die beiden späten Romane — ›Winnetous Erben‹ und ›Ardistan und Dschinnistan‹ — zu, denen die genannten fiktiven Orte, der Mount Winnetou und der Dschebel Marah Durimeh, entnommen sind. Die Symbolik und Allegorik der späten Romane verwertet geschickt Vorstellungen des allgemeinen Bewußtseins, dem das Wertvolle oben, das Wertlose unten ist, das den Himmel über sich und die Hölle unter sich weiß, und für das ein Emporstreben sittliche Vervollkommnung bedeutet. Die Ethisierung von Bewegungen im Raum, die Allegorisierung von Landschaftlichem werden im Spätwerk konsequent und in sich stimmig durchgeführt. Daß sie jedoch von Anfang an geplant und in den früheren Erzählungen verwirklicht worden sei, nehmen wir dem Autor nicht ab. Gleichwohl ist auch in den früheren Erzählungen eine räumliche Aufwärtsbewegung der abenteuerlichen Reisen auffällig.

Im zweiten Band von ›Old Surehand‹ setzt die Handlung in Jefferson City/ Missouri ein und endet oben in den Rocky Mountains. Der Roman ›In den Kordilleren‹ gipfelt in den Gipfeln dieser südamerikanischen Gebirgskette, und ›Das Vermächtnis des Inka‹ erfüllt sich nach langem Aufstieg erst droben in der Salina del Condor. Der Titelgegenstand vom ›Schatz im Silbersee‹ wird gefunden und verloren in den höchsten Bergen der Staaten, und die Geschehnisse von ›Zepter und Hammer‹ und ›Die Jueweninsel‹ enden im Gebirge und auf der fast unzugänglichen Burg Himmelstein in einem Phantasieland.

Doch hier haben Tiefe und Höhe und die Bewegung von unten nach oben keine allegorische Bedeutung im Dienste eines bewußten ethischen Programms: sie haben eine vom Autor ungewußte und ungewollte sinnliche, ja, archetypische Bedeutung. Anstrengung, schwierige Bemühung, und das bringen Abenteuer stets mit sich, verdichten sich dem menschlichen Unbewußten von jeher im Bild des Aufsteigens. Tantalus strebte hinauf auf den Olymp. Sisyphus' fürchterliche Strafe einer vergeblichen Anstrengung besteht darin, einen schweren Felsen den Berg hinaufwälzen zu müssen. Und auch im gemeinen Leben winkt nicht nur dem Bergsteiger, dem Hochspringer, der Lerche und dem Klassenkämpfer das Ziel oben.

Ist nicht auch für den Mayschen Abenteuerroman, der ein Reise- und Raumroman ist, und dem es um äußerlich Sichtbares, um die Überwindung von Gegnern und Strecken geht, das Gebirge gegebenes Ziel? Setzt nicht die Eroberung eines Berggipfels den räumlichen Ereignissen ein natürliches und plausibles Ende? Ein Ferner, Mehr und Darüberhinaus gibt es nicht. Es liegt also nahe, daß die Auflösung des Handlungsknotens mit der letztmöglichen geographischen Endstation zusammenfällt; es liegt nah, daß Geschehen und Ort, Tat und optisch faßbares Sinnbild einander bestätigen.

Diese wechselseitige Ergänzung und Bestätigung von Aktion und Raum bestimmt nicht nur den Gesamtverlauf vieler Romane von Karl May, sie wirkt auch in den einzelnen Episoden. So gibt es Stätten des Grauens und idyllische Landschaften, die jeweils den bewegten Ereignissen ein räumliches Korrelat sind.

Etwa das Tal des Todes, im gleichnamigen Roman. Dort, in einem Quecksilberbergwerk hält der teuflische Bösewicht Roulin seine Gefangenen fest. Von einem scheeläugigen Kreolen und einer zahnlosen hexenhaften Alten bewacht, müssen sie Quecksilber fördern, dessen giftige Dämpfe tödlich an ihren Körpern zehren. Tod hat auch die Landschaft ergriffen: kein Baum, kein Bach, kein Gras in dem riesigen kreisrunden Talkessel. In der Mitte erheben sich drohend zakkige Felswände, an deren Spitze dünne, schweflige Rauchfäden verwehen. Der letzte Ausläufer der Zivilisation, ein heruntergekommenes Dorf, einige Meilen vom Todestal entfernt, deutet schon vorweg auf die makabre Atmosphäre: die Bäume sind abgestorben, die Einwohner halten sich in ihren Hütten versteckt, und halbverhungerte tollwütige Koyoten streunen durch die Gassen. Die Landschaft ist Symptom des grausigen Geschehens, und das Geschehen Bestätigung der Landschaft. Das gleiche Motiv von Todesstätte, Quecksilberbergwerk und schmachtenden Gefangenen erscheint nochmals in ›Satan und Ischariot‹ Bd. II.

Als Gegenbeispiel die idyllische Landschaft in ›Unter Geiern‹: Hinter riesigen Kaktushecken verborgen und nur auf geheimem Weg zugänglich — eine Oase mit klarem blauem Wasser, Palmen und Kolibris, mitten in der gefährlichen ausgebrannten Wüste des Llano estacado. Der liebliche Ort wird zum Schauplatz für rührendes Geschehen. Unter Tränen des Glücks finden sich hier der Neger Bob und seine Mutter wieder, die einander viele Jahre lang tot und verschollen glaubten.

Zum Sinnbild ohne Zwang und Absicht wird die versteckte Behausung des alten Desierto, des Häuptlings der Tobas (›In den Kordilleren‹). Geheimnisse umhüllen seine Person. Kaum ein Weißer hat ihn je gesehen, niemand kennt seine Vergangenheit und Herkunft. Der Verborgenheit von Geheimnissen entspricht die Verborgenheit seiner Wohnung:

»...Von links her aus dem Walde kamen nämlich die sehr deutlichen Stapfen zweier Menschen; mir zur Rechten zeigte der Fels einen breiten, aber nicht tiefen Spalt, so regelmäßig, wie durch Kunst hineingearbeitet. In diesem Spalt stand eine Algarobe, an deren Stamm diese Stapfen aufhörten, ohne zurückzukehren. Auch Pena sah diese Spuren. Er betrachtete sie, blickte an dem Baume empor, schüttelte den Kopf und sagte: ›Hier sind zwei Menschen gewesen!‹ ›Ganz gewiß! Und zwar Indianer.‹ ›Sie sind bis an den Baum gekommen und nicht wieder zurückgegangen; nicht wahr Señor?‹ ›So ist es! Wohin müssen sie also sein, menschlicher Logik nach?‹ ›Hinauf auf den Baum!‹ ›Auf dem Baume befinden sie sich nicht, denn seine Belaubung bildet zwar nach außen eine dichte, grüne Wand; im Innern dieses Wipfels, welcher einer Laube gleicht, sind aber alle Äste und Zweige so deutlich zu sehen und zu überblicken, daß zwei menschliche Personen unmöglich unsern Augen entgehen könnten.‹ ›Vielleicht täuschen wir uns in diesen Spuren?‹ ›Nein. Die Männer sind barfuß gewesen. Der Boden ist feucht, und ihre Stapfen haben sich sehr deutlich abgezeichnet. Die Zehen sind nach dem Baume gerichtet. Hier sehen Sie ganz nahe am Stamm sogar Spuren, welche nur die Eindrücke der Zehen, nicht aber der Fersen zeigen. Das ist ein Zeichen, daß diese Leute hinaufgeklettert sind und, indem sie sich streckten, um mit den Händen den untersten Ast zu erreichen, die Fersen hoben und nur auf den Zehen standen. Hinauf sind sie also gewiß. Und wenn nicht mehr auf dem Baume, so sind sie anderswo, jedenfalls im Felsen.‹ ›Man sieht doch kein Loch!‹ ›Das wird verschließbar sein. Betrachten wir uns den Stamm einmal genau! Der Baum ist alt und seine Rinde rauh und zerrissen; aber sehen Sie, daß sie an gewissen Stellen des Stammes und der Äste ganz glatt ist?‹ ›Ja. An den Ästen da, wo sie aus dem Stamme kommen!‹ ›Das ist vom Klettern. Wenn diese Stellen so glatt poliert sind, so ist das ein Zeichen, daß der Baum sehr oft erklettert wird. Und nun betrachten Sie sich die Äste! Auch ihre Rinde ist rauh, aber der starke Ast, der erst bis an die Felswand reicht und sich dann umbiegt ist auch glatt. Folglich haben die Kletterer ihn benutzt, um den Felsen zu erreichen. Was sie getan haben, können wir auch tun. Also hinauf jetzt!‹

Die Algaroben sind sonst nicht allzu hoch; diese aber besaß eine bedeutende Höhe. Der erwähnte glatte Ast stieß ungefähr da an den Felsen, wo sich die Höhenmitte desselben befand, also zwanzig Ellen über dem Erdboden. Ich kletterte hinauf, und Pena folgte mir auf dem Fuße. Als wir den Ast erreicht hatten, erblickten wir, was uns von unten entgangen war, einen starken Strick, welcher gerade über und parallel mit ihm an den Stamm und drüben an den Felsen befestigt war, so daß man sich an ihm festhalten konnte, wenn man den kurzen Weg vom Baume an den Stein aufrecht gehend und nicht auf dem Aste reitend und rutschend zurücklegen wollte. ›Da sehen Sie‹, sagte ich, ›eine ganz praktikable und bequeme Einrichtung! Wer weiß, wie hübsch das Innere dieses äußerlich so verheißungslos aussehenden Felsens ausgestattet ist.‹ ›Aber wie kommen wir hinein? Es gibt ja keine Tür!‹ ›Wir kommen genauso hinein wie die Bewohner. Eine Tür muß es geben; vielleicht findet man sie, wenn man sie sucht.‹ Ich schritt, mich mit der Hand an dem Seile festhaltend, über den Ast hinüber; dort mußte unbedingt der Eingang sein. Der Fels war auch hier mit grauen und grünen Flechten überzogen, aus denen, wie es schien, eine dünne, verwitterte Wurzel herunterhing. Flechten haben keine solchen Wurzeln; ein anderes Gewächs gab es nicht, zu dem sie hätte gehören können, folglich war mir ihr Zweck sofort klar. Ich ergriff sie und zog an ihr — wahrhaftig, ich hörte den leisen, unterdrückten Klang einer Glocke! Ich trat zwei Schritte zurück, um Platz für die Türe zu lassen, welche jedenfalls nach außen zu öffnen war. Pena stand dicht hinter mir; der Ast war stark genug, mehr als uns beide zu tragen.

Da wurde die Felswand geöffnet. Ich sah eine Holztüre, deren Außenseite künstlich mit den Flechten bekleidet worden war, so daß man sie von ihrer Umgebung nicht zu unterscheiden vermochte. Sie war so hoch und breit, daß zwei Männer nebeneinander hätten eintreten können.

Der sie öffnete, war ein Indianer. Er trug lange, sehr weite Leinenhosen und eine Ärmelweste, weiter nichts. Waffen sah ich nicht an ihm. Er war überzeugt gewesen, daß ein Kamerad von ihm Einlaß begehre. Er hätte alles andere eher für möglich gehalten, als das Erscheinen zweier fremder, weißer Männer da oben auf dem Baume und vor der Tür des so sorgfältig und ängstlich gehüteten Geheimnisses.«

Wir sehen, die beiden entdecken das ›Sesam öffne dich!‹ des Verstecks und dringen ein. Ebenso werden sie auch in das Geheimnis des alten Desierto eindringen und das Zauberwort treffen, ihn von seinen schrecklichen, allerdings auf einem Mißverständnis beruhenden, Gewissensqualen zu befreien. — Seitenlang könnte man vollends Karl Mays unterirdische Gänge, die geheimen Türen, die einem raffinierten Mechanismus gehorchen, die weitverzweigten Höhlen und Gewölbe aufzählen und beschreiben.

Auch hier ist der Raum Indiz der Handlung, ist er dingliche Explikation dessen, was in und um ihn geschieht. Der Geheimgang ist zugleich Instrument und Symbol des Abenteuers. Wie das Abenteuer ist er ein Etwas, in das die Helden sich einlassen ohne Gewißheit über den Ausgang. Er ist geheim und führt zum Geheimnis. Ist er einmal entdeckt, so ist schon der erste Schritt zur Entlarvung des unsichtbaren Feindes und seiner heimlichen Machenschaften getan. Der befestigte Gegner wird im wörtlichen Sinne zugänglich.

Immer wieder stößt man auf das Stichwort Geheimnis und Landschaft, ob es sich um ein nur dem Feind bekanntes Bayou im Colorado-River handelt — ein von überhängenden Büschen verdeckter toter Arm des Flusses — oder um einen verborgenen Taleinschnitt, durch den die Helden sich unbemerkt den gegnerischen Utahs nähern. Dabei gesellen sich dann gern den Wundern der Exotik die Wunder der Physik. So das Phänomen der Fata Morgana in der Wüste, das den Aberglauben vom Geist des Llano estacado optisch zu rechtfertigen scheint. Oder man stößt auf akustische Geheimnisse wie die Teufelskanzeln in ›Winnetous Erben‹ und der Tempel in ›Ardistan und Dschinnistan‹, bei denen elliptische Anordnungen des Raums über weite Strecken hin Belauschungen erlauben. Es versteht sich, daß diese Wunder der Physik nur im Dienste der guten Sache wirksam werden.

Stichwortartig noch einige verbreitete Raummotive: der Talkessel, in den der Feind gelockt und eingeschlossen wird (häufige Voraussetzung für unblutige Siege); der in einer tiefen Schlucht lagernde Feind, zu dem man sich nächtens mit Lassos hinabläßt; die selbstverfertigte schwimmende Insel, in der der Held sich versteckt an den Gegner heranmacht, um ihn zu belauschen. Fast durchweg ist die Landschaft Funktion der Handlung, selten nur hat sie Selbstzweck und eigene Gewichtigkeit.


Das Ich und die Gefährten

Über Wert und Berechtigung des ›Ich‹, das im Orient unter dem Namen Kara Ben Nemsi (d. h. Karl, Sohn der Deutschen) und in Nordamerika unter dem Namen Old Shatterhand die Siege seiner Kraft und Klugheit feiert, wurde zu Karl Mays Zeiten viel gestritten. Die Gegner warfen dem Autor, der sich mit seinem Helden gleichsetzt, Lüge und Renommiersucht vor, und er selbst leugnete in seinem Alter die Identifikation und gab vor, im ›Ich‹ verkörpere sich die ›Menschheitsfrage‹. Es lohnt nicht, sich damit aufzuhalten: beide Teile hatten auf verschiedene Weise unrecht. Auf die Machart der Romane wirkt sich jedenfalls die Methode der Ich-Erzählung positiv aus. Sie ist unmittelbar und abstandloser als das Erzählen in der dritten Person und gerade dadurch einem spannenden Abenteuerroman angemessen. Sie bietet ferner durch eingeschobene Reflexionen dieses Ichs sowohl ein Gegengewicht wie eine spannungsfördernde Verzögerung der übermächtigen äußeren Ereignisse. Schließlich erheischen Mannigfaltigkeit und Verschiedenartigkeit der Orte, der Figuren, der Abenteuer eine Ordnung und Verspannung, die der Icherzähler am besten zu leisten vermag, da in seiner alleinigen Perspektive die noch so wirren Fluchtlinien des Geschehens sich bündeln.

Karl Mays Ich verfügt über alle möglichen Eigenschaften in höchster Vollendung: schießen, reiten, fremde Sprachen sprechen, Kranke kurieren, Sekt zubereiten, komponieren, denken, religiös diskutieren usf. Es folgert aus den kümmerlichen Anzeichen eines verlassenen Lagerplatzes, wer wie lange und warum sich hier aufgehalten, woher er kam und wohin er mit welcher Absicht gegangen ist. Das Ich wächst mit der Größe seiner Abenteuer und sie mit ihm.

Karl Mays Erzählungen — hier haben wir einen wesentlichen Unterschied zum modernen ›Western‹ — spielen fast alle außerhalb der bürgerlichen Gesellschaft. Alles ist in Bewegung: der reisende Held und die nomadischen Völker, mit denen er es größtenteils zu tun hat, die Beduinen und die Indianer. Der Held hat keine Obrigkeit im Hintergrund, ihm obliegt nicht (wie dem Sheriff), ein geschriebenes, auf die Gesellschaft bezogenes Recht durchzusetzen. Das Ich ist allein auf sich selbst und seine Gefährten gestellt; die Gegner, wenn sie dies überhaupt tun, gehorchen fremden Sitten, Satzungen und Religionen. Besonders aus dem Auseinanderklaffen des Herkommens, des Denkens und Verhaltens entstehen zahlreiche Konflikte. Gerade die Isolation und Schutzlosigkeit des Ich, eines tugendhaften Outcast, bedingen seine Überdimensionierung, seinen Übermenschenzuschnitt. Übergroße Kraft und Klugheit machen ihn handeln und siegen (superlativisch sind auch seine Werkzeuge: das beste Pferd, die besten Waffen), und ein hochprozentiges christliches Gewissen heißt ihn seine Feinde schonen.

Die Feinde sind mächtig — sonst wäre es kein Verdienst, sie zu besiegen —, doch immer um ein Grad weniger tüchtig und intelligent als der Held — sonst besiegte er sie nicht.

Ist nun aber ein Abenteuerroman, in dem der Held von Anfang bis Ende stets die Oberhand behält, eine Revue von Triumphen also, nicht langweilig? Gemach —: der Held gerät oft genug in böse Klemmen, in Gefangenschaft und Todesgefahr. Nicht zuletzt zu diesem Zweck sind die Gefährten da. Sie machen die Fehler: durch Gedankenlosigkeit (Lord Lindsay), durch Leichtsinn (Sam Hawkens, Hadschi Halef Omar), durch Feigheit (Selim, ›Im Lande des Mahdi‹), durch Hitzigkeit (die beiden Snuffles, ›Im Reiche des silbernen Löwen‹ Bd. I). Ständig bringen sie sich selbst und den Helden in Gefahren, aus denen er sie wieder heraushauen oder herauslisten muß.

Die Gefährten dienen freilich noch anderen Zwecken. Der Held braucht sie, um sich mitzuteilen. Mit anderen Worten: sie sind heruntergekommene Confidentes des klassischen Dramas. Soll der Leser erfahren, was im Helden vorgeht, was er über eine bestimmte Lage denkt und aus bestimmten Anzeichen schließt, und soll der Leser dabei nicht durch einen langen und ungelenken Monolog angeödet werden, so bedarf es eines Partners, mit dem der Held sich abspricht. Der Partner übernimmt zugleich die Rolle des naiven gesunden Menschenverstandes, der nicht auf Anhieb den kühnen Einfällen und Schlußfolgerungen des Ausnahmemenschen, der der Held ist, zu folgen vermag. Der Held muß sich also herablassen, seine hohen Gedanken, die ihm als selbstverständlich erscheinen, vor einem Normalforum zu erörtern. Durch die Einwände dieser Einfachen fühlt sich dann der Leser gerechtfertigt, ja ein wenig geschmeichelt. Denn ihre Schlichtheit lokalisiert seine eigene Intelligenz etwa auf der mittleren Höhe zwischen Held und Gefährte. Nebenbei: Diese Figur des gesunkenen Vertrauten erscheint mit der gleichen Funktion auch in den Kriminalgeschichten von Poe über Conan Doyle (Dr. Watson) und Agatha Christie (Hastings) bis zu John Dickson Carr. Die Gefährten leisten aber noch mehr. Sie bringen ein privates Schicksal und dadurch Explosivstoff für weitere Abenteuer mit. Außer aus Zuneigung (Halef, Selim, Sam Hawkens) schließen sie sich dem Helden an, weil auf seinem Weg irgendwann die Beantwortung einer ihrer entscheidenden Schicksalsfragen liegen muß, sei es die Auffindung eines verschollenen Verwandten, sei es die Verwirklichung einer Rache, sei es die Rückgewinnung eines verlorenen Vermögens.

Im Lauf des Abenteuerwegs unseres Helden wachsen Freundes- und Feindesschar nach Schneeballart. Er startet fast immer allein, doch durch welche Gegend er auch zieht, überall bleibt ein Stück Mensch an ihm hängen. Durch die Eigenart ihres Charakters, ihres Schicksals und der Situation, in der sie dem Helden erstmals begegnen, sind die Gefährten zunächst interessant. Doch sie verlieren zwangsläufig an individuellem Umriß und werden mehr und mehr zu Statisten, je weiter der Weg führt, da immer neue Abenteuer den Helden gefangennehmen. Erst später vermögen sie als einzelne wieder zu fesseln, wenn ihre Stunde gekommen ist, wenn nach und nach ihre Schicksalrätsel gelöst werden. Ein Beispiel aus den beiden zusammenhängenden Südamerikaromanen ›Am Rio de la Plata‹ und ›In den Kordilleren‹. Der Ich-Held reist nach Südamerika und gerät dort durch Verwechslung in eine politische Intrige (mit dieser weitverzweigten politischen Verstrickung wird das feindliche Prinzip des ersten Bandes bestritten). Der Held lernt den Teepflücker Monteso kennen, der ihm folgt, weil er hofft, der Held könne ihm durch seine Kenntnis alter Kibbus zu einem Inkaschatz verhelfen (Gefährte Nr. 1). Kurze Zeit darauf schließt sich ihnen Bruder Jaguar an, der ein Verbrechen aufdecken will, wovon er durch die Beichte eines Sterbenden erfuhr (Nr. 2). Wieder einige Abenteuer, bei deren letztem der Held einen alten Freund, den Kapitän Frick Turnerstick zufällig wiedertrifft und aus den Händen politischer Rebellen befreit (Nr. 3). Bald darauf kommt Hauptmann Gomez hinzu, der eine Rache hat gegen den gleichen Mann, den der Held und Monteso wegen des Inkaschatzes aufsuchen wollen (Nr. 4). Und so geht das fort nach der Methode des Märchens ›Schwan kleb an‹. Diese Personen addieren sich im Lauf der gefährlichen Reise zum Kollektiv der Gefährten. Sie haben die *pragmatische* Auflage, die Abenteuer zu vermehren und die Angriffsfläche des Ich gegenüber den Feinden zu vergrößern, und sie haben die *erzähltechnische* Auflage, das Ich zum Sprechen zu bringen.

## Dualismus

Karl Mays Welt ist wie die des Märchens handfest dualistisch. Sie ist geschieden in gute und böse Menschen, in edle und finstere Charaktere, die Lauen spuckt er aus. Ganz selten läßt er sich einmal auf einen gemischten Charakter ein, der sich dann um so mehr aus dem abenteuerlichen Personal heraushebt: Old Wabble in ›Old Surehand‹, Reïs Effendina in ›Im Lande des Mahdi‹ und der Reïs von Schohrt in ›Durchs wilde Kurdistan‹. Da das Ich und seine Sache der Meridian des Guten ist, läßt sich die charakterliche Entwicklung dieser Männer — die dem Abenteuerroman gemäß sich ausschließlich in sichtbaren Handlungen äußert — fast geometrisch an ihren Positionsveränderungen zum Ort des Ich ablesen. Diese Gemischten sind jedoch Ausnahmen.

Ansonsten sind die Fronten klar: hier, auf der Seite des Ich oder der andern Helden (Winnetou, Old Firehand), die Guten — dort, auf der Seite der Widersacher, die Bösen. So besteht denn auch die ganze Aventiurenkette der Romane aus den fortlaufenden feindlichen Berührungen der beiden Gruppen.

Nochmals, nicht ganz glücklich, sei die Geometrie veranschaulichend bemüht. Die Handlung beschreibt allemal zwei Figuren. Von oben gesehen zwei parallele Linien, grad oder gekrümmt, auf denen die beiden gegnerischen Gruppen, die Guten und die Bösen, sich fortbewegen. Zwischen ihnen verläuft eine Zickzacklinie, hinüber und herüber: die wiederholten Zusammenstöße der beiden Gruppen. Am Schluß der Romane werden die Parallelen gewaltsam zusammengeführt; denn die Gruppe der Feinde hat aufgehört zu existieren. Die zweite geometrische Figur ist von der Seite gesehen: sie beschreibt eine Wellenlinie. Die Wellenberge sind die Erfolge der Guten, die Wellentäler sind die Erfolge der Bösen. Diese Kurve endet selbstverständlich mit einem Höhepunkt.

Nicht nur durch das Auf und Ab, durch den Wechsel der Fortuna, wird das starre Zweifrontensystem belebt, auch dadurch, daß die beiden gegnerischen Gruppen in sich beweglich und veränderlich sind. Ich habe es oben schon angedeutet: dem Helden schließen sich auf seinem Weg immer wieder neue Freunde an, andere schwenken ab, wenn ihnen der Zweck der Reise schon auf halbem Weg erfüllt scheint. Ebenso herrscht bei der Feindesschar um den Hauptgegner herum ein ständiges Kommen und Gehen.

Den Kontaktmöglichkeiten zwischen den beiden Gruppen sind enge Grenzen gesetzt. Der Vorrat immer wiederkehrender Motive ist gering: Flucht und Verfolgung, Anschleichen und Belauschen, Gefangennahme und Befreiung. Dabei ist bald die eine, bald die andere Partei der aktive Teil. Man hat Karl May wegen dieser Armut an dramatischen Bewegungsmotiven schon oft Phantasielosigkeit und Langweiligkeit vorgeworfen. Diesem Vorwurf steht der gewaltige Erfolg bei Jugendlichen und auch bei Erwachsenen entgegen, der die Frage aufwirft, worin denn die Faszination der so beharrlich erscheinenden Motive liege.

Ich glaube, sie sprechen — geradeso wie die Reisebewegung von unten nach oben, wie der Geheimniskomplex, wie die Höhlen und unterirdischen Gänge — primitive Grundfiguren und archetypische Lagen im Unterbewußten und Halbbewußten an.

Die einfachsten und beliebtesten Kinderspiele sind Nachlauf und Verstecken; sie vereinigen sich auf einer etwas höheren Ebene im Spiel von Räuber und Gendarm. Was denn anders als Episierung, Füllung und Erweiterung dieser Spiele sind die Motive der Verfolgung, des Anschleichens, der Gefangennahme und der Befreiung? Gerade weil diese Motive primitiv sind, weil ihr Sinn restlos im Sinnlichen, Anschaulichen, im körperlichen Kontakt aufgeht und sich jeder geistigen Differenzierung und Sublimierung entzieht — darum dauern sie und nutzen sich nicht ab. In gleicher Weise bestätigt das Motiv der Fesselung und Entfesselung traumhaft unbewußte Erfahrungen. Und nicht nur die ›einfachen Formen‹ und der spannungsvolle, doch primitive Inhalt dieser Motive faszinieren, auch die ostinate Weise ihres Auftretens, die sture rhythmische Wiederkehr des Gleichen, das noch in der farbigsten Abwandlung als das A und O des Abenteuers erkannt und wie im Zwang vom Leser herbeigewünscht wird. Auch hier erweisen sich Talent und Geschick des guten Unterhaltungsschriftstellers, der gerade in der Beschränkung auf Oberflächendarstellung (Karl Mays brave Frömmigkeit steht auf einem andern Blatt) unbeabsichtigt tiefere Bewußtseinslagen anspricht.

Karl Mays dualistisches Prinzip, der Widerstreit von Gut und Bös, das Gegeneinander zweier Parteien, die einander zu überwinden trachten, verdichtet sich an bestimmten Höhepunkten der Romane im Agonalen. Dies Agonale wird aufs äußerste zugespitzt: Einsatz und Lohn des Wettkampfs ist das Leben. Der Held wird von feindlichen Indianern gefangengenommen. Er hat die Wahl zwischen der ehrenhaften Passivität eines Todes am Marterpfahl und der ehrenhaften Aktivität eines offenbar aussichtslosen Kampfes ums Leben. Seinem Charakter und dem dynamischen Gesetz des Abenteuerromans folgend, entscheidet er sich selbstredend für den Kampf, wiewohl ihm die Bedingungen so gut wie keine Siegeschancen geben. Durch List und geschickte, unbemerkte Ausnützung physischer und geographischer Gegebenheiten (Schwimmen mit der Strömung, Kämpfen mit der Sonne im Rücken) überwindet er den zunächst überlegenen Gegner und kann sich sogar noch leisten ihn zu schonen. Gerade das Moment der List und der ausgepichten Raffinesse lockert als feingestuftes kammermusikalisches Gegengewicht die auftrumpfend üppige Orchestrierung der dramatischen Abenteuer.

## Ethos und Quantität

Kara Ben Nemsi alias Old Shatterhand reitet durch Orient und Okzident, um Land und Leute kennenzulernen, um Abenteuer zu bestehen, um wie weiland Gawan oder Rinaldo Rinaldini die Bösen zu bestrafen und den Guten beizustehn. Er hat ein ethisches, ein religiöses Programm. Er tritt auf als der Kultivierte unter den Barbaren, als der Christ unter den Fremdgläubigen. Daß er sich als Partner seiner Auseinandersetzungen gerade die Mohammedaner und die Indianer aussucht, hat zwei Gründe: sie bieten Gelegenheit, pittoreske Sitten, wie sie der Abenteuerroman liebt, zu schildern, und sie bieten Gelegenheit, gerade aus dem scharfen Kontrast die Eigenart der christlichen Religion vorzuführen. Der Blutrache der Beduinen und der Marterpfahlideologie der Indianer wird mit schlagenden Beispielen die sittliche Überlegenheit der Nächsten- und Feindesliebe gegenübergestellt. Daß dabei die größten Schurken sich nicht aus Fremdgläubigen, sondern aus der Schar der schlechten und frömmlerischen Christen rekrutieren, macht dem einfachen Gemüt diese Kundgebung um so überzeugender. Das wahre Christentum im Sinne des Ich-Helden dagegen strahlt auf, ist es doch an die überdimensionale Tüchtigkeit eben dieses Ichs gebunden, mit dem es steht und fällt, und das heißt in Karl Mays Durchführungen: mit denen es allzumal steht, ja steigt. Da er immer als Vertreter des Christentums und im Namen des Christentums auftritt, werden auch seine Erfolge vornehmlich als Erfolge dieser Religion verbucht. Und so tut sein Messianismus aus Bizeps und List Wunder über Wunder mittelbarer Bekehrung.

Man fragt sich, ob denn dieses sittlich-religiöse Programm, wie alles Ideologische, der Äußerlichkeit des Abenteuerromans nicht im Wege stehe. Seltsamerweise nicht. Es fördert sogar die Spannung des Verlaufs. Eine unaufhörliche Folge hochdramatischer Situationen verschleift sich, entspannt sich, entschärft sich. Es bedarf der Haltepunkte und der Ruhelagen, in denen die Dynamik der Handlung sich neu aufladen kann. Wir erleben Geschwindigkeit weniger bei gleichbleibendem höchsten Tempo als in Momenten der Beschleunigung. In die Haltepunkte dringen vornehmlich religiöse Erörterung und Reflexion ein, mitunter abgewechselt von ethnologischen Erklärungen und Landschaftsbeschreibungen. Ein weiteres Plus für das betont christliche Ich: wer seinen Feind schont, spart ihn auf für weitere Abenteuer. Und hier zeigt sich die seltsame, für Karl May so charakteristische Relation von Ethos und Quantität. Das eine ist Funktion des andern. Karl May erstrebt, trotz bunter Episodenfülle, eine zusammenhängende Handlungsführung. Sie ist in Ansätzen gegeben durch das gleichbleibende Kontinuum des Ich. Sie wird jedoch verstärkt durch das gleichbleibende Kontinuum eines Hauptgegners, sei er eine Person oder eine Verbrecherbande. Schlüge das erlebende Ich den Gegner, der nach seinem Leben trachtet, beim ersten Sieg schon tot, so wäre das erzählende Ich gezwungen, einen neuen Gegner aus dem Boden zu stampfen. Die extremen Formen des Verzeihens und der Schonung sind also nicht nur Sache des Ethos, sondern auch Sache der Ökonomie. Entfiele das Ethos, so litte darunter die Qualität oder zumindest die Kontinuität des Romans. Bewußt oder unbewußt verschleiert somit Karl May poetisch-handwerkliche Kniffe durch Ideologisches.

Dieses Prinzip ist auch in umgekehrter Weise wirksam. Nicht nur die Güte des Helden gewährleistet den Fortgang der Handlung, auch die Bosheit der Feinde. Warum entrinnt der Held allzumal dem Tod, selbst wenn ihn die anderen gefesselt und verriegelt halten? Weil die Gegner besonders böse sind. Sie wollen ihm nicht die Gnade eines raschen, vergleichsweise schmerzlosen Todes gönnen, sie sparen ihn vielmehr auf für einen besonders langsamen, qualvollen Tod. Bei den Indianern wird dies durch das Ritual des Marterpfahls motiviert, das der Sitte nach erst im heimatlichen Dorf oder am Grabe eines berühmten Häuptlings vollzogen werden kann, bei den Orientalen zumeist durch den besonderen Sadismus des Feindes, etwa des Sklavenfängers Ibn Asl, der in Ruhe dem Helden die Glieder seines Leibes einzeln abzwacken will. Diese Gründe ziehen zwangsläufig Aufschub nach sich, sie geben dem Gefangenen Spielraum, sich selbst zu befreien oder auf die Befreiung von außen zu warten.

Ideologisches als Alibi für handwerkliche Verlegenheiten des Romanciers ist auch beim Thema ›Zufall‹ am Werk. Was wäre der Abenteuerroman ohne Zufälle? Dort, wo man's braucht, gibt es einen unterirdischen Gang. In höchster Not findet man ein Messer, um sich die Fesseln zu durchschneiden. Gerade der, den du auf einem Schiff triffst, ist der lang gesuchte verschollene Bruder eines Freundes. Du fandest einmal einen Ring, den du achtlos an deinen Finger stecktest, und gerade dieser Ring ist das fehlende Glied in der Kette eines Geheimnisses, das du Jahre später zu lösen haben wirst. Auch der geduldigste Leser wird bei solch unwahrscheinlichen Zufällen störrisch. Karl May sucht dieses Unbehagen aus der Welt zu schaffen, indem er aus christlichen Gründen schlechtweg den Zufall leugnet. Daher seine häufigen Reflexionen über Zufall und Schickung. Z. B. ›Im Reiche des silbernen Löwen‹ Bd. I Kap. 7:

»Wie ich schon oft im Verlauf meiner Erzählungen getan habe, betone ich auch jetzt wieder, daß ich kein Anhänger der Lehre vom Zufall bin. Ich hege vielmehr die unerschütterliche Überzeugung, daß wir Menschen von der Hand des Allmächtigen, Allweisen und Allliebenden geführt werden, ohne dessen Willen — nach dem Wort der Heiligen Schrift — kein Haar von unserem Haupte fällt... Es ist mir sehr oft vorgekommen, daß ein um viele Jahre zurückliegendes, an sich unbedeutendes Ereignis, an das ich längst nicht mehr dachte, mir ganz unerwartet seine Folgen zeigte und bestimmend in mein Handeln eingriff, daß ich nur als geistig Blinder hätte behaupten können, mir seien meine damaligen Handlungen und Entschlüsse von einem Zufall eingegeben worden.«

Die himmelschreienden Zufälle sind also himmelgeschickte Fügungen. Daß dem Autor nicht ganz wohl war bei diesen Fällen, beweist die Häufigkeit seiner Rechtfertigungen auf diesem Gebiet. Es ist allerdings bezeichnend, daß nur bei den günstigen Zufällen der liebe Gott die Hand im Spiel hat. Wir wissen, das Ich gerät sehr häufig in Klemmen, die meistens durch die Unbesonnenheit seiner Gefährten verursacht sind. Sind die Gefährten einmal nicht zur Stelle und es widerfährt dem Helden trotzdem etwas Schlimmes, so kann dies, wegen seiner übergroßen Tüchtigkeit, nicht an einem eigenen Fehler liegen. Schuld hat — der Zufall. Der Held stürzt beim Kampf über eine kaum sichtbare Wurzel. Oder: er versucht auf der Flucht vor einer übermächtigen Feindesschar eine Felswand hinaufzuklettern; ein

Stein löst sich, so daß er hinab und betäubt in die Hände der Feinde fällt. Hier nun wird die Vorsehung nicht bemüht: es verstieße gegen den handfesten Gott-mit-uns-Standpunkt der Tugendhaften.

Die Bewegung im Raum, die Reise, die der Abenteuerroman beschreibt, findet ihren plausiblen Abschluß an dem Punkt, wo keine landschaftlichen Hindernisse mehr zu überwinden sind, auf dem letzten und höchsten Berg. Die Bewegung zwischen den Menschen, die feindlichen Auseinandersetzungen zwischen den Guten und den Bösen hinwiederum sind dort beendet, wo kein Feind mehr zu überwinden ist, das heißt: dann, wenn der Widersacher aus der Welt geschafft, vernichtet ist. Da nun, gegen Ende, müßte der Ich-Held, der jedes Blutvergießen selbst in Not-wehrlagen meidet, in Verlegenheit kommen. Die innere Notwendigkeit der Feindesliebe und die äußere Notwendigkeit, den Feind zu vernichten — das scheint zu einem unlösbaren Dilemma zu führen. Karl May meistert auch dieses Pro-blem. Er läßt abermals die göttliche Vorsehung einspringen, die es dem Helden erspart, sich mit Feindesblut zu beflecken. Ein Gottesgericht findet statt, das sich gern die landschaftlichen Gegebenheiten zunutze macht. Auch hierzu ist der Berg als Endstation der abenteuerlichen Reise günstig: er gibt der Vorsehung, dem Autor und dem Helden die Gelegenheit, den Bösewicht abstürzen zu lassen.

Auf der Flucht stürzen vom Berg ab: Dan Etters in ›Old Surehand‹ Bd. III (Tod ohne Reue); Graf Hohenegg in ›Zepter und Hammer‹ (Tod mit Reue); Sander, der Mörder von Winnetous Vater und Schwester (innere Verfassung unbekannt); der Schut stürzt mit seinem Pferd in eine Schlucht (innere Verfassung unbekannt); Manach el Barcha, der Mädchenräuber, stürzt von einem hohen Felsen in ›Der Schut‹ (innere Verfassung unbekannt); vom Berg wiederum: der Sendador in ›In den Kordilleren‹ (Tod mit Reue); von einem Turm in Istanbul wird von einem Gefährten Abrahim Mamur gestürzt in ›Von Bagdad nach Stambul‹ (Innere Verfassung unbekannt). Weitere fatale Todesarten: der Krumir ver-sinkt in einem Salzsee (›Orangen und Datteln‹); Natter kommt bei einem Erd-beben ums Leben (›Die Juweleninsel‹); die Hauptverbrecher der Serie ›Schloß Rodriganda‹ etc. stürzen in einen kochenden Geysir; der Gambusino (›Das Ver-mächtnis des Inka‹) und das Buschgespenst (Titelheld des gleichnamigen Romans) werden durch eine selbstverschuldete Explosion getötet; der Derwisch wird als Gefangener in einem alten Schiff, ohne Schuld der Helden, von Ratten ge-fressen (›Zobeljäger und Kosak‹). Dies nur als eine Auswahl.

Wie gut der Held mit der Vorsehung steht, wie sehr er auf sie rechnen kann, belegt noch ein anderes Motiv: das der Prophezeiung. Der Ich-Held hat, so läßt er den Leser vertraulich wissen, mitunter Ahnungen, die nicht auf Überlegungen, sondern auf irrationalen Eingebungen beruhen. Diese Eingebungen lassen ihn dann dem Gegner mitteilen, daß es mit ihm kein gutes Ende nehmen wird, ja bis-weilen macht der Held sogar genaue Angaben über Zeitpunkt und Art der Strafe Gottes, die den Bösen gewiß treffen wird. Es ist dann Ehrensache der Vorsehung, daß sie die Prophezeiungen pünktlich verwirklicht. Dieses in seiner Wirkungsweise allzu mechanisch knarrende Motiv taucht gottlob fast ausschließlich in Mays ideologisch überanstrengten kurzen Parabelgeschichten auf, die jeweils eine be-stimmte Sünde oder Tugend an einem mühevoll präparierten Beispielfall vorexerzieren. Dazu gehören die Orientgeschichten: ›Christus oder Muhamed‹, ›Himmelslicht‹, ›Christi Blut und Gerechtigkeit‹, ›Mater Dolorosa‹ (alle in ›Orangen und Datteln‹) und die Wildwest-Geschichten: ›Gott läßt sich nicht verspotten‹ ›Der Blizzard‹ (in ›Auf fremden Pfaden‹). Es sind exotisch verfremdete Predigtmärlein mit überaus penetranter Moral. Ein Beispiel: Daß es weder fromm noch opportun ist zu fluchen, erfahren schlagend zwei Verbrecher, die die böse Angewohnheit haben, irgendwelche Aussagen zu beschwören mit den Formeln: Ich will erblinden und Ich will zerschmettert werden. Diese unfrommen Wünsche gehen nach einiger Zeit haargenau in Erfüllung (›Gott läßt sich nicht verspotten‹). Während in den großen Abenteuerromanen das Ethos — vor allem bei den Motiven der Schonung und des Zufalls — Mittel ist, kompositorisch-handwerkliche Verlegenheiten zu vertuschen, ist es in den moralischen Kurzgeschichten eigentlicher Zweck.

## Sachmotive

Fliehen und Verfolgen, Anschleichen und Belauschen, Fangen und Befreien —: ich nannte diese Tätigkeiten Grund- und Bewegungsmotive, weil aus ihnen, abstrakt gesehen, die Grundvorgänge eines jeden Mayschen Romans sich zusammensetzen. Daneben gibt es eine zweite Gruppe von Motiven, die ich Sachmotive nennen will. Ihr Inhalt ist eine Sache (z. B. ein Schatz) oder ein Sachverhalt (z. B. Kindesvertauschung). Man könnte bei den beiden Motivarten auch von substanziellen und akzidentellen Motiven sprechen. Denn die ersteren — Fliehen, Verfolgen usw. — sind die unerläßliche Bedingung, das sine qua non des Mayschen Abenteuerromans. Ohne sie findet die Reisebewegung nicht statt. Die letzteren dagegen liefern den äußeren, akzidentellen Anlaß für die Reise, sie sind theoretisch austauschbar. Während die ersteren gleichsam die Schritte des Abenteurers sind, machen die letzteren den Grund aus, weswegen er sich bewegt.
Die meisten Sachmotive gehören dem Geheimkomplex an. Es sind versteckte Dinge, die der Held aufstöbern muß, dunkle Sachverhalte, die er aufklären muß, Rätsel, die er lösen muß. Gerade diese Eigenschaft läßt den Abenteuerroman nach ihnen greifen. Denn sie ermöglichen ein langwieriges, verworrenes und angestrengtes Suchen und ein endliches Finden, das sich mühelos der spezifischen Bewegung der Reise unterlegen läßt.
Eine wichtige Stelle nimmt in vielen Bänden das Motiv des Schatzes ein. Fast immer ist es ein unermeßlich wertvoller Gegenstand, dem beide Parteien, die Guten und die Bösen, nachjagen, den sie finden und sich aneignen wollen. Irgendeinem der Guten ist der Schatz versprochen, geschenkt oder vererbt worden, oder er hat Anrecht auf Finderlohn. Irgendein Böser erfährt davon und will sich dazwischendrängen. Am lange erstrebten Ziel angelangt, verlieren jedoch die Beteiligten, die Guten wie die Bösen, den Schatz, nachdem sie und der Leser noch einen kurzen, mehr oder minder begehrlichen Blick haben darauf werfen dürfen. Sie verlieren ihn durch eigene Schuld oder durch ein genau plaziertes Naturereignis, bei dem wieder einmal die Finger Gottes deutlich spürbar werden. Dieser Verlust gereicht sowohl der Moral wie der poetischen Fiktion zum Nutzen. Denn auf dem Golde

46

liegt, seit der Nibelungen Zeiten her, ein Fluch, und der Besitzer eines Riesen-
schatzes, einmal aus dem köstlich unwahrscheinlichen Spannungsfeld von Exotik
und Abenteuer in den Alltag entlassen, wäre kaum denkbar. Gleichwohl bleibt
den Helden — ist's Zufall, ist's Schickung? — oft noch ein kleiner Teil des Schatzes
erhalten, der sich in vernünftigen Ausmaßen hält und vernünftigen Zwecken zu
dienen verspricht.

Das Schatz-Motiv zählt zum weitverzweigten Geheimniskomplex der Mayschen
Romane. Der Schatz ist verborgen. Nur wenigen Männern ist er bekannt, und die
sind entweder im Sterben oder schweigsame alte Indianer. Kaum zu enträtselnde
Pläne oder Kibbuschnüre oder Zahlenkompositionen weisen undeutlich auf seine
Lage. Zugänglich ist er nur durch alte, tiefe, verfallene Tempelgänge oder durch
einen Schacht, der unter einem See hindurchführt (›Juweleninsel‹, ›Schatz im
Silbersee‹).

Geheimnisumwittert ist auch das Motiv der verschollenen Verwandten und der
Kindesvertauschung, das vor allem in Karl Mays fünf Kolportageromanen, aber
auch in den Reiseromanen eine entscheidende Rolle spielt (›Old Surehand‹, ›Satan
und Ischariot‹). Wo dieses Motiv erscheint, verbindet sich der ganz auf Gegenwart basierende Abenteuerroman mit Formen des analytischen Romans. Denn die
intrigenhaften Voraussetzungen für das Verschwinden eines Sohnes oder die
Ahnungslosigkeit eines jungen Mannes bezüglich seiner Herkunft ruhen oder gären
in der verborgenen Tiefe der Vergangenheit. Damals bei einem Schloßbrand ...
Oder damals, als ein angeheirateter Verbrecher seine eigenen Taten dem edlen
Vater tückisch in die Schuhe schob, so daß er eingesperrt wurde und am Gram
starb ... Diese oft 20, 30 Jahre zurückliegenden finsteren Begebenheiten weiß
der Ich-Held oder der Protagonist eines der Kolportageromane rückwärts zu erschließen und mit Personen und Symptomen der Gegenwart geschickt zu kombi-
nieren. Dabei bleiben noch genügend Abenteuer für das Hier und Jetzt übrig, bis
die in alle Winde zerstreuten Verschollenen zusammengeführt, die Gerechten gerechtfertigt, das Vermögen zurückgewonnen und die Bösen zur Strecke gebracht
sind.

Dem Geheimniskomplex gehören ferner die Motive der Blindheit und des Wahn-
sinns an. Was unternimmt ein Verbrecher gegen einen Mann, der zum Zeugen
einer seiner Taten geworden ist, der seinen Schlupfwinkel kennt oder weiß, wo der
Böse seine Schätze versteckt hat? Er kann ihn ermorden — das geschieht auch
gern und oft. Besonders gemeine und hybride Bösewichte jedoch, mit einer Neigung zum rünstigen Vabanquespiel, töten nicht den halben Mitwisser, der Tat und
Ort, nicht aber den Täter genau kennt, sie blenden ihn durch eine Pulverladung
oder versetzen ihn durch ein Gift in Wahnsinn. Der physische Defekt genügt
dem Sicherheitsbedürfnis des Verbrechers, und er hat obendrein die sadistische
Genugtuung, in dem Opfer ständig ein lebendiges Zeugnis seiner Macht und Geschicklichkeit vor Augen zu haben. Für Autor und Leser dagegen ist der Blinde und
der Wahnsinnige als Geheimnisträger wertvoll und als potentieller Rätselschlüssel
für dunkle Zusammenhänge. Dreifach befriedigend ist dann gegen Ende des
Romans der Zeitpunkt, in dem Heilung des Opfers, Aufklärung des verborgenen
Sachverhalts und Entlarvung des Schurken zusammenfallen.

Ein weiteres geheimnisvolles Motiv ist das der Schmuggelei und des Geheimbundes. (Geschmuggelt wird ›In den Schluchten des Balkan‹, ›Im Reich des silbernen Löwen‹ Bd. II, in vielen der erzgebirgischen Dorfgeschichten, in ›Schloß Rodriganda‹ und im ›Buschgespenst‹.) Das nächtliche Treiben vermummter Gestalten, ihre geheimen Erkennungszeichen und Versammlungsplätze, die unterirdischen Räume und Gänge, in denen sie ihr Paschergut lagern — das sind allzumal Gegebenheiten, die schon von der Atmosphäre her dem Abenteuerroman entgegenkommen. Diese Schmugglerbanden werden jeweils angeführt von einem skrupellos verbrecherischen Führer, den keiner kennt, da er immer maskiert auftritt und seine Gestalt geschickt hinter einer unheimlichen Legende — als Buschgespenst, als Waldschwarzer etc. — zu verstecken weiß. In seinem privaten Leben erscheint der Anführer als ehrbares, wohlhabendes Mitglied der Gesellschaft, in dem niemand — außer dem Helden, der Schritt für Schritt dahinterkommt — eine Verbindung zu den Verbrechen vermuten würde. Eine Variante davon — interessanter noch, weil nicht an die *eine* Tätigkeit der Schmuggelei gebunden — ist der Geheimbund: in den ersten sechs Bänden die verbrecherische Organisation des Schut; in ›Winnetou‹ II der Kukluxklan; ›Im Lande des Mahdi‹ die religiöse, der Sklaverei verschriebene Vereinigung der heiligen Kadirine; in ›Unter Geiern‹ die Stakemen, die in der Wüste des Llano estacado die Wegweiser umstellen, so daß die Reisenden verschmachten und ausgeraubt werden können; in ›Zepter und Hammer‹ die politisch anarchistische Gruppe der ›Lichtspender‹; schließlich, im ›Fremden aus Indien‹, die finstere Bande unter dem geheimnisvollen Hauptmann, die eine kleine Kreisstadt tyrannisiert. Auch dieses Motiv ordnet sich mühelos dem Grundmuster des Abenteuerromans von Flucht und Verfolgung, Fangen und Befreien ein, nur daß der Gegner bis kurz vor dem Schluß noch keine individuell erkennbaren Züge trägt.

Zwei einander verwandte Motive seien hier noch angedeutet, die im Gegensatz zu den mehr analytischen Geheimnismotiven stehen; denn sie umgreifen keinen versteckten, sich entziehenden und zu entlarvenden Sachverhalt: vielmehr einen offen daliegenden, überschaubaren: Eisenbahnunglück und Schiffbruch. Das sind Sachverhalte, denen der Held sich nicht absichtsvoll und aus eigenem Antrieb nähert, sondern in die er hineingerissen wird. Reine dramatische Gegenwartsmotive, ohne Rückbindung in die Vergangenheit.

## Attribut als Charakter

Old Shatterhand schließt sich, ohne seinen Namen zu nennen, einer Gruppe von Westmännern an. Man vermutet in ihm, der sich bescheiden im Hintergrund hält, ein Greenhorn, zumindest aber einen schlichten Durchschnittler. Da taucht eine feindliche Schar auf. Es kommt zu Auseinandersetzungen. Old Shatterhand schlägt einen oder mehrere von den Gegnern mit der bloßen Faust auf den Kopf: der Gegner stürzt ohnmächtig nieder. Die Genossen werden stutzig, sie betrachten sich den zunächst so Unscheinbaren genauer. Siehe da: er hat zwei Gewehre — Bärentöter und Henrystutzen —, und sein Pferd muß der berühmte Apatschenhengst Hatatitla sein, von dem man schon soviel Wunderdinge gehört hat. Folglich: es handelt sich um den großen Old Shatterhand.

Oder: ein Indianer, ohne Federschmuck oder sonstige Zeichen der Würde, tritt aus den Büschen auf eine Gruppe von Goldsuchern zu. Die rote Hautfarbe spielt mehr in eine zarte Bronzetönung über, um die Schultern eine Santilodecke, keinerlei Skalpe am Gürtel, das blauschwarze Haar helmartig hochgebunden und in der Hand — ein mit Silbernägeln beschlagenes Gewehr. Voilà: Winnetou. Eine Vorstellung erübrigt sich.

Der Abenteuerroman, wie wir schon sahen, geht auf äußere Aktion aus, auf Ereignisse und farbig bewegte Situationen. Charakterentwicklung, seelische Nuancen, geistige Prozesse, all das, was wir mit dem schönen Wort ›Innenleben‹ belegen mögen, ist seine Sache nicht. So tritt denn auch der Autor von Abenteuerromanen und zumal Karl May an seine Personen von außen heran. Was sie sind und tun, ist an äußeren Zeichen kenntlich. Der Charakter wird nicht erzählt oder erörtert, er wird in Handlungen, Physiognomien, Kleidern und Geräten manifest. Verkürzt um ihre dinglichen Attribute, wie Kostüm, Waffen, Pferd etc. verlören die meisten der Karl Mayschen Figuren ihre Individualität. Verkürzt um das, was von außen auf sie einstürzt, das Abenteuer, verlören sie ihre Existenz. Was sie als Person ausmacht, beziehen sie aus der heftigen Begegnung mit der Welt. Ihr Dasein stößt ihnen zu, ihr Sosein wird ihnen von außen beigebracht, ihre Eigenart ist attributiv. Deswegen wird jede neueingeführte Person entweder prima vista in eine bewegte Situation gestellt, in der sie reagieren, dem Außen antworten muß, oder sie wird durch ein gewaltiges Porträt ihres Äußeren vorgestellt. Ein weiteres Gutteil ihrer Persönlichkeit und des Interesses, das der Leser in diese investiert, wird durch die jeweilige Geschichte, das jeweilige Schicksal der Person bestritten. Auch das ist kein inneres Charakteristikum, sondern etwas, das der Person von außen widerfuhr und widerfährt.

Bei dieser etwas mechanischen Charakterisierungsweise verwundert es nicht, daß Karl May die komischen und grotesken Figuren besser und lebendiger gelingen als die Heroen. Der Heros ist schön und harmonisch, seine Größe duldet keine Verzeichnung, keine Verzerrung, keine karikaturistische Überladung, sein Tugendsystem läßt kein Lachen zu. In seiner Erscheinung fehlen die vielen Ecken und Kanten, Hubbeln und Beulen, an denen bei den Nebenfiguren der Blick sich vergnüglich festhakt. Die großen Helden sind in ihren Taten so erhaben und in ihrer Gestalt so ebenmäßig, daß sie als greifbare Figuren sich dem Leser immer wieder entziehen. An die Nebenfiguren dagegen kann man Hand anlegen, man kann sie fassen: nicht zuletzt, weil sie zumeist auffällig lange Nasen haben. Karl May — ohne tiefenpsychologische Nebengedanken sei's gesagt — hat einen Nasenkomplex. Viele bösartige Gegner — im Orient sind es sehr häufig Armenier — erkennt der Held außer an ihren stechenden Augen an einer scharfkantigen, tückisch und begehrlich gebogenen Nase. Nicht schöner, doch gemütlicher und vertrauenerweckender sind die Nasen der komischen Freunde. Man betrachte die Einführung der Figur des Lord David Lindsay. Dabei wird die prinzipielle Zeichnung von außen und die besondere Feinarbeit in der Nasenbeschreibung gut sichtbar: ›Durch die Wüste‹ S. 318:

»Ein hoher, grauer Zylinderhut saß auf einem dünnen, langen Kopfe, der in bezug auf Haarwuchs eine völlige Wüste war. Ein unendlich breiter, dünnlippiger Mund legte sich einer Nase in den Weg, die zwar scharf und lang genug war, aber dennoch die Absicht verriet, sich bis hinab zum Kinne zu verlängern. Der bloße, dürre Hals ragte aus einem sehr breiten, umgelegten, tadellos geplätteten Hemdkragen; dann folgte ein graukarierter Schlips, eine graukarierte Weste, ein graukarierter Rock und graukarierte Beinkleider, ebensolche Gamaschen und staubgraue Stiefel. In der Rechten trug der graukarierte Mann ein Instrument, welches einer Verwalterhacke sehr ähnlich war, und in der Linken eine doppelläufige Pistole. Aus der äußeren Brusttasche guckte ein zusammengefaltetes Zeitungsblatt neugierig hervor.«

Die äußeren Eigenschaften Lord Lindsays verbleiben jedoch nicht in der notwendigen Statik und Zuständlichkeit dieser ersten Beschreibung, sie führen immer wieder, situationsbedingt, ein merkwürdiges Eigenleben. Schrecken, Freude, Überraschen, also reaktives inneres Verhalten, machen zumal sein Gesicht zum Schauplatz grotesker pantomimischer Vorgänge. S. 319:

»Sein Mund öffnete sich auf die Weise, daß die dünnen Lippen ganz genau ein gleichseitiges Viereck bildeten, welches die breiten, langen Zähne des Mannes sehen ließ; die Brauen stiegen noch höher empor als vorher, und die Nase wedelte mit der Spitze, als ob sie Kundschaft einziehen wolle, was das Loch unter ihr jetzt sagen werde.«

Karl May hat eine wilde Lust an solchen Groteskzeichnungen. Kein Roman ohne zwei bis drei derartige Figuren, die neben ihrem spaßigen Eigenwert auch noch eine erzähltechnische Funktion haben. Die übertriebenen Grotesken reichen den übertriebenen Heldentaten die Hand. Sie geben dem Heroischen im Komischen ein Gegengewicht, fangen es auf und schaffen eine gleichmäßige Stillage des troppo agitato, ja des troppo schlechthin.

Riesennasen in den verschiedensten Ausführungen besitzen ferner: Sam Hawkens, der Trapper Geierschnabel, die beiden Snuffles und der Ornithologe Ignaz Pfotenhauer, genannt der Vogelnazi. Demgegenüber fallen die Nasen der Vettern Timpe und des Kapitäns Frick Turnerstick durch ihre Winzigkeit auf:

»Weißt du nicht, daß ich so tapfer bin, daß ich mich im Kampfe sogar dahin gewagt habe, wo man die Nasen abhaut? Blicke meine Nase an, die leider nicht mehr vorhanden ist, und du wirst staunen über die Verwegenheit, mit welcher ich gefochten habe! Oder weißt du etwa die Geschichte nicht, die Geschichte vom Verlust meiner Nase? So höre! Es war damals, als wir vor Sebastopol gegen die Moskows kämpften; da stand ich im dichtesten Schlachtgewühle und erhob soeben meinen Arm, um ...«

An dieser Stelle wird Ifra, der kleine, dicke, eselreitende Quartiermeister, der den Helden ein Stück Weges ›Durchs wilde Kurdistan‹ begleitet, in seiner Erzählung unterbrochen. Le nez c'est moi, heißt das Motto seiner Existenz. Und weil er ganz Nase ist, *ist* er eigentlich gar nicht; denn die Nase, wie bezeugt, ist ihm abhanden gekommen. Sein Kismet ist, daß er die Geschichte des Nasenverlusts, zu der er immer wieder ansetzt, nie zu Ende erzählen darf. Jedesmal wird sie ihm, wie einst die Nase, durch ein unvorhergesehenes Ereignis an entscheidender Stelle ab-

50

geschnitten. Gerade so ergeht es dem langnasigen Vogelnazi in der ›Sklaven-karawane‹ mit der Geschichte seiner Abiturprüfung. Der Kunstgriff der historia interrupta schafft sowohl komische wie Spannungseffekte. Komisch ist das Miß-verhältnis zwischen dem Aufwand der betroffenen Erzähler und dem Resultat ihrer Erzählung, zwischen der geradezu krankhaften idée fixe und der Bei-läufigkeit ihrer Mitteilung. Komisch, wie der Drang allemal in einer Verhaltung endet. Spannung hinwiederum wird im Leser erzeugt sowohl auf die Pointe der Geschichte (die er nie erfährt) als auch darauf, welches Ereignis wohl diesmal die Geschichte unterbrechen wird. Da solche Ereignisse oft durchaus schwerwiegen-der und abenteuerlich-einschneidender Natur sind, ergibt sich auch durch diesen Trick die schon mehrmals beobachtete Vermittlung zwischen dramma und giocoso, zwischen Schuß und Munterkeit.

Karl May schrieb nicht, wie er im Alter behauptete, ethische Romane trotz ihres Abenteuergerüstes, er schrieb, umgekehrt, Abenteuerromane trotz seines ethi-schen Programms. Es ist offensichtlich, wie die Ideologie dem Bau seiner Romane mehr als dramaturgische Funktion, denn als ›Botschaft‹ zugute kommt. Die be-wegte Aktion unterwirft sich die beabsichtigte Tendenz, ohne sie ganz zu tilgen. Das nahezu zeitlose Gattungsgesetz des Abenteuerromans und die behende Fabulierkunst des Autors sind mächtiger als der bürgerlich christliche fin-de-siècle-Messianismus des braven Autodidakten. Was ihm nur Gefäß schien, war die Sache selbst, wofür wir ihm wider seinen Willen dankbar sind. Nicht einmal in seinem symbolisierenden und allegorisierenden Alterswerk ist es ihm gelungen, die geschäftige Phantasie durch die geschäftige gute Absicht zu ersticken, das vielfältige Farbenspektrum des Abenteuers zum Goldgrund letzter und tiefster Bedeutung schrumpfen zu lassen. Nicht die späten Symbolgestalten der ›Mensch-heitsseele‹ Marah Durimeh, des gottähnlichen lichten Mir von Dschinnistan, des finsteren Schattenfürsten Ahriman Mirza wirken zurück auf die unbekümmerten Taten und die bunte Landschaft der früheren Reiseromane und verfälschen sie zur Programmdichtung, nein, das frühe eigenwertige und in sich selbst gewichtige Aventiurenprinzip bestimmt auch noch die späten Bücher von ›Ardistan und Dschinnistan‹, von ›Winnetous Erben‹ und vom ›Reich des silbernen Löwen‹. Es hüllt die allegorischen Orte und sinnbildlichen Geschehnisse in die Aura rätsel-haften Geheimnisses. Es macht die Symbolik zur änigmatischen Exotik, d. h. es läßt die Sinnbilder als bloße Bilder genießen und die auftrumpfende Bedeutung als ein zusätzliches bizarres Abenteuer.

*Exkurs*

*Während der Wildwestroman in seiner Heimat angesiedelt ist, dort seine Impulse erhält und — wo immer er auch vertrieben wird — eine Art nationalen Romantizismus spiegelt, scheint der schwererwiegende Teil der Romane von Karl May zunächst im Exotischen sich abzuspielen. Zum Schein nur. Denn im ›Old Shatterhand‹, im ›Kara Ben Nemsi‹ sind der deutsche Held und die deutsche Gemütsverfassung in die Fremde übertragen und so wird diese gleichsam domestiziert. Der Wildwestroman erzählt von seiner Heimat. Und auch den Figuren von Karl May, jenen Wundertaten des deutschen Helden auf fremdem Terrain, liegt ein nationaler Romantizismus zugrunde. Der Held jedoch zeigt nicht nur seine allseitige körperliche, sondern auch seine geistige und moralische Ausbildung. Der ›ganze‹ Mensch in der vorliegenden Prägung ist also zusätzlich mit einem christlich humanen Bildungsanliegen verziert und trägt es in die fremde Welt hinein. Der Held handelt nicht nur, er spricht auch und missioniert.*

*Volker Klotz geht in seinem mehr beschreibenden als wertenden Aufsatz an keiner Stelle auf die Frage der Trivialität ein. Er beschreibt jedoch die Stilmittel, er weist hin auf ihre stereotype Beanspruchung und er erläutert den Mechanismus, nach dem sie aufeinanderfolgen. Wir finden also auch hier wieder die einfachen Muster, die weniger auf Einfallslosigkeit beruhen, als daß sie die Reproduzierbarkeit und Konsumierbarkeit garantieren. Diese Stilmittel scheinen auf eine stillschweigende, instinktsichere Übereinkunft mit dem Leser hin entworfen zu sein. Klotz stößt auf die Frage, weshalb die stetige Wiederholung keine Ermüdung erzeugt. Es kommt der Verdacht, die Wiederholung, das Einschlagen immer der gleichen Richtung, die Ahnbarkeit der Phänomene und ihrer Folge erzeuge gerade die Bereitschaft zur Wiederaufnahme und schüre die Lust, ununterbrochen Dinge zu konsumieren, deren Geheimnis im Grunde entschleiert ist und deren Variationen — in vorgelenkten Bahnen verlaufend — keine Erschütterung und Verwirrung des genormten Gedankenhaushaltes oder des Phantasievermögens verursachen. Die gleichförmige Übermacht des Helden im Zentrum gleichförmiger Handlungsabläufe gibt dem Leser die Möglichkeit, sich im Zuge des Identifikationsprozesses immer wieder selbst zu bestätigen. Bestätigungsliteratur also, die gerade in diesem Falle so penetrant auftritt, weil sie zunächst einmal neue Gebilde und Fremdartiges zu entdecken vorgibt, in Wirklichkeit aber nichts anderes tut, als bestehende persönliche und nationale Vorurteile und Sehnsüchte vor exotischer Kulisse abzuhandeln.*

52

# Michael Wegener
# Die Heimat und die Dichtkunst

Der Begriff ›Heimat‹ ist zunächst nichts als die örtliche Bestimmung der Herkunft eines Menschen. Die Gegend, aus der einer kommt, in der er sein Heim hat, in der er sich heimisch fühlt, ist seine Heimat. Darüber hinaus steht der Begriff für die Summe der gesellschaftlichen Beziehungen zwischen den Bewohnern dieser Gegend, mit all den Problemen und Konflikten, die sich aus dem besonderen Charakter der Landschaft, des Menschenschlags sowie der Tradition des Zusammenlebens ergeben. In diesem erweiterten Sinne wird ›Heimat‹ zum Grundwert eines umfassenden Wertsystems, in dem Heimatliebe und Heimattreue, Heimaterde und Erdverbundenheit positive, Heimatlossein oder überhaupt Fremdsein dagegen negative Werte darstellen.

Und so möchte ich ›Heimatliteratur‹ definieren nicht als eine Literatur, die sich durch ein besonderes Milieu auszeichnet, sondern als Literatur, in der, aus welcher Motivierung auch immer, das Teilwertsystem ›Heimat‹ über andere, allgemeinere Wertbegriffe gestellt wird. Die verschiedenen möglichen Motivierungen hierfür sollen im einzelnen untersucht werden.

Es ist bemerkenswert, daß mit ›Heimat‹ in seiner weitergehenden Bedeutung in der Regel ›ländliche Heimat‹ gemeint ist, fast nie jedoch eine größere Stadt. Tatsächlich ist das Wertsystem ›Heimat‹ auf die Großstadt nicht anwendbar: die wesentlichen Bedingtheiten großstädtischen Lebens, Anonymität und weitgehende Lösung von den traditionellen Bindungen an Familie und Gemeinschaft, werden in ihm ja gerade negativ bewertet. So liegt es nahe, das Heimatliche geradezu als eine dem Städtischen planvoll oder unbewußt gegenübergestellte Gegenwelt zu verstehen. Die Schaffung einer Gegenwelt zum Zwecke der Kritik am Städtischen, Zivilisatorischen oder aber als Flucht vor der unbewältigten Auseinandersetzung mit ihm — es ist das Grundmotiv fast aller Heimatliteratur. Vergil stellt in seinen Eklogen und seinen Georgica der im Luxus ertrinkenden Gesellschaft des kaiserlichen Rom die bescheidenen und naturnahen Lebensgewohnheiten seiner ländlichen Heimat Mantua gegenüber. François-Marie Arouet Voltaire läßt seinen Candide am Ende über den Problemen des Anbaus von Kohl und Pistazien die Widerwärtigkeiten der besten aller möglichen Welten vergessen.

Aber erst das frühe 19. Jahrhundert bringt die Voraussetzungen für das Entstehen einer umfangreichen Heimatliteratur. In einer Zeit des Erstarkens der politischen Reaktion seit dem Ende der Freiheitskriege gewinnt das Bürgertum politisch und gesellschaftlich an Bedeutung. Das Anwachsen der Industrie schafft unvermeidliche Konflikte zwischen der Arbeiterschaft und den bürgerlichen Unternehmern. Umwälzende Erfindungen auf den Gebieten des Verkehrs- und Nachrichtenwesens ermöglichen die Vergrößerung der Städte zu vorher nicht geahnten Ausmaßen. Der Gegensatz zwischen der durchtechnisierten städtischen Zivilisation und der Naturnähe des ländlichen Lebens wird vertieft, die Verlockung durch Stadtleben und Industriearbeit ist Grund für die beginnende Landflucht.

Das ist etwa, flüchtig skizziert, die politische und gesellschaftliche Situation, aus der die große Anziehung verständlich wird, die für die bürgerlichen Erzähler des 19. Jahrhunderts in deutscher Sprache von der heimatlichen Landschaft und ihren Menschen ausgehen mußte. Hier schien es noch eine unversehrte und wohlgeordnete Welt zu geben, nur in einem so begrenzten und vertrauten Lebenskreis meinten sie die Synthese zwischen Innerlichkeit und praktischem Tun, zwischen Idee und Wirklichkeit im Sinne des ›poetischen Realismus‹ Otto Ludwigs, die ihnen vorschwebte, noch finden zu können.

An dem ersten bedeutenden Werk dieses ›poetischen Realismus‹, dem ›Oberhof‹ von Karl Immermann (1796—1840), wird der Gegenweltcharakter der Heimatliteratur besonders deutlich. Immermann setzt diese westfälische Bauerngeschichte, den ersten Heimatroman der deutschen Literatur, als eine Art Gegenstimme oder Gegenbild mitten in seinen zeitsatirischen Roman ›Münchhausen‹ hinein, und er stellt so dem »Schwindelgeist einer aus den Fugen geratenen Zeit ... die Werte der Heimat, der Landschaft und des Stammes, eines naturhaft-redlichen Bauerntums« gegenüber.[1] Das Bild des Bauern ist hier völlig frei von jeder romantischen Überhöhung. »In dieser Bäuerlichkeit spiegelt sich die gediegene, vom Menschen sinnlich-anschaulich gelebte Einheit von Landschaft und Sitte, Arbeit und Ethos, Geschichte und Stammestum«.[2]

Das Bild des ländlichen Lebens als einer heilen, von der weltanschaulichen und sozialen Zerrissenheit der Zeit noch nicht berührten Welt, die aus den beharrenden Kräften der Geschichte und des Volkstums gespeist wird, ist das beherrschende Motiv in den Werken dieser Erzählergeneration, der Gotthelf, Keller, Stifter, Storm und Fontane, Reuter und Groth, um nur einige wenige zu nennen. Sie haben damit die gültige Formulierung des Wertsystems ›Heimat‹ geliefert, von der die deutsche Heimatliteratur seither, bis hinab zum trivialsten Leihbüchereiroman der Gegenwart, zehrt.

Soviel Gemeinsames damit auch über sie ausgesagt ist, so eigenwillig und abgeschlossen lebte und arbeitete doch jeder in seinem Kreise. Die intensive Beschäftigung mit der Natur eines ganz besonderen Landstrichs, mit seinen Menschen und seiner Geschichte, die liebevolle Darstellung auch des kleinsten und unbedeutendsten Details trugen die Gefahr der Eigenbrötelei und Überindividualisierung in sich. Wenn auch der weltläufige Fontane wohl zu Unrecht über die »Husumerei« und »Provinzsimpelei« Theodor Storms spottete: der Hang zum Regionalen, zum Provinziellen kann als ein wesentliches Kennzeichen deutscher Heimatliteratur angesehen werden.

Eine Untersuchung trivialer Heimatliteratur muß mit Berthold Auerbach (1812—82) beginnen, der mit seinen ›Schwarzwälder Dorfgeschichten‹ und sei-

---

[1] Fritz Martini, ›Deutsche Literaturgeschichte von den Anfängen bis zur Gegenwart‹, 11. Aufl., Stuttgart 1961, S. 398.
[2] o. c., S. 399.

nen leicht süßlichen, den Geschmack des städtischen Leserpublikums geschickt
treffenden ›Barfüßele‹-Erzählungen geradezu eine Mode der Heimaterzäh-
lungen auslöste. Noch erfolgreicher waren der Steiermärker Peter Rosegger
(1843—1918) und der Oberbayer Ludwig Ganghofer (1855—1920). Rosegger,
den seine Laufbahn vom Waldbauernbub und Hütejungen über den Schneider-
lehrling zur Schriftstellerei führte, schilderte in seinen Erzählungen und Romanen in volkstümlicher Sprache und mit guter Beobachtungsgabe das von Verstädterung, Spekulantentum und Landflucht bedrohte Bauerntum seiner engeren
Heimat. 1876 gründete er in Graz seine Familienzeitschrift ›Heimgarten‹.
Titel und Programm[3] weisen deutlich auf das Vorbild der um dreiundzwanzig
Jahre älteren ›Gartenlaube‹ hin, nur lag der Akzent hier mehr auf dem Boden-
ständig-Heimatlichen. Wo sich Rosegger, wie in seinem ›Heimgarten‹ und
seinen späteren Romanen und Erzählungen, nach den Wünschen seines inzwischen
zum größten Teil städtischen Leserpublikums richtet, klingt seine Naturverbun-
denheit merklich unwahr. Hier ein kleines Beispiel:
»Das größte Raffinement eines Weltgenießenden ist die Rückkehr zur Einfachheit. Wer sich an Austern und Champagner übersättigt hat, dem schmeckt
Schwarzbrot und frisches Wasser wieder.
Ich hatte an den prunkvollen Stadthäusern und geistreichen Stadtleuten gerade
wieder einmal genug. Die Akademien, Theater, Kunstgalerien und wissenschaftlichen Circel langweilten mich. Meine Bücherkästen und Büchertische und Bücher-
laden und Bücherstellen und Büchersendungen der Post waren mir lästig.
Die Journale, Zeitschriften, Festprogramme, Parteimanifeste, die mir durch alle
Fugen meiner Wohnung zugeflattert kamen, ekelten mich an. Ich hing die Reisetasche um, that die Gedichte von Schiller hinein und einen Band Goethe, den
ich mit geschlossenen Augen wählte, nahm den Wanderstab und ging ins Gebirge.« (Anfang der Erzählung ›Sommertage im Waldland‹)
Das Raffinement der Rückkehr zur Einfachheit, die typische Pose dekadenter
Reizübersättigung, verbunden mit schlecht kaschiertem Exhibitionismus blasierter
Kulturmüdigkeit, der nur noch das wirklich Wahre, Echte, die Gedichte Schillers,
von Goethe allerdings unbesehen alles gut genug ist: ein wirklich geschicktes
Konglomerat, mit welchem dem Leser die Möglichkeit eines einfachen und an-
genehmen Auswegs aus seinem Zivilisationsunbehagen vorgespiegelt wird. Und
wie schmeichelhaft ist es, dieses eigene Unbehagen mit der blasiert-überlegenen
Langeweile des routinierten Kulturmenschen an prunkvollen Stadthäusern, geistreichen Stadtleuten und wissenschaftlichen Zirkeln zu identifizieren. Um so leichter wird man diesem snob appeal erliegen, als dem Verächter ephemeren städtischen Kulturrummels die wahren Werte deutschen Geistes selbstverständlich
heilig bleiben: Mit Schiller und Goethe, den Patriarchen der deutschen Literatur,
in der Reisetasche, ist für die Innerlichkeit des versprochenen Naturerlebnisses
gesorgt. Wie diese Natur nun aussieht, zeigt folgende Stelle aus der Erzählung
›Frühling‹:

---

[3]  Vgl. Walter Nutz, ›Der Trivialroman, Seine Formen und seine Hersteller‹, Band 4
     der Reihe ›Kunst und Kommunikation‹, Köln und Opladen 1962, S. 43.

»Über den Fluren lag schwerer Winter. Wo einst die blühenden Matten gewesen mit den grasenden Herden und barfuß hüpfenden Hirten; die rieselnden Bächlein, bestanden von Dotterblumen und Vergißmeinnicht, bewohnt von flink nach vorwärts schießenden Forellen und behutsam nach rückwärts schleichenden Krebsen; die wogenden Felder, belebt von lachenden Schnittern mit klingenden Sicheln; die schalkhaft hin und her sich schlängelnden Wege mit kollernden Karren und trillernden Handwerksburschen; die lauschigen Gärten mit Nelken und Reseda hegenden Dirnlein — wo das alles und noch vieles andere in Prangen und Prachten einst gewesen, da starrte jetzt eine unabsehbare Schneeheide.«

Was in diesem langen Nebensatz aufgezählt wird, ist nun tatsächlich nicht mehr die ländliche Wirklichkeit, sondern die aus klischeehaften Einzelheiten zusammengesetzte Vorstellung des Städters von ihr. Die Schnitter sind allemal lachend, die Matten blühend, die Bächlein rieselnd, die Sicheln klingend, die Wege schlängelnd, die Gärten lauschig — ließe man in dieser platten Idylle die beschreibenden Adjektive fort, jeder zehnjährige Volksschüler würde von sich aus genau die von Rosegger gewählten an ihre Stelle setzen.

Mehr noch als Rosegger hat Ludwig Ganghofer mit den Millionenauflagen seiner Bücher die zu formelhafter Unveränderlichkeit erstarrten Landschafts- und Figurenklischees des Heimat- und Bergromans ein für allemal im Bewußtsein der städtischen Leserschaft festgelegt. Bis auf den heutigen Tag ist der typische triviale Heimat- oder Bergroman, der hauptsächlich über die Leihbüchereien seine Leser erreicht, getreulich dem von Ganghofer geprägten Modell nachgebildet. Das Arsenal der typisierten Gestalten — Walter Nutz nennt sie geradezu Archetypen — ist so begrenzt wie das Milieu, in dem sie sich bewegen. Ich habe einen beliebig ausgewählten Dorfroman Ganghofers durchgesehen — der Titel ist unwesentlich —, und habe sie auf Anhieb alle gefunden: die harte, sparsame, aber tüchtige Bäuerin und den, hier als Gegensatz, weichen Bauern, den trinkfreudigen Schürzenjäger. Dazu den gutaussehenden Hoferben mit den sehnsüchtigen Augen. Das Gesinde besteht aus steifen und vierschrötigen Knechten, aus jungen Mägden, drallen, munteren, blonden, unablässig kichernden Weibsleuten, oder aber alten Mägden, »zahnlückigen Unholden, die mit Gezänk in Küche und Stall umherrumoren«. Der Großknecht aber ist schweigsam und fleißig und trägt eine alte, geheimnisvolle Schuld mit sich herum. Zwei Mädchen liegen im Wettbewerb um die Liebe des Hoferben: die eine ist ein Eindringling aus dem Nachbartal, stolz und intrigant und hat eine wenig repräsentative Herkunft zu verbergen, über die andere, die engelsschöne Halbwaise, kann nur Gutes gesagt werden. Sie bekommt den Erben. Ferner ist da noch die groteske Figur, hier der Spinner-Veit, ein »graues Männlein mit halbzerstörtem Geist«, eine Art Dorftrottel. Und nicht zu vergessen, der böse Gegenpol: Wie schon die intrigante Nebenbuhlerin kommt die Verkörperung des Bösen und Zerstörerischen unweigerlich von außerhalb der dörflichen Gemeinschaft, hier gar aus Amerika. Wie ich ganz am Anfang schon zeigte, hat die Fremdenfeindlichkeit ihren festen Platz im Wertsystem des Heimatlichen.

Zu der zum Klischee erstarrten Natur können die zu Typen erstarrten Menschen auch nur ein klischeehaftes Verhältnis haben. Ein geeignetes Stück Naturkulisse wird dann eingesetzt, wenn es gilt, die Handlung zu unterstreichen oder zu dramatisieren. Eine Liebesszene im Freien wird in der Regel mit einer Betrachtung der idyllischen Landschaft ringsum verbunden, ein drohendes Unheil kündigt sich gern durch das Aufziehen eines Gewitters an, für den Kampf zwischen Männern auf Leben und Tod ist eine Sturmnacht die angemessene Atmosphäre. Wenn es der Gang der Handlung erforderlich macht, greift die Natur mit schicksalhafter Gewalt in die Vorgänge ein: ein reißender Gebirgsbach, ein Schneesturm, ein Abgrund werden so unversehens zum deus ex machina. In unserem Beispiel ist es eine Steinlawine, die den Unhold im rechten Augenblick hinweggrafft.

Hier soll nicht die Wirklichkeit, sollen keine Menschen mit echten, aus der Zeit begründeten Konflikten dargestellt werden, die innere Wahrhaftigkeit der Situationen ist ohne Belang. Es wird vielmehr angestrebt, dem illusionistischen Bild, das sich der städtische Leser von der vermeintlich ewig unveränderlichen, ewig unversehrten Welt der Heimat und der Berge, dieser Gegenwelt zu seinem unbefriedigenden städtischen Alltag, macht, möglichst genau zu entsprechen. In dieser Absicht zu konformieren, liegt der Grund für die Trivialität dieser Art von Heimatliteratur.


Viel komplexer sind die weltanschaulichen und literarischen Traditionen, die zu der Flut völkisch bestimmten Heimatschrifttums der ersten drei Jahrzehnte unseres Jahrhunderts und schließlich zur ›Blut-und-Boden‹-Literatur des Dritten Reichs führten. Natürlich wäre der Erfolg dieser Literatur ohne die offizielle Kulturpolitik des nationalsozialistischen Staates nicht möglich gewesen, es ist jedoch erschreckend zu begreifen, wie vollständig und fertig ihre Gedanken bereits in einer bestimmten Gattung heimatlicher Literatur formuliert vorlagen, einer Literatur, die von weiten Kreisen des Bürgertums für echten und wertvollen Besitz deutscher Dichtung gehalten wurde. So konnten die Ideologen ihre verschwommenen Vorstellungen von Wert und Ehre des nordisch-germanischen Menschen, vom Mythos der Scholle und des bäuerlichen Lebens als ursprüngliche Werte deutscher Wesensart hinstellen, und sie durften der gefühlsmäßigen Aufnahmebereitschaft der auf diese Töne bereits eingestimmten deutschen Bürgerpsyche sicher sein.

Es ist nicht meine Aufgabe, die Herkunft dieser Vorstellungen im einzelnen zu untersuchen. Ich möchte nur zwei geistesgeschichtliche Entwicklungslinien andeuten. Die eine dieser Linien beginnt etwa bei den Arbeiten der Sozialdarwinisten Schallmeyer, Ploetz und Tille und führt über den ›Essay über die Ungleichheit der menschlichen Rassen‹ des französischen Diplomaten Graf Gobineau, über die in seiner Nachfolge stehenden Vertreter eines rassisch begründeten Antisemitismus wie Treitschke, Lagarde, Marr, Langbehn und Dühring, über Houston Stewart Chamberlains großangelegte Darstellung der ›Grundlagen des XIX. Jahrhunderts‹, die politischen und kunstpolitischen Schriften Richard Wagners sowie die dunklen Lehren der dem Georgekreis nahestehenden Alfred Schuler und Ludwig Klages bis hin zu den Rassetheorien der nationalsozialistischen Ideologen Hitler, Rosenberg, Himmler und Darré. Beginnend mit Gobineau, bemühten sich alle diese Autoren, den Nachweis für die ›rassische‹ Überlegenheit des weißen und besonders des arisch-germanischen Menschen zu erbringen. Der geborene Engländer und germanophile Wahldeutsche Chamberlain schildert die ideale Ausprägung dieses Menschentyps:

»... die großen strahlenden Himmelsaugen, das goldene Haar, die Riesengestalt, das Ebenmaß der Muskulatur, den länglichen Schädel (den ein ewig schlagendes, von Sehnsucht gequältes Gehirn aus der Kreislinie des tierischen Wohlbehagens nach vorn hinaushämmert), das hohe Antlitz (von einem gesteigerten Seelenleben zum Sitze seines Ausdrucks gefordert) — gewiß, kein einzelner hätte das alles vereint besessen.«[4]

Der Rassebegriff besitzt für Chamberlain »nicht allein eine physisch-geistige, sondern auch eine moralische Bedeutung«.[5] Freiheit und Treue sind »die zwei Wurzeln des germanischen Wesens«.[6] Immer sind es von außen kommende zerstörerische Einflüsse, die den Germanen sich selber entfremden und »die Grundlagen seines besonderen unvergleichlichen Wesens ... untergraben«.[7]

Die andere Entwicklungslinie, auf die ich hinweisen möchte, wäre von den 1908 erschienenen Untersuchungen Georges Sorels über den Mythos als Triebkraft des politischen Kampfes und von der antiintellektualistischen Philosophie eines Ludwig Klages (›Der Geist als Widersacher der Seele‹, 1929) zu der planvollen Mythenbildung durch die nationalsozialistische Propaganda zu ziehen. Der Mythos, als eine nur gefühlsmäßig erfaßbare Wertwelt, ist, nach Sorel, unwiderlegbar. Er bedarf keiner rationalen Deutung, auf seinen Wahrheitsgehalt kommt es nicht an. Zur Aufrechterhaltung des Mythos ist die tatsächliche oder nur projizierte Existenz einer teuflisch-bösen Gegenwelt notwendig.

Hier wird die Konsequenz deutlich, mit der der Nationalsozialismus, in Ermangelung einer eigentlichen Ideologie, im Bewußtsein der Deutschen bereits vorhandene gefühlsmäßige Wertbegriffe, die seinen Zwecken entgegenkamen, verabsolutierte, d. h. einen Mythos aus ihnen machte. So wie der Mythos der rassisch bestimmten Volksgemeinschaft dem Bedürfnis des deutschen Kleinbürgers entsprach, in einem großen Ganzen dienend und zugleich teilhabend aufzugehen, so wurde das überkommene Wertsystem der ländlichen Heimat zum Mythos vom ewigen deutschen Bauern und seiner bluthaften und seelischen Verkettung mit Heimat und Scholle pervertiert. Die urböse Gegenwelt wird in beiden Fällen repräsentiert durch das Artfremde, Fremdrassige: es ist die bekannte Setzung ›fremd‹ gleich ›böse‹ in einem neuen Gewande.

Die Hinwendung zum Mythos kann jedoch in einem umfassenderen Zusammenhang verstanden werden. Helmuth Plessner[8] sieht in ihr nur die letzte Stufe im

---

[4] Houston Stewart Chamberlain, ›Die Grundlagen des XIX. Jahrhunderts‹, 8. Auflage, München 1907, S. 589 f.

[5] o. c., S. 367.

[6] o. c., S. 628.

[7] o. c., S. 613.

[8] Helmuth Plessner, ›Die verspätete Nation‹, Über die politische Verführbarkeit bürgerlichen Geistes, Stuttgart 1959, S. 83 ff.

Zerfallsprozeß des deutschen Geschichtsbewußtseins, der in »Deutschlands verspäteter nationaler Festigung und inneren Verhältnislosigkeit zur Aufklärung« begründet ist. Dieser Zerfall, dessen Anfänge bis in die Romantik zurückverfolgt werden können, ist ein allmählicher Verfall der Autoritäten. Die verlorengegangenen Autoritäten werden durch immer neue, immer einfacher zu denkende Ersatzformen abgelöst, »deren Basis dem naturhaften Sein ständig enger angenähert wird«. An die Stelle des erschütterten Glaubens an die außerweltliche Autorität der christlichen Heilslehre, an den »heilsgeschichtlichen Sinn der zeitlichen Existenz des Menschen«, trat der Glaube an die innerweltliche Autorität der Geschichte als der diesseitigen Manifestation des Absoluten im Sinne der Hegelschen Geschichtsphilosophie. Das liberale Bürgertum des heraufkommenden industriellen Zeitalters ersetzte dieses Geschichtsbild durch die Perspektive eines allgemeinen Fortschreitens der Menschheit zu immer höherer Gesittung und Aufklärung. Die Etablierung der Geschichte als positiver, empirischer Wissenschaft (Ranke) schließlich bedeutete den gänzlichen Verzicht auf einen Sinn der geschichtlichen Gesamtbewegung. Die Antwort auf diese zum Grundsatz erhobene Sinnentleerung der Geschichte war am Ende die »Abwanderung der Interessen in die biologische Entwicklungsgeschichte«. Nur durch die Hereinnahme biologisch-rassischer Aspekte in die Geschichtsbetrachtung schien es noch möglich, eine Rechtfertigung der Gegenwart und eine Verheißung für die Zukunft zu erschließen. »Die Ablenkung des Denkens von der Geschichte in Richtung auf die untergeschichtlichen und vormenschlichen Kräfte von Blut und Erde,« schreibt Plessner, »deutet auf zwei für Deutschlands geistige Lage entscheidende Umstände. Einmal spiegelt sie den Verfall jeder religiösen, geschichtlichen und geistigen Autorität. ... Zum anderen spiegelt sie die Flucht des um jeden Glauben gebrachten Bewußtseins vor der sinnlos gewordenen Zukunft.«[9] Mit der »Rückführung des Menschen auf seine rein vitalen Schichten« ist die Wendung vom rational Begründbaren zum Instinkthaft-Irrationalen, zum Mythos, vollzogen. Sie entspricht der Logik des Verfalls.

Ein bezeichnendes Beispiel für diese Wendung zum Primitiven ist vielleicht die 1910 erschienene Bauernchronik ›Der Werwolf‹ von Hermann Löns. Der als Verfasser gemütvoller Heidebilder bekannte Löns schildert hier den erbarmungslosen Kampf der Heidebauern gegen die Soldateska des Dreißigjährigen Krieges. Heidelandschaft, Bauernethos, Bauernliebe und beispiellose Grausamkeit gehen eine wirkungsvolle Verbindung ein. Der bewußten moralischen Regression entspricht die Verrohung der sprachlichen Mittel:

»»Na, das geht hier ja mächtig lustig zu!« rief der Ödringer laut; ›'n Abend zusammen!‹ Und indem schlug er den Kerl, der vor dem Feuer saß, mit dem kurzen Bleiknüppel, den er aus dem linken Ärmel holte, über den Kopf, daß der Mensch tot auf die Brandruten fiel, und kaum, daß er dalag, klappte der um, der die Magd im Arme hielt, denn Warnekenswibert hatte ihn gut bedient. Die beiden Reiter machten dumme Gesichter; aber ehe sie recht begriffen hatten, was los war, lagen sie überkreuz da, denn Wulf hatte den einen besorgt und Hil-

---

9 o. c., S. 105.

---

mersheine den anderen. ›So, nun sind wir unter uns, jetzt gebe ich einen aus‹, lachte der Wulfsbauer, als das Flett sauber war.«[10]

Das Vokabular, mit dem die Tätigkeit des Tötens umschrieben wird, verrät die Faszination des Autors durch die unmittelbare, unverhüllte Gewalt. Hier nur eine kleine Auswahl:

jemanden abschlachten

jemanden zusammenschießen

jemandem Eisen in die Zähne geben

jemanden überreiten

jemanden über die Seite bringen

jemanden vor den Brägen (oder vor den Kopf) schlagen

jemanden zu rohem Mett hacken.

Ein typisches Produkt der eigentlichen Blut-und-Boden-Literatur ist der Roman ›Das heidnische Dorf‹ von Conrad Beste.[11] Das Leben des reichen Hoferben Ferdinand Cordes steht unter dem Einfluß zweier Frauengestalten. Die Herrin des größten Hofes im Dorf, die Witwe Julia Bollmoor, deren Tochter der Held verschmäht hat, verfolgt ihn mit ihrem unversöhnlichen Haß. Sie versteht es, sich die von außen kommenden, heimatfeindlichen Mächte des Geldes und des technischen Fortschritts zu Diensten zu machen, um ihn zu verderben. Und da Ferdinand Cordes die Gesetze der Erde vergißt und sich von Habgier verführen läßt, muß das Rachewerk gelingen. Der Hof wird verkauft und fällt an die Witwe. Da rettet den Land- und Ehrlosen die unwandelbare Liebe Linas, der Kleinbauerntochter. An ihrer Seite schreitet er einer neuen Zukunft entgegen.

Soweit entspricht das Handlungsgerüst durchaus dem von Ganghofer geprägten Modell des Dorfromans. Und doch besteht ein grundlegender Unterschied. Die Ganghoferschen Figurenklischees konnten in ihren rein diesseitigen Bezügen ausreichend motiviert werden. Die Menschen dieser dörflichen Welt jedoch sind alle tief im Irrationalen verhaftet, die Kräfte ihres Seins wurzeln in chthonischem Dunkel:

»Sie sind die Menschen der ruhenden Tiefe, ihr ganzes Leben ist innig gebunden an das kleine Stück Erde, das sie bebauen. Sie haben keine Entschlüsse zu fassen, die Erde entscheidet für sie ... Sie leben geduldig und gelassen wie die Tiefe, daraus erst Leben und Schicksal steigen, beinahe schicksalslos leben sie ...«[12]

Diese Bauern und ihr bäuerliches Dasein, mögen sie auch äußerlich in eine bestimmte Zeitepoche hineingestellt sein, stehen bezugslos in einem geschichtlichen Vakuum. Es ist unmöglich, die mythisierte Figur des Bauern gesellschaftlich oder historisch einzuordnen, ihn in seinen Beziehungen zur Umwelt zu erfassen; die wahren Verhältnisse des ländlichen Lebens werden bewußt oder unbewußt verschleiert dargestellt:

---

[10] Hermann Löns, ›Der Werwolf‹, Eine Bauernchronik, Jena 1944, S. 115 f. (Gesamtauflage bis 1944: 890 000).

[11] Andere Hauptvertreter der Gattung sind: Adolf Bartels, Josefa Berens-Totenohl, Hermann Eris Busse, Friedrich Griese, Jakob Kneip, Johannes Linke, Wilhelm Schäfer, Margarete Schiestl-Bentlage, Gustav Schröer, Hermann Stehr, Kuni Tremel-Eggert.

[12] Konrad Beste, ›Das heidnische Dorf‹, Berlin 1932, S. 201.

»Dann war da die Revolution und das Gezänk und Geschwätz in den Städten: es war ihnen gleichgültig, denn hier gab es das ja alles nicht, worum man sich zankte. Es gab wohl Arme, aber es gab keine Proleten, es gab wohl Besitzende, aber es gab keine Reichen«.[13]

Die Zivilisations- und Fortschrittsfeindlichkeit gehört zum Bild dieser Literatur. Alles Zerstörerische kommt von außen, vor allem aus den Städten mit ihrem Gezänk und Geschwätz. Immer sind es Ortsfremde, die das heimtückische Werk der Witwe betreiben: der Konkurrent, den sie finanziert, der Landstreicher, der durch sie zum Brandstifter auf dem Hof des Widersachers wird, schließlich der Brunnenbohrer, der Entdecker jener trügerischen Ölquelle, die den Ruin des Helden besiegelt. In der Figur dieses Brunnenbohrers wird, auf beiläufige Art, das Ressentiment aggressiv: Nicht zufällig trägt er den Namen Czwicklinski, nicht zufällig gleicht die Beschreibung seines Äußeren bis in Einzelheiten jenem Zerrbild, das bald zum Leitbild offizieller Verfemung werden sollte.

Die Bemühung, auch die einfachsten Lebensbereiche mythisch zu überhöhen, führt nicht selten zu Situationsschilderungen, deren gewiß unfreiwillige Komik die ganze Verlogenheit dieser mythisch überfrachteten Bauernwelt entlarvt. Eine derartige Stelle mag für viele stehen:

»Sie springt vom Rade, und Ferdinand horcht auf den dumpfen Ton, mit dem der schwere Leib die schwellende Erde schlägt ... Noch zittert es nach in seinen Sinnen, dies Klopfen, diese satte Berührung von Weib und Erde.«[14]

Der Roman endet damit, daß Ferdinand Cordes, der sich gegen die ewigen Gesetze der Erde vergangen hat (er hatte nach Öl bohren lassen!), durch Lina der Weg zu einem neuen Leben gezeigt wird. Er darf im Dienen als Knecht die Kräfte der Erde neu erfahren:

»Der Knecht beugte den riesigen Leib zur Erde, aus der das dumpfe, keimende Wachstum kam und richtete sich wieder auf in die Höhe, aus der die Sonne des Herrn herniedersegnete, und er selber stand in der Mitte und war erfüllt von beiden.«[15]

Als Preis winken Lina und ein Hof von fünfundfünfzig Morgen. Es schließt mit pseudoreligiöser Wallung, das Rührstück ist perfekt. Der Kreis hat sich geschlossen, die beharrenden Kräfte ruhen versöhnt, die zerstörerischen sind noch einmal gebannt. Der Wunschcharakter des Ganzen wird offenbar.

Erwähnt werden sollte noch diejenige Art von Heimatliteratur, die sich ganz bewußt in den Dienst der nationalsozialistischen Propaganda stellte. Der Roman ›Der neue Bürgermeister‹ von Willi Harms[16] zum Beispiel erzählt, wie der Klappentext formuliert,

»... vom Erleben eines jungen Gutsinspektors, der in der schweren Zeit der Arbeitslosigkeit nach dem Weltkrieg seine Frau verläßt, um in Australien sein Glück

---

[13]  o. c., S. 32.
[14]  o. c., S. 125.
[15]  o. c., S. 344.
[16]  Willi Harms, ›Der neue Bürgermeister‹, Roman, Verlag Franz Eher Nachf., München 1942.

zu suchen. Er gilt für verschollen, wird für tot erklärt und findet nach fünfjähriger Abwesenheit seine Frau in der Heimat wiederverheiratet vor. Es folgt eine freimütige Auseinandersetzung. Mit dem in Australien erworbenen Geld kauft er sich einen Erbhof, den er in mustergültiger Weise bewirtschaftet. Seine Art, die Probleme anzupacken, erregt Aufmerksamkeit, er wird zum Bürgermeister ernannt und bewährt sich als solcher durch seine vom Geist nationalsozialistischer Volksgemeinschaft getragenen Maßnahmen. In einer neuen glücklichen Ehe findet er auch seine innere Ruhe.«

In der Erzählung ›Gutshäuser‹ von Robert Lindenbaum, dem Träger des Gaukulturpreises Sudetenland 1940, geht es um den

»... Kampf armer Häusler und Holzhauer um die karge Scholle, gegen die andrängende Flut des nationalen Gegners ... Zäh verteidigen sie ihren Besitz, sie kommen unter den Hammer, weil der, der über sie hereinbricht, stärker ist und die Gewalt des Staates hinter sich hat. Es ist nur ein Beispiel aus der Bodenbeschlagnahme des ehemaligen tschechischen Staates, aber es wird zugleich Ruf und Mahnung über Grenzen und Völker hinweg.«[17]

Hier werden die gefühlsmäßigen Bewußtseinsinhalte des Mythos von Blut und Boden in handgreifliche politische Münze umgesetzt. Diese Art politischer Gebrauchskunst stellte die letzte Stufe dar im Niedergang der deutschen Heimatliteratur, sie lag jedoch nur in der Konsequenz ihrer Entwicklung.

Die Blut-und-Boden-Literatur trägt eindeutig den Charakter der Flucht in das Irrationale. Statt ihre Stoffe und Konflikte aus der gelebten Gegenwart zu beziehen, entwirft sie eine emotional bestimmte weltanschauliche Wunsch- oder Gegenwelt. Die Unmöglichkeit der Synthese zwischen der metaphysischen Überladenheit der Figur des Bauern einerseits und seinen realen Lebensbedingungen andererseits macht sie verlogen und unwahr. In den Jahren des Nationalsozialismus schließlich wird sie zum Instrument zweckgerichteter Propaganda. Sie verdient, in allen ihren Erscheinungsformen der Trivialliteratur zugerechnet zu werden.

---

[17] Robert Lindenbaum, ›Gutshäuser‹, Erzählungen, Reichenberg 1940, Klappentext.

*Verschiedene Impulse und Sehnsüchte zeigen sich in der Wildwestliteratur, in den Romanen von Karl May und in der Heimatliteratur. Im ersten Fall ist es die Sehnsucht nach einer Tradition, die zu rasch von der technischen Entwicklung, vom Sprung in die Zivilisation überrannt wurde, Sehnsucht nach ungebrochen-männlicher Selbstbestätigung oder Selbstverwirklichung. Bei Karl May ist es zum Teil das Missionsbedürfnis des Deutschen im Ausland, aber auch jene infantile Lust am scheinbar edlen, nicht barbarischen, sondern ideologisch verbrämten Kampfspiel. Im Heimatroman ist es der romantisierende Rückverweis auf ein erdgebundenes, autarkes Dasein, in dem die alten Werte ungebrochen und unkompliziert weiterbestehen, in dem der gesellschaftliche Kampf reduziert ist auf den archetypischen Kampf gegen die Natur oder gegen das Naturhaft-Böse im Menschen, eine Negation der gesellschaftlichen Entwicklung, die vor allem mit der städtischen Entwicklung konform geht. In allen drei Romantypen steht unter der Verschiedenheit etwas Gemeinsames, im Grunde Restauratives und Romantisches.*

*Der Begriff Heimat in der Literatur ist zunächst einmal wertfrei. Er kann im Gegenteil entscheidendes Motiv auch der hohen Literatur sein und ist es häufig gewesen. Die Heimatliteratur setzt sich jedoch in dem Augenblick der Trivialität aus, wo sie von einer vorwärtsschreitenden technischen und zivilisatorischen Entwicklung und von der damit verbundenen Umformung der Wertsysteme in die Defensive und damit in die Reaktion gedrängt wird. Das heißt, die Heimatliteratur verweist heimlich auf eine Alternative, sie will Entscheidung. Hier die Werte des Heimischen, des Naturhaft-Gläubigen, ewige magische Kräfte der Natur, unter denen der Mensch seine wahre, nicht wandelbare Bestimmung erfährt. Dort das ›Unbehauste‹, das Labile der städtischen Existenz. Entfremdung, Selbstentfremdung, keine magisch geflüsterten Eröffnungen aus dem Kleinleben der Natur, sondern Massendynamik, Bruch mit der Innerlichkeit und den alten Vorstellungen vom Individuum.*

*Die Heimatliteratur stellt Gegensätze auf, wo keine mehr vorhanden sind. In dem Augenblick, wo das Bauernmilieu selbst unter die Gesetze von Produktion und Konsum gestellt ist, wie sie für die gesamte Gesellschaft gültig sind, gibt es keine Alternative mehr oder sie ist Lüge. Der Heimatroman rettet sich wie der Wildwestroman in die Historie, ohne dies offen darzulegen. Denn dort, wo heute überhaupt Großgrundbesitz, wo Güter mit feudalem Anstrich oder der alte Junkeradel in Resten noch vorhanden sind — und mit diesen Momenten pflegt unser Gegenstand zu spielen — ist nicht mehr beherrschend die alte Ursprünglichkeit und Autarkie, sondern es regieren die gleichen Marktprinzipien wie in den Städten; es herrschen oder es werden angestrebt die totale Mechanisierung und die Spezialisierung auf jedem Gebiet der landwirtschaftlichen Produktion. Der heimliche Kampf oder Widerstand gegen die Stadt, gegen jenes Gegenprinzip der Heimatdichtung besitzt kein reales Hinterland mehr, die Basis von der und für die* gekämpft wird, ist verloren; die eben noch praktizierende Heimatliteratur steht in Hinsicht ihrer traditionellen Gegenstände, Motive und Stoffe auf keinem empirisch erfahrbaren Untergrund und muß degenerieren, will sie sich den neuen sozialen Gegebenheiten nicht öffnen.

So ist die Trivialität der Heimatliteratur nach 1945 mit dem Aufhören propagandistischer Förderung von Erbhofbauer und mütterlicher Scholle nicht etwa in ihrer eigenen Absurdität erstickt. Sie hat es vielmehr übernommen, sich dem psychischen Vakuum anzubieten, das mit Landflucht, Verstädterung, Technisierung der Landwirtschaft und Vertreibung aus den Ostgebieten sich öffnete, und je verlogener der Appell an die seelischen Werte des ›einfachen Lebens‹ ist, je größer der Riß zwischen sozialer Wirklichkeit und unreflektiertem Wunschdenken klafft, desto leichter kann sie ihre Stil- und Handlungsschablonen einsetzen, desto variabler und monotoner zeigt sich ihr ärmliches Vokabular. Das materielle Motiv des ›Bauernlegens‹ aus dem 19. Jahrhundert wird zur trivialen Motivation der Ekloge des 20. Jahrhunderts. Der äußerlich solide Roman in Buchdeckeln entartet zum Groschenheft, dessen Titel und bunte Titelfotos beliebig aus der parallel laufenden Heimatfilmproduktion entnommen werden können, denn die fortschreitende Industrialisierung in Land und Stadt bewirkt auch eine ökonomischere Ausbeutung aller dabei scheinbar verletzten und frustierten Strebungen und Gefühle.

Der breit ausstrahlende und triviale Reiz, mit dem die Heimatliteratur auf ihr Publikum wirkt, besteht aus zwei ineinander verflochtenen Momenten. Sie benutzt die großbäuerlichen und junkerlichen Lebensformen und die damit verbundenen Lokalitäten und Menschentypen als Panorama, als Zubehör und Zitat. Gefüllt wird dieser farbige Rahmen, dieses Panorama von Landschaft und ursprünglichen Lebensformen mit dem spezifischen städtischen Lebensstandard. Die Helden mögen im schnittigen Landauer von rassigen Pferden gezogen durch die Handlung jagen, aber im Hof parken ebenso die Modelle neuester Sportwagen und die Dirndlkleider sind Modellkleider aus besten Salons.

Aber nicht nur die gleichsam inhaltliche Besetzung mit den Konsumgütern unserer Zeit ist bezeichnend, sondern auch die Anstrengung, in einem guten und hohen, in einem tiefsinnig-umständlichen Stil zu erzählen, d. h. alle Grobheiten des Dialekts oder spezifische Redensarten von Landschaften oder Volksgruppen zu ignorieren. Provinzielle Eigenarten in der Sprache sind für den breiten und amorphen Leserkreis nicht zulässig. Die Weihe der Landschaft, der Ursprünglichkeit, der ganze existentielle Untergrund und Anspruch verlangt dazu nach einer beinahe elitären Sprechweise, deren Elemente sich durchweg herleiten aus der trivialen Vorstellung vom ›besseren Deutsch‹, wie sie etwa verwirklicht ist in dem Satz: »Sie redeten über interne dörfliche Belange«. Insgesamt ist die Sprache durchsetzt mit Anklängen, mit mehr oder weniger zusammenhängenden Passagen einer Lebensphilosophie, die jeweils durch die Handlung gestützt ist und die dem Leser ein sinnlich erfahrbares, geschlossenes Weltbild vorspiegelt und ihn in bestimmten existentiellen Vergeblichkeiten unterstützt.

# Walter Nutz
# Konformliteratur für die Frau

Die Konformliteratur, die sich dem Konsumenten auf dem bundesdeutschen Markt anbietet, ist schlechthin Legion. Unter ›Konformliteratur‹ sollen jene literarischen Erzeugnisse begriffen werden, die auf einen genau vorgestellten und getesteten Leserkreis zugeschrieben sind — im Gegensatz etwa zu den Werken eines Dichters, der sich durch seine Arbeiten eine Gemeinde geschaffen hat und diese ständig zu erhalten und zu erweitern versucht.

Zur Konformliteratur sei auch der ›Frauenroman‹ gerechnet, jenes Verlagsprodukt, in dessen Ahnenreihe die Romane einer Courths-Mahler und einer Marlitt einen bevorzugten Platz einnehmen. Die legitimen literarischen Nachkommen dieser beiden Autorinnen sind heute in unzähligen Publikationen zu finden, die in vier Gruppen einzuteilen sind:

1. Als Trivialromane, die *ausschließlich* für die 28 000 Leihbüchereien der Bundesrepublik hergestellt werden.
2. Innerhalb der ›Heftchen‹-Reihen, die alljährlich mit über 100 Millionen Exemplaren den Markt überschwemmen. Ein Zehntel davon etwa sind Frauenromane.
3. Als Fortstzungsromane in den großen Wochenblättern, den Illustrierten, den Kundenzeitschriften, den Tageszeitungen und anderen Zeitschriften.
4. Als Bücher, die über den freien Buchhandel zum Konsumenten gelangen.

Aus diesen Angaben wird schon ersichtlich, daß der Frauenroman in seiner Herstellung bestimmte Normen zu durchlaufen hat, die sowohl den inneren Aufbau (Fabel, Stil, Wortschatz etc.) als auch die äußere Form (Titel, geschlossenes Buch oder Fortsetzung, Erscheinungsweise usw.) bestimmen. Er *muß* diese Normen beachten, wenn er als Frauenroman bei seinem Publikum ›ankommen‹ will. Maßgefertigte ›literarische‹ Erzeugnisse führen nie ein Eigenleben und können auch nie unter *einem* kritischen Blickwinkel gesehen und durchleuchtet werden, etwa unter dem der ästhetischen Betrachtung, sondern sind nur in Zusammenhang mit der potentiellen Leserschicht zu untersuchen. Denn wenn ein Roman auf einen bestimmten Konsumentenkreis *zugeschrieben* wird, setzt dies voraus, daß man diesen Kreis kennt, d. h. daß man seine Lesewünsche zu umschreiben vermag. Und erst diese Kenntnis diktiert die Herstellung des zu schreibenden Produktes.

Frauenromane werden stets *für* Frauen geschrieben und handeln *von* Frauen. Hier liegt schon die erste Beschränkung bei der Auswahl der Herstellungsmittel. Es werden Handlungsabläufe konstruiert, die genau den Vorstellungswelten der Leserinnen entgegenkommen. Die perfektionierteste Herstellungsweise findet man bei jenen Anstalten, die Frauenromane ausschließlich für den Leihbuchhandel oder für die ›Heftchen‹-Reihen erstellen. Dabei schreiben Vertragsautoren in bestimmten und genau präzisierten Zeitintervallen Romane, deren Inhalt und Umfang festliegen. Die Stärke eines solchen Buchexemplars beträgt meist 16 Druckbögen, das sind etwa 340 000 bis 370 000 Schreibmaschinenanschläge. Die Verlage, die solche Leihbücher drucken, sind imstande, feste Verträge mit Autoren einzugehen, weil sie selbst wieder mit Leihbüchereien Verträge über bestimmte Absatzmengen besitzen. Die ›Heftchen‹ sind im Umfang entsprechend kleiner — aber auch deren Frauenromane können unter ähnlichen Bedingungen ausgearbeitet werden.

In Romanredaktionen von Illustrierten und Wochenblättern trifft man hin und wieder Autorenteams, wie auch bei vielen Verlagen das Sammelpseudonym dafür zeugt, daß Romane gleicher Provenienz von mehreren Autoren geschrieben werden können, ohne daß sie sich kennen oder absprechen müßten.

Noch deutlicher erkennt man jetzt die Tatsache, daß die Herstellung bekannten Gesetzen folgen *muß*. Wie heißen nun diese Gesetze und Normen des Frauenromans? Ehe wir sie zu definieren versuchen, sei bemerkt, daß für das im folgenden über den Frauenroman Gesagte die Lektüre von rund 200 Frauenromanen als Quelle dienen soll, die der Verfasser benutzte, wobei er sich heute keiner Pflichtversäumnis schuldig fühlt, wenn er nicht weit mehr solcher Produkte zu Rate zog: sie — die genannten 200 Frauenromane — sind in ihrer Grundstruktur und in ihrem Gesamtaufbau so identisch, als stammten sie von *einem* Autor, wenn man von individuellen Schnörkeln absieht, die sich auch hier nicht ganz ausmerzen lassen.

Aus der Fülle der zweihundert Romane seien zwei — ganz willkürlich zur Demonstration herangezogen. Sehen wir uns den Anfang des Romans ›Auch Vergeben ist Liebe‹ von Ute Amber an. Da heißt es:

»Die roten Ziegeldächer des nahen Dorfes glänzten in der Sonne. Soweit man sehen konnte, erfaßte das Auge azurblauen Himmel. Die Blätter der Erlen, Buchen und Birken rauschten leise und geheimnisvoll. Die Luft war erfüllt vom Duft dieses Frühsommers. Die beiden jungen Menschen, die Arm in Arm den Berg hinaufstiegen, sahen sich leuchtenden Blickes um.

›Wie wunderschön ist doch unsere Heimat, Steffi. Glaubst du, daß es noch irgendwo auf der Welt prächtiger sein kann?‹ Der junge Mann mit dem wilden blonden Haarschopf und den blauen Augen sah das Mädchen fragend an.

›Nein, Uli, ich glaub's nicht‹, antwortete mit verträumter Stimme das junge Mädchen. Zur Bekräftigung ihrer Worte schüttelte es den Kopf, daß die langen, braunen Haare nach links und rechts flogen. ›Ich möchte auch niemals von hier fortgehen. Schau doch nur‹, Steffis Hand wies jetzt in das Tal hinab, ›dort schimmert schon der See durch und da hinten die hohen Bergwände. Das ist alles so gewaltig, so mächtig. Die Fremden sagen oft, es erdrückt sie beinahe, aber bei uns ist das ganz anders, nicht wahr? Uns macht dies alles erst frei. In der Stadt müßte ich ja sterben. Wenn ich nur an die schlechte Luft denke, an die Enge. Oh Gott, nein!‹ Steffi schauderte zusammen, als käme Grauenhaftes auf sie zu.«

Soweit der Anfang. Durch die Verwendung bestimmter Adjektive und Substantive wird zunächst die Schablone einer Stimmung erzeugt, die sofort die ›traute Heimat‹

der ›bösen Fremde‹ gegenüberstellt. Für die traute Heimat plädieren die Wörter: rote Ziegeldächer, nahes Dorf, azurblauer Himmel, Erlen, Buchen, Birken, Tal, See, hohe Bergwände. Außerdem sprechen die Beteiligten darüber: Wie wunderschön ist unsere Heimat! Die Fremden sagen oft, es erdrückt sie hier! In der Stadt müßte ich sterben! usw. Die Heimat, der bekannte, gute, traute Kreis — dort irgendwo das Fremde, die Stadt!

Die Anhäufung von Adjektiven fängt die gewollte Stimmung ein, wobei durch sie auch ausgedrückt wird, daß ›Uli‹, der junge Mann, wildes blondes Haar besitzt, während seine Freundin, die Steffi, über langes, braunes Haar und eine verträumte Stimme verfügt.

Noch ausgiebiger gebraucht Ali Götz in dem Roman ›Werde glücklich, Christine‹ (unserem zweiten Beispiel), die stimmungsmalenden Adjektive. Dies zeigt sich schon im ersten Absatz des Buches, wo es heißt:

»Ein herrlicher Maitag versinkt langsam im blauen Dämmern. Im gelben Abendlicht liegt der prächtige Landsitz von Generaldirektor Hermann Nordhoff. Aus dem blauschwarzen Dunkel des Parks locken die herrlichen Wege. Es ist ein augenbeglückendes Erlebnis. Von der Gartenterrasse aus fällt der Blick über die Rheinpromenade. Und auf die weißen Dampfer, die mit frohen Menschen an den grünen Weinbergen vorbeiziehen.«

Hier ist der Maitag herrlich, das Dämmern blau, das Abendlicht gelb, der Landsitz prächtig, das Dunkel blauschwarz, die Wege herrlich, das Erlebnis augenbeglückend, die Dampfer weiß, die Menschen froh und die Weinberge grün. Jedes Substantiv ist durch ein Adjektiv definiert. Dabei ist dieses Vokabular keineswegs reichhaltig. Um es gleich auszusprechen: Das *Adjektiv* ist die Seele des Frauenromanstils, wenn es sich auch nur innerhalb der engen Grenzen der Umgangssprache bewegt. Die Zeichnung der Grundstimmung gebraucht die Adjektive ›glücklich‹, ›selig‹, ›schmerzlich‹, ›traurig‹, ›erregt‹ und eine Handvoll ähnlicher Begriffe. Stets lassen diese Adjektive so viel Spielraum in der Phantasie der Leserin, daß dieser durch die individuelle Vorstellung ausgefüllt werden kann. Um Gefühle und Stimmungen auszudrücken, die sich in Grenzsituationen bewegen, zitiert man die Adjektive ›merkwürdig‹, ›sonderbar‹, ›eigenartig‹ u. ä. heran. Sie bezeichnen nichts Abschließendes und lassen alle Möglichkeiten offen.

Gleich dem Adjektiv stammen auch alle anderen Wörter, Begriffe und Formulierungen aus dem Bereich der Alltagssprache, oft aus dem der banalsten (siehe unser obenangeführtes Beispiel: » Wie wunderschön ist doch unsere Heimat, Steffi. Glaubst du, daß es noch irgendwo auf der Welt prächtiger sein kann?«) Ab und zu verirrt sie sich zu einem gedrechselten ›Adelsdeutsch‹, d. h. zu einer Diktion, wie ›man‹ sich die eines Adeligen vorstellt. (»Ich werde das Glück meines Hauses später einmal, wenn ich dahingegangen bin, in die Hand meiner Nebenlinie legen‹, sagte der Graf langsam und in tiefem Ernst.«)

Niemand wird ernsthaft behaupten wollen, daß sich heute zwei verliebte junge Leute in dieser geschilderten Art unterhalten oder daß ein Graf so gestelzt daherredet. Aber die Leserin stellt sich vor, daß diese Romanfiguren auch in der Wirklichkeit so sprechen.

Und damit sind wir beim Zentralproblem des Frauenromans: Die *Vorstellungswelt* der Konsumentin, der sich alles unterzuordnen hat, die Fabel, die Helden und Nichthelden, die Sprache, der Stil und die Aufmachung.

Hier werden also Handlungsabläufe konstruiert, die genau den Vorstellungsinhalten der Leserinnen entgegenkommen. Die Vorstellungsinhalte werden nach den Lesewünschen und durch viele mündliche und schriftliche (Leserbriefe!) Äußerungen von den Herstellern in einem bestimmten Rahmen als gegeben angesehen. Und dabei ergeben sich folgende Feststellungen:

1. Personen, Lokalitäten, Handlungen und Sprache sind stets schwarz-weiß gezeichnet.
2. Die Personen sind Typen.
3. Beschreibungen und Nennungen fester ›Durchschnittsvorstellungen‹ halten sich genau an die Schablone.

Ad 1) Differenzierungen finden nicht statt — und wenn sie vonnöten sind, müssen sie sich stets an der Vorstellung und nicht an der Realität orientieren. Eine einmal als Bösewicht skizzierte Figur könnte z. B. nie so beschrieben sein, daß der Leser etwa zu der Meinung gelangt, das und jenes an ihm ist ja gut, wenn auch der andere Teil seines Wesens schlecht ist. Nein: das Böse ist stets böse und das Gute gut — um es in der Frauenromandiktion auszusprechen: das Böse ist abgrundlos böse und das Gute herzensgut. Hierher gehört auch der schon eingangs erwähnte Konflikt Heimat—Fremde. Das Böse kommt immer von ›draußen‹, das Gute aus der ›Heimat‹.

Ad 2) Schwarzweiß zu zeichnen fördert die Typisierung. *Die Heldin* in diesen Romanen ist *immer eine Frau*. Sie muß liebenswürdig sein, unverheiratet oder in einer nicht durch ihre Schuld geschlossenen unglücklichen Ehe leben (die selbstverständlich reparabel ist), sie muß natürlich sein, wobei man ständig den Eindruck gewinnt, daß der Gebrauch von kosmetischen Mitteln ein Vergehen für die Heldin bedeutet. Sie darf nur einmal in ihrem Leben lieben (die große Liebe) und darf nie auf den Gedanken kommen, aus anderen Gründen als denen der Liebe vor den Traualtar zu treten. Die Gegenspielerin ist meist ein Vamp, männerbetörend und aus langen Zigarettenspitzen rauchend, während sie mit tiefem Alt den Liebhaber der Heldin zu betören versucht. Doch auch ihre Verführungskünste bleiben in trautem Rahmen, denn das Sexualleben findet nicht statt. Auch alle Zweideutigkeiten sind verbannt und die erotischen Höhepunkte verstecken sich hinter den drei Pünktchen am Ende eines Absatzes oder Kapitels. In der Tat: die Liebe brüllt vor Langeweile in allen Frauenromanen. Unter den unzähligen Exemplaren dieser Romanart dürfte es schwerfallen, eine Geschichte zu finden, in der nicht die Erotik steril wie Verbandwatte ist ...

Die Helden sind meist reiche Schloßherren, Industriekapitäne, Ärzte, Ingenieure, Architekten oder arme Studenten. Denn schon aus der Konstellation des Liebespaares ergibt sich der Konflikt der Fabel: das reiche Mädchen — der arme Student oder der adelige Sprößling — das Gänselieschen aus dem Dorf enthalten schon in der Anlage den Konfliktstoff.

Ad 3) Genau wie die Heldin liebenswert zu sein hat, muß z. B. der Gutsbesitzer oder der Adlige sich so bewegen, wie ›man‹ sich eben solche Personen vorstellt. Ein

Gutsbesitzer reitet natürlich morgens aus, er sitzt in tiefschürfenden Gesprächen vor dem Kamin und küßt immer die Hände galanter Frauen. Er ist ein Gentleman, ein Ritter, ein Kavalier, auch wenn er die Geliebte schmählich sitzenläßt — oder er muß schon von vornherein als schlechter Charakter angelegt sein (dann ist er aber auch finanziell verkracht!). Am besten läßt sich diese hier apostrophierte Vorstellungswelt am Arztroman darlegen. Hier sind die handelnden Personen gutaussehende Assistenzärzte, Professoren, die mit jugendlich federnden Schritten über die blanken Flure ihrer Privatkliniken gehen. Patientinnen sind meist die Gegenspielerinnen: junge Frauen und Mädchen, die krank sind, daneben die hübsche oder gehässige Krankenschwester, die den jungen Arzt liebt. Die rauhe Wirklichkeit der muffigen Wartezimmer, der Reihenabfertigung von Kassenpatienten, der gängigen Behandlung in Krankensälen, des berufsmäßigen und routinierten Operierens — alles das liegt fern; denn alles ist so klar und rein wie die gebohnerten Gänge der Spitäler. Hier gibt es keinen Platzmangel, und stets liegt die Kranke in einem Einzelzimmer, umgeben von vielen Blumen. Durch das Fenster fallen Sonnenstrahlen, die Schwestern sind ständig zur Hand und lesen der Patientin jeden Wunsch von den Augen ab, und auch der Professor ist immer da, wenn man ihn braucht, um unter Äußerung aufmunternder Worte den Puls zu fühlen.

Das für den Arztroman Gesagte trifft genau für den Frauenroman im übertragenen Sinne zu. Die Durchschnittsvorstellungen der Konsumentinnen werden mit Schablonen genährt. In diesen Bereich gehören die Vorstellungen von bestimmten Landstrichen — Italien, Neapel, Venedig, Campanile, roter Wein, Gitarren, heißblütige Männer — und von bestimmten Menschentypen — der Graf reitet aus, der Arzt durchwacht die Nacht, der Architekt baut stets an einem Riesenprojekt. Die Schablone der jeweiligen Personen- oder Ortsbeschreibung wird auch noch dadurch erreicht, daß geschilderte Fakten keineswegs mit den geschilderten Einzelheiten identisch sein müssen. Es wird z. B. behauptet, daß das Mädchen X mit dem Grafen Y in einem tiefschürfenden, traurigen oder lustigen Gespräch in der Gartenlaube sitzt. Selbst wenn diese Unterhaltung im Dialog aufgezeichnet ist, brauchen die Sätze nicht nachzuweisen, daß sie tiefschürfend, traurig oder lustig sind: der Autor hat vorher schon gesagt, daß sie tiefschürfend, traurig oder lustig sind. Keine Leserin käme auf den Gedanken, dem Dialog nachzuweisen, daß er oberflächlich und nicht tiefschürfend ist. Helden eines solchen Romans sind nie oberflächlich. Denn: ein Fürst, ein Graf, ein Filmstar, ein Künstler ist allein durch seine Existenz erhaben. Man weiß, daß solche Leute nicht normal leben und sprechen. Die durch Illustrierte und Filme aufgezeigten Verhaltensweisen solcher Menschen, die in den wenigsten Fällen mit der Realität übereinstimmen, werden hier übernommen, weil man weiß, daß sie auch als Vorstellungen in den Köpfen der Konsumentinnen spuken. Man bedenke nur, welche Rolle die Vorstellung bei Menschen spielt, die durch eigene Beobachtung die Gelegenheit hatten, diese ihre (falsche) Vorstellung zu korrigieren. Hierher gehört das so oft zitierte Beispiel von den Millionen deutscher Soldaten, die während des Zweiten Weltkrieges in Paris waren. Paris besteht für die meisten von ihnen auch heute noch nur aus l'amour, obwohl sie sich eines anderen überzeugen konnten.

Wir kennen diese gestanzten und in Schnulzenlied-Versen eingefrorenen Vorstellungen von einer unendlichen Zahl von Schlagern her: Roter Wein — Italien — roter Mund; Schanghai — Hamburg — Meer — Gitarre — Hafen — Sehnsucht; Samoa — Honolulu — Blumen — Hula-Mädchen — Hawaigitarre; usw. usf. Ähnlich wie in den gestammelten Blasen bei den Comics wird hier eine Art Esperanto der Analphabeten gesungen, deren einzelne Wörter Vorstellungsinhalte bei den Hörern anschlagen, die sofort die von den Produzenten gewünschten Assoziationen auslösen. Hier hat die Psychologie und Soziologie noch ein weites Betätigungsfeld. Auch der Verfasser muß bekennen, daß er bei seinen Versuchen über den Trivialroman stets auf einzelne empirische Forschungen zurückgreifen mußte, da fast jede größere zusammenfassende Leseruntersuchung fehlt[1].

Fast jede Frauenroman-Story besitzt als Ort der Handlung eine nicht näher lokalisierbare Kulisse. Es ist der Gutshof Y., das Schloß X. oder das Dorf Z. Diese These wird auch durch die in letzter Zeit in manchen Romanen genannten Schauplätze — z. B. Berlin, Düsseldorf, München, Rheinland, Riviera usw. — nicht widerlegt. Denn falls diese Orte eine Rolle spielen, beschreibt man sie selten, weil sie die Funktion einer Pauschal-Milieu-Nennung haben, weil man nur anzeigen will, daß die Handlung in der Großstadt, am Meer oder auf dem platten Lande spielt. Genau wie der ›Raum‹ kaum Beachtung findet, wird auch die ›Zeit‹ großzügig übergangen. Da gibt es noch immer unzählige Schlösser und riesige Gutshöfe, als hätte es nie ein 1918, 1933, 1945, eine EWG und eine notleidende Landwirtschaft gegeben. Dieses bewußte Übergehen von Zeit und Raum erstreckt sich auch auf die Definition der Berufe der handelnden Personen. Wenn man von verschwindend wenigen Ausnahmen absieht, bezieht der Stoff seine Konflikte nie aus den speziellen Gegebenheiten eines Berufsstandes, sondern nur aus dessen Personen, aus dem ›Menschlichen‹ in ihnen. Das Vordergründige, die dahinplätschernde äußere Handlung, die, allen wenn auch noch so einfachen psychologischen Konflikten abholde, Story ist es, die gefordert wird.

Der einfache Leser faßt die sprachlichen und darstellerischen Qualitäten zumeist gar nicht auf, sondern er liest gleichsam nur die Handlung, den Stoff. Seine ungeteilte Aufmerksamkeit gilt dem Geschehen selbst; von der Darstellung verlangt er nur, daß sie die ›spannende‹ oder ›zu Herzen gehende‹ Geschichte so erzählt, daß er sie flüssig und ohne Schwierigkeiten verfolgen kann. Formalästhetische Qualitäten sprechen ihn nicht oder nur in Ausnahmefällen an[2].«

Zu solchen Ausnahmefällen gehören Landschaftsbeschreibungen. Sie interessieren nur, wenn sie unmittelbar für die Handlung wesentlich sind, wobei die einzelnen Elemente der Natur eine anthropomorphe Wendung erleben: Trauerweiden stehen wie »weinende Kinder« da, die morgendliche Wiese ist »wie eine Braut, zart und voller Ahnung«, die Berggipfel präsentieren sich »wie eine Königsversammlung«. Auch gehören zu den genannten Sonderfällen zeitbedingte Abweichungen bei den

---

[1]   Zu diesem Problem kann nur genannt werden: R. Escarpit, ›Das Buch und der Leser‹, Entwurf einer Literatursoziologie. Köln u. Opladen 1961.

[2]   V. Zifreund, Der Widerstreit formaler und stofflicher Grundsätze als das eigentliche Problem der unteren Grenze, in ›Bücherei und Bildung‹, Heft 9, 3. Jg., 1951, S. 785.

Stereotypen der handelnden Personen: nach dem Krieg gab es unter diesen Personen Flüchtlinge, heute sind da erfolgreiche Wirtschaftswunder-Manager. Man schildert solche zeitbedingte Personen und Umstände aber nur dann, wenn dieses Feld durch andere Medien vorbereitet wurde. Unumgängliche Eindrücke, die jedermann zugänglich sind, wandeln Vorstellungen um, wobei diese Eindrücke meist aus dem Bereich der anderen Massenmedien stammen, wie Film und Fernsehen. Diese Ausnahmefälle und Abweichungen sind nur sporadischer Natur und bewegen sich nie außerhalb eines vordergründigen lexikalischen Kenntnisrahmens. Eine Abweichung findet nie bei der Sprache und bei den im Text vorkommenden Wörtern statt. Schon rein vom Roman-Titel her läßt sich dies vorausahnen. Zählen wir einige Titel von Frauenromanen auf:

| | |
|---|---|
| Auch Vergeben ist Liebe | Brich dein Schweigen, Mutter |
| Das Schicksal entscheidet | Werde glücklich, Christine |
| Kleines Herz ist einsam | Traum der Vergangenheit |
| Auch dir gehört die Liebe | Das goldene Licht |
| Endlich daheim | Baroneß, Sie lügen |
| Claudia | Einer Liebe Opfergang |
| Nur ein Verwalter | Du darfst ihn nicht heiraten |
| Warte auf mich, Prinzessin Maria-Anita | Dein auf ewig |
| Zwischen zwei Herzen | Wenn der Schnee fällt |
| Die von Lindenhofen | Blinde Augen |

Zwanzig Titel, die willkürlich ausgewählt wurden, zeigen deutlich, wie man mit allen möglichen Sprachmitteln Emotionen anzusprechen versucht. Die darin ausgesprochenen Frauennamen z. B. (Claudia, Maria-Anita, Christine) gehören zu den lieblichen, ›weichen‹ Namen. Sind die Titel nur beschreibend, dann suchen sie sich gefühlsträchtige Wörter: Schicksal, Herz, Liebe, daheim, Schweigen, Mutter, Traum, Vergangenheit, Licht, Augen. Selbst wenn der Titel über die Gefühlswelt der Handlung nichts aussagt, sucht man ein ›sanftes‹ Geschehen anzudeuten (›Wenn der Schnee fällt‹). Die Titel ›Die von Lindenhofen‹ und ›Nur ein Verwalter‹ lassen keinen Zweifel über den Ort und das Milieu der Handlung zu. Weiterhin gebraucht man stets Namen und Begriffe, in denen ein heller, weicher Vokal dominiert. Meist ist es das ›a‹: Claudia, Maria-Anita. Dieses ›a‹ spielt auch bei der Wahl der Autoren-Pseudonyme eine große Rolle, wie man sich durch einen Blick auf die Buchrücken in den Leihbuchregalen überzeugen kann, in denen unzählige solcher ›Gefühlsnamen‹ zu finden sind.

Fassen wir noch einmal zusammen: Die heutigen Frauenromane werden zum allergrößten Teil von bestallten Vertragsautoren oder Autorenteams nach ganz bestimmten Forderungen geschrieben. Diese Forderungen leiten die Hersteller von einem vorgestellten und getesteten Leserkreis ab, wobei hauptsächlich die einmal angenommenen Leserinnen-Vorstellungen berücksichtigt werden. Personen und Situationen sind in der Schwarz-Weiß-Manier geschildert, wodurch die handelnden Personen fast ausschließlich ins Typische abgleiten. Die ›menschliche‹, allgemeinverständliche Handlung wird gewünscht, die vor allem durch den Gebrauch der Umgangssprache und von Allerweltsbegriffen gefördert wird. Das Adjektiv regiert souverän, verläßt aber nie den engen Rahmen der Gebrauchsadjektive. Erotik findet selten statt, sieht man vom ›Küßchen in Ehren‹ ab. Die Hauptfigur in einem Frauenroman ist stets eine Frau, die eine Liebe erlebt, enttäuscht wird, allerlei Gefahren der Liebe zu bestehen hat, um dann endlich zu ihrem Happy-End zu kommen — dem Happy-End, das für den Frauenroman so wichtig ist, wie der Mord für den Kriminalroman.

Diese Normen lassen sich nach der eingangs geschilderten Lektüre von zweihundert Frauenromanen ableiten, die aus der Produktion der Leihbuchverlage, der Kundenzeitschriften oder Wochenblätter und der ›Heftchen‹ stammen.

Frauenromane in Illustrierten — um ein weiteres Beispiel zu nennen — weichen etwas von dieser vorgezeichneten Generallinie ab. Genaue Untersuchungen darüber haben meines Wissens noch nicht in größerem Rahmen stattgefunden. Aus der Kenntnis von etwa fünfzehn Illustrierten-Frauenromanen, die der Verfasser im vergangenen Jahr untersuchte, läßt sich vorläufig kurz feststellen:

Wendet man die im vorausgegangenen näher geschilderten Normen auf diese Romane an, so decken sie sich mit denen der Illustrierten-Frauenromane bis auf wenige Abweichungen. Meist ist hier der Handlungsort näher und in Einzelheiten geschildert, wenn er auch nicht genannt wird. Die Handlungsweise der geschilderten Personen wird hin und wieder bis zu einem bestimmten Grad psychologisch motiviert. Der Stil ist knapper, weil man den Gebrauchs-Adjektiven nicht soviel Spielraum läßt. Die Story spielt fast immer ›in unseren Tagen‹.

Schon nach diesen Sätzen könnte man einwenden, daß die Leihbuch- und die Illustrierten-Frauenromane erhebliche Unterschiede vorweisen. Diese Unterschiede wären möglicherweise nicht vorhanden, wenn der Illustrierten-Frauenroman für sich erschiene und nicht im Rahmen einer Zeitschrift, die durch große, aktuelle Fotos, durch Tatsachenberichte aus dem politischen und kulturellen Leben, durch Kommentare, durch Hinweise, durch Reportagen und durch eine Anzeigenflut als Ganzes (einschließlich dem genannten Roman) dem Konsumenten entgegentritt. Deshalb muß auch dieser Frauenroman sich seiner aktuellen Zeitschrift-Umgebung anpassen und darf dabei nur so weit von der geschilderten Norm abweichen, wie ihm die Zeitschrift Grenzen setzt. Allerdings muß in diesem Zusammenhang darauf hingewiesen werden, daß das Phänomen des heutigen Illustrierten-Romans als Forschungsobjekt kaum angefaßt wurde. Eine eingehende Definition muß deshalb einem späteren Zeitpunkt vorbehalten bleiben.

Kehren wir nun zu unserem eingangs als Konformliteratur bezeichneten Frauenroman zurück.

Hat man erkannt, daß zwischen den Herstellern von Frauenromanen und dem Kreis der Leserinnen dieser Produkte eine ständige Wechselbeziehung besteht, weil der Produzent sich genau der Konsumentenfrage anzupassen hat, dann darf man getrost behaupten, daß sich das Phänomen ›Frauenroman‹ in erster Linie im sozialen Wirkungsraum begreifen läßt. Es ist wissenschaftlich wertlos, den Frauenroman nach den Methoden der Kunst-, Sprach- und Literaturwissenschaften definieren zu wollen, da er weder bei der Herstellung noch in seinem Endzweck die Absicht besitzt, in den Lebensbereichen zu agieren, die die genannten wissenschaftlichen Disziplinen zum Gegenstand ihrer Forschung haben. Mit der künstlerischen Literatur hat der Frauenroman nur in einem Teil des allgemeinen Wortschatzes und durch das Papier, auf das man ihn druckt, gemeinsame Berührungspunkte. Der Frauenroman ist ein Konsumartikel und richtet sich nach der Marktlage — nach der Leserin. Dadurch bleibt zum Schluß nur die Frage übrig: Wo liegen die Motive bei unzähligen Leserinnen, die sie immer wieder zu diesen Schablonen-Romanen greifen lassen?

Es scheint verwunderlich und erstaunlich, daß es in einer Zeit, deren Gesellschaft sich im technischen und ökonomischen Bereich so differenzierte Aufgaben stellt und diese bewältigen muß, eine nachweisbar große Zahl Menschen gibt, deren ›literarische‹ Bedürfnisse von der Trivial-Lektüre, von der Konformliteratur im allgemeinen und vom Frauenroman im besonderen befriedigt werden. Mit den Begriffen ›Massenzeitalter‹, ›Massenkultur‹, ›Nivellierung‹ und wie die Bezeichnungen in allen möglichen Lagern der Kulturkritik heißen mögen, ist diesem Problem nicht zu Leibe zu rücken.

Auch die Vielzahl der Mittel, die dem heutigen Menschen für seine Freizeit, seine Unterhaltung und seine Ablenkung zur Verfügung stehen, ist nicht mannigfaltig und vollzählig genug, um das anachronistische Grafen-Milieu einer Courths-Mahler, das in einer ständig sich wiederholenden, ins Stereotype abgleitenden Sprache geschildert wird, verschwinden zu lassen.

Die Sozialpsychologie macht auf dem Gebiet der Lesemotiv-Forschung vorläufig noch ihre ersten ungelenken Schritte. Vor dem Erkunden der Lesemotive bäumen sich schon im methodischen Bereich hohe Schranken auf, da die Forschungsobjekte, die Leserinnen, in der Gesamtheit schwierig zu erfassen sind.

Vielleicht deutet die triviale und naive Sprache des Frauenromans auf *ein* Element des Lesemotivs — auf das des Unbehagens in der condition humaine. Es liegt etwas Verwandtes in der Situation eines Menschen, der sich von der Schnulzenmusik des Rundfunks berieseln läßt, und der einer Leserin, die zu Hause, auf der Eisenbahn oder bei der ermüdenden täglichen Straßenbahnfahrt zum stereotypen Frauenroman greift. Wenn auch noch nicht nachgewiesen ist, ob sich die Lesemotive einer Frauenromanleserin und die eines, sagen wir, Thomas-Mann-Lesers grundlegend unterscheiden, so darf ruhig behauptet werden, daß beide sich während der Lektüre a-sozial verhalten, indem sie in diesem Zeitraum sämtliche Beziehungen zur Umwelt abbrechen. Sie ziehen sich temporär aus ihrem sozialen Raum zurück und verbinden sich mit jenem, der in der Lektüre ›greifbar‹ geschildert wird. Die Leserin eines Frauenromans ›lebt‹ während der Lektüre in der genormten Frauenromanwelt — einer Welt, die sie genau kennt, die keine Überraschungen zuläßt. Im Bunde mit der alles vereinfachenden und trivialen Sprache findet sie möglicherweise jene ›Einfachheit‹, die sie in ihrer differenzierten und desintegrierten Gesellschaft vermißt — eine Beobachtung, die sich in der Auswahl von Massenmedien-Darbietungen bei unzähligen Menschen täglich feststellen läßt.

*Den Frauenroman als eine fest zu umreißende, definierbare und eigene Art zu bezeichnen, scheint uns nur wenig plausibel. Zu sehr ähneln die Motive, die gesamte Staffage und Arbeitsweise dieses Romantyps etwa dem Ärzteroman, dem Heimatroman oder dem Liebesroman schlechthin. Frauenroman — man könnte sich vorstellen, er behandelt mit besonderer Intensität die Stellung der Frau in der Gesellschaft. Walter Nutz spricht in seiner Untersuchung davon nur am Rande: diese Fragestellung scheint also nicht ganz einen Gegenstand zu finden. Die Grenzen zu allen anderen Trivialromanen, vor allem jenen in den Illustrierten und Heftchen sind fließend.*

*Trotzdem hat es sich — vor allem in Leihbibliotheken — eingebürgert, vom ›Frauenroman‹ zu sprechen. Es läßt sich vorstellen: dieser Begriff entspricht weniger einem objektiven Einteilungsschema, als daß er einen Markttrick verkörpert, der eine bestimmte Art von Literatur an einen umrissenen Leserkreis bringen will. Das würde bedeuten: Frauenroman, ein Begriff, der nicht dem Gegenstand entspringt, sondern aus der Lesersoziologie und der nur dort seine Aufgabe hat.*

*Was aber sind nun die Ansätze wenigstens zu den Sonderheiten eines Frauenromans? Welche Momente an ihm könnten abgestimmt sein auf die Ansprüche und Bedürfnisse vorwiegend von Frauen? Walter Nutz gibt da mehrere Hinweise. So scheint die Sphäre des Adels dazu geeignet, eine edle, schöne Welt zu suggerieren und oberhalb jeglicher Problematik einen Bereich des Dauerhaften zu etablieren. Geburtsadel und in Grenzen Gesinnungsadel sind die Garanten einer Lebensphilosophie, die aus Enttäuschungen in eine gleichsam klassische Harmonie verhilft und ein Iphigenien-Ideal des Schönen, Wahren, Guten erstellt. Wenn im Heimatroman eine Vorstellung von ganzer und heiler Landschaft entsteht, so liegt hier der Akzent auf dem ganzen und heilen Frauenbild. Die psychologische Absicht, die so erkennbar wird, appelliert zwar an durchaus vorhandene Spannungen und Verletzungen in den Lebenserfahrungen der Leser, aber die Verlogenheit und Trivialität liegt darin, daß selbst die größten Schwierigkeiten zuletzt als heilbar und überbrückbar erscheinen. Der Leser überträgt seine Misere in die heilbaren Leiden der Helden. Er erhebt sich auf das höhere Niveau, das von einer Elite- oder Adelsgruppe geprägt ist. Meistens ist diese Welt von Kunstanspruch oder Wissenschaft geweiht, ein gespreiztes Bild von kulturellem Niveau, kenntlich zumeist schon an der getragenen und gekünstelten Sprache. Eine Bilderbuchwelt, verzaubert, problematisch-unproblematisch und erreichbar durch Hineinträumen. Das Happy-End, das diese regelmäßig ziert, ist eine durch Resignation hindurchgegangene Läuterung, eine Lichtfigur, die aller irdischen Schwierigkeiten entbunden ist, Abglanz des Paradieses: »Weil die Liebe es ist, die dieser Welt einen schwachen Schimmer von dem verleiht, was sie einmal gewesen ist — ein Garten Gottes, der Garten Eden. Ann sieht Anselm an. Anselm schaut auf Ann. Zwischen ihnen steht Bärbel. Vor ihnen liegt die Zukunft.«*

# Alfred Holzinger
## Das Thema vor allem ist wichtig


Als ich kürzlich illustrierte Zeitschriften durchblätterte und ihre Romane stofflich abzugrenzen suchte, stieß ich auf zwei Themen: Liebe und Tod, Sexualität und Gewalt. Denn fast immer folgt in diesen Blättern mit hoher Auflage auf den Liebes- der Kriminalroman oder auf den Kriminal- der Liebesroman. Die Mehrzahl der Menschen spricht eben unmittelbar auf die Darstellung des Elementaren an, wird angezogen und gepackt von der Schilderung des Erotischen oder der Gefahr. Solche Stoffe schaffen den Lesern Möglichkeiten der Identifikation oder der Illusion, des Schauders und der Abreaktion. Ersatzerlebnisse werden geboten, und Erregungen aus zweifacher Wurzel, aus Sex und Angst, erfüllen den Leser. Die Affektbezogenheit entscheidet und nicht das Rationale, Emotionen sollen geweckt und Wünsche bestätigt werden.

Doch hier soll weder Massen- noch Leserpsychologie betrieben werden. Es sei vielmehr der Versuch unternommen, am Beispiel eines wahllos herausgegriffenen Illustriertenromans zu zeigen, wie ein solcher Roman beschaffen ist. Wir stießen auf ›Saison für Damen. Der Roman eines Modebades‹ (Copyright 1963 Verlag Th. Martens & Co., München, und Ferenczy-Verlag AG., Zürich). Der Name des Autors tut nichts zur Sache, und auch der Titel der illustrierten Zeitschrift ist gleichgültig.

Also: ›Saison für Damen. Der Roman eines Modebades‹. Schon der Titel soll reizen, zur Lektüre anregen. Saison bedeutet Hochbetrieb, Hauptzeit für etwas. Daß diese Steigerung zu einer bestimmten Zeit mit Damen in Verbindung gebracht wird, verspricht einen Liebesroman mit mehreren Akteurinnen, die ›aktiviert‹ sind und in einer neuen Umgebung, dem Modebad, gesteigertes Erleben ohne die üblichen Fesseln suchen. Noch eine andere Vorstellung, die sich aber dann als nicht richtig erweist, wird provoziert: das Wort Saison weckt den Beigeschmack des Kommerziellen, der, mit ›Damen‹ in Verbindung gebracht, Abenteuer käuflicher Frauen erwarten lassen könnte. Auch solch ein Unbestimmtheitsfaktor spielt bei der Titelwahl eine Rolle. Der Titel soll nicht eindeutig und klar sein; verschiedene Möglichkeiten der Auslegung steigern die Neugier und gerade das Zweideutige im doppelten Sinn erhöht den Reiz. Dann das Wörtchen ›Modebad‹! Es verspricht nicht nur gehobenes Milieu und Luxus, es enthält auch die gewünschte und gesuchte Beziehung zum Aktuellen und Gegenwärtigen. Der Roman wird also Zeiterscheinungen berühren, die in einer von vielen Lesern erträumten Umwelt sichtbar werden.

Damit aber die Vorstellungen in noch ›reizvollere‹ Bahnen gelenkt werden, ziert die erste Doppelseite des Abdrucks in der Zeitschrift eine Illustration: zwei Frauen sind darauf dargestellt; die eine berührt mit den Blütenblättern einer

Blume ihre Lippen, die andere (ihr Blusenausschnitt ist offenherzig weit) verdreht die Augen und ihr Mund ist halb geöffnet, erwartungsvoll, sehnsüchtig, fiebrig. Daneben hockt Neptun als Brunnenfigur. In der Rechten hält er seinen Dreizack, die Linke weist auf die Damen, den Kopf beugt er leicht vor und der behaarte Oberkörper ist dem Frauenpaar zugewandt. Blättert man die nächste Seite auf, so sticht eine Witzzeichnung in die Augen: Acht Türen mit Schlüsselloch und Klinke tragen Nummern. Nur die Nummer 6 ist in Buchstaben ausgeschrieben, das englische Zahlwort steht auf der Tür, und von allen Seiten führen die Fußspuren nur auf sie zu. Und darunter kann man lesen: ›Beredte Spuren‹. Wort und Bild kündigen die sexualerotische Thematik an. Sie wird bestätigt durch die kurzen Inhaltsangaben, die den Fortsetzungen vorangestellt sind. Die zur fünften Folge lautet zum Beispiel:
»Frauensanatorium Tannenburg — Schauplatz menschlicher Komödien und Tragödien. Für die reiche Lydia Bercken besteht der Jungbrunnen der Erholung in einem heftigen Flirt mit dem Boy Peter Sagrelli. Veronika Agartz, lungenkrank, ist besessen von Gier nach dem Leben. Eva Sägert hat ihren Mann betrogen — wird sie ihre Ehe noch retten können? Einzig Irma Brommes Leben scheint glücklich zu sein. Sie liebt Mann und Kinder. Arglos hilft sie dem kranken Oberst Plötzke. Daß er ein Frauenjäger ist, will sie nicht glauben — und sie ahnt nicht, daß ihr Mann einen anonymen Brief erhalten hat. Ebensowenig, daß Paul Bromme schon unterwegs ist zum Schwarzwaldkurort Moorbach . . . «
Noch eine fünfte, in dieser Zusammenfassung nicht erwähnte Frau gesellt sich zu den vier anderen Damen, Carola Bornsiefen, eine Lehrersgattin, auf Moral bedacht, wenn sie über andere urteilt, und auch selbst meist moralisch, weil sie wenig Aussicht hat, in Versuchung geführt zu werden. Sie bildet im weiblichen Quintett die komische Figur und erhärtet aus dem Negativen die Gültigkeit sexualerotischer Wertungen.
Sehen wir uns die Inhaltsrückblicke von der 2. bis zur 12. Fortsetzung näher an, so wird aus der getroffenen Wortwahl offenkundig, was das Zentralthema des Romans ist. Wörter, die im Begriffsfeld des Erotischen liegen, werden fünfundzwanzigmal verwendet (8mal Flirt, 3mal Liebe, 2mal verliebt, 1mal Liebelei, 8mal Ehe, 1mal heiraten, 2mal Eifersucht). Zur Spezifizierung des Erotischen dienen dann siebenmal das Wort ›Abenteuer‹ und mit ihm zusammenhängend und es steigernd die Ausdrücke: »unternehmungslustig« (3mal), »aufregend« (1mal), »Aufregung« (1mal), »Sensation« (1mal). Daß Enthüllungen zu erwarten sind, darauf verweisen Formulierungen wie »nicht verheimlichen«, »geheime Wünsche«, »Geheimnis«, »die Augen öffnen«. Noch weitere drei Begriffsbereiche sind typisch, nämlich der des Lebensgenusses (»genießen, was sich ihr bietet«, »vom Leben nehmen, was sich ihr bietet«, »Gier nach dem Leben«, »jede Minute Leben nutzen«, »das Leben auskosten«, »etwas erleben«, »Lebenshunger«), dann der des Wunsches nach Jugend (»Jugend«, »jung«, »Jungbrunnen«) und des Strebens nach Glück (»Glück«, »glücklich« 4mal).
Eine Glück und Genuß und ihre möglichst lange Dauer erstrebende Lebenshaltung werden zum Wunschbild, wobei Abwechslung und Abenteuer die Sinnenfreude steigern sollen und Rückkehr ins Gewohnte nur über gefährliche Abwege

wünschenswert ist. Die personellen Bestimmungsstücke für die Hauptpersonen liegen ebenfalls im Erotischen (»attraktiv«, »hübsch«, »Don Juan«, »Frauenfreund«, »Frauenjäger«) und verstärken den Eindruck, daß Reichtum und Luxus (»reich« 5mal, »verwöhnt« 2mal, »elegant« und »Karriere« je 1mal) die Möglichkeiten des Lebensgenusses vermehren.

Die Handlung des Romans ›Saison für Damen‹ ist abwechslungsreich und bewegt. Der Autor häuft erotische Szenen und schafft von den Personen her verschiedene Muster (Flirt einer vor ihrer dritten Heirat stehenden Frau mit zwei nach Alter und Charakter sehr unterschiedlichen Männern; Lebensgier einer Lungenkranken, die es ebenfalls mit zwei Männern hält; Eifersuchts- und drohende Ehetragödie bei der dritten Dame, deren Mann sogar noch mit dem Mauerblümchen des Damenquartetts in Verbindung gebracht wird; und schließlich während eines Ausflugs mit diesem von Eifersucht geplagten Mann Fehlgeburt bei der vierten Frau, die ein Kind von dem Freund ihres Mannes erwartet, ihre Schwangerschaft verschwiegen hat und deren Ehe nun auseinanderzubrechen droht).

Erotik bestimmt aber nicht nur den Verlauf der Handlung und ihrer Verästelungen, sie färbt auch in den einzelnen Szenen die Details. Mit Vorliebe werden die Damen in halbbekleidetem Zustand vorgeführt, im Negligé, im Bademantel, im roten Samtmorgenmantel. Nicht weniger als sechsmal sitzt eine der Frauen vor dem Spiegel und betrachtet sich, frisiert ihr Haar oder vervollkommnet ihr Make-up. Die Gesprächsthemen sind eng begrenzt. Sie kennzeichnet der Satz, den der Chefarzt Dr. Weber einmal ausspricht: »Haben denn die Patienten der ›Tannenburg‹ gar keine anderen Probleme«.

Kaum sind drei der Damen in Moorbach angekommen und haben sich auf dem Bahnhof bekanntgemacht, zeigt die eine schon Interesse an dem sie abholenden Boy, einem schwarzlockigen Siebzehnjährigen (»Ein netter Junge«) und nach neun Sätzen, die die neuen Kurgäste miteinander wechseln, erfährt der Leser bereits aus ihrem Gespräch, daß die abenteuerlustige Lydia Bercken Witwe ist und »Dynamisches« bevorzugt. Nach weiteren sieben Sätzen stellt die lebenslustige Witwe schon an Irma Bromme die Frage: »Sie lieben Ihren Mann«, und als diese in knappster Form bejaht hat, wird die gleiche Frage an die dritte Frau gerichtet, die aber beziehungsreich abwehrt: »Gehen wir endlich«. Dann folgt rasch noch mitten auf dem Bahnhof das Thema Verjüngung, aber so formuliert, daß die Beziehung auf das Zentralthema nicht verlorengeht (»Mein Arzt sagte zu mir: ›Sie kommen zurück und reißen Bäume aus.‹ Als ob ich an Bäumen interessiert wäre ... «). Damit ist der wirkungsvolle Schluß der Szene auf dem Bahnhof gefunden, ein Schluß, dessen Hintersinn drei Punkte markieren.

Übernächste Kurzszene: Die Damen treffen im Kurhaus ein, hören den rhythmischen Ballwechsel vom Tennisplatz und schon wieder zwitschert Lydia Bercken: »Ich habe mich beim Tennis mal unsterblich verliebt ... Lassen wir uns überraschen! Ein Kurhaus ist immer so gut und erfolgreich, wie seine Ärzte charmant sind. Das ist eine alte Badeweisheit ... « Abermals drei Punkte und Überblendung, nun auf den männlichen Protagonisten: »›Ich setze auf die üppige Platinierte‹, sagte Siegmund Plötzke. Er legte sein Prismenglas zur Seite und brannte sich eine dicke, blonde Zigarre an. ›Sie ist das, was man mit einer

Attacke anreiten kann!‹« Es folgt eine kurze Personsbeschreibung des alten Kavalleristen und dann entwickelt Oberst a. D. Plötzke einem Freund seinen oft erprobten Feldzugsplan, der in der Feststellung gipfelt: »Sie glauben gar nicht, welchen magnetischen Reiz Reitstiefel auf Frauen ausüben. Jeder Schritt klingt in ihrer Seele nach.«

Die nächste Szene bringt die vierte Frau ins Spiel. Auch sie stößt nach fünfzehn Sätzen, die zwischen ihr und Irma Bromme gewechselt werden, auf ›Thema eins‹: »Das hier ist ein Irrenhaus ... Vierzig Frauen sind wir jetzt. Wissen Sie, was das bedeutet: Vierzig Frauen unter sich?« Und im Handumdrehen ist auch die fünfte Frau, Carola Bornsiefen, durch einen dazu passenden Ausspruch ihres Mannes, eines Volksschullehrers und ›verhinderten Philosophen‹ eingeführt, durch den zynischen Ausspruch: »Die Liebe zwischen Mann und Frau ist ein chemischer Vorgang ... man träufelt etwas in eine Retorte, und es entsteht ein neuer Stoff ...« Kurze Zeit später stellt auch schon Veronika Agartz, die vierte weibliche Hauptperson, die Frage: »Mögen Sie Männer? Warum sehen Sie mich denn so entsetzt an? Kennen Sie etwas Schöneres als einen liebenden Mann? Das Urbild von Kraft und zerstörender Leidenschaft ... «

So geht das weiter Szene um Szene, in den Dialogen und im Gesamtablauf der Handlung. Amor vincit omnia et omnes — Liebe und nur Liebe in den verschiedensten Spielarten. Die Liebes- und Skandalgeschichten sind gehäuft, es wird erzählt von der Liebe alternder Menschen, die sich gegen das Altern wehren, von der Leidenschaft des Jünglings, der durch eine erfahrene Frau zur Liebe geweckt wird, von der Liebe einer lebensgierigen Todkranken und den Liebesabenteuern Verheirateter, deren Harmlosigkeit sich später herausstellte. Liebe ist hier das einzige Gesellschaftsspiel und Liebe scheint auch die einzige Lebenserfüllung zu sein, der Himmel auf Erden, ohne den es kein Glück gibt.

Um klare moralische Urteile drückt sich der Autor herum. Einerseits spricht er von der Faszination, die von der Ablehnung jeglicher Moralbegriffe ausgeht, und bekennt sich durch den Mund des Chefarztes zur Duldung aller amourösen Abenteuer, freilich mit der Einschränkung: »Sie haben nun einmal Pech gehabt, aufzufallen. Was hinter verschlossenen Türen bleibt, ist Privatsache. Sie jedoch haben einen Skandal heraufbeschworen.« Einem schrankenlosen Hedonismus mit kaum mehr gewahrter Tabugrenze redet er das Wort, einem Hedonismus, der nur dann verworfen werden muß, wenn die Öffentlichkeit davon erfährt. Andererseits aber gelten auch die überlieferten moralischen Wertkategorien, und von der ehelichen Idylle im Gartenlaubestil geht ein besonderer Glanz aus (»Immer sind es die braven Frauen, die in Versuchung geführt werden. Es ist, als ob der Glorienschein von Treue Männer besonders reizt«). Ja, auch Treue kann reizvoll sein, schon deshalb, weil sich dann eine Szene schildern läßt wie diese :»Um allein zu sein, wanderten Bromme und Irma in den Wald, oder sie saßen in einer Ecke des Rosengartens im Kurpark. Sie hatten sich wieder soviel zu sagen wie in den ersten Monaten ihrer Bekanntschaft vor über zwanzig Jahren. Und wie damals war ihnen, als sei die Welt leuchtend und von unwahrscheinlicher Schönheit.«

Journalisten der Massenpresse nehmen eine ähnlich unbestimmte Haltung ein. Sie schildern ›Reizvolles‹ ausführlich und bis in alle Details, nehmen sich kein

Blatt vor den Mund und suchen stets nach neuen Enthüllungen. Doch dann plötzlich hängen sie sich ein moralisches Mäntelchen um. Unser Autor nicht.

Er schreibt seine vielszenige chronique scandaleuse ohne sittenrichterliche Attitüde, er streut einander widersprechende moralische Urteile ein. Der Ehebruch scheint für ihn ebenso reizvoll wie die Rosenlaube treuer Liebe. Er urteilt nicht grundsätzlich und meidet die Entscheidung, denn nur wenn Verbotenes existiert, die Verbote aber nicht allzu ernst genommen werden, geht von der Darstellung der Übertretungen ein prickelnder Reiz aus. Würde der Autor sich zu einem konsequenten Amoralismus bekennen, entzöge er seinen Enthüllungen den Effekt. Gebärdete er sich als strenger Sittenrichter, nähme er dem Intimen seinen schillernden Glanz. Aus der Spannung zwischen ethischen Restvorstellungen und amoralischer Libertinage erzielt er die gewollte Wirkung auf seine Leser. Die Unentschiedenheit im moralischen Urteilen gehört zu dieser Art des erotischen Trivialromans, die Inkonsequenz und Zwielichtigkeit.

Nur die Gruppe der Ärzte ist im Roman ›Saison für Damen‹ erotisch nicht affiziert. Das mag seinen Grund darin haben, daß wenigstens in einem Fall ein anderes Motiv: Beruf als Berufung, das Ethos des Mannes, der seiner Aufgabe folgt und für sie Opfer bringt, Abwechslung schafft. Aber auch aus erzähltechnischen Gründen darf sich der Chefarzt Dr. Weber nicht verlieben, wird er doch als Vermittler und Schlichter, als deux ex machina benötigt. Weil er sonst die verworrenen Fäden nicht ordnen könnte, deshalb darf er sich nicht einseitig binden, darf er nicht vom Gefühl her Partei ergreifen.

Aber auch Dr. Weber ist angekränkelt. Eine Zeit lang wehrt er sich dagegen, von der Kurhaus-GmbH für fragwürdige Heilmethoden, für kostspielige Frischzellentherapie, »Blutsauerstoffwäschen« und »Heilschlafuntersuchungen«(!) mißbraucht zu werden. Doch dann holen ihn die Damen zurück, und er übernimmt wieder die für den Roman notwendige Funktion. Täte er es nicht, verlagerte sich der Schwerpunkt von der gesuchten erotischen Szenerie ins Gesellschaftskritische. Dr. Weber protestiert zwar, aber sein Protest erlahmt rasch. Die Gesellschaftssatire wird ebenso vermieden wie allzu offene Anklagen gegen die gesellschaftlichen Zustände. Es wird kaum geurteilt und nicht eindeutig verurteilt. Dem Kollektivum, den Verhältnissen im Sozialen gegenüber können wir dieselbe Wertindifferenz registrieren wie bei der Einschätzung des Individuums, der moralischen Persönlichkeit.

Die Revolte Dr. Webers gegen die Kommerzwelt und die Vorherrschaft kapitalistischen Denkens bleibt in vagen Ansätzen stecken. Auch er distanziert sich nicht von der korrupten Wohlstandsgesellschaft, die in verlockenden Farben beschrieben wird und für den unkritischen Leser ein zusätzliches Wunschbild schafft. Manches ist zwar nicht ganz in Ordnung, aber was bedeutet das schon, wenn man eine dicke Brieftasche besitzt und sich alles kaufen kann. Materielle Fragen dürfen in einem Traummilieu keine Rolle spielen, und so sind auch alle Figuren des Romans begütert. Herr Bromme nennt eine Fabrik sein eigen, Frau Lydia (mit vier Schweinslederkoffern und zwei Hutschachteln) ist reich und unabhängig, Herr Sägert bekleidet den Posten eines Prokuristen in einer Autoreifenfirma, der Papa der lungenkranken Veronika sitzt in einigen Aufsichtsräten und der ergraute Don Juan Plötzke muß, seinem Aufwand nach zu schließen, eine hohe Offizierspension beziehen. —

Zwei breite Leserschichten werden von der Darstellung des Reichtums und des luxuriösen Milieus angezogen: diejenigen, für die Wohlstand Traum ist, und dann jene selbst in der Kommerzwelt Lebenden, die sich in ihren Leitbildern bestärkt fühlen. Für die zur Wirtschaftswunderwelt Gehörenden, die nach dem Job Genuß und angenehme Stunden Suchenden, und für die Aschenbrödel, die Außenseiter der Wohlstandsgesellschaft, die es noch nicht zur materiellen Unabhängigkeit gebracht haben und sich bei der Lektüre sagen: So schön möchte ich es auch einmal haben, für diese beiden Gruppen ist der unterhaltende Illustriertenroman geschrieben.

Er stellt keinerlei ›Ansprüche‹ und dringt nie zum Kern der Dinge vor. Was wird am Menschen gewertet? Sein Äußeres und das Äußerliche. Die Personsbeschreibungen im Roman ›Saison für Damen‹ bestätigen diese Meinung.

Beispiel 1: »Aus einem 1. Klasse-Wagen sprang kokett eine Dame: platingefärbte Haare, enger Rock und straffe Torerobluse. Vier helle Schweinslederkoffer und zwei große Hutschachteln wurden ihr aus dem Abteil nachgereicht.«

Beispiel 2: »Wie jung sie aussieht mit ihren dreiundvierzig Jahren. Lange, schlanke Beine hat sie, und immer noch diesen Gang, der ihn schon vor zweiundzwanzig Jahren aus dem Konzept gebracht hatte.«

Beispiel 3: »Sie war noch jung, hatte herrliche hellbraune Haare, die ihr wie ein Schleier um die Schultern wehten. Das war das Schönste an ihr. Sonst hatte sie ein scharfes Gesicht und tiefliegende, brennende Augen, die — selbst wenn Veronika Agartz lachte — aussahen, als habe sie Fieber.«

Drei Frauenbilder und von allen dreien soll eine erotische Wirkung ausgehen. Sei es durch das Verhalten (»kokett«), die ›gewählte‹ Kleidung (»enger Rock«, »straffe Torerobluse«), das junge Aussehen oder die tatsächliche Jugend, durch körperliche Vorzüge (»lange, schlanke Beine«, »herrliche, hellbraune Haare«) oder sonstige Reize (»Gang, der ihn schon vor zweiundzwanzig Jahren aus dem Konzept gebracht hatte«, »tiefliegende, brennende Augen . . ., als habe sie Fieber«). Nur im Fall drei, bei der lungenkranken Veronika, wird ein Alarmzeichen eingeschaltet. Alle übrigen Beschreibungen zielen auf das standardisierte, wenn auch kosmetisch unterstützte, von Plakaten und der Kinoleinwand herablachende Frauen-›Ideal‹. Das Optische entscheidet, die Bilder wirken auf die Sinne und bleiben im Sensorischen. Jede feinere Differenzierung und Nuancierung fehlt und das Klischee, die genormte Signalisierung ist Trumpf.

Bei den Männern wird der sportliche Typ bevorzugt (»drahtig«) mit einem Zug ins Aggressive (»Sein Schritt war forsch und elastisch«). Der Willensmensch genießt Achtung (»schmaler Mund«, »das energische Kinn«). Kraft und Energie muß von ihnen ausgehen und sie sollen eine gepflegte Erscheinung sein (»Er ist ein geachteter Mann, der täglich zweimal sein Hemd wechselt und nur einfarbige Schlipse trägt«). Bei den Männern ist vor allem wichtig, daß sie gut situiert sind und sich auf den Umgang mit Frauen verstehen. Frauen lassen »mit Tränen, schlanken Beinen, einem bebenden Körper und einem süßen Puppengesicht das

Herz eines Mannes schmelzen«, Männer müssen »eisenhart« zupacken, sollen Draufgänger und von Leidenschaft besessen sein.

Das Menschenbild, das also dem Roman ›Saison für Damen‹ zugrunde liegt, ist einseitig und fragmentarisch. Die Gefühlssphäre, eingeengt auf das Triebhafte, auf das Sexuelle, dominiert; die Willenszone wird gestreift, der Wille tritt nur als Besitzenwollen in Erscheinung. Also Menschentorsi, auf den Unterleib beschränkt. Als einziges Unglück droht das Alter, das die Anziehungskraft auf das andere Geschlecht abschwächt oder zum Verlöschen bringt. Diese Grenze versucht man möglichst weit hinauszuschieben, durch medizinische oder kosmetische Mittel und durch den Trost: Man ist so alt, wie man sich fühlt. Der 62jährige Schürzenjäger Plötzke, der eben noch bei Lydia Bercken geglaubt hatte, diese Frau sei für ihn kein »Sommerabenteuer«, bei dieser Frau würde er »die weiße Fahne hissen und kapitulieren«, vergißt im Nu seinen Mißerfolg und beginnt von Neuem sein Verführungsspiel. Im Mondenschein und am Arm einer nun schwarzhaarigen Dame spürt er neuerlich »die Wirklichkeit neben sich, das warme, herrliche Leben«. Die Schlußworte des Romans lauten deshalb auch: »Er fühlte sich wieder jung«.

Der weißhaarige Don Juan ist wiederum glücklich, sein Leben füllt sich neuerlich mit Inhalt und der Leser kann mit diesem (freilich nur für den Augenblick geltenden happy end) entlassen werden. Alle anderen Hauptfiguren des Romans sind auch mit neuen Hoffnungen erfüllt, oder das sie Bedrückende wird rasch von ihnen abfallen, ist schon abgefallen. Zwei der Frauen sind in das eheliche Idyll zurückgekehrt; bei der einen sind alle Mißverständnisse geklärt, bei der anderen, der Ehebrecherin, hat der angetraute Gemahl neuerlich um sie geworben, ihr einen »Rosenstrauß, groß wie ein Wagenrad« und einen Platinring mit einem großen Brillanten (»sechseinhalbtausend Mark«) geschickt, und Eva Sägerts »Augen leuchteten auf, und zarte Röte zog über ihre Wangen, als sie dem Herrn mit dem (neuerlichen) Rosenstrauß die Hand hinstreckte«. Lydia Bercken, die den Boy zu einem Selbstmordversuch getrieben hat, muß zwar, weil ihr Liebesabenteuer derartige Folgen hatte, das Sanatorium verlassen, aber auf sie wartet schon ein Verlobter. In den Armen ihres dritten jüngeren Gemahls wird sie vergessen, daß sie »eine alte Frau« ist, wird sie sich nicht mehr daran erinnern, daß sie sich in einer seelischen Depression einmal vor dem Spiegel kritisch prüfte: »Glatt die Haut... Aber hier, neben den Augen — waren da nicht die kleinen, verräterischen Falten? Kaum spürbar. Und sichtbar überhaupt nicht unter dem teueren Make up. Aber vorhanden... Zentimeter um Zentimeter prüfte sie ihr Gesicht, den Hals, das Dekolleté, die Hüftpartie.« Selbst der Tod, der die lungenkranke Veronika Agartz hinwegrafft, wird für diese zu einem happy end: »›Ich bin so froh, daß alles zu Ende ist... so froh...‹ Sie hielt die Hand Webers fest, die ihr den Schaum von den Lippen wischte. ›Sterben ist so leicht... so einfach... Ich bin müde, richtig müde... und gleich werde ich schlafen... wundervoll schlafen...‹« In solcher Darstellung wird der Tod zur Erlösung. Kein Schrecken geht von ihm aus, die Trauerzeremonie wird ins Erotische gezogen (»Veronikas Begräbnis war ein Aufmarsch von raffiniert geschnittenen schwarzen Kleidern. Fast wurde der Duft der Blumen und Kränze übertönt von französischen Parfüms aller Nuancen.«) und

Plötzke tröstet seinen Freund Thau, der als letzter mit Veronika zusammen war: »In spätestens sechs Wochen gibt es rechts im ›Sonneneck‹ dreißig und links in der ›Tannenburg‹ vierzig neue Damen. Siebzig Herzen, die sich nach einem Abenteuer sehnen! Und an Veronika und die anderen denkt niemand mehr ... Lieber Thau, da hält man uns eine gutgefüllte Schachtel Konfekt hin. Wären wir nicht Idioten, wenn wir uns nicht die besten Pralinen herausnähmen?«

Die bisherige Analyse der Thematik, des Weltbildes und der dargestellten Menschen dürfte schon zur Genüge bewiesen haben, daß kein realistischer Roman vorliegt, wenn auch der Autor den Eindruck erwecken will: So ist unsere Welt, so ist das Leben und so geht es in einem ›Modebad‹ zu. Daß kein realistisches Bild erreicht wird, könnte auch noch durch die grobschlächtige Psychologie im einzelnen bewiesen werden, anhand von zahlreichen Verhaltensbrüchen. Die nur vom Äußeren her angedeutete Eigenart der Personen bleibt dem Zuschnitt der Szenen untergeordnet, Unwahrscheinliches passiert wenn dadurch die Spannung erhöht und die Situation verwickelter wird.

Wirkung geht vor Genauigkeit. Das ließe sich bei den informativen medizinischen Einsprengseln ebenso nachweisen wie etwa bei den militärischen Angaben. Man lese nur einmal genau, wie sich in der Erinnerung eines ehemaligen Frontsoldaten ein angstvolles Erlebnis darstellt: »Neunundzwanzig Landser waren sie gewesen: abgerissen, fast ohne Munition, hungernd und müde, keine Hoffnung jemals wieder aus der Umzingelung herauszukommen. Fünf Tage und Nächte hielten sie sich in zwei Bunkern und einem Grabenstück von dreißig Metern, sie krallten sich förmlich in die zerwühlte Erde. Nicht aus Heldentum, sondern aus Verzweiflung, aus Angst vor dem Tod. Dann kamen zwei deutsche Panzer und walzten den Weg frei. Es war wie ein Wunder gewesen und sie hatten geweint über dieses Wunder wie Kinder, als sie endlich in Sicherheit waren ... « Mit dem Aussehen (»abgerissen«) beginnt die Schilderung der Soldaten, dann werden die Erschwernisse gehäuft (»fast ohne Munition«, »hungernd und müde«) und ohne Begründung und Spezifizierung wird im Abstrakten die völlige Aussichtslosigkeit dargetan. Ein Klischeebild folgt: »Zwei Bunker« und ein »Grabenstück von dreißig Metern« und sofort stellt sich die Phrase ein (»sie krallten sich förmlich in die zerwühlte Erde«). Die übliche PK-Formulierung ist gefallen, aber nun schreckt der Autor vor dem heroischen Ton zurück und lenkt vom Heldentum auf Verzweiflung und Todesangst. In höchster Not erfolgt die Rettung durch zwei Panzer, ein Sachverhalt, der nur wieder die Naivität und militärische Unkenntnis des Verfassers beleuchtet. Aber in der landläufigen Vorstellung sind Panzer unverletzliche Ungetüme, also werden sie eingesetzt. Sie »walzten den Weg frei«, auch diese sprachliche Wendung ist ungenau und laienhaft, dafür aber außerordentlich effektvoll in ihrer Drastik. Und nun wird der Schicksalsraum betreten: »Es war wie ein Wunder gewesen«, wobei aber im nächsten Satz schon die eben gemachte Einschränkung aufgehoben wird und die emotionale Steigerung, die sentimentale Schlußwendung erfolgt: »Sie hatten geweint über dieses Wunder wie Kinder, als sie endlich in Sicherheit waren ... « Es bleibt dabei offen, wann diese Gefühlsentladung stattfand, denn nach der vorher geschilderten Feindlage wäre ein Ausbruch trotz der beiden Panzer noch immer sehr gefahrvoll gewesen.

Über die Sprache, in der ›Saison für Damen‹ abgefaßt ist, soll nicht der empfindliche Stilist urteilen. Er könnte zahlreiche Sprachschlampereien und Stilblüten ankreiden (z. B. »Der Abend war durchtränkt vom Harz der Tannen« oder »Auch der Musikpavillon machte Pause« oder »Sanft steigen im Hintergrund dunkle Tannenwälder hinauf und mit ihnen die Bauten der Kurheime«). Es seien vielmehr drei sprachliche Charakteristika hervorgehoben: 1. die Sprachschablone (der Autor wählt das erstbeste, sofort sich anbietende Wort und läßt sich von assoziativen Wortverbindungen leiten), 2. die mangelnde Begriffsschärfe (auf Genauigkeit und Nuancierung wird nicht geachtet) und 3. die Vorherrschaft der Reizsprache (effektstarke, besonders erotisch aufgeladene Wörter werden bevorzugt). Wie im Sachlichen legt der Autor auch im Sprachlichen keinen Wert auf das möglichst exakte Erfassen und Beschreiben der Objekte und Vorgänge. Wichtiger als sachliche und sprachliche Akuratesse ist der reizstarke Inhalt, ist die Reizhäufung in der Wortwahl und der Ausschmückung des Details. Auf Reizsteigerung zielen auch einige Praktiken der Erzähltechnik, so z. B. die filmische Schnitt-Technik, bei der knapp vor einem Höhepunkt abgebrochen und anderswohin überblendet wird, die der Leserphantasie einen großen Spielraum lassenden Aussparungen und vagen Vordeutungen, die Irreführungen durch zweideutige Formulierungen.

Obwohl der Illustriertenroman aus der Tradition des psychologisch-realistischen Romans kommt, seine Vorbilder bei Flaubert und Maupassant, bei Fontane und Raabe zu suchen wären, geblieben ist ihm von der hohen Ahnenschaft nur die äußere Technik des chronologischen Erzählens, die stille Annahme, es gäbe einen allwissenden Erzähler und eine normative Psychologie, sowie die Vorliebe für die Vergegenwärtigung der Handlung. Dem dient die vom Drama herkommende Szenentechnik und die häufige Anwendung des Dialogs. Ungefähr 70 %/o des Textes von ›Saison für Damen‹ sind Dialogstellen oder damit unmittelbar zusammenhängende Erläuterungen.

Das Wort steht beim Schreiber des Illustriertenromans nicht hoch im Kurs. Weder der Autor noch der Leser achten auf die Sprache. Mit ihrer Hilfe wird nur etwas mitgeteilt, wird nur eine inhaltsreiche Geschichte erzählt. Die Umgangssprache im Illustriertenroman, die von Jargonausdrücken (z. B. sich verplempern, aufgekratzt sein, aus den Schuhen hauen) durchsetzt ist, täuscht Realistik vor. Sie bewirkt aber nur, daß das sprachliche das geistige Niveau drückt und der Illustriertenroman bleibt, was er ist: eine undifferenzierte Reizlektüre für Anspruchslose, die über Mängel hinweglesen; denn vor allem das Thema ist wichtig und seine reizvolle Darstellung.

*Exkurs*

*Daß aktuelle Themen und deren geschickte Darbietung dem Illustrierten-Redakteur lieber sind als zeitlose Prosa, kann man ihm nicht verdenken; sein Verleger läßt die Geschichten ja nicht für Eliten drucken, sondern für Krethi und Plethi, wie das so schön abschätzig heißt. Er will einen griffigen Lesestoff zubereiten, denn es verkauft sich eine Zeitung nur dann gut, wenn jede Woche etliche Überraschungen und Neuigkeiten darin zu finden sind, am besten gehen kleine Wunder, sei es nun ein Bildbericht über Lengede oder über die Bundeswehr. Es stimmt also nicht, daß die Illustrierten nur leicht bekömmliche Unterhaltungsstoffe herstellen, sie vermitteln auch ernst zu nehmende Nachrichten. Diese Doppelzüngigkeit geht bei Holzinger verloren, weil er das Menschenbild in der Illustrierten mit einem Rohrstock zerlegt. Was nach einer solchen Behandlung übrigbleibt, kann nur ein Torso sein, auf den Unterleib beschränkt, mit einer auf das Triebhafte eingeengten Gefühlssphäre, wo das Sexuelle dominiert. In seiner Entrüstung sieht Holzinger nur schwarz und nicht, wie in der Illustrierten der Bericht romanhafte Züge annimmt und der Liebesroman etwa eines Modebades mit dem Anschein von Echtheit ausstaffiert wird. Es gehen facts und fiction so durcheinander, daß das erfundene Gespräch zwischen einem »energischen Kinn« und einer »straffen Torerobluse« einem Interview entnommen scheint, und die wenigen bekanntgewordenen Fakten einer Tunnelflucht sind so aufgeblasen und verteilt, daß sich der Bericht spannend wie ein Roman liest. Selbstverständlich ist der Wirklichkeitswert einer Illustrierten — und damit auch der des Illustrierten-Romans — nicht sehr groß, er ist der eines Zeitungs-, Funk- oder Filmberichtes: eben der von Meinungen und einfachen Tatsachen. Aber das ist nicht das einzige, was der Illustriertenroman mit der Reportage gemeinsam hat. Auch die Erzähltechnik scheint die gleiche zu sein, jedenfalls gilt das für Romane, welche direkt für Illustrierte geschrieben oder bearbeitet wurden. Es wird in kurzen Partien und Absätzen berichtet, nur in kleinen Stücken, es wird nie zu Ende erzählt, die Schilderung bricht vorzeitig ab und wird an einer anderen Stelle des Romans fortgesetzt. Dazwischen werden neue Schauplätze, neue Personen und neue Ereignisse eingeführt, aber darüber wird ebenfalls nicht zu Ende erzählt, die Passage bricht plötzlich ab und wird in einem anderen Absatz fortgesetzt. Dieser Wechselschritt erklärt sich aus dem Zwang, mit jeder Romanfolge den Leser neuerdings zu faszinieren und zu fesseln. Denn der Roman wird eben nur so lange fortgesetzt, als ein nachhaltiger Publikumserfolg festzustellen ist. Bleibt dieser aus, wird er mit einigen kurzen, in der Zeitung kaum noch zu findenden Folgen abgeschlossen. Meistens sind es zehn bis fünfzehn, die man zusammen, in einem Zug, kaum lesen kann. Es sind gar nicht so sehr die den einzelnen Folgen vorangestellten Inhaltsangaben, die bremsen. Es sind die Schlüsse und Anfänge, die nicht zusammenpassen. Die einzelnen Folgen beginnen sehr langsam und schließen mit hochgezogenen Erwartungen, weil eben die Fortsetzung erst in einer Woche folgt.*

# Peter Rühmkorf
## Bengta Bischoff oder die befangene Unschuld

Es mag zunächst befremdlich erscheinen, wenn ein Lektor, dessen Geschäft man mit der Empfehlung von Manuskripten identifiziert und dessen Arbeit man spätestens mit der Abfassung des Waschzettels, des Klappentextes, der Schmonze also, für beendet hält, wenn solch ein Lektor sich anschickt, einem von ihm beförderten Buche noch einige weitere Erklärungen nachzusenden. Trotzdem soll das, was rechtens Regel ist, heute einmal durchbrochen werden, und das gar nicht einmal, um die Domäne der Kritiker und Rezensenten mutwillig anzutasten, sondern: um einem Rufe Folge zu leisten, der, anläßlich einer ganz bestimmten Publikation, hier und da laut wurde. Ich meine den Ruf nach dem Lektor als dem verantwortlichen Sündenbock.

Für unsere Leser, die noch nicht wissen können, um welche Veröffentlichung es sich handelt, ist einiges vorauszuschicken. Gemeint also ist die strichgetreue Faksimile-Publikation eines Lotto-Romanes, der im Herbst letzten Jahres bei Rowohlt erschien, der den Titel ›6 Richtige‹ trägt, dessen Verfasserin die Hamburger Hausfrau Bengta Bischoff ist und der, nimmt man alles in allem, von einem Teil der Rezensenten mit beifälliger Fröhlichkeit bedacht wurde, von dem anderen aber mit Mißmut und verständnislosem Kopfschütteln.

Ein Lotto-Roman? Eine Hamburger Hausfrau als federführende Instanz? Eine Faksimile-Publikation? Zugegeben, das alles klingt recht ungewöhnlich, und ungewöhnlich wie das im Naturzustande belassene Manuskript waren denn auch die Beweggründe, die hier zu einer Veröffentlichung führten. Freilich, nur mit der ›Laune eines Lektors‹ ist das Erscheinen des Büchleins denn doch noch nicht erklärt, und selten wohl ist ein Manuskript vor der Drucklegung von so vielen Lesern begutachtet worden wie gerade dies Unikum. Aber auch das offensichtliche Vergnügen sehr vieler Einblicknehmer und die Freude an der bloßen Kuriosität waren es hier nicht allein, die schließlich den Ausschlag gaben. Vielmehr, was uns bewog, gerade diesen Fundevogel fliegen zu lassen und eine handgeschriebene Wunschvorstellung der Öffentlichkeit preiszugeben, waren bestimmte Überlegungen, die mit dem Phänomen der Laienliteratur und der naiven Kunstproduktion überhaupt zu tun haben.

Es ist in diesem Zusammenhange nicht unwichtig, noch einmal hervorzuheben, daß Bengta Bischoff nicht nur ein soziales Milieu repräsentiert, aus dem literarische Kundgebungen gemeinhin nicht zu erwarten sind, sondern daß sie darüber hinaus noch für einen Personenkreis spricht, den man am wenigsten den schreibenden Ständen zurechnen würde, den Stand der Hausfrauen und Muttchen. Und wie so viele naive Nonprofessionals der Kunst und Literatur schreibt nun auch sie den

Roman, den das Leben nicht schrieb. Das heißt: den Illusionsroman. Das heißt: das Märchen von der unvorhergesehenen Erhöhung der Schlechtweggekommenen. Das heißt: das Hohelied vom Aufstieg eines häßlichen jungen Entleins, eines Aschenbrödels, einer Pechmarie, zur Lottogroßgewinnerin, Grande Dame, Hausbesitzer- und Hühnerhalterin, Buchhändlersgattin und glücklichen Mutter.

Nun weiß ich natürlich auch, daß Fakten, wie die zuletzt genannten, nicht schon unbedingt für das Werklein einnehmen müssen, und wenn man bedenkt, daß nahezu alle in dem Buch zu Tage drängenden Wunschvorstellungen nur Abziebilder üblicher Wohlstandsplakatierungen sind, dann scheint kaum eine andere Reaktion noch möglich als ein bedauerndes Achselzucken. Trotzdem, eine Kritik, die der gefoppten Gutgläubigkeit bereits verübelt, wenn sie die allenthalben annoncierten Versprechen beim Worte nimmt, scheint mir selber von gewissen Praeokkupationen nicht ganz frei. Und auch, wer dem Geringgestellten seinen Traum vom materiellen Glück mißgönnt, entgeht nicht ganz dem Verdacht, daß er selbst es mit den Privilegierten hält.
Freilich, wo wir nun einmal bei den Praeokkupationen sind und bei den Werbesprüchen, nach denen sich das Bewußtsein der Unschuld streckt, können wir der Frage kaum noch entgehen, wo denn die angekündigte Naivität bleibe bei soviel unfreiwilliger Hörigkeit. Was es mit der schönen Einfalt noch auf sich habe, wenn man selbst zugeben muß, daß sie ihre Träume aus zweiter und dritter Hand bezieht. Und wo denn schließlich die Grenzen verliefen zwischen kindlicher Unbefangenheit und trostloser Nachplapperei. Und, in der Tat, die Antwort, die uns das Bischoff-Büchlein zuteil werden läßt, scheint denn auch nichts so sehr zu bestätigen, als daß ein argloses Gemüt am ehesten den Einflüsterungen der routinierten Propagandisten erliegt.
Aber hier lassen Sie uns bitte noch für einige Minuten verweilen. Denn wenn unser Laienromänchen außer zum Schmunzeln auch noch zum Nachdenken anregt, so sind es ja vor allem Gedanken über den Zustand der Unschuld heutzutage, die sich mit Macht in den Vordergrund drängen. Ich bin dabei weit entfernt davon, das vorliegende Opusculum zu überwerten, und ich hüte mich auch sehr, ihm Vergleiche aufzunötigen, denen es mit Sicherheit nicht gewachsen ist; aber: unsere gängigen Vorstellungen von naiver Kunstbemühung in die Revision zu fordern, scheint es denn doch vorzüglich angetan, und selbst wenn man gar nichts Edleres in ihm sehen will als den Ausdruck ohnmächtiger Befangenheit, wird man der Erkenntnis sich nicht versperren können, daß unsere alten Ansprüche an die Unschuld nicht mehr gut aufrechtzuerhalten sind.
Nichts nämlich, so belehrt uns die Lektüre, nichts oder bestenfalls nur sehr wenig scheint von einer Vorstellung noch zu retten, die den naiven Maler oder den Sonntagsschreiber in seinem aperspektivischen Paradiese zeigt. Ganz offensichtlich ist der Erwachsenentraum vom Kindertraum mit rührend unberührten Püppchen, Pflänzchen, Karussellpferdchen, mit liebenswürdig grimmigen Bestien, sanft dahinsegelnden Aeroplanen und schnauzbärtigen Akrobaten die fadeste aller sentimentalen Selbsttäuschungen. Und sicher ist das Bild vom unverbildeten Laien, der auf *einen* einfältigen Blick die brüchige Welt wieder zusammensieht, eine be-

sonders törichte Spekulation. Freilich, es ist die Spekulation einer Zeit, die vor lauter disparaten Bewußtheiten den Überblick verloren hat über die Realien, die vom Unmündigen das tröstende Wort erwartet, das Heils- und Segenswort, die hinter dem Echten her ist wie der Teufel hinter der armen Seele und dann doch wieder nur nach der Unschuld verlangt als einer Antiquität.

Aber die Unschuld, wo sie natürlich ist, da richtet sie sich überhaupt nicht nach den Erwartungen derer, die meinen, sie könnten auf ihren Akademien den Einfalts-pinsel kultivieren. Und sie weiß auch von ihnen gar nichts, die sich diesen oder jenen Effekt von ihr erwünschen. Ahnungslos und wirkungsblind ergreift sie das Wort, das sie irgendwo aufgeschnappt hat; von einer sentimentalen Sehn-sucht nach dem Guten und Schönen getrieben, fällt sie prompt auf die Unwahrheit herein, das Falsifikat, das Klischee; ohne jeden Arg und Skrupel schlüpft sie in das Flitterkostüm ihrer Zeit; und doch ist es nur natürlich bei all ihrer Anfällig-keit für Unnatur, daß sie dies Flitterkostüm sich aneignet und nicht den male-risch alten Fetzen, von dem der Fachmann für schlichte Einfalt meint, er stünde ihr besser an.

Dies nun auf unsere Verfasserin bezogen, will meinen, daß selbstverständlich auch sie zunächst als bloße Phrasenkonsumentin erscheint. Kein Versatzstück der Saison, das ihr entging, kein Allgemeinplatz zu billig, kein Ausdrucksklischee zu banal, und wo nicht gerade ein »laues Lüftchen weht« oder eine »himmlische Ruhe herrscht« oder eine »wohlklingende Baritonstimme ertönt«, da ist man doch auf jeden Fall »stolz wie ein Spanier«, fühlt sich »wie Gott in Frankreich« oder wird »von einer bildschönen Stewardesse reizend und aufmerksam betreut«. Aber — und hier beginnt eine geradezu abgründige Einfalt, die ganze angelesene Phraseologie ad absurdum zu führen — der schlichten Arglosigkeit der Verfas-serin zeigt sich im letzten kein Klischee gewachsen, und immer wieder ist es ihre Unschuldszunge, die die hohlen Floskeln Lügen straft und den falschen Glanz der Phrase denunziert. Wobei man nun freilich nicht zu Lasten der Einfalt rechnen darf, daß sie die undurchschaute Welt nicht willentlich, sondern ganz unversehens entlarvt; wenn wir nämlich überhaupt bestimmte Qualitäten des naiven Aus-drucks anzunehmen geneigt sind, so heißen sie doch wohl Absichtslosigkeit und Unfreiwilligkeit, und den ästhetischen Effekt, den er macht, verdanken wir ge-wissermaßen einem Kurzschluß der Natur.

In diesem Sinne findet sich also auch im Text der Bengta Bischoff eine ganze Fülle der reizvollsten Kurzschlußphänomene, und fast auf jeder Seite begegnen wir jenen liebenswürdigen Friederike-Kempner-Effekten, die ein Produkt sind des falschen Anspruches und einer wahrhaft durchschlagenden Unbefangenheit. Dafür, natürlich, muß man das Ohr haben und für die faksimilierten Treuherzigkeiten den Blick, wenngleich sich, wen nur die wenigen Beispiele verrutschter Orthographie amüsieren, doch wohl ein etwas billiges Vergnügen macht; aber wie dann naives Genauigkeitsbedürfnis gelegentlich zu den kuriosesten Korrekturen führt, ein »mit den Armen rudernder Schmetterling« sich in eine Fledermaus verwandelt, ein vor das Kapitel gequetschtes »Jahre vergingen« die verlorengegangene Konti-nuität der Zeit wiederherzustellen und ein nachgetragener Doktor-Titel der

Würde des Bundespräsidenten gerecht zu werden trachtet, das ist denn doch so rührend wie aufschlußreich.

Aber bevor wir uns hier genauer mit den Ausdrucksqualitäten unserer Niederschrift befassen, müssen wir zunächst wohl einmal auf die Substanz der Fabel zu sprechen kommen. Das heißt auf die Substanz des Traumes und auf die besondere Beschaffenheit der Leit- und Wunschbilder. Wenn wir uns das Romanolett nämlich genauer ansehen und die Verfasserin nach ihren innersten Neigungen und Wertschätzungen befragen, dann entpuppt sich das dumme Wohlstandsmärchen sehr bald als ernstzunehmende Projektion unterdrückter Bildungsbedürfnisse, und hinter dem schalen Vorwurf spüren wir ein ohnmächtig übermächtiges Verlangen nach Kunst und Wissenschaft. Schon daß die Autorin ihre Heldin am Ende nicht einem Fabelprinzen und auch keinem Industriellen oder Großagrarier in die Arme führt, sondern einem kenntnisreichen Buchhändler, verrät uns dabei mehr über das Wunschdenken eines schlichten Gemütes als die ganze Finanzutopie. Und wenn wir gar noch hinzurechnen, daß auch der erste Liebhaber ein Lehrer ist, daß allenthalben von Schulerfolgen, Kunstgenüssen und Bildungsfreuden die Rede geht, ja, daß der Lebensweg der sangesfreudigen Tilly Lerch geradezu mit Büchern gepflastert scheint, dann will sich einem die heimgesponnene Lottolegende vollends als in sich folgerichtiger Bildungstraum dartun.

In diesen Bildungstraum fügt sich sowohl das Kompensationsbedürfnis der Heldin, die mit Lerneifer wettzumachen sucht, was ihr an äußeren Reizen, Gaben und Erfolgen abgeht (»Der 110 Pfund schwere und 1,55 Meter große Körper ruhte auf kurzen Stempeln. Ihre etwas vorstehenden braunen Augen erinnerten an ein Kalb, das blöde über die Wiese glotzt. Das Haar war kurz und struppig und die Nase hatte, infolge eines schweren Sturzes zwei verschiedene Profile. Neun Jahre besuchte sie ein Lyzeum. Sie hatte weder eine Freundin noch einen Freund. Bei ihr pfiffen keine Sextaner vor dem Fenster oder luden sie zu einer Radtour ein. So kam es denn, daß sie sehr viel las, Klavier spielte und ins Theater, Konzert und Kino ging.«), wie der Anruf der Poesie und der schönen Künste immer dort, wo das Bewußtsein der Alltagsmisere nur noch idealische Hoffnungen zuläßt (»Es kam sogar vor, daß sie heimlich, still und leise zum Pfandhaus ging, um ihre Uhr zu versetzen. Gott im Himmel, was sah sie da manchmal für nervöse, blasse, traurige Gestalten. Manche versetzten ihren Mantel und gingen im Anzug hinaus ins Schmuddelwetter. Eine Frau versetzte den Ranzen von ihrem kleinen Jungen. Schreckliche Armut, dachte Mathilde. Sie dachte den ganzen Abend darüber nach und schrieb ein Gedicht.«). Aber nicht minder aufschlußreich ist, daß unter dem Zwang eines unerfüllten Bildungsverlangens ein Ausflug in die Natur zur lehrreichen Exkursion wird (»In Friedrichsruh kaufte er ihr einen Kasten Praliné und dann wanderten sie los. Er wußte in der Gegend gut Bescheid und gab ihr ab und zu Hinweise über wichtige Gebäude, Grünanlagen und Straßen ... Sie setzten sich auf eine Bank und wieder erklärte er ihr Bäume und Sträucher.«), daß Freudenkundgebungen und Gefühlsausbrüche selten der Musikbegleitung entbehren (»Ach Gott, welch ein Segen kommt in unser Haus. Mathilde spielte auf dem Trübger-Piano: Hochzeitstag auf Troldhangen von Grieg. Sie war überglücklich.«), daß der erträumte Geldsegen nur das Substrat für ›höhere Interessen‹ bildet

(»Ich kaufe meiner Schwester eine Leihbücherei. Ihr sehnlichster Wunsch.«), und eine Hochzeitsreise nach Amerika den Anstrich einer Bildungsreise bekommt (»Zunächst einmal schauten sie sich die imposantesten Bauwerke an. Die Bibliotheken. USA hat 8000 z. B. Sie besuchten einige davon. Dann gingen sie in die Metropolitan Opera.«)

Aus solchen Zitaten wird dann aber auch ersichtlich, daß dem natürlichen Schreiber offensichtlich ganz andere Dinge heikel und problematisch sind als uns, die, der verlorenen Einfalt nachsinnend, nur zu gern annehmen, die Unschuld habe keinen schöneren Wunsch, als uns ein Naturschauspiel zu bieten. Das Gegenteil ist der Fall. Nicht im geringsten darauf erpicht, ungebärdig, ungeschlacht, gar ungeschickt zu erscheinen, ist dem kunstfreudigen Simplicius meist an nichts so sehr gelegen, als seine blassen Kenntnisse ins rechte Licht zu setzen und seinen Hang zum Höheren zu bekräftigen. Der Natur selbst, und somit auch dem natürlichen Ausdruck und der unverfälschten Redeweise steht er so gleichgültig gegenüber wie wir den Zeugnissen bloßen Bücherwissens und schreiberischer Fertigkeit, und was man den Reiz der Unschuld nennen könnte oder den Adel der Einfalt, ist ihm in jedem Falle schnuppe.

Es wäre also wohl voreilig, Naivität zu verwechseln mit dem, was sie überhaupt nicht ist: der Lust am eigenen Rohzustande. Allzuleicht neigt ja gerade der sentimentalische Feingeist dazu, von dem auf seine Wirkung bedachten Elementarprotz zu meinen, da äußere sich die Stimme der Natur. Indes, so wenig eine großstädtische Naivität von heute noch eine Unberührtheit repräsentiert, wie man sie früher mit dem Begriff ›Unschuld vom Lande‹ glaubte fassen zu können, so wenig hat sie zu tun mit der eitlen Schamlosigkeit von Ich-packe-aus-Literaten, so wenig, beispielsweise, mit den enthüllungsseligen Selbstdarstellungen früh verderbter Backfische. Vielmehr, in der ständigen Furcht, sich eine Blöße zu geben, verwahrt sich gerade der Naive gegen alles, was ihn prosaisch und indezent deucht, und seine aufmerksame Liebe gilt kaum der wilden, ungefügen, wohl aber der säuberlich verschnittenen und ondulierten Natur. Statt ans Anstößige hält er sich ans scheinbar Feine. An die Stelle des Scham- und Zügellosen tritt das für schicklich Geltende. Unerlaubtes, gar Obszönes wird tunlichst vermieden. Und wo es um die Schilderung von Elementarereignissen des menschlichen Lebens geht, mag es sich um die Liebe, mag es um den Tod sich handeln, da sind es sinnigerweise immer wieder die Bilder einer gepflegten Landschaftlichkeit, die uns bedeuten, daß alles im Rahmen zu bleiben habe (»Tags darauf küßten sie sich. Und zwar in einem hübsch angelegten Park.«, »Mathilde sagte: Wir werden einen neuen Stein für Mama kaufen und das Grab von nun an von der Verwaltung fachmännisch betreuen lassen.«)

Bleibt allerdings der Einwand, daß weder das bloße Feinerscheinenwollen schon von naiver Literatur zu reden berechtige, noch auch der Anblick ohnmächtigen Bildungsstrebens von sich aus rührend und liebenswert sei, und dagegen gibt es generell wohl wenig einzuwenden. Nur, daß wir in unserem Falle dann doch die unterdrückte und verbogene Natur allenthalben in ihre Rechte zurückdrängen sehen, und eine bei aller Verbildung unbeschadet gebliebene Einfalt setzt sich, und das oft sehr direkt, über die Schranken eines vorfabrizierten

Bewußtseins hinweg. Diese Bengta Bischoff ist ja im Grunde gar nicht so subaltern wie ihre kritiklose Wohlanständigkeit sie ausweisen möchte. Und keineswegs rührselig. Und nicht einmal prüde. Und weil sie die Rücksichtslosigkeit des Kindes besitzt und gleichzeitig diese seltsame Sehnsucht des Naiven nach Kunst und Wissenschaft, macht es ihr gar nichts aus, eine überaus drastische Bandwurm-szene in der Oper spielen zu lassen: »In der Staatsoper gab es Carmen von George Bizet. Mathilde hatte eine Karte für den zweiten Rang Mitte. Sie zog ein Kleid aus Acetat-Wollsatin an und nahm dann eine Taxe. Sie freute sich schon sehr auf die Blumenarie. Der Sänger Don José war ein Gast aus Frankfurt. Beim zweiten Akt passierte ihr etwas Ungeheuerliches. Aus ihrem Allerwertesten kam seelen-ruhig ein Bandwurm rausgekrabbelt, schlängelte sich durch das Beinkleid und dann hinunter an der rechten Wade. Sie zitterte und fror am ganzen Körper und dachte: Die Musik hat ihn wohl rausgelockt. In der Pause mußte sie erstmal einen Drink nehmen. Im letzten Akt fesselte sie wieder ganz das dramatische Geschehen auf der Bühne und die Aufführung wurde mit starkem Applaus gekrönt.« Und weil sie den stupenden Gegenwartssinn des wirklichen Sonntagsmalers vereinigt mit der blinden Traumlogik des Primitiven, sehen wir das Glück ihrer Heldin einerseits mit allen mechanischen und orthopädischen Hilfsmitteln betrieben und dann wieder aus der Machtvollkommenheit des Wunsches allein bestritten: »Tilly hatte sich überhaupt zu ihrem Vorteil verändert. Infolge Gymnastik, Massage und Saunabäder hatte ihre Figur reizvollere Formen angenommen. Ihr Haar war auch seidiger und gepflegter. Die Augen waren mit den Jahren tiefer in die Höhlen gewachsen und wirkten dadurch größer. Sie trug einen Elastikgürtel um die Hüfte.« Die beiden letztgenannten Beispiele sind übrigens vorzüglich angetan, uns einiges auch über die Ausdrucksmöglichkeiten einer zeitgenössischen Naivität zu verraten. Deren Besonderheit mitnichten nur in stilistischer Unbeholfenheit zu suchen ist. Deren spezifische Komik sich auch keinesfalls nur aus dem schreienden Mißver-hältnis von Anspruch und Unvermögen herleitet. Deren Gestus — wiewohl er prinzipiell mit Stilbruch und Entgleisung zu tun hat — dennoch eine gewisse Plau-sibilität des Mißgriffs erkennen läßt und Folgerichtigkeit in der Fehlleistung. Im-merhin scheint es nicht ganz zufällig, wenn die gewaltsam unterbundene Natur fast regelmäßig am unpassenden Ort wieder zutage tritt. Und wenn wir gleich mehrfach hervorzuheben uns genötigt sahen, daß Mangel an Einsicht und Bewußt-sein einzig den Souffleuren entgegenkomme, so heißt doch der Unschuldslogik an-dere Teil, daß der vermodelte Naive nicht nur die angelernten Sprüche wieder-holt, sondern höchst unvermittelt Widersprüche demonstriert: die inneren Wider-sprüche der mit sich selbst entzweiten Natur. So verrät sich in unfreiwilligen Kol-lisionen von Derbem und Verderbtem, Herzhaftem und Verblasenem, Schlichtem und Geziertem was der Mode Schwert geteilt. Inkongruente Reihungen und ab-surde Phrasenfolgen lassen sowohl die Manipulierbarkeit der Unschuld erkennen als auch die Grenzen der Vereinnahmung. Und auch der Fauxpas erweist sich als Ausdrucksträger insofern, als in ihm die Macht der Verbildung sich offenbart und gleichzeitig das subversive Wirken der ununterkriegbaren Natur. Man sieht: Es ist etwas da, was der totalen Abrichtung sich widersetzt und in aller Unmündigkeit wider die Bevormundung zeugt.

Der Unterschied zwischen solchen Texten der Trivialliteratur, die bewußt auf die Täuschbarkeit der Einfalt spekulieren, und diesem kuriosen Para-Roman ist also nicht nur ein gradueller, sondern ein konstitutiver. Er läßt sich auch nicht auf die schlichte Qualitätsdifferenz von Tonangeber und Tonabnehmer reduzieren, denn so unbegrenzt gängelbar, wie man annehmen mag, ist die Unschuld nun wieder nicht, und der Konsument der Lüge kann sehr wohl zu ihrem Detektor werden. Hinterrücks kann er die vom Trivialroman verfälschte Wahrheit wieder ans Licht bringen. In Querschlägern und Fehlzündungen entlarvt sich der Betrug. Und aus den Interferenzen von Großmannsperspektive und Kinderoptik ergibt sich am Ende so etwas wie ein getreues Abbild zeitgenössischer Wirklichkeit.Und nicht einer heilen Welt. Und nicht des ganzen Menschen. Vielmehr: wo sich das ungedeckte Heilsversprechen in einem Elementarkopf reflektiert, da offenbart sich nicht nur die Haltlosigkeit einer bösen Fatamorgana, da tritt uns nämlich auch der ›ganze Mensch‹ noch einmal als das entgegen, was er ist: eine gebrochene Existenz. Als ein Montageprodukt, das aus einer Vielzahl disparater Versatzstücke und wenigen Unschuldsinseln sich zusammensetzt. Als ein ganz und gar Unganzes. Als eine Collage aus unvereinbaren Idealvorstellungen, Wertbegriffen und Ausdrucksweisen. Und hier nun scheint sich gegen Schluß noch eine besonders delikate Möglichkeit zur Wesensbestimmung des Unschuldsschreibers anzubieten. Der sich im Zeitalter drahtloser Verbildung und ferngelenkter Präokkupationen gewiß nicht mehr in erster Instanz erklären kann. Dem auch, wir haben es gesehen, anscheinend nur noch Fetzen oder Attrappen der Wirklichkeit zur Verfügung sind. Aber: weil Unschuld eben doch nicht nur Dummheit ist, sondern weil sie kraft einer unerschütterbaren Kindlichkeit und unbeirrt von Bruch und Widerspruch aufs Ganze geht, fügt sich aus lauter Flicken ihr die Welt. Das aber hieße, daß der naive Künstler unserer Tage — der sowohl die Zerrüttung repräsentiert der aus den Fugen geratenen Natur als auch die blinde Zusammenhangsseligkeit des Kindes — ganz unvermittelt zu ähnlichen Resultaten kommen kann wie der bewußt montierende Klebebildner.

# Wolfgang Maier
# Die Heimat der Fakten

## I

Bewußt angelegt und proklamiert erscheinen Tatsachenromane mit dem Ende des vorigen Jahrhunderts. »Ich meine, daß die Brücke vom strengen Fachgebiet, wo man gewisse Tatsachen halb- oder ganzwahr anhäuft, bis zur Verständigung in Kreise hinein, wo man mehr große Linien des allgemeinen Denkens und Weltdurchgrübelns braucht, wesentlich über die Kunst geht. Und zwar über alle Mittel der Kunst: vom farbigen Pathos bis zum bunten Humor«[1]. So steht es im Vorwort zu Wilhelm Bölsches ›Liebesleben in der Natur‹ (1898). Nach einer Ideologie, die in der Welt der Teile das Ganze sucht, unternimmt es Bölsche, die spezialisierte Wissenschaft zurückzurufen in einen allgemeinen menschlichen Bereich und zwar über die Mittel der Kunst, die ihrer Eigenart nach totale und organische Beziehungssysteme zu garantieren scheinen.

Nationale Bildung ist das Programm, das Gustav Freytag seinen ›Bildern aus der deutschen Vergangenheit‹ zugrunde legt. Die deutsche Geschichte arriviert zum Helden eines Entwicklungsromans im klassischen Sinn. Die vielfältigen sozialen und politischen Fakten rücken in ein organisch geschlossenes Modell zusammen. Auf diese Weise wird das geschichtliche Chaos oder gerade das Nicht-Organische der deutschen Geschichte verschleiert. Wie ein Baum, der aufkeimt, wächst und zur Blüte gerät, entfaltet sich die Geschichte nach unangreifbaren, schicksalhaften Kräften. In der als Organismus geschlossenen Darbietung vermag der Leser ein Schicksal zu erfahren, das im literarischen Gewande (im privaten Sinn) sein eigenes ist: »Es rührt und stimmt uns heiter, wenn wir in der Urzeit genau denselben Herzschlag erkennen, der noch uns die wechselnden Gedanken der Stunde regelt.« So Gustav Freytag in der Widmung zum zitierten Werk. Geschichtliche Tatsachen, die in ihrem Zusammenhang nicht leicht zu durchschauen sind, werden in die Idylle der eigenen Existenz überführt: auf diese Weise lassen sie sich zum nationalen Programm stilisieren. Idylle setzt sich ab im Aufbau des romanhaften Geschichtsbildes. Beispielhaft stehen die Worte: rührt/stimmt heiter/derselbe Herzschlag/die wechselnden Gedanken der Stunde.

Es sind zunächst Gebiete der Wissenschaft, die — in die Spezialisierung getrieben — einer Wertentfremdung unterliegen und schließlich durch Mittel der Literatur programmfähig gemacht oder einem populären Interesse geöffnet werden. Autoren waren Gustav Freytag, Wilhelm Heinrich Riehl, Wilhelm Böl-

---

[1] Zitiert nach K. H. Walraf: Die neue untere Grenze. In: ›Bücherei und Bildung‹, H. 4, 13. Jg., April 1961.

sche und Brehm im vorigen Jahrhundert. Heute sind vor allem bekannt: Paul de Kruif (›Mikrobenjäger‹), Herbert Wendt (›Ich suchte Adam‹), Ceram (›Götter, Gräber und Gelehrte‹).

Was Bölsche im zitierten Text anmerkt, was bei Freytag durchschaubar wird, findet sich wieder bei Ceram in der programmatischen Einleitung zu seinem ersten Tatsachenroman. Ceram verwendet diesen Begriff und umschreibt ihn: »Unser Buch ist ohne wissenschaftliche Ambition geschrieben. Vielmehr wurde nur versucht, eine bestimmte Wissenschaft derart zum Gegenstand einer Betrachtung zu machen, daß die Arbeit der Forscher und Gelehrten vor allem in ihrer inneren Spannung, ihrer dramatischen Verknüpfung, ihrem menschlichen Gebundensein sichtbar wurde. Dabei durfte die Abschweifung, nicht gescheut werden, ebensowenig wie die persönliche Reflexion und die Herstellung aktueller Bezogenheit« (Ceram, S. 13)[2]. Ceram nennt Paul de Kruif den Schöpfer der Tatsachenliteratur; er beschreibt seine Arbeitsweise: »Kruif entdeckte 1927, daß die Entwicklung der Bakteriologie, sieht man sie richtig und ordnet man sie richtig ein, romanhafte Elemente enthält. Sie lassen sich auf höchst einfache und verständliche Weise darstellen, wenn man sie als Arbeitsprozeß beschreibt, wenn man den Leser genau denselben Weg führt, den die Wissenschaft nahm — vom Augenblick der Eingebung an bis zu ihrem Ergebnis« (Ceram, S. 15).

Sosehr sich die einzelnen Wissensgebiete unterscheiden mögen — Geschichte bei Freytag; Biologie bei Bölsche; Anthropologie, Archäologie, Medizin in den neueren Tatsachenromanen — so ist ihnen doch gemeinsam: die Verknüpfung relativ abstrakter Fakten durch unmittelbare menschliche, organische Formen. Beispielhaft stehen die bedeutsam gedoppelten Begriffe: innere Spannung, dramatische Verknüpfung, menschliches Gebundensein. Mathematisch genau festlegbare, abstrakte Arbeitsprozesse werden durch epische Mittel zum inneren, psychologischen und zum äußeren, dramatischen Prozeß ausgewalzt. Die romanhaften Elemente, die sich aus der richtigen Anordnung der Fakten ergeben sollen, werden bei Ceram nicht näher beschrieben. Sie lassen sich jedoch mit wenigen Ausnahmen, denkt man die einzelnen und individuell angesetzten technischen Schnörkel hinweg, reduzieren auf abzählbare archetypische und genremäßig bereits festgelegte Formen. Ich nenne hier nur die Formen, an denen sich der Gang der Arbeit orientiert. Es ist zunächst die Bewegung: Entdeckung — Verfolgung — Erfolg, eine Bewegung, die ja in den verschiedenen Varianten den Abenteuerroman auszeichnet. Es ist zweitens im Einsatz des Menschenbildes die im klassischen Sinn geschlossene Psychologie, der verstehbare und ortbare Innenraum. Es ist drittens, was Szenerie und Räumlichkeit betrifft, die runde Form der Idylle.

Neben dem wissenschaftlichen Tatsachenroman, der naturgemäß relativ jung ist und einen weiteren Weg zu gehen hat vom Faktum zur Darbietung (und der offenbar aus diesem Grunde eine Art Poetik entwickelte, wie die Beispiele zeigen), stellen sich romanartige Formen und Berichte, deren Fakten von vorn-

---

[2] C. W. Ceram, ›Götter, Gräber und Gelehrte‹, Reinbek b. Hamburg 1949, S. 13.

herein aus gesellschaftlichem Bereich und Interessen sich rekrutieren: die Skandalchronik; die Biographie oder Personen-Geschichte; die Kriminalhistorie. Das sind die genuinen, dem Konsum zunächst angeborenen Formen. Eine Geschichte läßt sich hier nur schwer und umständlich konstruieren. Ich verweise nebenbei auf barocke Beispiele: gleichsam automatisch kommen dem Zerfall ursprünglich hoher Romanformen gesellschaftliche, nachprüfbare Fakten entgegen, die, indem sie romanartig gebunden werden, immer noch ihren entschleierten Charakter hervorkehren und sich allein dadurch Interesse erobern. Die alten Schemata des höfisch-historischen Romans etwa werden beibehalten und gefüllt mit Skandalen aus der großstädtischen Gesellschaft, mit Enthüllungen aus europäischen Fürstenhöfen. So heißt ein Roman von Chr. Fr. Hunold: ›Der europäischen Höfe Liebes- und Heldengeschichte.‹ Der Titel klingt an an Paul Sethes ›Europäische Fürstenhöfe — damals,‹ ein Buch, dessen geschichtlicher Anspruch in ähnlichen Mitteln der entschleierten Intimität, des Märchens, der Sentimentalität und der Idylle stecken bleibt.

Wissenschaft, Gesellschaft, Personengeschichte sind also vorwiegend die Gebiete, die in Tatsachenromanen vorgeführt werden. Dabei läßt sich im Unterschied der Archäologie etwa zur Skandal-Chronik eine bereits im Gebiet angelegte Trivialität annehmen, wobei natürlich das Vermögen des jeweiligen Autors und seine Absichten dazu noch ins Gewicht fallen. Das aber soll zunächst gar nicht berücksichtigt werden. Die Phänomene, die Bindung der Tatsache durch epische Mittel sind die gleichen, ob sie von vornherein eine Abstufung erfahren oder nicht. In welchem Licht erscheinen die Fakten? Wie schmiegen sich die Mittel den Fakten an? Gibt es eine Trivialisierung, wo liegt sie? Die Probleme liegen im Intimkreis der Literaturkritik. Soziologische Fragen werden nicht direkt angeschnitten; dieser Komplex aber wird genügend umrissen werden, um Ansätze zum Weiterdenken zu bieten.


II


In den Bemühungen, dem Tatsachenroman zu einer Bestimmung zu verhelfen, schreibt Ceram: »Grundlage für eine noch ausstehende Kritik scheint mir dies zu sein: In welchem Verhältnis steht in ihren Büchern die Wissenschaft zur Literatur; wie weit überwiegt die Tatsache oder wie weit der Roman. Mir scheint, daß die besten Bücher jener Kategorie angehören, die ihr romanhaftes Element nur aus der Ordnung der Fakten gewinnen und damit der Tatsache stets den Vorrang lassen« (Ceram, S. 15/16). Für Ceram bedeutet diese Askese: »ein Tatsachenroman ... ist im einwandfreiesten Sinn allein aus Tatsachen zusammengefügt ( zu denen die Phantasie des Autors auch nicht das kleinste Ornament hinzufügt, sofern das Ornament nicht ebenfalls von der Zeitgeschichte geliefert wurde)!« Geschlossene Fiktion bleibt also unzulässig. Nur das verbürgte Detail und das Arrangement der Fakten erzeugen das epische Element. Welches System aber ordnet die Fakten? Wie ist das romanhafte Element beschaffen, das aus ihrer Ordnung entspringt?

Das natürliche Prinzip, da es sich zumeist um einen geschichtlichen Komplex handelt, ist das der chronologischen Reihe der Fakten. Dieses Prinzip kann in Grenzen variiert werden. So wird der Stoff in Götter, Gräber und Gelehrte ausgebreitet von einem Zentrum (Europa) aus über die vorderasiatischen Fundstellen bis hin zu einer Peripherie: die Altertümer in Südamerika. Im wesentlichen deckt sich dieser Gang von einem Zentrum zur äußeren Grenze mit dem tatsächlichen Gang der Wissenschaft in ihren Zeitfolgen. Mit diesem faktischen, prosaischen Aufbau jedoch ist verbunden (und hier stoßen wir auf jenes ›romanhafte Element‹) ein gleichsam mythischer, archetypischer Zwang: nämlich der des Wanderns, des Vorstoßens von einer eigenen Basis aus in mythisch-exotische Zonen. So endet dieses Buch immer mehr in Ungewißheit, in Fragen, die in ihrer Formulierung, in ihrer suggestiven Kraft ein magisches erregendes Licht über die fixierbaren Tatbestände werfen: »Können wir vielleicht soweit gehen (und wir zitieren hier nur durchaus ernstgemeinte fremde Ansichten), in ihm den Missionar eines fernen, fremden Landes zu sehen? So wie einige in ihm einen der frühesten katholischen Missionare aus dem 6. Jahrhundert sehen, andere sogar den Apostel Thomas persönlich? Oder erfährt mit dieser Legende neue Nahrung, was einst der junge Thompson glaubte, als er behauptete, die Kulturschöpfer des frühesten Maya-Reichs seien Atlanter gewesen? Wir wissen es nicht.« (Ceram, S. 434).

Der Tonfall ist prophetisch unbestimmt, die Sprache identifiziert sich mit dem nebulosen Vorgang; die Sprache ist aber auch pathetisch und bis in den letzten Ausruf hinein macht sich der reißende und magische Zug ins Ungewisse deutlich. Die Forschung, bei jedem Erfolg noch in den engsten Grenzen beschränkt, wird exotisch-abenteuerlich verlängert, beschworen, mythisiert. Die Apotheose des Fortschreitens ohne Grenze oder in einen grenzenlosen Bereich hinein bleibt hier nicht zufällig. Sie hängt zusammen mit der sprachlichen Darbietung der Fakten, die in einem gleichsam religiösen Überbau sich zusammenfinden. Ich verweise auf spätere Beispiele. Zunächst jedoch noch ein anderes Zitat. Jürgen Thorwalds Buch ›Das Jahrhundert der Chirurgen‹ zeigt die gleichen Symptome der chronologischen Reihe zugleich in Verbindung mit dem hierarchischen Aufbau der Tatsachen, ein Aufbau, der in anderen Zonen mündet, als sie die Fakten von sich aus erreichen. Der Weg geht von den Anfängen der Chirurgie mit Operationen an gleichsam banalen Körperstellen bis hinauf zur Herzchirurgie. Auch hier wird die prosaische Entwicklung mythisiert. Der Eingriff am Herzen wird aus seiner genuinen Sphäre verpflanzt in einen religiös-mythischen Bereich. Das Herz wird zum Allerheiligsten, zum Tabernakel der Medizin, der Vorgang selbst eine Art Gralssuche. Das Buch endet: »Rehn hatte der Chirurgie das Tor zu einem Teil des menschlichen Herzens aufgestoßen, der zum unantastbaren Allerheiligsten zu gehören schien. Die Tür war offen, und jetzt würde es auch hier kein Halten mehr geben, bis jenes Allerheiligste, gleich ob es das Herz, das Gehirn oder das Rückenmark betraf, für das Skalpell erobert war« (Thorwald, S. 446)[3]. Auch hier wieder die prophetische Dynamik über den Schluß,

---

[3] Jürgen Thorwald, ›Das Jahrhundert der Chirurgen‹, Stgt. 1956, S. 446.

den der derzeitige Stand der Wissenschaft markiert, hinaus in eine in Tatsachen kaum greifbare Welt: eine Bewegung, die den Fakten einen überirdischen Glanz und überirdische Sicherung erwerben.

Solche Schlüsse haben zunächst die rhetorische Funktion der Klausel, ohne welche ein Buch gar zu offen Fragment bleiben würde. Trotzdem läßt sich eine Bemerkung zur Trivialität einflechten. Der magisch-prophetische, unbestimmte Tonfall übersteigt den engen Kreis eines möglichen Fortschrittes, den die bis dahin versammelten Fakten bieten. Die prosaische und kalkulierbare Enge, in der die Wissenschaft trotz jeden Fortschrittes sich immerzu befindet, wird emotional überhöht und bietet dem Instinkt des Konsumenten einen schauernden Anreiz. Die Wissenschaft wird präpariert, wie im Wildwestfilm die Wirklichkeit präpariert wird, bis sie dem am umfassenden Handeln verhinderten Menschen die Illusion eben dieses Handelns gewährt.

Ich wies bereits hin auf die Praktik, die dem Tatsachenroman die Spannung eines Kriminalromans garantiert: verbinde den abstrakten Wissenschaftsprozeß mit dem psychologisch-menschlich verstehbaren Arbeitsprozeß des Wissenschaftlers. So etwa Ceram. Unter dieser Regel jedoch verbirgt sich eine zweite, die zuletzt erst die Spannung zu befriedigen geeignet ist. Ich nenne sie die ›Erfolgsmechanik‹.

Sie ist unmittelbar verknüpft mit einer dem Genre eigentümlichen kompositionellen Notwendigkeit. Die Tatsachen unterliegen einem Auswahlprinzip, das den direkten Weg ›Entdeckung (Inspiration) — Verfolgung — Erfolg‹ garantiert. Ein Tatsachenroman läßt sich nicht ausdehnen, indem die ganze Zahl der blinden und erfolglosen Wege beschrieben wird. Der Mißerfolg tritt nur knapp dosiert in Erscheinung. Herrschend bleibt das relativ ungehemmte Fortschreiten: der Rausch der Inspiration, die Berauschung des Erfolges. Die erste Seite von Cerams Roman enthält diese Mechanik beispielhaft. »Im Jahre 1738 verließ Maria Amalia Christine, Tochter Augusts III. von Sachsen, den Dresdener Hof und heiratete Karl von Bourbon, König beider Sizilien« (Ceram, S. 19). So der erste Satz. Er bietet gleichsam die Hülle, in der die folgenden archäologischen Fakten beheimatet werden. Weitere Charakterisierungen und Daten schließen sich an und stellen die Spannung her zwischen Beginn und Erfolg. Schließlich heißt es noch auf der gleichen Seite: »Die Schwierigkeiten waren bedeutend. Fünfzehn Meter steinharter Eruptionsmasse waren zu überwinden. Von einem Brunnenschacht aus, den noch d'Elbœuf entdeckt hatte, trieb man die Gänge und bohrte Sprenglöcher. Und dann kam der Augenblick, da die Spitzhacke Metall fand und es unter ihrem Schlage dröhnte wie eine Glocke.« Mehr oder weniger versteckt bleibt es immer die gleiche Aufbauformel, unter der die Fakten dargeboten werden. Das Schema ist: Im Jahre 1738 ... (Individuation in Person und Zeit)/Schwierigkeiten waren bedeutend (vorläufiger Widerstand)/Und dann kam der Augenblick (relativ rascher Erfolg). Diese Erfolgsdynamik zeigt sich in verschiedenen Varianten. Verkürzt stellt sie sich so dar: »Und jetzt ging ein Besessener zu Werk. All die Energie, die den Kaufmannslehrling zum Millionär gemacht, durfte sich zur Verwirklichung seines Traumes verströmen, und rücksichtslos setzte er seine materiellen Mittel ebenso ein, wie sich selber« (Ceram, S. 52). Wesentlich ist nicht, daß Fakten (auf nur irgendeine Weise) in einen menschlichen Prozeß eingebettet und so dem Leser aufbereitet werden. Wichtig ist vielmehr die einzelne sprachliche Nuance, die Dynamik, die Metaphorik. Für die Dynamik dieser Stilweise steht beispielhaft die raffende Wendung: vom Kaufmannslehrling zum Millionär. Hier bietet sich ein Erfolgstopos an, der in verschiedenen Texten immer wieder mit dem gleichen Ziel — das Lähmende einer langsamen Entwicklung aufzuheben — eingesetzt ist. Wird der normale, prosaische Prozeß in der Dynamik verengt, für den Konsum präpariert, so übernimmt auch die Metapher eine dem Faktischen entgegengesetzte Aufgabe. Sie überhöht den Erfolg oder die Voraussetzungen zum Erfolg geradezu in eine mythisch-religiöse Sphäre: ein Besessener/Verwirklichung des Traumes/durfte verströmen. Vom übertragenen Subjekt übers Objekt bis hinein ins Prädikat ›durfte verströmen‹ geht die Bindung an übersinnliche Kräfte. Man könnte von einem Schicksalsstil sprechen, der sich bis in die Inversion (All die Energie) verwirklicht. Im vorhergehenden Beispiel ist es ähnlich: »... unter ihrem Schlage dröhnte wie eine Glocke.« Die Metapher ist nicht geeignet, ein sinnliches Detail mit dem Tatbestand zu verknüpfen. Verschüttetes Metall wird kaum dröhnen. Sondern der Erfolg, der Augenblick des Erfolges wird in der aus dem religiösen Bereich stammenden Metapher (Glocke/dröhnen) bedeutsam entgrenzt. Der Erfolg gewinnt einen metaphysischen Aspekt hinzu, vor dem die Struktur der reinen Tatsache verblaßt. Der hochbeinige, euphorische, beinahe priesterliche Stil enthüllt sich schon in dem temporalen ›da‹ —: ›der Augenblick, da ...‹!

Zu diesen Beobachtungen füge ich ein weiteres Beispiel hinzu. Es stammt aus dem Tatsachenroman einer Illustrierten über J. D. Rockefeller. Ich zitiere nur die bezeichnenden Schritte. »Sein geschäftlicher Instinkt witterte eine große Chance« (Individuation im psychologischen Bild)/»Jedermann erklärte das für Wahnsinn. Der Absatz stockte« (vorläufiger Widerstand)/»Inzwischen war Rockefeller der Besitzer der reichsten und mächtigsten Eisenerzlager der USA geworden. Sein Schatten legte sich lähmend über die gesamte Stahlindustrie« (Erfolg) (Merten, H. 20/61)[4]. Auch hier wieder ist die ökonomische Tatsache nach einem ganz kurzen Erfolgsweg von einer Metapher umspiegelt, die einen transzendenten, schicksalhaften Bereich ankündigt (Schatten legte sich lähmend) und die der Welt der Fakten ein überirdisches Zentrum vermittelt, das in seinem verschwommenen Charakter und in seiner Nähe zur Schauerdramatik zweifellos den gesamten Vorgang ins Triviale abgleiten läßt.

Der schnelle Weg von der Eingebung zum Erfolg, wobei die retardierenden Momente maßvoll und genau gezielt zwischengebaut sind, erhöht ohne Frage die Wirkung auf den Leser. Dabei verändert sich die Qualität der Tatsache ganz wesentlich. Spezialisierte Fakten, in jedem Fall aus einer kaum mehr zu durchschauenden Wirklichkeit bezogen, ohne empfindliche Werte und Identifikationszeichen, werden innerhalb einer pragmatischen Ordnung aufbereitet, deren gleichsam teleologische Beharrlichkeit genau dem sozialen Instinkt der Leser-

---

[4] Hans-Georg Merten, Der reichste Mann der Welt. In: ›Hör zu‹, Heft 20/61.

schaft entspricht: Erfolg. Damit nicht genug. Die Fakten werden an bezeichnenden Stellen (meistens ist es der Erfolgsabschluß) in eine Sprachsphäre, in eine Metaphorik überführt, die den transzendenten Kontakt garantiert: Mythos, Religion, Schicksal sind die Bereiche, aus denen sich bewußt oder unbewußt die metaphorischen Bestände herleiten. Tatsachen werden in einem überirdischen Zentrum verklärt. Es erschließt sich die Konsequenz des Vorgangs: indem die abstrakten und spezialisierten Fakten biographisch rückgebunden werden, verfallen sie zwangsläufig sozialen Traumbildern (Erfolg) und verkitschten Ideologien (wie zweifellos eine durchklingt in dem Bild: dröhnte wie eine Glocke). Über den Tatsachen erscheint eine verführerische Welt, die dem Konsumenten in Wirklichkeit unerreichbar ist, ein Surrogat des Totalen und des Sinnes.


III

Die pragmatische Ordnung der Fakten, ihr scheinbar innerer Zusammenhang ist der erste Schritt ›vom strengen Fachgebiet‹ bis zur ›allgemeinen Verständigung‹. Ich deutete bereits an, wie diese Ordnung weniger aus den Fakten selbst sich ergibt, sondern herangetragen wird in naiven und mittelbar von der Gesellschaft selbst entworfenen Mustern, die rückwirkend die Aufnahme, das Einverständnis mit den Tatsachen und schließlich auch die Identifikation der Leserschaft mit ihrem Prozeß begünstigen. (Solch ein Muster, das in unserem Fall nur ein Sprachmuster sein kann, ist als deutlichstes Beispiel die Wendung: vom Kaufmannslehrling zum Millionär.)
Die ›romanhafte Ordnung‹ zeigte sich zunächst in dem wirksamen Gefälle der Komposition. Sie zeigte sich in den Schlüssen als prophetische Dynamik. Sie zeigte sich in der metaphorischen Steigerung, die den Ergebnissen eine transzendente Entsprechung vermittelt. Und hier läßt sich jetzt bereits sagen: mit der empirischen Struktur der Fakten, die sich zunächst als wertfrei ausweist, verbindet sich immer eine Zone des Wertes, die einem gleichsam eschatologischen Verlangen der Leserschaft entspricht. Die Prosa der Fakten wird mit den verschiedenen Methoden in eine Poesie der Werte übersetzt. Und hier erst bestätigt sich die Rückkunft der Fakten in einen allgemeinen, pseudo- oder posthumanen Kreis. Dieser Zug, die Welt der Teile in eine Totalität zu überführen, spiegelt sich deutlich im Bild vom Menschen, der die Tatsachen schafft, spiegelt sich in der Psychologie bis hinein in die kleinsten Sprachelemente, die den Innenraum vermitteln.
Das Menschenbild, wie es sich vorwiegend im neueren Tatsachenroman findet, ist das des Abenteurers, des besessenen, instinkthaften Menschen. Ich zitiere noch einmal das deutliche Beispiel: »Und jetzt ging ein Besessener zu Werk. All die Energie, die den Kaufmannslehrling zum Millionär gemacht, durfte sich zur Verwirklichung seines Traumes verströmen.« Im Abenteurer, im Besessenen rettet sich, was die arbeitsteilige und spezialisierte Wirklichkeit zerstört, nämlich der umfassende Mensch. In ihm gibt es keinen Rest, nicht die Beanspruchung nur eines Organs, nicht den Ausschnitt und keine Entfremdung, mag sie Em-

pirie oder Metaphysik betreffen. Im Besessenen findet sich alles zurück. Der individuelle psychologische Habitus (es handelt sich im Zitat um Schliemann) schlägt über in ein mythisches Bild und vereint in ihm latente gesellschaftliche Sehnsucht. Bezeichnend sind der mythische Tonfall und die Bildwahl. Es beginnt mit dem Wort ›Besessener‹, das sich mit der poetischen Übertragung ›ans Werk gehen‹ bedeutsam verbindet. ›All die Energie‹: wie eine Fanfare des Totalen ist der Satz in die Inversion getrieben. Wie entmutigend prosaisch würde klingen: die ganze Energie. Die gleiche Stillage spiegelt sich wider in dem verkürzten Satz: zum Millionär gemacht und schließlich in der Kostbarkeit: Traum — verströmen. Es sind Zeichen einer poetischen Stilisierung, die jeden prosaischen Rest ausmerzt, dafür aber auf der Empirie ein illusionäres Bild entwirft, das sehr rasch trivialen Charakter annimmt.

Das isolierte Faktum wird zum Abenteuer ausgedehnt. Der einzelne mit seinen hochspezialisierten Fähigkeiten findet sich wieder in der Form des inneren totalen Triebes, der ihn jeder Spezialisierung enthebt. Im folgenden Beispiel wird diese Ausdehnung geradezu in die psychologische Motivation eingesetzt: »Später erfuhr ich, daß seine Jugend [Robert Koch] vom Traum abenteuerlicher Weltreisen erfüllt gewesen war und daß seine erste Frau ihn als Braut in Hamburg geradezu hatte zwingen müssen, zwischen Weltfahrten und einem bürgerlichen Leben an ihrer Seite zu wählen. Da verstand ich ihn. Sein Traum war noch nicht ausgeträumt. Vielleicht war der wunderbare Weg, der ihn zur Entdeckung der Bakterien geführt hatte, nichts anderes als ein Ersatzweg, den seine unterdrückte Sehnsucht nach unbekannten Fernen ihn hatte gehen lassen« (Thorwald, S. 322). ›Traum‹ und ›unbekannte Fernen‹ sind hier die Stichwörter. Nicht inhaltlich sind es bezeichnende Worte. Formal trifft nämlich ›unbekannte Fernen‹ mit jenem Phänomen zusammen, das die Romanschlüsse auszeichnet: der mythische Zug ins Ungewisse. Traum hat den Funktionswert des Unbewußt-Gleitenden, des Unbegrenzten, das an der psychologischen Fiktion aufzufinden ist und das sich bereits im eben verlassenen Zitat von Ceram ankündigte (Verwirklichung seines Traumes). Die mythische Weite, zu der die Empirie sich zu öffnen vermag, totalisiert zugleich den Innenraum. Psychologische Vorgänge, gedankliche Bewegungen, Entscheidungen bleiben dabei nicht in ihrer beschränkten und augenblickhaften Sphäre, sondern werden hineingenommen in einen weiträumigen Prozeß, der Elemente des Schicksals, der Schauerdramatik mitführt: »Noch einmal hörte McDowell die warnenden Stimmen aus der Ferne. Und es blieb dabei. Er würde niemals erklären können, was ihn in dieser entscheidenden Stunde im Innersten dazu trieb und lockte, diesen Stimmen sein Ohr zu verschließen und die Stimme derjenigen zu erhören, die nach dem Urteil der Großen zum Tode verurteilt vor ihm lag und nicht sterben wollte« (Thorwald, S. 23). Es handelt sich hier um die Entscheidung zu einer gewagten Operation. Der Innenraum wird dramatisiert, nach außen genommen (er hörte/er sah), er wird magisch überhöht. Das geschieht jedoch nicht allein in den zitierten Formen. Meist ist es ein schwer bestimmbarer, bedeutsamer und stilisierter Tonfall, der dazu oft in einem Fragezeichen endet, in einem Unsagbarkeitstopos: »Mir war, als sähe ich, wie Porro schweigend den Kopf senkte, Assistenten und Schwestern den Rücken zukehrte und mit seinen kurzen Schritten zu seinem Zimmer ging.

Was in Porro damals vorging, wer wollte es wirklich ermessen?« (Thorwald, S. 243).

Es ist nicht epische Bescheidenheit, die im Fragezeichen sich durchsetzt, nicht Mißtrauen in die Fiktion. Im Gegenteil. Die Frage besitzt eine starke Suggestivwirkung. Sie ist das Signal, das augenblicklich eine umfassende und sentimentale Vorstellung auszulösen geeignet ist: das Bild nämlich vom einsamen, unverstandenen Menschen in seiner Stunde der Entscheidung und in seinem Kontakt mit dem Schicksal.

Tatsachen erregen den inneren Prozeß. In der Darstellung der inneren Vorgänge wird jedoch die harte, reale, sprunghafte Individuation vermieden, zu der die moderne Psychologie die Voraussetzung liefert. Die Sprachmittel, die die moderne Prosa als Konsequenz dieser Psychologie entwickelte (wie der innere Monolog zum Beispiel), und die einen runden, geschlossenen Bewußtseinsvorgang in disparate Bewußtseinseinheiten zerfetzen, lassen sich nach den Tendenzen unseres Romantyps nicht verwenden. Diese Sprachmittel würden Unbehagen erzielen, würden gerade wieder jene Entfremdung und Verfremdung erreichen, aus denen die Tatsachen und mit ihnen die Menschen, die mit ihnen verbunden sind, herangeholt werden sollen. Psychologische Muster (zumeist aus den Beständen des alten psychologischen Romans) ersetzen die angestrengte Individuation. Der einsame Mensch/die innere Stimme/das undurchdringliche Dunkel gehören zu solchen Mustern, die unmittelbares Verständnis und Erinnern garantieren. Mit ihnen ist verbunden die mythisch unbestimmbare Sphäre, der totale Bezug, der die Fakten aus dem geschichtlich isolierten Fundus erlöst. So wird unmittelbare Kommunikation möglich. Es ist die triviale Verbindlichkeit des Aberglaubens, des Sprichwortes, das etwa abergläubische Zeichen zur Todesregel ummünzt: »Ihr graute vor seinen großen, starren, fischigen Augen, die sie durch das Wasser hindurch fixierten, vor den langen dunklen Haaren, die um sein Gesicht wehten — so, als wäre er schon tot« (Winter, H. 20/61)[5]. Hier handelt es sich um die Geschichte eines Bankräubers, die vor nicht langer Zeit Aufsehen erregte. Der Held befindet sich in der Badewanne bei einem Tauchversuch.

Psychologie setzt sich jedoch nicht nur in solchen großen Formen durch. Winzige Sprachteile, Satzzeichen (vor allem Fragezeichen) fördern den inneren Prozeß zutage und dienen zur unmittelbaren Identifikation des Vorgangs. Zu solchen Formen gehört noch die Variation der Inquit(sagte er)-Formel, die ja die hohe Literatur heute fast ganz vermeidet. In dieser Variation wird jeder Sprechende, wie es der Film leistet, mit seiner Physiognomie, mit standardisierten Bewegungen zusammengebracht: es läßt sich hier eine Fülle starrer Muster anführen, die jeweils den inneren Zustand signalisieren: Zigarette anzünden oder ausdrücken/Das Glas Whisky anheben oder wieder aufstellen, gehören zu solchen Signalen. In ihnen vergegenständlicht sich die Psychologie; aber es ist nicht die reale Psychologie; vielmehr ist sie bereits in einen kom-

---

[5]  Curt Cäsar Winter, Der Teufel kam nach Zürich. In: ›Hör zu‹, Heft 20/61.

munikativen Zwischenraum abgewandert und zur Austauschbarkeit verflüchtigt.

Eine ähnliche Funktion übernehmen archetypische Szenen, die, beschrieben, jeweils den inneren Zustand mitmeinen. Ein Beispiel: »Spürt auch die Mutter solche Gedanken? Aber die Prinzessin Viktoria ist voll Glück und Stolz und Seligkeit. Sie sitzt noch ein wenig schwach, das feine und jetzt überzarte, aber vom Glück überstrahlte Gesicht in lächelnder Dankbarkeit dem hünenhaften Gatten zugewendet« (Sethe, S. 7)[6].

Die Beschreibung von außen signalisiert den inneren Zustand. Die rhetorische Frage des Anfangs (auch hier also wieder eine Art Suggestivfrage) und eine Fülle werthafter Nomina und Attribute verwischen die Grenze zwischen Dargestellten und Konsumenten. Der Stil hat weniger beschreibende, also entfremdende Funktion, als daß er gerade die Sache der Prinzessin unmittelbar zur Sache des Genießenden verschönt. Zu diesen stilistischen Eigenarten gehört die schwülstige Verdreifachung Stolz/Glück/Seligkeit, Zustände, die nicht aufgezählt, sondern in der durchlaufenden ›Und-Verbindung‹ beschworen werden. Stimmungshaft finden sich diese Worte überall bestätigt. Sie gehören zu einer Art eudämonistischem Wortfeld oder fordern es heraus: schwach/fein/überzart/glücküberstrahlt/lächelnde Dankbarkeit. Die Szene der Mutter mit Kind und Gatten findet die triviale, archetypische Ausprägung, die als szenischer Körper den inneren Zustand dazu trifft. Die Geschlossenheit des Bildes vertritt die der klassischen Psychologie. Sie setzt sich fest in archetypischen Szenen, Begriffen, Werten, die den Status des bloßen Signals nicht übersteigen und darin liegt ihre triviale Gebrauchsfähigkeit.

Physiognomie und Innerlichkeit demonstrieren sich gegenseitig. Zu Mustern geronnen, kann beides in einen Text wahllos eingesetzt werden, ohne daß es einer Vorbereitung bedürfte. Sie können wieder verlassen werden: das einmal aufgestörte Bild wirkt nicht fort. So bespricht sich in einem unserer Texte Rockefeller mit seinem Kompagnon. Beides sind kaltblütige Geschäftsleute und die Darstellung besteht darauf. Aber unvermittelt erscheint die Beschreibung: »Rockefeller blickte seinem alten Freund fest in die Augen, in diese großen, ausdrucksvollen Augen« (Merten, H. 3/61). Im Kontext steigert sich der Witz dieser Beschreibung: beide tragen sich mit der Absicht, in einer geschäftlichen Transaktion den anderen übers Ohr zu hauen.

Hier wie im verlassenen Zitat sind es nicht die realen Sachverhalte, die geweckt werden. Es ist ein Urbild, das aufgerufen wird und rasch vom Leser vergegenwärtigt werden kann. Solche Dialogbrücken deuten einen jeweils modellartigen inneren Zustand an. Jede Bewegung in einem jeweils spezifischen szenischen Zusammenhang wird mit einer solchen Brücke versehen: sie besteht aus den zählbaren Möglichkeiten einer Kombination mit immer den gleichen Teilen. Diese Teile sind werthaft vorgeformt und darin besteht ihre Wirkung. Zumeist handelt es sich um Elemente aus einer Eudämoniemoral, aus idyllischen Werten. Zart/glücklich/tapfer/treu sind Worte, die mit ihren anhängenden Feldern (blaue

---

[6] Paul Sethe, ›Europäische Fürstenhöfe — damals‹, Ffm., 1936, S. 7.

Augen/tief/fester Händedruck) überall in die psychologische Fiktion eingesetzt sind: »Der Fremde verbeugte sich mit hängenden Armen und trat zurück, scheu und unglücklich lächelnd.«/»Sie hob den Kopf, in der Tiefe ihrer blauen Augen glomm ein glückliches Lächeln auf.«/»Es war eine gute, schützende Gebärde, und sie ließ es geschehen und war glücklich. Sie dachte, daß seine Hand stark war, daß man sich ihr anvertrauen könnte und daß sie immer so an seiner Seite gehen möchte, so sicher geführt, so sicher beschützt. Ein ganzes Leben lang!« Winter, Heft 11/61.

Fiktion kann sich nicht an eine differenzierte Psychologie wagen: das harmonische, geschlossene Menschenbild würde in Teile aufgelöst werden. Damit aber würden auch wieder die Fakten in die Welt der Teile zurückfallen. So schafft der Tatsachenroman ein gleichsam existentielles Gegenbild gegen die Wirklichkeit. Die Wirklichkeit schrumpft zusammen zu standardisierten Signalen, die dazu noch häufig die Traumbilder der Gesellschaft beinhalten, eingeschmuggelt in die Epitheta wie: hünenhafte Gestalt/großer schlanker Herr/glückliches Lächeln (überhaupt findet sich das Wort Glück sehr häufig)/braungebrannt/starke Hand/ schützende Gebärde/Stolz, Glück, Seligkeit.

Der intakte, der totale Mensch als Spiegelbild der Fiktion beinhaltet, was dem einzelnen, dem dargestellten Helden wie dem Konsumenten verlorenging: die Möglichkeit, der spezialisierten Wirklichkeit in einem Zuge habhaft zu werden. Politik, undurchschaubar in ihren Motiven und Kräften schrumpft zusammen in der psychologischen Idylle der glücklichen Mutter. Ökonomie, die schlechthin unübertroffene anonyme Kraft, wird identifiziert an den großen, ausdrucksvollen, träumerischen Augen. Wissenschaft, Forschung, hochspezialisiert und pedantisch, befreit sich in der Dynamik des Abenteuers, der Weltreise, im ruhelosen, besessenen Menschen.


IV


»Zwischen Zypressen und Lorbeer liegt, herrlich in strahlender Weiße zwischen immer noch sattem Grün unter dem blauen Himmel von San Remo die Villa Zirio. Einsame Wanderer, die hier vorübergehen, mögen nicht ohne Neid die weißen Mauern schauen; muß nicht hinter so viel Schönheit Glück und Lebensfreude wohnen? Nur die Einwohner selber, die landeskundigen, wagen kaum anders als in ehrfürchtigem Schweigen oder flüsternd sich diesem Haus zu nahen, denn sie alle wissen: hier wohnt das schwerste Menschenleid, hier kämpft ein vom Tode gezeichneter Mann einen stummen und heldenhaften Kampf« (Sethe, S. 21).

Räumlich-zeitliche Umstände bringt unser Gegenstand als Fakten mit. Sie sind nicht von Anfang an Elemente der Fiktion. Vielmehr bindet sich gerade an sie Glaubwürdigkeit, Belegbarkeit; als faktisches Gerüst setzen sie sich zunächst ab vom episch-fiktiven Bereich. Das Kehlkopfleiden Friedrich-Wilhelms (um das es sich im Zitat handelt), die Villa in San Remo, in welcher der Kronprinz vor dem Tod des Kaisers sich aufhält, gehören zum festen Bestand geschichtlicher

Daten. Naturgemäß setzt aber gerade am Milieu die Vergegenwärtigung ein. Sie übersteigt schnell die faktische Qualität der Daten (wie am Zitat zu sehen ist) und mündet in den fiktiven Zusammenhang, der zuletzt erst Sinn und Interesse garantiert. Es ist also weniger das Milieu an sich oder die objektive Struktur der Zeit, die dem Tatsachenroman episches Gewicht verleihen. Es ist vielmehr die eigentümliche Präparation beider Kategorien, die die Fakten hochspülen, tragen, die Fakten der Kommunikation freigeben. Auf diese Präparation gilt es nun hinzuweisen.

Die häufigste Form, unter der szenisches Milieu eingebracht ist, läßt sich am vorangestellten Zitat begreifen. Es ist das Einschwenken in ein Bild, in eine Beschreibung. Die Zusammenhänge sind zunächst bedeutsam verschwiegen. Das Bild gibt sich fremd, gleichsam mit sich selbst beschäftigt; wie der Wanderer vor dem Haus, steht der Leser außerhalb des Bildes, das auf solche Weise einen geheimnisvollen und kostbaren Zug erhält. Entweder als Kapitelanfang gibt das Bild den folgenden abstrakteren Zusammenhängen das Gehäuse, an welches die Einbildungskraft sich heften kann, oder es dient innerhalb der Darstellung als Ruhepunkt, Rückkehr in szenische Aktualität.

Da der Tatsachenroman auf historische, bekannte Sujets zurückgreift, in welchen die menschlichen Zusammenhänge sich zu abstrakteren, bloß vorgangs- und resultathaften verflüchtigt haben, verengt sich das Bild meist zur Idylle: hier ruht a priori der menschliche Bezug, hier ist die Geschlossenheit des menschlichen Bereichs, hier ist die Innerlichkeit, die den Fakten nicht mehr abzulesen ist. Mit dem, was ich — einigermaßen grob natürlich — Idylle nenne, stellen sich aber sogleich und beinahe automatisch die szenischen Klischees ein: sie allein garantieren die Rückkunft des historischen Vorgangs, der historischen Gestalt in verständlichen und vertrauten Bereich. Die Prinzessin als Mutter bei der Taufe/Bismarck im Kreis seiner Familie/Rockefeller auf dem Fahrrad oder vor der Bibel/Robert Koch in seinem Laboratorium, einer kleinbürgerlichen Küche. Idylle setzt sich antithetisch zum großen historischen Vorgang. Historie wird zur Hintertreppe. Hinzu kommt: die Idylle hat ihren festen Bestand an Werten. Sie liefert den Wert und die Erfahrung mit und bietet sich so rasch und uneingeschränkt der Kommunikation an. Hier im Beispiel ist es ganz deutlich. Raum demonstriert, erinnert, stellt die Perspektive, das Pathos, den Wert. Nicht nur das Pathos des Leides, die feierliche, personifizierende Technik (›hier wohnt das schwerste Menschenleid‹) suggeriert die Entsprechung im Leser. Vielmehr leistet dies bereits die infantile Mechanik des schönen Außen — des schlimmen Innen.

Was im kleinen Bild, in der Idylle seinen abstrakten und bloß teilhaften Charakter ablegt, findet sich ebenso zusammen im großen Bild, im synoptischen Zugriff. »Am Beginn der archäologischen Entdeckung Ägyptens stehen Napoleon I. und Vivant Denon. Ein Kaiser und ein Baron. Ein Feldherr und ein Mann der Kunst. Sie gingen ein Stück Weges zusammen; sie kannten sich gut, aber ihr Wesen hatte nichts miteinander gemein« (Ceram, S. 89).

Abstrakte Zeitfakten werden am allegorischen Gemälde versinnlicht. Die vereinzelte Tatsache wird auf eine historische Folie geprägt, die ihren totalen Bezug nachweist. Für die Synopse ist in den meisten Fällen bezeichnend eine bestimmte stilistische Höhenlage, die den Schwung liefert, Gegensätzliches oder Entferntes miteinander zu verbinden. Auch hier macht sich das historisch-synoptische Pathos bemerkbar. Es überhebt den faktischen Bestand seiner bloßen Vereinzelung. Es liefert das Urteil, den Sinn, in welchem der Leser mit den Gegenständen sich zusammenfindet.

Zeit und Raum treten also weniger informativ auf (so sehr sie auch den belegbaren Charakter bewahren), als daß sie der Suggestion, dem Einverständnis dienen. Mitgeführtes Urteil, Sinn, Bestätigung sind die Brücken zum Leser. So ist es in der nachstehenden Datenfolge. Nichts an ihr ist Fiktion. Aber Rhythmik, Dynamik verleihen den Fakten ein völlig anderes Gesicht. »1876 hatte der Vierundzwanzigjährige in Mykenä den Spaten angesetzt, 1878/79 grub er mit Virchows Beistand zum zweitenmal in Troja, 1880 legte er in Orchomenos, der dritten Stadt, die Homer mit dem Beinamen ›golden‹ versieht, die reiche Decke der Schatzkammer des Minyas bloß, 1882 grub er mit Dörpfeld zum drittenmal in der Troas, und zwei Jahre später begann er seine Grabung in Tiryns« (Ceram, S. 72).

Hier ist es mit dem neutralen Begriff der Raffung nicht getan. Über die reale Zeitenfolge hinaus macht sich bemerkbar die Absicht: Pathos der Bewältigung, Rausch, Tatendrang. Zeit ist nicht als empirische Kategorie genommen, sondern wird zum Suggestionsmoment.

In den meisten hier aufgebotenen wissenschaftlichen Romanen bleibt das fiktive Element in den Schranken des vorgegebenen Materials. Die Zusätze der Einbildungskraft orientieren sich zweifellos ganz konsequent an den Fakten. Diese erhalten allein im kommunikativen Stilwillen (wie es das letzte Beispiel zeigt) ihre Wirkung. Eine Wirkung allerdings, die von der öden, problematischen und doch faszinierenden Wirklichkeit sehr weit entfernt ist.

Andere Tatsachenromane dagegen sind, was das fiktive Milieu betrifft, freizügiger. Erfundene Szenen und Umstände werden an das belegbare Gerüst herangesetzt, ohne daß sie mit diesem notwendig korrespondieren müßten. So kann die Geschichte eines Mörders zunächst sich durchaus in Szene und Umstand als Liebesroman etablieren, ohne daß der Widerstand des Autors den Leser vorbereiten würde. Das herangeführte Milieu scheint ›aus dem Leben gegriffen‹. Es erinnert, gibt Signale, bleibt aber tauschbares Füllsel. Der Leser empfindet und identifiziert stationär die empirischen Stücke, ohne an eine durchlaufende Perspektive gebunden zu sein. Aber gerade, was als ›Umgebung‹ auftaucht und weniger die Tatsachen, in welcher Ordnung auch immer, vermittelt den Konsum. Die Vorstellung ›aus dem Leben gegriffen‹, die ja den Tatsachenroman so authentisch erklärt, beruht hier nicht allein auf seiner Belegbarkeit, sondern beruht auf dem dazu gelieferten Umstand, der nicht belegbar ist: »›Ich glaube‹, sagte sie leise. Ihre Knie zitterten ein wenig. Sie blickte die Bahnhofstraße hinunter. Zürichs Prachtstraße mit ihren erlesenen, mit kaum zu überbietendem künstlerischem Geschmack eingerichteten Geschäften« (Winter, 12/61). Die Wirklichkeit, wie sie hier als Dialogstütze auftritt, ist die der Werbung, des Preises, des Schaukonsums. Andächtig wird sie emporgeholt mit den Zeichen des Wohlstandes, des guten Geschmackes, der Seriosität. Die Wirklichkeit hängt nur lose in den Angeln des Stoffes. Ihre Aufgabe ist es, den Standard zu signalisieren; der Leser fühlt sich zu Hause: »Das mittelgroße Schaufenster war mit bunten Attrappen für Kosmetika und Frauenköpfen mit den modernsten Frisuren dekoriert. ›Schön, alles sehr schön‹, sagte er [der Mörder]. ›Das Geschäft ist klein und bescheiden, Mister Bird, aber ich bin zufrieden‹« (Winter, 12/61).

Bescheidener, moralischer Mittelstand wird hier vorgestellt. Jedoch weniger im aufmerksamen Hinweis zu einem Zwecke, der mit dem Stoff des Bankräubers in Verbindung stünde. Selbstverständlich, nebenbei erscheint die Wirklichkeit; aber sie trifft genau auf Erwartung und Verlangen des Lesers, die bezeichnet sind durch das idyllische Ideal einer nicht maßlosen, begrenzten aber sicheren Existenz, versehen mit den jeweils modernsten Leitbildern der Gesellschaft. Der statistisch zu erfassende Bestand an Wirklichkeit, an Begriffen, Bildern, Epitheta deckt sich genau mit diesen Leitbildern. Erlesener, künstlerischer Geschmack/Kosmetika/modernste Frisuren gehören zu ihren Bestandteilen. »Auf dem Tisch, den Bird im Hotel hatte reservieren lassen, standen wieder dunkelrote Rosen. Sie setzten sich. Auf dem weißen Damast blitzte das Silber« (Winter, 12/61).

Wie unter einer Zwangsneurose stellen sich die Worte ein. Der reservierte (!) Tisch im Hotel fordert Damast an. Dieser wieder verlangt Rosen und Silber und beide Substantive rufen zwangsläufig nach ihrer Erläuterung: rot/blitzte. Die Wirklichkeit, mechanisch vorgeordnet, ist die des Schaufensters. Und wie dieses dient sie dem Konsum des literarischen Erzeugnisses. Trivialität ergeht sich auf relativ einfach zu durchschauenden Wegen.


## V

Unter den Beständen, die die untere Grenze der Literatur ausmachen, kommt dem Tatsachenroman gewiß eine Sonderstellung zu. So schwer die Worte trivial oder Kolportage überhaupt anzubringen sind: mit der epischen Verkleidung von Fakten, von bereits der Geschichte überlieferten Handlungen, Entwicklungen, Erfolgen lassen sie sich zunächst nur schwer verbinden. Viel schneller schießt das Wort trivial auf den reinen Unterhaltungsroman zu. Auf die Sparten des Gesellschaftsromans, den Heimatroman, den Western, die Skandal-Chronik. Tatsachen sind neutral und in sich wertfrei. Diese Eigenschaften in die Darbietung aufnehmen, heißt: Tatsachen jedem trivialen Anfall zu überheben. »Bis jetzt habe ich immer die Wahrheit geschrieben, ohne Rücksicht darauf, ob sie vorteilhaft oder nachteilig für mich sein mochte. Bei meiner Erzählung verfolge ich keine dogmatischen Zwecke. Wenn sie je gelesen werden sollte, wird sie niemand verderben. Wenigstens ist das nicht meine Absicht. Aber meine Erfahrungen und das, was man meinetwegen meine Laster nennen, sowie das, was man an meinem Charakter und meinen Grundsätzen tugendhaft finden mag, werden jedem, der gleich der Biene aus allen Blüten Honig zu saugen versteht, von einigem Nutzen sein« (Casanova, S. 215)[7].

---

[7]  Casanova, ›Memoiren I‹, Rowohlts Klassiker Bd. 43/44, Reinbek b. Hamburg, S. 215.

Diese Stelle aus Casanovas Memoiren bezeichnet über die Aussage hinaus ein stilistisches Programm, bezeichnet die Regel der Fiktion. Die Erzählweise des scheinbar trockenen und indifferenten ›dann und dann‹, die in diesen Memoiren unerhört konsequent durchgesetzt ist, ist die Regel, unter welcher die Fakten dem dogmatischen Zweck entgehen, den Ideologien, den Leitbildern, die in ihrer mechanischen Verfügbarkeit Trivialität zunächst einschmuggeln. Fakten behalten ihre neutrale Freiheit. Sie kehren sie heraus. Insgesamt kann man von einer Poesie der Fakten sprechen, die jener der hohen Literatur nicht nachsteht. »Als die Messe zu Ende war und der Priester das Abendmahl reichte, sah ich sie aufstehen, sich bescheiden dem heiligen Tisch nähern und die Kommunion empfangen. Dann trat sie wieder zur Seite und beendete ihr Gebet. Geduldig wartete ich, bis sie fertig war. Endlich ging sie mit einer anderen jungen Person hinaus; ich folgte von ferne. An einer Straßenecke verließ ihre Begleiterin sie und trat in ein Haus. Meine Schöne ging etwa zwanzig Schritte zurück, bog in eine Straße ein und betrat ein einstockiges Häuschen. Ich konnte mich nicht täuschen, ich merkte mir den Namen der Straße: del Desingano, dann ging ich eine halbe Stunde lang spazieren, um nicht den Argwohn aufkommen zu lassen, ich sei ihr nachgegangen, und kehrte schließlich um« (Casanova, S. 164 f.).

Die belanglose Begebenheit wirft ihr faktisches Gewicht gleicherweise in die Schale wie Begegnungen mit Katharina II. oder Gespräche mit Voltaire. Sie wird nicht verschwiegen, aber auch nicht bedeutsam verklärt. Sie wird nicht in einer Hierarchie der Werte erniedrigt oder erhöht. Und sie dient auch nicht im erotischen Programm des Erzählers als Argument, als Stütze, die selbst wieder die bloß faktische Qualität auflösen würde. Der Vorgang geschah: das allein ist der Grund, weshalb er auf solch intensive Weise erzählt wird. Die Wirklichkeit, unabhängig einer Wertsetzung von außen, erscheint in einem neuen, modern anmutenden Licht. Den Tatsachen läßt sich auf diese Weise die höchste Kraft abgewinnen, eine Energie, die die ideologisch und werthaft zusammengefahrene Wirklichkeit aufzustören geeignet ist. Casanova ist kein Einzelfall. Von Cellini bis zu einem erst jüngst erschienenen Buch, nämlich Franz Jungs ›Weg nach unten‹, läßt sich das gleiche Ergebnis verfolgen. Man wird diese Bücher der biographischen Literatur zurechnen. Aber sie stellen deutlich die Möglichkeit dar, die sich der Tatsache als Romanelement abgewinnen läßt.

Der Tatsachenroman in den bisher beschriebenen Formen geht andere Wege. Überhaupt scheint er eine Aufgabe zu erfüllen, die jener der hohen und zeitlich vergleichbaren Literatur geradezu entgegenläuft. Über diese Aufgabe entscheiden im ersteren Fall bereits die Programme: spezialisierte, in der Geschichte neutralisierte Fakten zurückzurufen in einen allgemeinen, organischen menschlichen Kreis. Hier liegt zunächst das Prinzip der epischen Ordnung. Es bedient sich der verschiedenartigsten Mittel. Erfolgsstruktur/Menschenbild/zeit-räumliche Präparation waren die drei Punkte, von denen aus versucht werden sollte, Mittel und Absichten einigermaßen zu umreißen. An ihnen läßt sich deutlich der tendenzielle Unterschied ermessen, der den Tatsachenroman von hoher Literatur trennt.

Theorien über die neuere Literatur bestätigen immer wieder den eigenartigen Einbruch des Faktischen, des Nachprüfbaren in die primär künstliche und fiktive

Konzeption des Romans. Flaubert schon schreibt in seinen Briefen: »Wir sind dazu da, die Beschaffenheit der Existenz abzubilden und weiter nichts. Seien wir demütig.« Ähnlich Zola: »Ich bin nur ein simpler, von dem Bedürfnis nach dem Wahren gepeinigter Analytiker.«

Zunächst ist es die künstlerische Fiktion, die unter dem Zwang einer aufdringlichen aber nicht mehr durchschaubaren Wirklichkeit einer Kritik unterzogen wird. Nicht mehr der erfundene Held, die erfundene Fabel; nicht mehr das Wissen um die Abgeschlossenheit der Geschehnisse und um die organische Geschlossenheit des inneren Zustandes vermag die Wirklichkeit in ihrer gesamten Ausdehnung zu finden. Handlung verliert sich in der Diskontinuität. Der Held zeigt nicht mehr die psychologischen Zeichen des Helden, die hervorstechenden, unwandelbaren Eigenschaften, wie sie gleichsam noch personifiziert bei Balzac auftauchen: Geiz, Wucher, Eifersucht, Mut; Psychologie zerfällt in Zeitmomente, die Eigenschaften als punktuelle und fließende Zustände bieten. Fiktion schrumpft zusammen im bloßen Abbilden der Oberfläche, die, in sich bewegt, keinen umgreifenden Grund mehr für ihre Bewegungen, Verhältnisse, Komplikationen und Zustände durchsehen läßt. Je mehr der Roman die klassisch-epischen Kategorien im Stiche läßt, dagegen (in einem neuen fiktiven Akt) sich derer bedient, die ihm die Wirklichkeit unmittelbar anzubieten scheint, verliert er auch das herkömmliche System der Orientierung. Der Leser vermißt es. Die tiefe Desorientierung, die ihm aus dem Kunstwerk zukommt, ist jene, die ihm aus der Wirklichkeit zukommen sollte.

Verbindlich und verständlich läßt sich diese Wirklichkeit nur noch kommunizieren in den antiquierten und zur Lüge degenerierten Formen: das Pathos der Handlung etwa gehört zu ihnen. Sie läßt sich begreifen in der klassisch-organologischen Psychologie: der Besessene im Menschenbild oder in dem, was die Gesellschaft als Leitbilder insgesamt bereitstellt: Erfolg, Modernität, Konsum, Lebensglück.

Diesen letzten Weg ist der Tatsachenroman zu gehen gezwungen, will er die in einzelnen Wissensgebieten abgelagerten Daten und Fakten einem umgreifenden Interesse erobern. Dabei kann er zunächst der offenen Trivialität entgehen — im Gegensatz zu einer Literatur, die bereits vom Thema her auf triviale Instinkte zugeschnitten ist. Das beste Beispiel ist das häufig zitierte Buch von Ceram. Aber gerade an ihm wird deutlich, wie von den Grundsätzen her die Wirklichkeit umgebildet werden muß, um sie dem Konsum zu öffnen: Grundsätze des ›Wieder-Orientierens‹ entgegen der ›Desorientierung‹, zu der die moderne Wirklichkeit die Voraussetzung stellt. Trivialität ist so zunächst keine Frage des Stils; sie ist eine Frage des Grundsatzes, der Einstellung, der Optik. Ceram und Paul Sethe, um nur zwei Autoren zu nennen, schreiben — im öffentlichen Sinn — einen guten Stil. Jedoch: Zusammenhänge suggerieren, wo keine oder nur höchst undurchsichtige sich bieten, bedeutet, auch einem guten Stil triviale Elemente einzupflanzen. Eine Metapher, an sich nicht wertlos, verdirbt an der Stelle, an der sie die Lüge eines metaphysischen Kontaktes vorbringt. Rhythmik, Dynamik sind höchst zulässige Mittel. Wo sie auseinanderstrebende Daten vereinfachend zusammenknüpfen, um eine aktive Geschlossenheit, einen illusionären Rausch zu suggerieren, können sie durchaus Trivialität erzeugen. — Magische Psychologie überglänzt den

Sachverhalt. Idylle bietet den Urgrund, bietet die Kausalität von Vorgängen, die tatsächlich zunächst anonymen Kräften unterliegen. Wirklichkeit ist zum Leitbild abstrahiert. Insgesamt entsteht die Landschaft des Wiedererkennens, der Befriedigung, die Landschaft des standardisierten Traumbildes. Tatsachen schließen sich zusammen zum Kosmos, in welchem Mensch und Handlung ohne Verletzung im Kontakt mit den ewigen und totalen Mächten überstehen. Damit hat unsere Wirklichkeit nur im negativen Sinn zu tun.

*Ist das Arrangement der Fakten, wenn es magisch überhöht wird, in jedem Falle dazu verdammt, Trivial-Literatur zu sein? Kann nicht eine solche Stilisierung zur hohen Literatur führen, z. B. bei A. Stifter? Beim Tatsachenroman reicht eine nur poetisierende Stilisierung, die sich mit den Fakten mißt und immer wieder schnell auf die Fakten zurückgreifen muß, nicht aus. Die Optik, mit der die Fakten arrangiert werden, zielt hier zumeist auf eine Erfolgsmechanik, die das synoptische Großbild verzerrt. Diese Erfolgsmechanik kennt nur die glückhafte Ausgrabung. In einer Epoche, in der der Bezug zwischen greifbaren Lebensinhalten und literarischer Darstellung äußerst schwierig geworden ist, wird hier ein direkter Bezug zwischen den erlebten Fakten und der poetischen Darstellung hergestellt. Die Direktheit dieser Beziehung führt dazu, daß die Art der Darstellung verraten und verfälscht wird (obwohl die einzelnen Fakten stimmen), und daß Poetisierung kurzflüglig und flatterhaft bleibt. Es wird das Streben eines großen Leserpublikums nach Bildung, die man sich ohne große Anstrengung verschaffen kann, ins Auge gefaßt. Bildung ist in diesen Romanen gleichzeitig Abenteuer (Ceram) und wird verklärt mit dem Charisma des Entdeckens und des Erfolgs. Die Verklärung des Helden wie auch des Vorgangs im Sachbuch verbindet diesen modernen Typ mit dem alten Gelehrtenroman, der sich in den Roman mit historischer Blickrichtung zurückzog und dort seine Helden glorifizierte. Die Helden aus ›Den letzten Tagen von Pompeji‹, aus ›Quo vadis‹, ›Ben Hur‹ und ›Ein Kampf um Rom‹ waren ebenfalls von den erforschten Fakten gestützt und umgeben, ohne daß diese Faktizität der Wahrheit entsprach. Eine Zwischenform liefern die modernen ›historisierenden Romane‹, die sich insofern empirisch geben, als sie die Vergangenheit in die Gegenwart mit psychologisierenden Mitteln transponieren, wie z. B. die Romane von Mirko Jelusich.*
*Der nächste Schritt ist der Science-Fiction-Roman. Wie überall, wird da ein antiquiertes Prinzip des individuellen Helden verbunden mit einer neuartigen Erfolgsmechanik, und es scheint in diesen Büchern so, als ob das beides noch zugleich möglich wäre. Ein heroisches Prinzip der Vergangenheit wird erfüllt mit einer Erfolgskonstatierung der Gegenwart, wobei der Erfolg in der Gegenwart einem Team zuzuschreiben ist. Hier in diesen Schriften scheint das Universalgenie zu einem Erfolg befähigt zu sein. Der Weltraumfahrer sitzt in der Raumkapsel, aber dem Zusammenwirken Unzähliger ist es zu danken, was der Weltraumflug vollbracht hat.*
*Aber die Differenz zwischen Science-Fiction- und Tatsachenroman bestimmt das ›Leben‹: es schreibt doch die besten Geschichten, liefert das Material für das Arrangement der Ausgrabungen und Entdeckungen, es bietet auch die Pseudopsychologie der historischen Persönlichkeit an. Die Science-Fiction-Literatur bemächtigt sich ›dieses Lebens‹ auf eine prospektive Weise: wo der Tatsachenroman zur besseren Lesbarkeit hin arrangiert, die Umwege des Lebens ausmerzt und die Zufälle nachträglich ins Notwendige erhebt — dort arrangiert die Sience-*

*Fiction-Literatur in die Zukunft hinein, der technische Ansatz wird, günstigen-falls im Denkspielschema, trivial im menschlich-heroischen Bezuge, aufs Künftige fortgesponnen, im Menetekelstil, weil die Gegenwart so bedrohlich ist, im Chi-liasmusstil, weil die Menschheit es so herrlich noch viel weiter bringen wird. Der hier erkennbare Bezug zur Politik und Philosophie der Gegenwartsbewältigung zeigt sich indes in gleicher Weise im Tatsachenroman, es wird nur aufs Arsenal einer filtrierten und elitären Vergangenheit geschielt. Der Autor dieses Genres nimmt sich die Freiheit, Tatsachen zu eliminieren, um der Erfolgsmechanik wil-len, wo der Historiograph gebunden ist an die verwirrende Vielfalt. Der Weg zur Wahrheit kann bei beiden im besten Falle so trivial wie die Wahrheit sein; meistens ist er trivialer.*

*Jedoch: sind die Erfolgsmechanik und der von ihr abhängige magisch-propheti-sche Tonfall und der schwebende Schluß kat'exochen trivial? Sie sind zunächst einmal das Ergebnis des Auswahlprinzips, nur das Gelungene, wenn möglich spektakulär Gelungene, literarisch darzustellen; das Happy-End in allen seinen Differenzierungen ist in der hohen Literatur, absolut gesehen und gattungmäßig gebunden, genauso zu Hause. Es bleibt, bei aller Zurückhaltung und Skepsis, das gesellschaftliche Moment entscheidend. Das Zitat »sein Schatten legte sich lähmend ...« deutet es an. Nicht die Literatur, die Darstellungsabsicht sie das Bilddenken eines großen Teiles der Industrie und des Managements wider-spiegelt, wenn es über das krude Geschäftliche hinausgeht in das, was für ›ästhe-tisch schön‹ gehalten wird. Hier treffen sich auf enthüllende Weise die Vorstel-lungen des kleinen Max über die apokalyptische Allmacht der Industrie, die ab-gegriffene Metaphorik des Schriftstellers und das notwendig mangelhafte Selbst-verständnis des darzustellenden Objekts. Trivial ist demnach die Unfähigkeit des Autors, dieses Zusammentreffen entweder zu vermeiden oder literarisch aufzu-decken: die ›Wahrheit‹ des Tatsachenschriftstellers ist identisch mit der Selbst-täuschung der sozialpolitischen Kontrahenten, der Gruppen, aus der sich die Leser-schaft in jedem Falle rekrutiert.*

*Die Trivialität im Tatsachenroman ist also nicht grundsätzlich gegeben. Sie ist es nicht, wo der Tatsachenroman seine Gattungsgesetze aus der Selbstbewegung wissenschaftlichen Forschens, aus Entdeckertätigkeit oder aus der Wiedergabe bestimmter Machtkonstellationen bezieht. Sie ist es, wo das Faktische mit unan-gemessenen Mitteln psychologisch-human verbrämt und idyllisch idealisiert, wieder-gegeben oder neu kombiniert wird. Trivialität ist in der Tat eine Frage der Optik, der Allmacht des Konstruktionsschemas, besonders wenn dieses über das Agieren und die psychologische Verhaltensweise der Romanfiguren entscheidet — und nicht umgekehrt.*

# Ulf Diederichs
## Zeitgemäßes — Unzeitgemäßes

Die Frage nach dem Begriff ›Science Fiction‹ darf den modischen Klang des Namens, der alles utopisch je Dagewesene hinter sich bringen möchte, nicht verkennen, ebensowenig den eigentlichen Wortsinn, der von ›science‹ als naturwissenschaftlich-technisch Gedachtem und von ›fiction‹ als romanhaft Erzähltem spricht. Prototypen dieser Literaturgattung, so verrät das eingedeutschte Fremdwort weiter, finden sich im Angelsächsischen und besonders in Amerika, wo eine andere Unbefangenheit das Belletristische und das wissensmäßig zu Erklärende einfach zusammentut. Verhandelt wird hier die sehr weitläufige Gattung der technisch-prognostischen Utopie, die sich von ihren sozialreformatorischen Vorgängern in zweifacher Hinsicht unterscheidet: Sie geht nicht mehr von den in weiser Gesetzgebung niedergelegten Prinzipien und Maximen aus, dem Entwurf einer Idealstruktur, sondern zeichnet ihr Zukunftsbild aufgrund der Leistungen von Naturwissenschaft und Technik. Sie will den Eindruck von Realismus vermitteln, aber nicht, indem sie eine in sich abgeschirmte Gegen-Welt errichtet, sondern indem sie die Wirklichkeit in ihren Linien verlängert, eine Prognose abgibt für den Fortgang und das Ergebnis von Prozessen, die in der Gegenwart ihren Ausgang nehmen.

Mit einem gewissen Recht wird die Sozialutopie, wie sie Theodor Hertzka und Edward Bellamy um 1890 geschrieben haben, mit in den Umkreis der Science-Fiction-Literatur gestellt, da mit der Selbstverständlichkeit des Technischen sowie des naturwissenschaftlich Erklärbaren die Probleme von politisch-sozialer und naturwissenschaftlich-technischer Utopie sich verschwistert haben.

Als äußere Grenzpfeiler der Science Fiction mögen gelten der technische Roman ausgesprochen literarischer Herkunft (Bernhard Kellermanns ›Der Tunnel‹), das astronautische Sachbuch (Intention der ›Vermittlung‹) und der wissenschaftliche Planungsentwurf. Wie nur irgendeine Literatur lebt Science Fiction von der ›Erfindung‹, von der Frage, wie könnte es sein? oder: was wäre, wenn? Das Bild des Anders-Seins, Möglichkeiten einer zweiten, einer die erste spiegelnden Realität, die sie ideell gemeinsam hätte mit der hohen epischen Kunst.

»In der reichhaltigen und erstaunlichen Literaturgattung der ›Science Fiction‹ zeichnet sich das Abenteuer eines Geistes ab, der seine Jugendzeit überwunden hat, sich zur Größe unseres ganzen Planeten ausbreitet, sich auf Überlegungen von kosmischem Maßstab einläßt und auf eine neue Weise das Schicksal der Menschheit in den weiten Raum des Universums eingliedern will ... und deren zehn oder fünfzehn Meisterwerke unserer Ansicht nach so etwas sind wie eine Ilias oder Odyssee unserer vorwärtsdrängenden Zivilisation.« (Pauwels-Bergier, ›Aufbruch ins dritte Jahrtausend‹ Stuttgart 1962, S. 60 und 193).

Womit finden wir diese hochgelobte Literatur beschäftigt? Mit der Vorführung neuer Apparate, der Anwendung neuer Techniken, abgemerkt dem heute bereits Vorhandenen oder doch Geplanten: verkehrsmäßiger Ausbau der Raumschifffahrt, Mutationen von Mensch und Materie, Erlernung mentaler Fähigkeiten (Telepathie, Telekinese), Städteplanung etc.

Ist Science Fiction damit wirklich auf eine geistige oder Lebens-Einheit bezogen? Und was leistet sie an poetischer ›Erfindung‹? In welche fiktiven Zusammenhänge wird die neue Technik gestellt?

Realiter finden wir eine Ausschnitts-Phantasie vor, die auch mit Schablonen und anderenorts vorgefundenem Gut ihr Auskommen findet. Utopisten pflegen nie mit allen Vorurteilen zu brechen, das beweist schon in der ersten und immer noch lesenswerten ›Utopia‹ (Leiden 1516) Sir Thomas More, der dort auf jener idealischen Insel die Einehe als absolut notwendig — und unnatürlich erachtete. Abgesehen von solchen Relikten des Bewußtseins, wird in der neuzeitlichen Science Fiction eine totale Beschreibung des Potentiellen sehr selten angestrebt und auch für die eine geistreiche und tragende Idee inmitten der Staffage nicht mehr als ein Bruchteil des Textes verwendet.

Wie vielleicht daraus hervorgeht, ist Science Fiction zum wenigsten nüchterner Sachbericht (das an sich gute Beispiel Wernher von Brauns ›Erste Fahrt zum Mond‹ -1958- übt Verzicht auf technische Vorgriffe). In der Mehrzahl haben wir es mit einer Überlagerung und thematischer Fortentwicklung schon vorhandener literarischer Gattungen zu tun, deren modernes Sammelbecken die Science Fiction aufgrund ihrer großzügigen Raum-Zeit-Koordinaten geworden ist. Überdimensionierter Abenteuerroman mit Eroberungszügen in die fernste Sternenwelt des ›outer space‹; historischer Roman, sofern die ›Zeitreise‹ in eine Vergangenheit führt und entschwundene Kulturen auferstehen läßt; Kriminalstory mit Verbrecherjagden durch Zeiten und Räume; Abschilderung exotischer Sternlandschaften (in den Himmel verpflanzte Südseeinseln) nach Tradition der ›voyages extraordinaires‹; Übernahme gewisser Praktiken des verstaubten Schauerromans: das Grauen, der Einsamkeitsschock, die unentrinnbare Fatalität.

Zum Teil wird die Zugehörigkeit zu einer bestimmten literarischen Gattung extra im Untertitel vermerkt, so bei ›Goldmanns Zukunftsromanen‹: utopisch-technischer Abenteuerroman, utopisch-technischer Kriminalroman; bei Science Fiction in der DDR der Hinweis: wissenschaftlich-phantastischer Roman.

Der Vielfalt an Formen entspricht ein bedeutendes formales Gefälle, ein unterschiedliches technisches Bewußtsein. Auf der untersten, breitesten Stufe ein Genre phantastischer Mären, voller Gruseleffekte und Terrorakte, weltraumbewußt, um die erstaunlichsten Phänomene nicht verlegen: die sogenannte ›Space-Opera‹ mit einer recht einfältigen, in den Weltraum verlegten Handlung; Märchentyp reiner Prägung, wie noch zu zeigen sein wird. Ähnliche Motive binden sich in ihr zusammen: das BEM (Big-Eyed Monster) grotesker comic strips, die ältere amerikanische ›Schwert- und Zauberliteratur‹, der Shaver-Style (nach einem Autor benannt, der seine utopische Welt mit unterirdischen Zwergen und Riesen zu be-

112

völkern pflegte) und die Cassandra-Literatur, wie sie vorwiegend in Zeiten wirtschaftlicher Depressionen gedieh.

Ein typisches Erzeugnis der ›Space Opera‹ — die im übrigen von eingefleischten Science Fiction-Lesern mild belächelt wird — ist der Roman ›Die Marsprinzessin‹ von Edgar R. Burroughs, dem Autor der in den USA unvorstellbar populären Tarzan-Serie, der noch 9 weitere Mars- und 5 Venus-Bücher lieferte.

Eine Stufe höher erscheint das ›wissenschaftliche Märchen‹ (Kurd Laßwitz) mit festumrissenem Themenkatalog, etwa den Eroberungs- und Entdeckungsreisen ins unbekannte Weltall hinaus, nicht selten oberhalb der Lichtgeschwindigkeit, je entfernter, desto bizarrer — mit Reisen in die Zukunft und in die eigene Vergangenheit (welche derartig korrigiert wird, daß die Gegenwart wieder völlig im Ungewissen liegt; ein Kunstgriff, durch den die Weltgeschichte, besser das Weltabenteuer, beliebig verfügbar wird). Strenggenommen wäre hier eine Einteilung in *Raumtypus* und *Zeittypus* vorzunehmen, ersterer gegliedert in a) die unbekannten Welten (Inner Space, Galaxy Space, Outer Space) b) Schauplatz Terra (Einfall fremder Intelligenzen mit der Resultante: tödliche Bedrohung oder ethische Umerziehung); der Zeittypus zerlegt in die Segmente a) das Leben in der Zukunft, b) der Rückgriff in eine utopische Vergangenheit (z. B. William Shirer, ›Wenn Hitler den Krieg gewonnen hätte‹) c) Austausch und Wechselbeziehung der Zeitsphären mittels ›Zeitreise‹. In Wahrheit verschränken sich Raum- und Zeittypen, akkumulieren die Themen.

Erstaunlich ist aber, daß die Mengen dieser Spezies Science Fiction auf drei, vier literarische Prototypen zurückgehen, nämlich auf H. G. Wells' ›Zeitmaschine‹ (1895), ›Krieg der Welten‹ (1898) und Kurd Laßwitz' ›Auf zwei Planeten‹ (1897) — von denen sie sich allerdings in einem wesentlichen Punkt unterscheiden: in ihrem Mangel an ›Gerichtetheit‹ (Intentionalität), was zur Folge hat die flächenhafte, flüchtige Behandlung der Situationen. Den klassischen Vorbildern hat diese Spezies voraus ein Arsenal prä-kommunizierter technischer Erfindungen und die Unbekümmertheit des halbwissenschaftlichen Jargons.

Wortverbindungen mit ›Raum‹ und ›Zeit‹: Raumstation, Pararaum, Raumsucher, Raum-Zeit; Zeitmaschine, Zeitfalle, Zeit-Manuskript;

Vorsilben: Tele (-vision, -porter, -translator, -pathie, -kinese)

Visi (-phon, -ograph)

Anti (-Materie, -Graviator, -Gravaggregat, -Atom)

Astro(-Nautik, -mental, -ide)

Abkürzungen wie:

E-heros = Extrapolateur

E-Bank = Energiebank

K-Welle = »vierdimensionale Partikel in degenerierter Form«
(nach Katrasow!)

AM-Bettung = Antimaterie-Bettung

die aufgemutzten Termini ›Galaxis‹, ›Terra‹, ›terristisch‹ oder im schnoddrigen Ton ›der alte Sol‹ ein suggestiv wissenschaftlicher Ausdruck wetteifert mit altem Sternglauben.

An dritter Stelle haben wir es mit höheren Späßen und mit ernsthaft erfinderischen, mitunter schwierig und gelehrt begründeten Zukunftsprognosen zu tun, die sich von anderen Science Fiction-Fabeln dadurch abheben, daß keines der grundlegenden Naturgesetze einer Verwirklichung ihrer phantastischen Projekte im Wege stehen darf. Eine gewissenhaftere Bemühung um die kosmologische Anwendung der Einsteinschen Relativitätstheorie ist hier am Platze; eine Vertiefung in genetische Probleme, vor allem was die biologischen, chemischen und psychologischen Eingriffe in die Gene des Menschen betrifft; die Beschreibung von ideell brauchbaren Apparaturen und Techniken aller Art. Idealtypisch gesehen ein Versuch, die von den heutigen Naturwissenschaften geradezu erwünschte und legitime ›exakte Phantasie‹ zu beleben.

Technische Antizipationen hat es, in verblüffender Vollzähligkeit, zu allen Zeiten gegeben; einzig die Erfindung der Dampfkraft und, für unsere Zeit, die des Elektronenmikroskops, scheint niemandem spekulativ in den Sinn gekommen zu sein. Dagegen erfahren wir schon von Bacon (›Neu Atlantis‹ 1660): »Wir haben auch kunstvolle Sehrohre, durch die wir kleine und kleinste Körperchen vollkommen und genau erblicken ... Wir haben schließlich Mittel, Töne durch Rohre und andere Hohlräume, sogar auf gewundenen Wegen (in lineis tortuosis), zu übertragen.« Die technische Erklärung steht hier natürlich aus, genauso wie bei Laßwitz (1897) die der drahtlosen Telegraphie, des Fernsehens, des Raketenantriebs, sie kommt aber — Folge der Wechselwirkung von faktischer Erfindung und technisch versierter Prognose — heute näher an ihren Gegenstand heran, gefährlich nahe im Falle des Amerikaners Cartmill, der 1944 in ›Deadline‹ eine Atombombe in erstaunlichen Einzelheiten beschrieb, die ihn für kurze Zeit der Spionage verdächtig machte.

Ein Kriterium der Wahrheit oder künstlerischen Dignität von Utopie sind diese Vorgriffe nicht, allenfalls auf Umwegen; sonst dürfte auch ein Werk wie H. G. Wells' ›Anticipations‹ von 1901 (zu deutsch: ›Ausblicke auf die Folgen des technischen und wissenschaftlichen Fortschritts für Leben und Denken der Menschen‹ — 1904), darinnen er den Luftkrieg, die lenkbaren Raumschiffe, Autoverkehr, Häuser in Serienfabrikation, das Fernsehen, elektrische Kochherde mit thermostatischer Kontrolle, Geschirrspülmaschinen, eine Abänderung des Status der Hausangestellten sowie den Welt-Staat prophezeite, literarisch wohlgelitten und gewürdigt werden.

Eine vierte Gruppe, welche die sogenannten ›Anti-Utopien‹ (Ernst Bloch) oder ›Gegenutopien‹ (Schwonke) oder auch ›Menetekel-Utopien‹ (Marek) umfaßt, ist in ihrer Zugehörigkeit zur Science Fiction-Literatur umstritten. Sie kleidet sich zwar in utopische Gewänder — insofern ist der Ausdruck ›Gegen-Utopie‹ unglücklich gewählt — aber sie nimmt die Ziele und Tendenzen der naturwissenschaftlich-technischen Utopie selbst aufs Korn, so deren Beschränkung aufs Installierbare und den scientifistischen Fortschrittsglauben. Sie ist stärker human- und kulturkritisch intendiert, behandelt Technisches eher beiläufig oder mit Ressentiment und führt beredt, mal satirisch, mal peinlich direkt, alle erdenklichen Schreckungen des Fortschritts vor, den ›Dämon‹ Technik und die Öde einer totalen Vergesellschaftung.

114

Gilt Jules Verne als Ahnherr der Science Fiction, so hält sich die pessimistische Utopie an Jonathan Swifts imponierendes Vorbild, gewinnt Ansehen mit der Frontstellung gegen totalitäre Regime (Jewgenij Samjatin, ›Wir‹ — 1920 geschrieben, 1929 in der Emigration gedruckt; George Orwell, ›Nineteen-Eighty-Four‹ 1949, Walter Jens, ›Nein. Die Welt der Angeklagten‹ 1950) und erlangt ihren dauerhaftesten Erfolg in der ›Schönen Neuen Welt‹ Aldous Huxleys (›Brave new World‹ 1932, deutsch unter 3 verschiedenen Titeln 1932, 1950, 1953), welche eine faszinierend-abscheuliche Eudaimonologie vorführt: Normung des menschlichen Produkts dank ausgeklügelter ›Eugenik‹, seine vollkommene gesellschaftliche Präformation (conditioning); die Liebe ohne Sünde; in der Bewußtlosigkeit des rituellen Komas die Vereinigung mit dem höchsten ›Ford‹ (dem neuen *Lord*).

Das Leben in der Zukunft wird hier auf empirische Wirklichkeitskritik aufgebaut, die sich für Huxley ›Dreißig Jahre danach‹ (1958) eher noch zu bestätigen schien, als daß er annehmen konnte, sein Metanoeite sei gehört worden. In dem neuen Buch untersucht er Zug um Zug die realen Entsprechungen seiner früheren Fiktionen in der heutigen Wirklichkeit, beispielsweise die psychologischen Schachzüge der Reklame und die Bedrohungen durch eine wirtschaftliche Zensur. Auch die ›Schlaf-Lernkurse‹ und die daran verdienende amerikanische Schallplatten-Industrie finden seinen Argwohn, mehr aber noch die »fast unbegrenzte Zerstreuungssucht der Menschen«. Durch einen direkten Appell für eine allgemeine Erziehung zur Freiheit, durch den emotionellen Aufruf zur Individualität verhilft uns Huxley zu der schmerzlichen Einsicht, daß die vorgeblich sachliche Diagnose gar nicht so weit von der utopischen Prognose entfernt war und daß beide unter anderem dem großen Bestand moderner Traktatliteratur zuzurechnen sind.


Nach dieser ersten Bestandsaufnahme sei es gestattet, in einzelnen Punkten die Besonderheiten der utopischen Literatur vor anderen Trivialliteraturen aufzuzeigen, damit der Gegenstand der Untersuchung seinen Wert in sich bekomme.
1. Vorderhand ist es nicht gut möglich, Trivialität als ästhetischen Befund auf alle Formen und Subsumtionen der Science Fiction auszudehnen, zu verschieden ist die Konfrontation mit dem Objekt auf den einzelnen Ebenen. Träumerisch naive, tatsachengebannte und kritisch bittere Verlautbarungen wurden registriert — das Problem der Trivialität ist noch nicht kategorisch entschieden.
2. Die utopische Literatur hat den seltsamen Vorzug, aktuell zu wirken (das kann auch heißen: a-historisch)
Aus einer Groschenheft-Annonce 1956:
»Unser Geschick hängt mit dem Geschick des Weltalls im Zeitalter der Atombombe und der Weltraumrakete eng zusammen. — Wann findet die erste Fahrt zum Monde statt? — Wann setzt die Menschheit endlich die Atomkräfte zu ihrem Nutzen ein? — Gefährdet eine verblendete Menschheit sich mit ihrer eigenen Technik? Geht die Welt unter oder gibt es noch Rettung? ... Lesen Sie den LUNA-UTOPIA ROMAN mit, welcher Ihnen Zukunftsgeschehen in einer phantastisch-wirklichen Form vermittelt.«

Der Germanist Professor Gruenter: »Ist es Zufall, daß mit der Minderung des historischen Sinnes zugleich der allgemeine Geschmack an der Utopie zunimmt?«

3. Die Science Fiction-Literatur ging einmal, in der Befassung mit Weltraumproblemen, durchaus der Wissenschaft voran, sie wirkt noch heute vermittelnd und propagierend, ihre Autoren sind z. T. Astrophysiker in hoher und höchster Stellung.

Professor Gruenter: »Und ist es Zufall, daß utopisches Denken und technische Industrie Hand in Hand arbeiten, daß sie zusammen den Menschen ideell und materiell grenzenlos in Bewegung setzen und seine lebenswichtige Empfänglichkeit für das Geschichtliche durch den leeren Kult eines utopisch Zukünftigen und technisch Möglichen sterilisieren?«

4. Von technischem Sachverstand geleitet, vermag Science Fiction eine sonst nicht an Belletristik interessierte Intelligenz (Ingenieure, Physiker, Chemiker meist) für die ›Literatur‹ zu gewinnen.

5. Science Fiction ist verbreitet in sämtlichen Kultursprachen, sie wird auch in den Ostblockstaaten als Literaturgattung akzeptiert; ihre Vertriebsformen sind ausgesprochen differenziert.

6. Spezielle Science Fiction-Magazine fördern einen engen Zusammenschluß der Leser und lassen Formen eines Gemeinsinns entstehen, der (durch Kontinuität der Lektüre) ein gewisses esoterisches Klima schafft.

7. Begierig nimmt diese Literatur erbauliche Gedanken auf, erfüllt den Topos der Zeitkritik auf ihre utopisch vorgreifende Weise.

8. Science Fiction, in einer beständigen Spannung zwischen Aufklärung und neuem Aberglauben, läßt Tendenzen zum *Mythos* in zeitgemäßer Form erkennen.


Einiges zum Marktgeschehen und zur Soziologie der Science Fiction

Unter Punkt 5 wurde die außerordentliche Verbreitung der naturwissenschaftlich-technischen Utopie angemerkt; sie gilt es jetzt näher zu umreißen.

Der Leistung und Quantität nach ist Science Fiction eine unumstrittene Domäne der USA, dort auch kommt 1929 der Begriff auf. Das erste Science Fiction-Magazin, die ›Amazing Stories‹, begann zwar drei Jahre vorher zu erscheinen, ihr Herausgeber Hugo Gernsback fand aber erst nach dieser Weile den nach seiner Ansicht treffenden Ausdruck, er prägte ihn bezeichnenderweise auf den eigenen, achtzehn Jahre zuvor erschienenen Roman ›Ralph 124 C 141 plus‹, den er damals in den ›Amazing Stories‹ wieder abdrucken ließ. Zu gleicher Zeit, 1928, trat als zweite große Serienschrift die ›Astounding Stories‹ auf den Plan, die nach etlichen Jahren den Titel in ›Astounding Science Fiction‹ abänderte; sie befand sich lange Zeit unter der Leitung des geschätzten Science Fiction-Autors John W. Campbell jr. (›Die Gefangene des Mondes‹, ›Das Ding aus einer anderen Welt‹) und stellte 1962 ihr Erscheinen ein; indes das ältere Magazin weiter existiert, nun in Konkurrenz mit zwei anderen Serien: ›Galaxy SF‹ 1950 ff., science editor der Deutschamerikaner Willy Ley, der auch für populärwissenschaftlichen Inhalt sorgt; ›Magazine of Science Fiction and Fantasy‹ 1951 ff., nach Ansicht deutscher Leser das gehaltvollste ihrer Art. — Andere wichtige Publikationsformen, abgesehen von Raumfahrt-Comics, sind die Taschenbücher (Signet-, Corgi-, Bantam-Books) und die ganz spezifischen Science Fiction-Anthologien (The Best of SF, Treasury of SF u. ä.). Daneben Halböffentliches, die mit Leserbriefen, Wissenschaftlich-Kritischem und Beschaulichem angefüllten Clubzeitschriften, sogenannte ›Fanzines‹, mit geringer Auflage, aber erstaunlich weiter Zirkulation. In der Tat haben sich vielerorts Fans zusammengefunden, um gemeinsam der utopischen Lektüre zu pflegen in Ausmalung bevorstehender Dinge ebenso wie aus sachlichem Informationsbedürfnis, obendrein in gewissenhafter Registrierung der realen Erfindungen und Forschungsvorhaben. Ein erster Korrespondentenclub, die ›International Scientific Association‹, hatte schon 1929 bestanden (Fanzine ›The Time-Traveller‹), war aber 1933 aufgelöst worden, weil ein Teil seiner Mitglieder mit dem technisch abfallenden Niveau nicht zufrieden war — ein Vorgang, der sich in der Geschichte der Science Fiction-Clubs noch öfters wiederholen sollte. Nach Schätzung von Willy Ley gab es 1954 etwa 500 000 ständige Magazin-Leser, die Zahl der Titel betrug zwei Jahre zuvor schon an die 6000 (laut Dr. Gotthard Günther). »Und selbst im Bereich der reinen Unterhaltungsliteratur droht die Science-Fiction den Kriminalroman zu verdrängen« (Martin Gardner, ›In the Name of Science‹, New York 1953, zit. nach ›Der Monat‹ Heft 62).

Als meistgelesene Autoren gelten Isaac Asimov, Prof. für Biochemie in Boston; Ray Bradbury, Literat und kulturkritischer Moralist; Arthur C. Clarke, gebürtiger Engländer, heute als ›Wissenschaftsautor‹ in Colombo lebend; Robert A. Heinlein, ein gründlich beschlagener und produktiver Kopf (›Solution unsatisfactory‹ 1941, ›Space Cadet‹ 1948, ›Farmer in the sky‹ 1962); ferner Poul Anderson, John W. Campbell, A. E. van Vogt, nicht zu vergessen Wernher von Braun mit einem halben Dutzend ›Sachbüchern‹ in Ko-Produktion. Gleich ihm schreiben die wissenschaftlich ausgebildeten Autoren wie Asimov und Clarke (der u. a. Dozent für Radartechnik war) auch Non-fiction-Literatur, ohne immer die Erkenntnisebene zu wechseln: so veröffentlichte Clarke vor kurzem ein Buch über die Zukunft ›Im höchsten Grad phantastisch‹ (Econ-Verlag 1963), Asimov aber konzentrierte sich fachlich auf ›Die wundersame Geschichte vom Wesen und Aufgabe des Blutes‹ (Brockhaus-Verlag 1963).

Rückschlüsse zu ziehen von der vorgeblich pragmatischen Denkart der Amerikaner auf die Quantität und die Essenz ihrer Sciene Fiction-Literatur scheint mindestens ebenso heikel, wie von Science Fiction als Ausdruck der Verwissenschaftlichung oder Versachlichung des gesellschaftlichen Lebens zu sprechen. Für die ›Marsprinzessin‹ und die exotische Landschaft des ›outer space‹ mag gerade der inwendige Protest gegen einen allzu nüchternen Pragmatismus die Hauptrolle gespielt haben.

In den Ostblockstaaten finden wir eine Science Fiction-Literatur vor, die sich zunächst durch hohe Auflagen und nicht unbeträchtliche westliche Importe auszeichnet; H. G. Wells kann in einer dreibändigen Ausgabe zu 250 000 Stück erscheinen, Ray Bradbury wird gefeiert als ›kritischer Realist‹ — unvorstellbar aber ist der Erfolg von Jules Verne, mehr gelesen und gefeiert als selbst in Frankreich; mit über 1 Mill. Gesamtauflage allein in Ungarn dort der meistgedruckte Autor seit 1945. Unter dem Eindruck der sowjetischen Weltraumflüge wuchs das Ansehen und die Beliebtheit der utopischen Gattung ins ›Gigantische‹. Technische und literarische Zeitschriften eröffneten sich ihr gleichermaßen, Chruschtschow bekannte sich zu ihren Lesern; die Partei ließ es zu, daß das Spannungsmoment vor dem Weltanschaulichen rangierte (auf dem Gebiet des Abenteuerromans ist deshalb Science Fiction so gut wie konkurrenzlos), und Autoren wie Dnjeprow, Sternfeld, Martinow, Jefremov, Del' Antonio, Lem taten ihr übriges, um sich die Volkstümlichkeit zu bewahren. Der Pole Stanislaw Lem, der die Welt schon 1957 mit ›Astronauten‹ überraschte, schreibt im Vorwort zu ›Gast im Weltraum‹, seine Prinzipien gliederten sich in »erstens die Tatsache, daß ich es für die jetzt lebenden Menschen schrieb, zweitens meine Weltanschauung und schließlich die Spezifica eines Kunstwerks.« Exemplarisch für die Gründlichkeit, mit der ein verantwortungsvoller Sozialist zu Werke geht, ist Lems Hinweis, daß er vor Beginn mit den jeweiligen Fachkapazitäten sich beraten habe und auf diese Weise den Stufengang des Kommunismus, die Konsequenzen der Relativitätstheorie für die Astronautik, biophysisch und psychologisch Vertretbares hineinarbeiten konnte. Den Primat haben eindeutig die »bestimmten Thesen des historischen Materialismus« vor den »gewissen, auf lange Sicht berechneten Entwicklungstendenzen der Technik und der Naturwissenschaften.« Eine Unsicherheit des dialektischen Materialismus wird hier ansichtig, da das technische Weltbild um jeden Preis mit dem politischen in Einklang gebracht werden soll. Andere Autoren, wie Iwan Jefremov und früher Alexej Nikolejewitsch Tolstoi (1883—1945), haben versucht, in planetarischer Exotik die strenge politische Doktrin abzumildern oder sie mit sich selbst zu konfrontieren; der ältere Tolstoi in mehreren ›phantastischen Romanzen‹, in denen es noch Klassenkämpfe gab auf den fremden Planeten und Anstiftung zur Revolution; Jefremov, der aktuellere — 1957 erregte er mit seinem Roman ›Der Andromeda-Nebel‹ die Partei und eine neugierige Öffentlichkeit — indem er eine ideale Zukunftsgesellschaft zeichnete, die in der neuen Qualität einer ›Ära des Großen Ringes‹ (der interplanetarischen Vereinigung aller denkenden Wesen unter der Sonne) die beiden voraufgehenden gesellschaftlichen Konzeptionen überwunden hatte, den Kapitalismus (d. i. Ära des Welthaders) und selbst den Kommunismus (Ära der Weltvereinigung) (!).

Was dessen politische Konsequenz, die in der UdSSR nicht unwidersprochen bleiben konnte, für den Rang und die Rolle der Utopie in den sozialistischen Staaten besagt, führt bei anderer Gelegenheit der Leipziger Romanist Werner Krauss präzis aus:

»Doch wird durch diese Übertragung der irdischen Verhältnisse auf den entfernten Planeten der Sinn der Utopie in Frage gestellt. Die Utopie kommt nur zustande, wenn die wirklichen Verhältnisse von der Phantasie überflügelt werden. Da wir jedoch über den Sozialismus nicht hinaus denken, hat die Utopie ihre eigentliche Dimension verloren.« (›Geist und Widergeist der Utopien‹ in: ›Sinn und Form‹ 14. Jg. 1962, S. 798)

Die Einbürgerung der Science Fiction-Literatur in der Bundesrepublik Deutschland ging nicht ohne Pointen ab. Es sei daher weiter ausgeholt: Zur Zeit des Hitlerregimes, in der der Begriff noch unbekannt war, dominierten unangefochten die Utopien des früheren Ingenieurs Hans Dominik, der 1922 seine literarische Tätigkeit begonnen hatte (›Die Macht der Drei. Ein Roman aus dem Jahre 1955‹), sie ausdehnte auf ›Die Spur des Dschinghis-Khan. Ein Roman aus dem 21. Jh.‹ (1923 — der Westen, die Minderheit des Geistes, unterliegt der minderrassischen Mehrheit des gelben Ostens) und seinen visionären Höhepunkt erreicht mit dem ›Erbe der Uraniden‹ (1928 — Raumfahrt zur Venus, Atombrand). Dominiks 10 Romane, die das Thema von Macht und Schicksal, asiatischem Mysterium und deutscher Tüchtigkeit nur gering variieren, eine Vorliebe für Kaiser und Exzellenzen zeigen und in der technischen Beschreibung ausgesprochen läßlich sind, erreichten eine Auflage von 2,5 Mill. und haben in den Stadtbüchereien auch heute noch ihren Platz und jugendlichen Zulauf.

Als der 2. Weltkrieg zu Ende war, mangelte es nicht allein am eigenen Nachwuchs kernphysikalisch gebildeter Autoren, das utopische Genre selber schien eine falsche Phantasie zu besitzen, an Superwaffen und mythologischem Überbau war der Bedarf vorerst gründlich gedeckt. Allenfalls Jugendliche — für die diese Literatur vom Schlage Dominiks, Rudolf Daumanns, O. W. Gails ohnehin reserviert schien — mochten diese Stoffe delektieren. 1952 erschienen die ersten Heftchen (Pabels Utopia-Romane) und die ersten Taschenbücher (›Die Welt von Morgen. Zukunftsromane aus aller Welt‹). Gleichzeitig aber unternahm ein Verleger den energischen Versuch, die moderne amerikanische Science Fiction in ihren besseren Vertretern einem denkerisch aufgeschlossenen deutschen Publikum anzubieten: die ersten 4 Bände der ›Rauchs Weltraumbücher‹ wurden vorgelegt, und eine Studie des gescheiten Herausgebers Gotthard Günther (›Die Entdeckung Amerikas und die Sache der Weltraumliteratur‹, Düsseldorf 1952) sollte die Kenntnis von Science Fiction befördern. Die Spekulation erwies sich um vier, fünf Jahre verfrüht. Indes die literarisch und historisch breit gestreuten Taschenbücher der ›Welt von morgen‹, darunter Titel von Jules Verne, Alexej Tolstoi (›Aelita‹), Hans Dominik und den Amerikanern Asimov und Campbell ihren Absatz fanden, verkauften sich die anspruchsvolleren Titel der Rauch-Serie schlecht, und auch die ausführlichen Kommentare, die Dr. Günther (Verfasser immerhin von ›Idee und Grundriß einer nichtaristotelischen Logik‹ I, 1938) jedem der Science Fiction-Romane beigab, halfen dem Leserinteresse nicht nach. Die Auflagen waren nach fünf Jahren nicht einmal zur Hälfte verkauft Bd. 1 J. W. Campbell, ›Der unglaubliche Planet‹ — Auflage 7000, Absatz knapp 3000; Bd. 2, Jack Williamson ›Wing 4‹ und Bd. 3, Sammelband ›Überwindung von Raum und Zeit‹ bei gleicher Auflage Absatz je 2000; Bd. 4, notgedrungen der letzte, Isaac Asimov ›Ich, der Robot‹ — Auflage 3000, Absatz 900 Exemplare.

Diese ersten Science Fiction-Bücher mußten erst einmal in den Ramsch, um sich später gut und — in der Zeit erster Weltraumerfolge — sehr gut zu verkaufen, nun aber in Lizenzausgaben durch andere Verlage und in anderer Aufmachung. Die äußere Buchform hatte sich währenddessen gewandelt. Nicht mehr das gebundene

Buch repräsentierte die Science Fiction-Literatur, sondern die Vielzahl schmaler, grell bedruckter Groschenhefte (u. a. ›Luna-Utopia‹, ›Astron-Bücherei‹, ›Uto-Vision‹). Massenproduzenten wie der Moewig-Verlag und Erich Pabel hatten die Chance erkannt, mittels der technischen, der politisch-aktuellen, der sozialpsychologischen Variante und unter einem ›fortschrittlichen‹ Gattungsnamen mehr Leser zu erreichen, als dies je bei spezieller Ausrichtung möglich sein konnte. War es wiederum Ironie, daß die in den USA schon abgetane, aber dafür vertragsgünstig zu erwerbende Literatur der ›Space Opera‹ jetzt erst in Deutschland Fuß faßte? Jedenfalls fand sich unter der Firmierung ›Utopischer Zukunftsroman‹ allerlei zusammen, kriegerische und sentimentale, logistisch zu bewältigende oder dem Horror ergebene Literatur, gewissenhaft nach 64 bzw. 94 Seiten abschließend und pünktlich in 14 Tagen neu erstehend.

| | |
|---|---|
| Die Serien des Moewig-Verlages: | TERRA-Heftausgaben (64 S.), TERRA-Sonderbände (94 S.), PERRY-RHODAN-Serie (seit ca. 1960) |
| Die Serien des Erich Pabel Verlages: | UTOPIA Zukunftsromane (64 S.), UTOPIA-Großbände (94 S.) eingestellt ab Band 204; MARK-POWERS-Serie (der Moewig-Serie nachgeahmt, 14tägiges Erscheinen) |

Seit etwa 1957, als der amerikanische Begriff der Science Fiction nicht mehr neu und doch keineswegs ohne fremdartigen Reiz war, wurde er als Nebentitel der Serien erprobt, aber nicht konsequent beibehalten.

Wieder veränderte sich das Marktbild, die Anzahl der Heftserien wurde verringert, der Überblick klarer; neuere seriösere Unternehmungen kamen hinzu, als erste 1960 die Serie der ›Goldmanns Zukunftsromane‹, mäßig im Preis, kartoniert und in Leinenausgabe. Als Herausgeber wurde wieder ein Wissenschaftler verpflichtet, der Elektronenphysiker Dr. Herbert W. Franke, der außer eigenen Science Fiction-Romanen (›Der Orchideenkäfig‹, ›Das Gedankennetz‹) Erstveröffentlichungen der Amerikaner und Engländer in deutscher Sprache brachte, bis Ende 1962 insgesamt 36 Titel. Der Erfolg ermunterte den Produzenten derart, daß er 1962 an die ›Weltraum-Taschenbücher‹ heranging, die in Großauflage und zum Preis von DM 2,20 verbreitet werden, pro Monat ein Band. — In anderen Taschenbuch-Reihen tauchen Science Fiction-Titel gelegentlich auf, bei den Heyne-Taschenbüchern (ca. 1 Dutzend), bei Ullstein und rororo. Neuerdings wird die anthologische Anlage stärker berücksichtigt, die vom neuen Buchtyp der Paperbacks profitiert hat (›SF I. Wissenschaftlich-phantastische Erzählungen aus Rußland‹ 1963; ›SF II.-Amerika‹ in Vorbereitung; ›Roboter. SF-Stories‹ 1963 u. a.) Außer einer beschreibenden Bibliographie ›Transgalaxis‹ (gleichzeitig Vertriebs-Unternehmen, das mit einem Potential von einer halben Million Science Fiction-Interessierter in Deutschland rechnet) sind auch periodische Magazine verbreitet. Das erste, deutscher Ableger der mit ca. 400 000 Weltauflage größten Zeitschrift ›Galaxis Science Fiction‹, das aber nach 15 Folgen (1958/59) sein Erscheinen in Deutschland einstellte, angeblich weil es zu schwierig zu lesen war

(Wer eine Folge versäumte, konnte wegen der Rückbezogenheit einer Erfindung auf die andere bei der nächsten nicht mehr mithalten!?). Das anspruchslosere zweite, das ›Utopia-Magazin. Blick in die Welt der Zukunft‹ erscheint seit 1958 monatlich bei Pabel und berücksichtigt auch deutsche Autoren, — die sich aber z. T. immer noch genötigt sehen, ein amerikanisches Pseudonym anzunehmen (Clark Darlton = Walter Ernsting; Walt Grey = Walter Greiling usw). Seit kurzem wird auch dieses Magazin nicht mehr produziert.

Auch in Deutschland hat sich mittlerweile die besondere Soziabilität der utopischen Literatur manifestiert. 1955 wurde, auf Betreiben des Pabel Utopia-Herausgebers Walter Ernsting, der erste ›SF-Club‹ ins Leben gerufen, der sein Fancine ›Andromeda‹ monatlich an die ca. 1000 Mitglieder verschickt. Zusammen mit dem Club Saarbrücken und dem Club Berlin ist er als SF-Club Deutschland an die ›Eurotopia‹ angeschlossen (die u. a. den sogenannten ›Welt-Con‹ ausrichten hilft). Als besonders rühriger Stadt-Club, der nicht nur ein eigenes Fancine ›Anabis — Sol‹ in 250 Exemplaren innerhalb der Bundesrepublik vertreibt, sondern auch an die Herausgabe seltener utopisch-historischer Texte herangeht, zeigt sich der SF-Club Berlin (seit 1956). Mit 20 Mitgliedern erreicht er allerdings nur ein Zehntel der größten lokalen Vereinigung, des SF-Clubs Tokio; die Mitglieder setzen sich zusammen aus 3 Ingenieuren, 2 Bibliothekaren, 4 Senatsangestellten, 2 Postbeamten, 1 Versicherungskaufmann, 1 Jurist und Oberschülern. Das Durchschnittsalter ist 28.

Zum Schluß soll wenigstens kurz das publizistische Interesse gestreift werden, das Tageszeitungen, literarische Zeitschriften und Hochschulschriften seit Jahr und Tag an Science Fiction nehmen und denen der Verfasser wichtige Einsichten verdankt.

In der Märzausgabe 1951 von ›Critique‹ erschien ein erster ›europäischer‹ Aufsatz aus der Feder Raymond Queneaus: ›Un nouveau genre littéraire: les SFs.‹ 1952 wurde die obenerwähnte kleine Studie von Gotthard Günther aus dem Amerikanischen übersetzt, behandelte Hans Paeschke, Mitherausgeber des ›Merkur‹, die Thematik der Science Fiction im Rundfunk, erschien ein kurzer Artikel: ›Sind Sie schon SF-Leser?‹ (in: ›Geist und Tat‹, 7. Jg., S. 283—84). 1957 versuchte dann Martin Schwonke, Schüler Prof. Plessners, in einer großangelegten Habilitationsschrift die Fortentwicklung ›Vom Staatsroman zur Science Fiction‹ aufzuzeigen; fortan wird der Begriff auch in der ›Deutschen Bibliographie‹ geführt. — Der ›Merkur‹ nimmt seine alten literarischen Beziehungen zur Science Fiction wieder auf, die Mythologie der ›Raumsucher‹ wird untersucht (E. W. Eschmann in Heft 122/1958) und 1962 prüft Michel Butor, Romancier des nouveau roman, die ›Krise der Science Fiction‹ (Merkur 171). Den Versuch, Martin Schwonke in mehreren Punkten zu widerlegen, vor allem aber, anhand einer Auswahl utopischer Romane deren Denkweise instrumental zu bestimmen, unternimmt der Schelsky-Schüler H.-J. Krysmanski 1962 in seiner Dissertation ›Die utopische Methode‹ (1963 als Buch erschienen). Das Interesse der politischen Zeitschrift ›Der Monat‹ findet, nach dem Abdruck von Orwells ›1984‹ (Heft 14—18, 1950) und Bradburys ›Fahrenheit 451‹ (Heft 76—78, 1955) besonders die ›Science Fiction in Rußland‹ (Walter Z. Laqueur in Heft 112/

1958). An Tageszeitungen tat sich die ›Deutsche Zeitung‹ hervor, die Heinrich Schirmbeck mehrere Male, mit dem ›Bösen Blick der Utopisten‹ 31. 12. 60, ›Orpheus im Laboratorium‹ 16. 9. 61 und ›Eros im Weltraum‹ 24. 2. 62 zu Wort kommen ließ und zuletzt Klaus Kunkels Übersicht ›Märchen für Übermorgen‹ 9. 2. 63 brachte.


Historische Ansätze

Die Häufigkeit und Eigenart der utopischen Literatur des 20. Jahrhunderts korrespondiert, phänomenologisch gesehen, mit dem historischen Umbau der geistigen und naturwissenschaftlichen Grundlagen, darüber hinaus mit bestimmten Etappen des sozialen Strukturwandels.

Einige Texte, die bereits als vorbildlich für die moderne Science Fiction hingestellt wurden und die sämtlich dem letzten Drittel des 19. Jahrhunderts entstammen, sollen darüber besseren Aufschluß geben.

Wir beginnen mit der Beschreibung eines Fahrzeuges, das zu einer Reise ›Von der Erde zum Mond‹ benützt werden sollte. Autor: Jules Verne, Zeit: 1865.

»Das Geschoß sollte bis zur Höhe von drei Fuß mit einer Wasserschicht gefüllt werden, deren Aufgabe es war, eine vollständig wasserdichte Holzscheibe zu tragen, die scharf auf die Innenwände des Geschosses aufpaßte. Auf diesem richtigen Floß sollten nun die Reisenden Platz nehmen. Was nun die flüssige Masse betrifft, so wurde sie durch waagerechte Zwischenwände, die der Rückprall beim Abschuß nacheinander brechen mußte, abgeteilt ... Alle diese mit wunderbarer Geschicklichkeit angebrachten Mechanismen arbeiteten mit größter Leichtigkeit, und die Techniker hatten bei den Einrichtungen des Geschoßwagens keinen geringeren Grad von Intelligenz an den Tag gelegt als die Erfinder selbst. — Eisenfest gefügte Behälter waren zur Aufnahme des für die drei Reisenden notwendigen Wassers und Proviants vorhanden, die sogar in der Lage waren, sich Feuer und Licht mit Gas anzustecken, das in einem besonderen Behälter unter einem Druck von mehreren Atmosphären aufgespeichert war. Es genügte, einen Hahn aufzudrehen, und sechs Tage lang mußte dieses Gas reichen, um dieses bequeme und behagliche Beförderungsmittel mit Licht und Wärme zu versorgen.« (23. Kapitel.)

An der Beschreibung dieses Fahrzeugs, eines Mitteldinges zwischen Raketengeschoß und Salonwagen, von einem einfachen Rückstoßprinzip geleitet und behaglichen Interieurs, wird in Ansätzen deutlich:

Die Mondreise startet im Rahmen der vertrauten Gesellschaftssphäre. Die breit ausgeführten technischen Darlegungen gehen nirgends über das anerkannte Wissen hinaus. Die Objektwelt bleibt in sich sinnvoll. Das Ethos der Persönlichkeit, unterstützt durch Töne des Tatkräftigen und des Humorigen, kann sich voll entfalten. Der enzyklopädische Impuls, das Wissen der Zeit in Romanform darzustellen und ihren Autoritäten den Respekt nicht zu versagen, verbindet sich mit heiterer Aufgeräumtheit des Geistes.

Verne »hat so eine Synthese zustande gebracht, die uns heute naiv anmutet, die jedoch, was die Weite ihres Umfangs und ihre harmonische Schlüssigkeit betrifft, allem überlegen ist, was seine Nachfolger versucht haben.« (Michel Butor in ›Merkur‹ Heft 171/1962)

Dreißig Jahre später sagen die technisch-sozialen Visionen des Kurd Laßwitz und H. G. Wells' ein verändertes Lebensgefühl aus.

»Der Pol ist ein Unstetigkeitspunkt. Prinzipien sind Grundsätze, die unter der Voraussetzung gelten, daß die Bedingungen bestehen, für welche sie aufgestellt sind, vor allem die Stetigkeit der Raum- und Zeitbestimmungen. Am Pole sind alle Bedingungen aufgehoben. Hier giebt es keine Himmelsrichtungen ... Hier giebt es auch keine Tageszeit ... Hier gelten also auch alle Grundsätze zusammen oder gar keine. Es ist der vollständige Indifferenzpunkt aller Bestimmungen erreicht, das Ideal der Parteilosigkeit.« (Kurd Laßwitz, ›Auf zwei Planeten‹, 1897, S. 15)

Der mathematische *und* geographische Ausgangspunkt für eine beziehungsreiche — ihrer Struktur nach sehr wirksame — Phantasmagorie wird hier fixiert: der Nordpol der Erde (der immerhin um diese Zeit noch nicht entdeckt war!) als Einfallszentrum »einer gänzlich unbekannten Macht«; ein Kraftwerk dortselbst, sonnenenergiegespeist, bewirkt mit Hilfe des elektromagnetischen Feldes die zeitweilige Aufhebung der Schwerkraft und ermöglicht dadurch den schnellen Kontakt mit einer senkrecht darüberstehenden, 6356 km entfernten »Außenstation der Erde«. Ein Einfall der Marsbewohner, den Erdlingen in Wissenschaft und Moral weit überlegen, wird dadurch vorbereitet.

Die Männer feingliedrige Gelehrtentypen: »Fast alle diese Wesen hatten große Köpfe, sehr helles, fast weißes Haar, glänzende, mächtige und durchdringende Augen ...«

Die Frauen von überirdischer Schönheit: »Alle Bewegungen ihres Körpers glichen dem leichten Schweben eines Traumengels, frei von aller Erdenschwere. Und sobald der Kopf an eine dunklere Stelle des Zimmers geriet, leuchtete das Haar phosphoreszierend um das Gesicht wie eine Aura.«

Die ursprünglich friedlich gemeinte Invasion führt durch das ›barbarische‹ Verhalten der Menschen — die Martier beginnen zu zweifeln, ob es sich bei ihnen überhaupt um vernünftige Wesen handelt — und durch eine Kette von Mißverständnissen zum Weltkonflikt. — Soweit der Inhalt des ersten Teils.

Der technisch-logistische Aspekt ist bewundernswert durchgeführt. Immerhin scheint sich der Gedanke einer Weltraumstation (präzisiert durch Wernher von Brauns Studie ›Station im Weltraum‹ — 1953) in Zukunft zu verwirklichen. Aber eine Reihe von sozial-historischen Erwägungen scheint angebrachter: Die irdische *Expansion*, einmal an ihr Ende gekommen — bis auf die beiden Polargebiete schien 1890 alles entdeckt — findet nur folgerichtig ihre Ausdehnung in den planetarischen Weltraum. Der fremde Planet rückt erstmals in den *Aktionsbereich* der Erde und umgekehrt (vgl. auch die ›Weltraumbewegung‹ der zwanziger Jahre). Ein sprunghaftes Ansteigen der Zahl der Planetenromane in den neunziger Jahren, erste Beobachtungen von ›Fliegenden Untertassen‹ reden einem massenpsychologischen Phänomen das Wort. Der Begriff der Grenze (frontier) bekommt nicht nur für das geographische Denken (in Amerika für das kolonisatorische) einen besonderen Rang, vor allem und gerade für die Naturwissenschaften, die der Phantasie ad usum studiorum die uneingeschränkte Freiheit zurückgeben. Mehr denn je machen neue Erfindungen die Dinge von gestern wertlos, büßt die Materie den Anschein ihrer Stabilität ein. An der Vorstellung von der Veränderlichkeit der Elemente hatte Laßwitz selber genügend Anteil, ist doch sein wissenschaftliches Hauptwerk ›Die Geschichte der Atomistik‹ (1874—89 entstanden) gewesen. Einschneidender noch die Preisgabe des Mythos vom Menschen und dessen Unveränderlichkeit, die Darwin und Nietzsche auf verschiedenen Wegen angegangen sind (›On the origin of species‹ 1859 — ›Also sprach Zarathustra‹ 1883—91). Auch bei Laßwitz wird die Gattung Mensch als eine Variable erfahren, fortgeschrittenes Marswesen oder rückständiger Barbar. — Der Keim des Übermenschen senkt sich den Zeitgenossen tief in die Brust, im Geist beschäftigt sie die Frage: was wird aus dem Menschen? was kommt nach ihm? Eine neue Dimension des Unheimlichen ist gewonnen, und die rationale Forschung hat, von einem bestimmten erkenntnistheoretischen Ort her, selbst etwas Irrationales ins Spiel gebracht, was sich für den Fortgang der Utopie als außerodentlich fruchtbringend erweist.

Das Bewußtsein der Instabilität aller Naturdinge durchdringt noch tiefer die Erzählungen H. G. Wells' (1866—1946).

»Was der Zeitreisende in der Hand hielt, war ein glitzerndes Rahmenwerk aus Metall, kaum größer als eine kleine Uhr, und sehr fein gearbeitet. Es war Elfenbein daran und eine durchsichtige, kristallinische Substanz ... ›Dieses kleine Ding‹, sagte der Zeitreisende, indem er die Ellenbogen auf den Tisch stützte und über dem Apparat die Hände zusammendrückte, ›ist nur ein Modell. Es ist mein Entwurf zu einer Maschine, um durch die Zeit zu reisen. Sie werden bemerken, daß es seltsam verquer aussieht und diese Welle dort sonderbar funkelt, gleichsam als wäre sie irgendwie unreal‹ « (›The Time Machine‹ 1895, dt. ›Die Zeitmaschine‹ rororo Bd. 22, S. 11/12.)

Wells kennt nicht die empirisch genährte Naivität eines Jules Verne, er besitzt auch nicht die technische Phantasie des Mathematikers Laßwitz, Erklärungen fallen bei ihm dilettantisch-belustigend aus. Seine kühne Erfindung der ›Zeitmaschine‹ durchstößt die Grenzen des technisch Erfindbaren, physikalisch Erklärbaren, er greift der Art, wie Resultate zustandekommen, einfach vor: sein sozialkritischer Blick richtet sich auf den zivilisatorischen Zustand im Jahre 800 000; die Menschen gespalten in Zwerge (Eloi), die auf der Erdoberfläche leben, und weiße Lemuren (Morlocken), die unterirdisch hausen.

»Da ich von den Problemen unserer Zeit ausging, so schien es mir gleich anfangs klar wie das Tageslicht, daß die allmähliche Erweiterung des gegenwärtigen nur zeitweiligen und sozialen Unterschiedes zwischen *Kapitalist* und *Arbeiter* der Schlüssel zu der ganzen Lage war. Ohne Zweifel wird es Ihnen grotesk genug erscheinen — und wild unglaublich! — und doch existieren schon jetzt Verhältnisse, die in der Richtung zeigen ... Offenbar, dachte ich, hatte sich diese Tendenz gesteigert, bis die Industrie allmählich ihr Geburtsrecht am Himmel verloren hatte.« (›Die Zeitmaschine‹ a. a. O. S. 83/84)

Dem faktischen Einbruch der ›sozialen Frage‹ in die bürgerliche Wirklichkeit wird hier nachgegangen, in Kombination mit der Darstellung eines relativierten Menschenbildes (Wells' Verhältnis zum Darwinismus war 1934 Gegenstand einer Doktorarbeit) und in der Vermittlung durch einen intelligenten Zeitreisenden. Ironischer Glanz fällt von hier auf das magische Gerät, das so aussah, »als wäre es irgendwie unreal.« — eine Nuance, die bei den zahlreichen Nach-Benützern der ›Zeitmaschine‹ leider verlorenging.

Die weiteren Einwirkungen der Epoche auf die naturwissenschaftlich-technische Utopie seien kurz wiedergegeben: Nach Darwins Vorbild experimentierte man mit der biologischen Züchtung intelligibler Wesen, bastelte an einem Mythos vom ›Mutanten‹ (vom unentdeckten Menschen in neuer, befremdlicher Zusammensetzung). Seit Nietzsche führt der ›Terrarier‹ den Kampf mit einem fremdartigen fühllosen unbarmherzigen Gegner (den ›alien intelligences‹), siegt als Rasse oder geht unter — oder entkommt noch einmal wie in Wells' ›Krieg der Welten‹ (1898), dessen katastrophenartigen Erfolg 40 Jahre später Orson Welles mit einem Funkdrama auskostete. — Albert Einsteins Relativitätstheorie (1905), Rutherfords erste Atomumwandlung (1919), Norbert Wieners ›Cybernethics‹ 1948 übten auf andere Weise großen Einfluß auf das Weltbild auch von Science Fiction aus; unmittelbar wirksam taten es die Atombombe, Sputnik I (4. 10. 1957) und der erste realisierte Weltraumflug eines Menschen (12. 4. 1961).


Mythologisches in der Behandlung von Mensch und Technik

Die Teilhabe von Science Fiction an der zeitgenössischen Wissenschaft und Forschung, beispielsweise ihre Bemühung um Fragen der Kybernetik, der Eugenik, der Parapsychologie oder einer ›nichteuklidischen Geometrie‹ ist dennoch selber in Frage gestellt, vorwiegend durch den Mangel an Methode, aber auch durch übergroße Aufmerksamkeit gegenüber anderem: menschlichen Situationen etwa oder dem landschaftlichen Bild, jedenfalls Befindlichkeiten, die nicht unter die Kontrolle eines wissenschaftlichen Planspiels gehalten sind. Immer wieder stoppt das Kalkül des Utopisch-Phantastischen, um bestimmten Topoi, will auch meinen dem Menschlich-Verinnerten, Genüge zu tun. Ruckweise geradezu rastert die erzählerische Bewegung in die einzelnen Momente ein:
Routine der Startvorkehrungen — erhabenes, bedrückendes Allerlebnis — Wunder der Maschinenwelt — Ausgesetzt werden — substantielle Bedrohung durch fremde Lebewesen — Isoliertsein von den Kameraden — Auftreten einer unbegreiflich schönen Frau — Konflikte, ein Weltenschicksal betreffend — Bindung an Heimat — Kampf und Katastrophe, Muspilli-Stimmung — endliche Rückkehr (auf die Erde, ins rechte Zeitalter, in die eigene Identität) — Ausblick auf ein Zeitalter der Reife.
Elemente des Mythos, eines freilich halbprivaten im Unterschied zu den öffentlichen Mythen klassischer Zeit, werden ansichtig. Totalität, eine fast zwanghafte Ausschließlichkeit in Tun und Leiden, Zeitenthobenheit, die Verwandlung des

Geschichtlichen in ein ewiges Kräftespiel präfigurierter Mächte. Darüber hinaus wird man einer eigentümlichen Verschwommenheit von Gegensätzen gewahr, einer dialektischen Verfallenheit des einen in den anderen.

»Überall begannen Kontrollampen zu flackern. Zeiger glitten über die Skalen zahlreicher Meßuhren, und farbige Lichtreflexe huschten über die matten Flächen der Bildschirme. Gleichzeitig flammte die indirekte Beleuchtung auf.« (Holling, ›Zym beherrscht die Welt‹)

»Um den Schrank dort drüben leuchtete ein grünliches Licht. Dieses Licht blitzte und flackerte — dann gab es einen runden Kreis an der Decke — es flutete herunter wie ein Strom bläulicher Milch, und plötzlich stand eine wunderschöne Frau mitten im Raum. Sie trug ein enganliegendes Kleid, und ihr welliges, lang herabhängendes Haar glänzte und glitzerte wie von Diamantenstaub überpudert... Yen Otaki hatte noch nie Gelegenheit gehabt, dem plastischen Fernsehen beizuwohnen. Dieses technische Phänomen beeindruckte ihn. Er trat auf die Frau zu und streckte ihr die Hand entgegen. Als er aber etwas zu nahe kam, konnte er seine Hand durch ihren Körper strecken. Sie lachte leise. Ihre Stimme kam aus vielen Lautsprechern im Hi-Fi-System.« (Janus, ›Start ins Grauen‹)

Technik und Erotik, wie geht das zusammen. Die Sprache der einen lädt sich auf mit behendem, gedämpftem, unwillkürlich sinnlichem Vokabular. Sanftes Stampfen oder Klicken, die leisen Vibrationen der Maschine erhalten allgemein den Vorrang vor dem harten Gedröhn der Motoren. Die schöne Hülle und deren angenehmes Ästimieren entheben einer exakten, aufs Funktionale abgestellten Beschreibung.

Die Sinnlichkeit der menschlichen Szene hingegen verhält im Medium des Technischen. Von der »wunderschönen Frau« zu dem Mann Yen Otaki führt kein natürlicher Weg. Das erotische Air wird einerseits betont (enganliegendes Kleid, lang herabhängendes Haar, die entgegengestreckte Hand, das leise Lachen), andererseits in seiner Wirkung kaschiert (dieses technische Phänomen beeindruckte ihn) und dann in eben der technischen Vermitteltheit bloßgestellt. Zur Entrückung vom irdischen Begehr (oder, mit Verlaub, von einer Besetzung der Libido) gehört, daß der Frau etwas anhaftet, was ›von weit her‹ kommt, etwas Wundersames, Nichtzubegreifendes. Das geht über die mögliche sachliche Erklärung hinaus und hat seinen Grund wahrscheinlich in einer generellen Konstruiertheit des Science Fiction-Modells. Erotische Konflikte werden aus ihm weitgehend ausgeklammert, der Platz für Erotik ist schmal. Ein Hinweis auf Nichtrelevanz dieses Themas mag, im Hinblick auf das sonst von Science Fiction gezeigte Interesse am Menschen, nicht als Erklärung genügen. Essentiell gesehen, der Eros wärmt nicht mehr in einer Welt der Apparate oder ausgesetzt der kosmischen Leere. Das utopistische Genre kennt gewisse funktionelle Reduktionen des Menschen und, ganz verständlich, es nimmt auch literarisch-thematische Reduktionen vor. Im Ergebnis zeigt sich der beflügelnde, herzstärkende Eros von ehedem allein im Hauch einer träumerisch idealen Schönheit, im Schnodder- oder im Glamour-Ton (»Du bist phantastisch, Hektor! Alles an dir atmet Stromlinienform.«), thematisch allenfalls als verharmlostes Kameradenspiel oder als aufopferungsvolle Heroik. Der verdampfende Rest aber schlägt sich an den Wandungen der Maschinen nieder, oder vielmehr: aus dem Glanz der Maschine, schweigsam, werden die Gefühle gezogen.

Die Beschreibweisen von Technik und Erotik gehen nun nicht plan aufeinander über. Weder ist es erlaubt, im Nachklang des ›technischen Zeitalters‹ von einer allgemeinen Erotisierung der Maschine zu sprechen — ein neues ästhetisches Moment, von dem Paul Claudel schon sprach, ist ohne Zweifel vorhanden; vieles geht zu Lasten der literarischen Maltechnik —, noch ließe sich eine Versachlichung des Eros belegen, eher dessen Entfernung (Enthumanisierung). Gelegentlich findet sich eine Anreicherung bildhafter Art: »Ihre Lippen dämmern wie bläulich zuckende Vakuumröhren.«

Eine Stufe tiefer halten wissenschaftliche Nomenklaturen und die ironischen Anklänge nicht mehr vor. Die Stories werden »in Handlungsstruktur und Vorstellungsschema dem Märchen ähnlich« (Schwonke S. 134).

Die Technik gerät zum magischen Vehikel: »Es war ein silbern wirkender Metallanhänger mit Schwarz durchsetzt, auf dem sich winzige Emailmosaiken befanden. Das Stück machte einen leicht orientalischen Eindruck.« (Raumjuwel — Science Fiction hat auch dafür den Namen parat.)

Die Raumfahrt-Schönheit wird, bald als verwunschene Marsprinzessin, bald als streitbare Amazone, in eine Märchenrolle eingesetzt, deren Zubehör vom hochentwickelten Raumanzug mit gläserner Gesichts-Kuppel zum antikischen Helm und fließender Tunika reicht, jäh hinüberschillert zu Engelsgewändern und frommem Heiligenschein.

Unter der Hand verändert sich das fortschrittliche Aussehen der Akteure. Roboter, dem Wesen nach durchrationalisiert und Ergebnis einer komplizierten Regelungstechnik, lassen in ihrem ungebändigten Tun an ausbrechende Geister, Drachen und Lindwürmer denken. Gegen Zauberer und Riesen von der Art ›außertellurischer Intelligenzen‹ muß sich der Weltraumpilot, der ›space-hero‹, wappnen — aber die Rolle des Übermenschen fällt nicht ihm, sondern dem genialen Wissenschaftler und Weltenplaner zu, gelegentlich in eins gesetzt mit dem Bösen, der als Machtmensch von einem Erdwinkel aus alle anderen terrorisiert. Die Zeitmaschine, wie gleicht sie plötzlich dem Wunschhütlein, die vieldimensionalen Räume, wie ähneln sie Vexierkabinetten, in denen das große Verschwinden geübt wird oder die Irritation seiner selbst (das Doppelgängermotiv bis ins Unendliche erweitert).

Es mag nicht unlogisch sein, daß, je differenzierter und komplizierter die technisch-rationale Welt geworden ist, ihre Mythen desto primitiver erscheinen. Die Probleme der ernsten Wissenschaft — Steuerung von Automaten, Raumflugpsychologie, Nutzbarmachen der Relativitätstheorie — teilen sich zwar mit, aber ihnen wird ihre eigene Frage genommen, und darum verblassen sie hier, alten Märchenvorstellungen zugesellt, zu seliger Nichtigkeit. Wird die Handlung darum aufs Menschliche umgebogen? Bezeichnet die menschliche Individualität, deren Selbstbehauptung, Anpassung und letztlich Glücksempfinden den wahren Mittelpunkt der Science Fiction-Literatur? Edmund Crispin, ein britischer Experte, verneint kurzerhand:

»Die Charaktere in einer Science Fiction-Story werden gewöhnlich nicht so sehr als Individuen denn als Vertreter ihrer Gruppe behandelt. Sie sind Schablone-

Männer und Schablone-Frauen, aus dem einfachen Grunde, daß anderenfalls die anthropozentrischen Gewohnheiten unserer Kultur uns zwingen würden, ihnen beim Lesen zuviel Aufmerksamkeit zu schenken und das auf Kosten der Aufmerksamkeit, die den nicht-menschlichen Kräften und Faktoren als den eigentlichen dramatis personae der Science Fiction-Story gebührt.«

Zumindest für die niederen Ränge der technisch-utopischen Literatur läßt sich dieses figürliche Schema, ohne daß es stets mit Rücksichten auf größere (technische) Perspektiven motiviert wäre, aufzeigen:

Im Vordergrund agiert die Weltraumtruppe — ›pioneers‹, die als solche auch das Denkmodell liefern — darunter der ›space-hero‹ von gutem Mittelmaß; das charmant-tüchtige ›space-girl‹ (Wissenschaftlerin, Tochter des genialen Konstrukteurs oder schlicht die Braut des Helden); der verantwortliche Expeditionsleiter; die übrigen Gefährten, darunter häufig ein intelligenter Schurke und Saboteur, ein verschrobener Außenseiter, ein junger ›Idealist‹ sowie, in der einen oder anderen Personalunion, das spätere Weltraum-Opfer. Außerhalb meist, d. h. auf der Erde, befindet sich der eigentliche wissenschaftliche Kopf, mit Zügen eines betagten und einsam lebenden, einsam forschenden Professors. — Im Zeichen des Raum-Geschehens steht die ›Schönheit vom anderen Stern‹, das zeitliche Voraus markieren Intelligenzungeheuer von zartem Körperbau, das zeitliche Zurück dokumentiert der Typ des ›Wilden‹ (rebarbarisierter Troglodyt oder letzter Träger der Kultur). — Diese Figuren und Figurationen entziehen sich bald dem Argument eines rein rationellen Verfahrens und das nicht nur, weil es nichts gibt, was über sie hinausdeutet. Sie entwickeln ihre eigene Norm, sie gewinnen sogar der Erzählung einen Hauptreiz ab — der sich verstärkt, je mehr sie die Generallinie (Reisende, Fremdbewohner, Eindringlinge) auffächern in schlichte Menschengestalten und dabei wenigstens einen Teil jener Angepaßtheit verlieren, die, selber normstiftend, den Menschen von morgen als einen total vergesellschafteten ausweist.

Das Schema einer ›Landschaft mit Figuren‹ stülpt sich geradezu um auf der Stufe der Gegenutopien. Diese setzen ein vorgebliches Individuum von Fleisch und Blut den härtesten äußeren Belastungsproben aus, um dann die Frage seiner Selbstbehauptung und seiner möglichen Initiativen pessimistisch zu beurteilen. Es ist kein allzu umständlicher Weg vom Sozialismus des H. G. Wells, der sich um die generelle Zugänglichkeit des Menschen besorgt zeigt, zu den am wissenschaftlichen Befund seiner Zeit geschulten Prognosen des Aldous Huxley und weiter zur wissenschaftlichen Utopie eines Karl Mannheim, Alfred Weber, Jean Gebser, nun in die Nähe eines Mythos vom ›Neuen Menschen‹, den die begabteren Utopisten träumen (Stapledon, Werfel, Williamson).

Der ›Neue Mensch‹ hat den stärksten Angriff, den auf seine Individualität und Identität, bereits überstanden. Die heimtückische Besetzung seiner Persönlichkeit vom Gegner her, unsichtbar, unstofflich, hat er abgewehrt (J. W. Campbell, ›Wer da?‹). Der eigenen schwächlichen Konstruktion ist er, dank astromentaler Fähigkeiten, Herr geworden (Werfel, ›Stern der Ungeborenen‹).

Anders als die simplen Mythen der Weltraummärchen erfordert der ›Neue Mensch‹ eine bedeutende geistige Konzentration und eine Gesamtvorstellung, die schwierig zu leisten ist und nicht einmal ganz in das Bild unserer Zeit passen will: darum wahrscheinlich wird er literarisch sowenig ansichtig.

Kein großer Mythos beherrscht die Science Fiction — eher eine kleine, darum nicht weniger zeitgemäße Mythologie.

## Zum Problem des Trivialen

Text 1:

»Rakete am Start! Die stählernen Gerüste sind nach rechts und links weggeglitten. Die Rakete steht frei gegen den Himmel, mit ihrer lang ausgezogenen, nadelfein erscheinenden Spitze ein überdimensioniertes Geschoß mit dem Profil eines Schwertfisches. Die Stabilsierungsflächen des Hecks versteifen sich gegen die gedrungenen Betonkerne, zwischen denen der Abgasschacht zu den Kanälen hinunterstößt. Der helle, glatte Leib verliert sein Gleißen, als die Scheinwerfer verlöschen. Der letzte Wagen rollt mit einsinkender Plattform aus dem Operationsfeld. Das Leben versinkt hinter den dicken Wällen aus Sandsäcken. Eine Sirene faucht warnend. Die Männer ducken sich in den Sand und werden zu Schatten. Hier und dort glüht eine Zigarette auf.«

Text 2:

»Das langerhoffte Geschoß drang ihm in sein Hirn.

Er blickte hinauf zu dem riesigen Gesicht. Vierzig Jahre hatte er gebraucht, um zu erfassen, was für ein Lächeln sich unter dem dunklen Schnurrbart verbarg. O grausames, unnötiges Mißverstehen! O eigensinniges, selbst auferlegtes Verbanntsein von der liebenden Brust! Zwei nach Gin duftende Tränen rannen an den Seiten seiner Nase herab. Aber nun war es gut, war alles gut, der Kampf beendet. Er hatte den Sieg über sich selbst errungen. Er liebte den Großen Bruder.«

›Trivial‹, bevor es sich am konkreten Text als Inhalt und Sprachgestus ausweisen kann, sei annähernd verstanden als ›geläufig‹, ›banal‹, ›an der Oberfläche haftend‹. Bei den ausgewählten Texten handelt es sich einmal um den Anfang und einmal um den Schluß zweier in Absicht und Gestaltung unterschiedlicher Texte.

Zu Text 1: Die kurze Evokation verheißt einiges an technischer Darlegung, Milieuschilderung und kunstvoll genährter Spannung. Aber es kommt anders. Nicht der konkrete Ort und nicht das Detail interessieren den Verfasser, sondern, wie näheres Zusehen zeigt, das Schauspiel in stolzer Erhabenheit. Etwas Statuarisches und Fragloses wohnt den kurzen Sätzen inne, verstärkt durch die Abbreviatur. Der bestimmte Artikel wird bis zur schieren Unbestimmtheit angewendet (»zu *den* Kanälen«). Die Beschreibung rechnet, darf man folgern, mit dem mühelosen, hurtigen Nachvollzug des Lesers. Darüber hinaus scheint sie das Skizzierte einer eigentümlichen Impression unterzuordnen, der einer lautlosen Dynamik nämlich, die das Maschinenwesen (»sein heller Leib«) zum Zentrum von Magie und Schicksal werden läßt (»verliert sein Gleißen«, »das Leben versinkt«, »die Männer werden zu Schatten«). Den kaum noch einzelwertigen Worten scheinbar entgegen steht technisches Vokabular, das sich in bezeichnender Ambivalenz entweder zu ähnlich poetischen Ausdrücken fügt oder im andern Fall zu einem abgekapselten, in sich selbst nicht abgeschlossenen Satze führt (»Die Stabilisationsflächen des Hecks versteifen sich ...«).

Die Raketenrampe, einer der Hauptschauplätze des utopischen Genres, gibt nichts frei an technischen Details oder erlebnishaft Vermitteltem. Im folgenden wird von ihr abgelenkt zu einer malerischen Poesie des Himmels, die hinschmilzt mit den Worten: »Flach über dem Horizont dunsten rötlich die Lichter von Almogordo.« Was, abgesehen von Metaphorik und Wortwertigkeit, der Sprachrhythmus selbst anrichtet in seiner vorzüglichen Liquidität und In-sich-Versunkenheit, scheint das utopische Moment völlig zurückzunehmen. Kein Impuls eines Konkreten, keine bestimmbare Intention treibt den Text vorwärts, schon gar nicht drängende Sehnsucht nach dem Neuen, das Jules Verne neunzig Jahre zuvor noch mit innerer Zuversicht und einem ganz anderen Ungestüm beschreiben konnte: »35! — 36! — 37! — 38! — 39! — 40! — Feuer!!!

Im Nu, mit dem Finger auf dem Ausschalt-Apparat drückend, stellte Murchison den Strom her und schleuderte den elektrischen Funken hinunter in die Tiefen des Geschützes! Ein entsetzlicher, nie vernommener, übermenschlicher Knall, von dem nichts einen Begriff zu geben vermöchte — weder die Schläge des Donners, noch der Krach feuerspeiender Berge, erscholl im Nu. Eine ungeheure Feuergarbe schoß aus den Eingeweiden der Erde empor wie aus einem Krater. Das Erdreich hob sich, und fraglich wars, ob überhaupt jemand auf einen Augenblick das Geschoß hatte sehen können, wie es inmitten flammensprühender Dünste siegreich die Luft durchschnitt.« (›Von der Erde zum Monde‹, 26. Kap.)

Die gewalttätige, großartige, unkontrollierte Wirkung der Technik blieb dort die Hauptsache, während sie in unserem Beispiel (Freder von Holk d. i. Paul Müller, ›Weltraumstation‹ 1952) in den Bann eines behenden, metaphorisch eingängigen, zu wenig widerständigen Stil geriet. Daß man ihn als Oberflächenstil mit nicht unerheblicher ideologischer Verbrämung charakterisieren muß, liegt wohl letztlich darin, daß hier versäumt wurde, die Sprache als etwas Ursprüngliches und, sagen wir, Erfindungsreiches wiederherzustellen.

Als zweiter Text wurden die Schlußsätze einer konkreten Utopie gewählt, einer Utopie des negativen Fortschritts. Der Text befremdet zunächst. Banale Wortfetzen treten hervor, eine seltsam unechte Pathetik, Widersprüche in der Situation. Das tödliche Geschoß, »langerhofft«, wird gelassen hingenommen. Dem Menschen, der hier zugrunde geht, wird ein innerer Monolog untergelegt, der an schlimmer Versöhnlichkeit und traurigem Witz (»aber nun war es gut, war alles gut«) nichts zu wünschen übrig läßt. Weder die Kolportage der »zwei nach Gin duftenden Tränen« fehlt, noch das Traktat von dem über sich selbst errungenen Sieg, und das zur furchtbaren Demonstrierung der Tatsache, daß 40jähriger Kampf und Auflehnung im Grunde töricht und völlig umsonst gewesen sind.

Die Unvereinbarkeit, ja grelle Dissonanz dieser Schlußsätze wird erst dann verständlich, wenn man Geist und Motivation des ganzen Romans zur Interpretation mit heranzieht. Man muß beispielsweise wissen, daß der Verfasser George Orwell im schärfsten Gegensatz zu den von ihm geschilderten Praktiken und Methoden einer totalitären Schreckensherrschaft steht, gegen die sich aufzulehnen der Held

Winston Smith einen verzweifelten, letzten Endes auch vergeblichen Versuch unternimmt. Die Perversion ist bewußt herbeigeführt, die zitathaften, affirmativen Sätze sind beabsichtigt und zutiefst ironisch. Sie erweisen sich als letzte, im direkten Eingriff des Erzählers als äußerste Möglichkeit der Rebellion — der Rebellion eines leidenschaftlich Engagierten gegen den Sinn und Verstand dieser Worte selbst. — Sogar die abgeschmackte Phrase von den »nach Gin duftenden Tränen« erhält etwas von Sinn, denn der »fade, ölige Geruch des victory gins« war es, der, penetrant und widerwärtig, den Helden leitmotivisch begleitet. Tränen, letzte Regungen der Menschlichkeit, haben nun den Geruch des einstmals verabscheuten Gemeingetränks angenommen und besiegeln in diesem Bild die schreckliche Sympathie mit dem unmenschlichen Gegner.

Das Problem des Trivialen stellt sich gleichwohl auch hier, in neuer und in ganz gewiß komplizierterer Weise. Was an der Sprache trivial und verbraucht anmutete, erwies sich bei artifizieller Handhabung als eine scharfe Lauge, als Gift einer gegenteiligen Erkenntnis; das Klischee bekam Funktion, nichts im Leser wurde bestätigt. Ist das Ergebnis aber ästhetisch befriedigend? Orwell selbst hat, bei all seiner Kritik der Sprache, dem Kampf gegen Verwilderung wie gegen Domestizierung des Ausdrucks, sich für nichts weniger als für einen Ästheten gehalten. Er leugnete geradezu die Möglichkeit einer schöpferischen Synthese von Revolte und Gestaltung in heutiger Zeit, er wollte durch den bittren Pessimismus seiner Parabel hindurch Kräfte mobilisieren gegen das Verhängnis des totalitären Systems (das Furcht noch in Liebe, gleichmachende, distanzenthobene, verwandelt). Dies innere Beteiligtsein, das notwendig parteiisch ist und von einem inneren Selbstgenüge der Kunst nichts hält, ist wie alle primär politisch engagierte Literatur der Trivialität zumindest verdächtig. Aus dem offenen Modell wird unversehens ein Lehrstück, der Schluß zeigt sich von Anfang an sicher konzipiert, die Tendenz wird ansichtig, die Quintessenz kann formuliert werden. So geschieht es, daß im Namen der Menschlichkeit die Amputation des Menschen Winston Smith erfolgt, daß Smith sich seines sozialen und sozial bedeutsamen Verhaltens auch in der letzten Stunde nicht entäußern und nicht als er selbst reagieren darf. Das bewußt gehandhabte Klischee enthüllt die Eindeutigkeit der Orwellschen Absicht. Hohn und Mitleid, in gleich geringer Distanznahme, schlagen über dem Märtyrer zusammen.

Die Diagnose ›trivial‹ ist eine ästhetische Entscheidung.

Rechtens darf sie nicht sich begnügen mit der Markierung einzelner sprachlicher oder inhaltlicher Momente, sie hat die Bezogenheit der Momente aufs Ganze eines Werks zu reflektieren, sie hat darüber hinaus die Verflochtenheit dieses Stücks Literatur in den Geist (dem nicht Genüge oder dem Gewalt geschah) und in die Gesellschaft aufzuzeigen. Im Falle von Orwells ›Nineteen-Eighty-Four‹ müßte die pamphletistische Qualität und Funktion der alten Utopie noch befragt werden; müßten die geheimen Entsprechungen aufzudecken sein, die zwischen ›1984‹ und dem ›Sonnenstaat‹ Campanellas (1623) bestehen, in dem der Gedanke der Funktionalisierung des Staates — und damit des Menschen — aufgegriffen und konsequent beschrieben worden ist. Das aber hieße den Rahmen des hier Zulässigen sprengen.

Das Verdikt der Trivialität gegen eine ganze Gattung auszusprechen, ist eine mißliche Sache. Vor allem, wenn sie wie die utopische Literatur die unterschiedlichsten Zielsetzungen, Formen, Stoffe, Erzählhaltungen in sich einschließt, wenn sie das Utopische einmal als Impuls und einmal als Widerstand, als endliche Fiktion und als ›innere Schreibweise‹, als planmäßiges Konstruieren und, in der Mehrzahl, als bloß rudimentäres Beschreiben auffaßt. Tendiert Science Fiction schlechthin zum Trivialen? In einer ersten Überschau drängen sich gewisse Paradoxe auf: menschliche Personen wurden als Staffage für wissenschaftliche Phantasien benutzt — menschliche Beweggründe gaben aber in der Mehrzahl das Grundmuster für Pläne und sachliche Entscheidungen ab. Der Mensch geriet in Gefahr, gegen die Weltraumtechnik ausgespielt zu werden — die sorgfältige Inszenierung des Technischen scheiterte an einer betulichen Zurschaustellung des Humanum. Beide Sphären wurden so, im Sprachlichen wie Gedanklichen, eher *isoliert* denn integriert. Wem nützt, so wäre in logischer Stringenz zu fragen, die neue technische Wirklichkeit, wenn nicht gleichzeitig das physische, psychische, soziale Verhalten des Menschen mit überdacht und utopisch geregelt wird. Daß der Sprung in eine andere Welt nie so recht glückte — so aufregend sie als utopische Sachwelt sein mochte — ließ den Verdacht aufkommen, nicht das ›alte Bewußtsein‹ des Lesers habe Schuld daran, sondern die neue Welt selbst erscheine in ihrer Bruchstückhaftigkeit wenig plausibel und allemal ihrem Gegenstand verhaftet, also verdinglicht. Nun ist gewiß, die naturwissenschaftlich-technische Utopie kann nicht beides mit der gleichen Anstrengung sein, eine Utopie der Technik und eine Utopie des erzählerischen Gestaltens. Nach manchen Rechtfertigungsschriften könnte es scheinen, als ob sie im Auftrag empirischer Wissenschaft ihr Geschäft betreibe, zum Zwecke fortgeschrittener Naturbeherrschung, zumindest aber hilfreicher Vermittlung. Die besseren Köpfe sind einsichtsvoller. Sie haben zumeist auf das technisch Elegante ihrer Lösungen verwiesen und dabei, so gut oder schlecht sie eben konnten, sich aufs künstlerische Ausstaffieren verlegt. Sie haben schon früh mit vollem Bewußtsein ›Literatur‹ gemacht.

»Wir möchten nun freilich gern auch die Wege wissen, wie unsere Nachkommen leben und über uns denken und was sie vor uns voraus haben werden. Das zu bestimmen aber ist unmöglich. Wir können wohl gewisse Analogieschlüsse ziehen, wir können auf eine fortschreitende Verselbständigung der einzelnen Kulturgebiete und auf zu erwartende Entdeckungen schließen, aber ein wissenschaftlicher Wert liegt darin kaum. Zu unvermutbar sind die Wechselfälle, die hier eintreten können. Die Wissenschaft kann uns keinen Aufschluß geben, wir sind allein auf die Phantasie angewiesen. Die Phantasie braucht aber keine ungezügelte zu sein, sie kann sich ihr Gesetz durch Vernunft geben, dann wird sie Kunst. Es entsteht die Frage: Ist es berechtigt, jene Zukunftsträume und insbesondere die Verbesserung menschlicher Zustände mit Hilfe des Fortschritts der Naturerkenntnis und der technischen Kultur zum Gegenstande der Dichtung zu machen?« (Laßwitz, ›Wirklichkeiten‹, 1900, S. 436)

Die Antwort schien dem Verfasser selbstverständlich; zwar mochte den dichterischen Kräften vorerst »die wissenschaftliche Ausrüstung, oder den wissenschaftlich Geschulten die dichterische Kraft mangeln«, doch die Stoffe selbst seien nicht vorbelastet oder künstlerisch unmöglich. Nur »bis jetzt habe die Dichtkunst aus jenen Stoffen noch keinen Gewinn gezogen« — hat sie es jemals später getan? ist das Utopische ihres Sujets nicht den literarischen Spielregeln selbst hinderlich?

Die Dialektik der Utopie will es, daß diese als Erfinderisches auf eine neuerfundene Wirklichkeit zugeht, als konkreter Text aber auf die Sprache und, bewußt oder nichtbewußt, auf Vorstellungsgehalte der Gegenwart zurückweist. Beide Enden müssen im Auge behalten werden, die schlechte Endlichkeit und die Unendlichkeit des ganz Anderen — oder in Art einer Regel: man sollte viel von der Wirklichkeit wissen, ehe man sich an die Beschreibung eines Zukünftigen macht.

Nach Kurd Laßwitz:

»Die Anforderung wird gestellt, zu berechnen, wie sich geschichtliche Entwicklungslinien von einem bestimmten, noch nicht zuvor eingenommenen, jedoch begrifflich vorausgesetzten Standpunkte aus für unsere Einbildungskraft fehlerlos darstellen lassen.« (›Empfundenes und Erkanntes‹, 1919, S. 9)

Es gibt nun Anzeichen dafür, daß solch ein utopisches Unternehmen nicht nur, was die Kenntnis der »geschichtlichen Entwicklungslinien« und den »begrifflich vorausgesetzten Standpunkt« betrifft, Schwierigkeiten bereitet, sondern auch literarisch mühsam sich anläßt. Etwa der Gebrauch bestimmter szenischer Tricks, um sich überhaupt in Gang zu setzen: der Tiefschlaf, in den der Held versetzt wird schon bei Mercier (›L'an 2440‹, 1771 — erste in eine datierte Zukunft entrückte Utopie); in den auch Mr. Julius West versetzt wird (Bellamy, ›Ein Rückblick aus dem Jahre 2000 auf 1887‹) und noch der Raumschiffpilot aus der jüngsten Science Fiction-Serie. Oder die berühmte ›Zeitmaschine‹ H. G. Wells'scher Provenienz; die Rakete beim Start, wie sie 1865 von Jules Verne und 1952 von Freder v. Holk beschrieben wird; und noch der Gestus betont lässiger Anfangsdialoge, der doch nur auf Projekte lauert — sie alle kolportieren, d. h. ›tragen auf dem Nacken‹ die Bürde ihres Vehikels, statt von ihm fortgerissen zu werden. Aber das ist nicht nur ein Problem des Beginns. Man ist versucht zu sagen, daß durchgehend die Beschreibung eines utopischen ›Dings‹ als Vorwand für seine mangelnde Existenz herhalten muß.

Anders ist der Aufwand gar nicht zu rechtfertigen, mit dem die Erklärungen für das Vorhandensein dieses (fortschrittlichen) oder jenes (rückschrittlichen) Instruments gegeben werden (»Woher sollten die Grafen Gas haben? Sie können es nicht einmal herstellen, denn kein Mensch besitzt heute genügend Kenntnisse, um Gas zu produzieren«, sagt ein Zeitgenosse eben des Grafen). Amerikanische Science Fiction-Autoren vermeiden nach Möglichkeit die erklärenden Einschübe, sie befinden sich lieber gleich »halbwegs in dem Pararaum der fünften Dimension, in der die Entfernungen der vierten Dimension nichts mehr bedeuten, halbwegs im normalen Weltenraum, so daß sie Kontakt mit ihrer Umgebung behalten konnten.« (Campbell, ›Der unglaubliche Planet‹) Über Erfindungen wie ›Antigraviator‹, ›Transportstrahl‹ und ›Impulswellenantrieb‹ (Campbell) ist ein versierter Science Fiction-Leser rasch verständigt, den Antigrav kennt er spätestens von Oskar Hoffmann her (›Mac Milford's Reisen ins Universum‹ — 1902), einem

Autor, der ihm auch schon die Kenntnis eines ›Transmitters‹ oder ›Desintegrators‹ vermittelt hat, mit dessen Hilfe Materie abgebaut und an anderer Stelle wieder aufgebaut werden kann: kühne Erfindung als Wiedererkennungszeichen und als fortwährende Bestätigung.

Die Erfindung als Schablone, das ist ein überraschender, allerdings nicht immer exakter Befund. Was Isaac Asimov beispielsweise aus dem abgegriffenen Thema des Roboters herausholt (›Ich der Robot‹), ist bedenkenswert: die Ineinssetzung des Erzählers mit einem positronischen Gehirn, das, zu selbständigen Entscheidungen befähigt, gegen bestimmte Entschlüsse des Menschen revoltiert, weil ihnen konstruktive Mängel anhaften. — Allgemein aber macht sich jener rasche Verzehr bemerkbar, welcher die Fixpunkte wie die momentanen Situationen, den ›Einstieg‹, die scheinbare Dialogführung und schließlich auch die Wohlgemutheit der Aventure aushöhlt. Erfindung als Konstruktion des Utopischen stellt sich dermaßen schwierig her, daß die Bemühungen dazu reine Näherungswerte darstellen, selber im Utopischen verlaufen. Das liegt objektiv im Wesen der Sprache, die als Gemeinsames immer schon auf Bekanntes zurückweist.

Das Problem der neuen Begriffsbildung wurde vom Kantianer Laßwitz bereits 1878 erkannt und in einen heiteren Kompromiß überführt:

»Unzweifelhaft ist es, daß in der Zukunft jetzt fremde Begriffe gebildet werden. Hier ist der Phantasie durch die Schwierigkeit der Darstellung ein natürlicher Zügel angelegt; es kommt darauf an, zwischen phantastischem Fabulieren und lehrhaftem Auseinandersetzen die richtige Mitte zu finden. Denn auch das Fremdartige muß durch schon Bekanntes unserem Verständnis vermittelt werden, und das ist nicht immer leicht und erfordert vielerlei Voraussetzung. Ohne philosophischen Ernst geht es zeitweise nicht ab, wenn man in so gebildete Jahrhunderte hinaufsteigt.« (Vorwort zu ›Bilder aus der Zukunft‹, 1878).

Diese Schwierigkeit ist nicht zu beheben, weder läßt sich der utopische Gegenstand in gleicher, nämlich utopischer Weise abbilden, noch vermag die Sprache in ihrem Rhythmus etwas vom Zeit- oder Raumgefühl der phantasmagorierten Welt ansichtig zu machen. Die Misere der Utopisten wurzelt aber im Subjektiven, nämlich in dem weitgehenden Verzicht auf eine befriedigende Totalität. Der ›philosophische Ernst‹ hält seinem spielerischen ›Bildmodell‹ nicht stand, oder die Imagination erweist sich als nicht voll ausgebildet, Leserbedürfnisse und Verlagstermine spielen eine Rolle, kurzum »die Autoren, da sie ja auf planmäßiges Konstruieren verzichten, können nur auf rudimentäre Art beschreiben und entgehen mit knapper Not der Banalität« (Michel Butor).

Die Einschränkung der Science Fiction aufs Partielle, die nicht gleichzusetzen ist mit Konzentrierung auf bestimmte utopische Aspekte — mit vollem Recht hat Huxley in ›Brave new world‹ keine Anspielung auf Atomzertrümmerung gewagt, da sein Thema »nicht der Fortschritt der Wissenschaft schlechtweg, sondern der Fortschritt der Wissenschaft, insofern er den einzelnen Menschen berührt«, gewesen ist, — hat aber zur Folge, daß die Balancehaltung immer schwieriger wird und die Story sich irgendwann einmal verhakt, unmotivierte Handlungsweisen auftreten, die Koordinierung weder gelingen noch das Detail verläßlich anmuten will.

Noch immer ist der Mensch den Utopisten ein Vorurteil. Das sei nicht am gestei-

gerten Intelligenzquotienten einer plötzlich ›wolkenlosen‹ Erdbevölkerung nachgewiesen (Poul Anderson, ›Brain Wave‹), weil die Verdinglichung dort auf der
Hand liegt, sondern am unauffälligeren Beispiel des gebildeten Frondeurs, wie
ihn Bradbury in ›Fahrenheit 451‹ darstellt.
In einer Welt totaler Konformität und schal gewordenen Geistes wird der bis-
lang mit der Verbrennung aller nur verfügbaren Bücher befaßte ›Feuerwehr-
mann‹ Guy Montag durch ein wirkliches ›Gespräch‹ veranlaßt, sein bisheriges
Tun zu verurteilen, sich seiner Frau zu entfremden und aktiv daran zu gehen,
mit Unterstützung eines gelehrten Eigenbrötlers gegen die planmäßige Verdum-
mung der Welt zu revoltieren, indem er Bücher und Zitate ihrem Gedächtnis erhält.
— Die individualpsychologische Erklärung steht aus: Abweichung von den
normativen Mustern tritt nur ein, wenn entweder ein Individuum pathologisch ist
oder eine Störung von außen in das System eingeführt wird. Wie kommt also Guy
Montag zu seinem Protest? In der unbehaglichen Welt der ›Fahrenheit 451‹
erweist sich gegen des Autors Willen und der konformen Sympathie des Lesers
zum Trotz Guy Montag als ein Querulant, der sich nicht an die anerkannten
Werte und Lebensweisen hält und noch gegen die eigene Vergangenheit quer-
schießt.
Mit der einseitigen Unterstützung — anderswo der Verleugnung — des Menschen gegen die Umwelt hängt zusammen jene sonderbare Bequemlichkeit, die
aus der fiktiven utopischen Welt jeden ernsthaften Konflikt eskamotiert beziehungsweise, wenn sie ihn einmal einführt, dann keineswegs durchhält, sondern
ihn als einen nicht strukturell bedingten abtun kann. Streiks werden von
Maschinenwesen angezettelt, radioaktiv verseuchte Minderheiten reparieren den
Schaden der Gesellschaft (›Aufstand der Mutanten‹ von E. C. Tubb), Parlamente,
in denen organisierten Gruppen ihre gegensätzlichen Machtansprüche anmelden
müßten, geben oder verweigern einmütig ihre Zustimmung.


Es ist an der Zeit, genauer auf das Verhältnis von *Utopie und Gesellschaft* einzugehen, um an ihm eine sachliche Inkongruenz zu studieren, die auch das Problem
des Trivialen betrifft, mit dem Ziel, die bisherigen Trivial-Befunde einem schlüs-
sigen ästhetischen Urteil zu überantworten.
Wichtige Merkmale einer konkreten Gesellschaft, so haben wir bereits angedeutet,
fehlen dem utopischen Modell mehr oder minder völlig: die Dialektik zwischen
Individuum und Gemeinwesen; die ständig erneuerten, konsequent fortgeführten
und schließlich selbst gesellschafterhaltenden Konfliktstoffe.
Leicht darf man daraus folgern, daß der Utopie ein Trend zur sozialen Harmonie
innewohnt, zur Uniformität; Einigkeit herrscht über die geltenden Werte und die
institutionellen Ordnungen.
Ein weiteres Merkmal betrifft die Isoliertheit ihrer Gesellschaftsform vor anderen
Gesellschaften (etwa eines Planeten), die isolierte Stellung auch in Zeit und Raum.
Wir müssen sie begreifen als ein eigentümlich starres, homogenes Gebilde, dem
sozialen Wandel selbst entrückt, das einen Endzustand suggeriert, der ihr utopisches Wesen selber aufhebt.

Seltsamerweise sieht sich die konkrete Utopie selbst immer bis an ihr Ende gekommen, die Vergangenheit verschwimmt ihr im Ungefähren, die Zukunft zeigt sich gleichförmig oder, wenn zornig-pessimistisch abgeschildert, als im Grunde unmöglich. ›Last and First Men‹ von W. O. Stapledon (1930) heißt die rühmliche Ausnahme. Gegen den flachen, kurzen Fortschrittsoptimismus gekehrt, unternimmt es der britische Autor, den Menschen in dessen naturbedingter Veränderlichkeit mehreren, zeitlich weit aufeinanderfolgenden Stadien auszusetzen, deren erstes (homo sapiens) nach Errichtung einer planetarischen Kultur, allgemein einer Verehrung der ›Divine Energy‹, dann ebenso katastrophenartig abbaut wie noch das dritte und vierte; erst auf der 5. Stufe gelingt es ›to attain true human proportions of body and mind‹, allerdings bleibt diese Kultur atomarer Beherrschung und hoher telepathischer Fähigkeiten den Einsichten des homo sapiens schon verschlossen. Planetarische Katastrophen machen eine Umsiedlung auf die Venus und später auf den Neptun notwendig, Mangel an Adaption führt zeitweilig zu untermenschlichen Formen herab; erst der 15. Mensch nimmt wieder Einfluß auf seine eigene Entwicklung, im 18., dem ›letzten Menschen‹, offenbart sich die Entelechie.

Thema dieser recht pointierten Science Fiction-Studie, eines ›essay in myth creation‹, ist faktisch die soziale und biologische Umformung in Permanenz, triumphierend verweist sie auf des Menschen endlich-unendlichen Lohn: Unsterblich geworden sein, aber freiwillig aus dem Leben scheiden.

Sozial Konstituiertes, gesellschaftlich Vermitteltes zeigte sich in anderer Hinsicht bei der Utopie immer im Spiel.

Die utopische Insel der ›voyages extraordinaires‹, konstruktiver Rahmen für das in sich verschlossene utopische Modell (schon seit Platos ›Atlantis‹ und Theopomps ›Meropis‹) schmückte einen zwar betont ungesellschaftlichen Hintergrund, blieb aber ideell eminent auf Gesellschaftliches bezogen. Das gilt vor allem für die ältere Sozialutopie reformatorischen Charakters, die, implicite oder ausdrücklich, einen Einfluß auf die gemeinsamen Vorstellungen von der Wirklichkeit ausüben wollte, und dies um so eher zu erreichen hoffte, je mehr sie sich selbst autonom setzte. Der Science Fiction-Literatur kommen gesellschaftliche Veränderungen weniger in den Sinn. Was an sozialer Realität in sie eingeht, ist häufig unkontrolliertes Schmuggelgut: die geheimen Wünsche, konformen Vorstellungen, die Belustigungen und auch tieferen Befürchtungen unserer Epoche. Davon wird nicht allein die Romantik der Weltraumschiffer und die erheiternde Stereotopie ihrer Interaktionen betroffen, das gilt in besonderem Maße für die aufklärerisch-polemische Utopie, die nicht mehr mit der Zukunft im Bunde steht.

Beispiel dafür, wie das Präzise eines gesellschaftlichen Milieus unterschlagen werden kann, gibt der frühe Walter Jens:

»Die Heisere Gasse trug das gleiche Aussehen wie Hunderttausende ihrer Schwestern in aller Welt. Mietskasernen, vollgepfercht mit Schicksalen ungezählter Menschen. Graue Häuser, traurig und zerquält bis unter das Dach. Kahle Bäume, die nicht wissen, wohin, stehen am Rinnstein ... die Geschäfte mit halbblinden Scheiben ... Vereinslokale. Drinnen riecht es schal nach abgestandenem Bier ... Stumm und gleichgültig gehen sie an den Nachbarsfrauen vorbei. Irgendwoher kommt eine monotone Radiostimme.« (W. Jens, ›Nein — die Welt der Angeklagten‹ rororo S. 47/48)

Diese Straße hat nie existiert und wird so nie existieren. Sie ist eine Emanation des Widerwillens. Zustände des Trivialen werden, dank des Affekts und der weder naiv noch bewußt ironisch gehandhabten Worte, letztlich auch trivial abgeschildert.

In weniger sprachlich durchsichtiger Weise, aber mit einem um so erstaunlicheren Salto mortale gegen das ursprüngliche Konzept kehrt sich in ›Brave new world‹ die Überzeugungskraft eines Szenendialogs gegen den Autor Huxley selber. Die schöne Lenina und der ›Wilde‹ (Vertreter einer Humanität, wie frühere Zeit sie noch kannte, Träger der Huxleyschen Kultur- und Gesellschaftskritik) können zueinander nicht kommen, jener flieht verstört vor der vermeintlichen Herabwürdigung seines Liebesgefühls, als sie, in einem konventionellen wie gleichzeitig selbstverständlichen Ritual, sich vor ihm ausgezogen hat. Im Grunde ist er der Blamierte, hat ihr Ineinsgehen von gesellschaftlich Präformiertem und innerster Natur nicht verstanden. »Die poetische Gerechtigkeit«, so analysiert Th. W. Adorno den Wilden in einem Aufsatz 1942, »gestaltet ihn als Aggression eines Neurotikers. Indem Huxley ihn ins Unrecht setzt, distanziert er sich von der Gesellschaftskritik.«

Die zu fordernde Einheit von Intention und verwirklichtem Text gäbe hier das Kriterium ab für den Befund der Trivialität, einer Trivialität freilich, deren Kohäsion und Allgemeingültigkeit immer wieder überprüft werden müßte.

Utopische Geselligkeit und Ungeselligkeit in ihrem dialektischen Zueinander werfen, die eine auf die andere, ein trübes Licht. Nur zu genau entspricht bei Weltraumreisen die Indifferenz der Gruppe einem mitteilungslosen Einsamkeitsgefühl im All. Gleichzeitig mit der Vereinzelung des Menschen in einem oft weitgehenden Sinn (als letzter Träger seiner Rasse), geht in der modernen Science Fiction eine spürbare Enthumanisierung vor sich. Liebe, Freundschaft, Haß, Schrecken werden klischeehaft erlebt. Ein soziales Ereignis wie der Tod wird kaum je realisiert.

»Ed starb schnell. Sein Mund schnappte verzweifelt nach Luft, während die Blasen der Atemvorrichtung nutzlos gegen die Oberfläche stiegen. Automatisch sperrte Don die Zuführung ab, ohne einen weiteren Blick in das furchtbar verzerrte Gesicht des Toten zu werfen.«

(Tubb, ›Aufstand der Mutanten‹)

»Bobs Kopf fiel langsam zur Seite. Er war tot. ›Also Bob!‹ murmelte Nat und schien nicht sehr zufrieden zu sein. ›Ich hätte eher an Sie gedacht, Miller.‹« (Grob, ›Unternehmen Vergangenheit‹)

Kein Erlebnismittelpunkt tut sich auf. Er verlangte zuviel Verzicht an Bequemlichkeit, vielleicht sogar an Glaubwürdigkeit. Nirgends wird das Problem des ›Sich selbst möglich machens‹ (Max Frisch) gestellt, bei George Orwell zwar,

aber dann vorzeitig verneint und über Subjekt und Objekt in gleicher Weise be-
funden.

Die meisten Darstellungen und Werthaltungen der Science Fiction verlaufen in
den gleichen Kategorien, die unsere Gesellschaft kennt. Heute scheint aber nur
diejenige Literatur die Probleme der Gesellschaft wahrhaft zu gestalten, die
gleichzeitig in der äußersten kritischen Distanz zu den Kategorien der Gesellschaft steht. Science Fiction, die das nicht vermag, gleitet wiederum ab in die
Trivialität.

Eine Geschichte ganz zu Ende denken, hieße freilich, ein im Grunde einfaches Lese-
und Unterhaltungsbedürfnis zu strapazieren, das sich an eine Literatur gehängt
hat, die wenigstens eines vermag: etwas von der Situation Mitte des 20. Jahrhunderts zu bewahren und ›literarisch‹ zu reproduzieren, das keine hohe Literatur so fest zu halten vermag.

Thesen

statt eines Resumees der mannigfachen Aspekte zu geben, versucht der folgende
Abriß, dessen wesentliche Prämisse vorausgeschickt sei: Literatur mißt sich an
Wirklichkeit, sei diese nun erfahren oder neu erfunden; Literatur ist etwas ge-
schlossen Vermitteltes, ein Totum, das sich ästhetisch nicht aufspalten läßt in
Realitätsbezogenes und weniger Realistisches.

Im Überspringen der Wirklichkeit, im notwendig ungleichmäßigen Absprung liegt
eine Tendenz der Utopie zum Trivialen.

Diese Tendenz zeigt sich subjektiv (im Einzelfall), insofern Wirklichkeit als wichtiges künstlerisches Ingrediens nicht hineingenommen wird in den utopischen Zusammenhang.

Das hat die verschiedensten Gründe materialer und formaler Art. Es geschieht
etwa aus mangelnder Kenntnis der technischen, politischen und sozialen Zusammenhänge der Gegenwart; oder bei unzureichend phantasiemäßiger Beherrschung
und Organisiertheit der futurischen Welt (die mit der literarischen Konkretisie-
rung sich allerdings der Chance ihrer Verwirklichung immer schon entschlagen
hat); schließlich durch Desintegrierung und Vereinzelung der einzelnen Lebensbereiche: hier technische Apparaturen, dort soziale Verhaltensweisen oder seelische
Valeurs. — Sprachlich geschieht der Rückzug von Wirklichkeit in jedem nicht
bewußt gestalteten Klischee; in den aus dem Textganzen herausfallenden Erörterungen, die ebenso wie der forcierte Fachjargon, eine schlechte literarische Or-
ganisierung verraten; auch dort, wo die utopische Phantasie nicht bis ins sprachliche Detail reicht, d. h. Utopisches nicht in der Sprache selbst ansichtig gemacht
werden kann.

Strenggenommen wäre zu folgern:

Utopie wird dann unmöglich Kunst sein, wenn sie sich mit Fleiß auf ihren ›technischen‹ Gegenstand und ihre Erfindungen verlegt, anstatt ihre Prosa auf diese
neuen Sachverhalte hin anzuspannen.

138

Ihrer künstlerischen Legitimation wegen sollte Utopie nicht einen Endzustand fixieren (oder ihn als solchen kulturkritisch verunglimpfen), der sie als utopische Intention selbst aufhebt.

Utopie als Kunst ist nicht gut vorstellbar ohne die thematische Geschlossenheit und die innere Unabgeschlossenheit eines frei gewählten Modells — aber auch nicht ohne den Gegenhalt einer wirklich gemachten Erfahrung. Ist dann, in Umkehrung, alle große Kunst Utopia?

*Exkurs*

*Die Science Fiction-Literatur — und zwar in Nachbarschaft mit den Tatsachen-romanen — scheint sich durchaus abzuheben von einer Literatur, die von vorn-herein, durch den Stoff, durchs Thema als trivial sich denunziert. Ehrwürdige Exemplare des ›Utopischen Romans‹ finden sich als Urväter der modernen Science Fiction, aufgeladen mit aufklärerischen, didaktischen, weltverbesserischen Ideen und kritischem Impetus. Überdies steht der Stoff auf positive Weise in den Fesseln eines präzise kalkulierenden technischen Denkens, abhold — zunächst wenig-stens — einer gefühligen Spinnerei, die etwa dem Liebes- oder Heimatroman von vornherein mitgegeben ist.*

*Die technische Utopie ist von kaltblütiger Art. Sie spielt im ›Noch-nicht-Da-gewesenen‹, im ›Noch-nicht-Erreichten‹, aber die Basis, von der aus sie die Flügel erhebt, ist fest gefügt, ist belegbar. Die Folge der Worte ›Fiction‹ auf ›Science‹ könnte eine Verlängerung der Perspektiven bedeuten, Verlängerung in unbekannte Bereiche hinein, aber der Ausgangspunkt ›Science‹ bietet die Voraussetzung, daß nicht bloße lügnerische Spekulation an den Endpunkten steht. Diese positiven Ausgangspunkte der Science Fiction-Literatur kommen jedoch nur selten zur Geltung.*

*Greifen wir zurück. Was gab den utopischen Romanen der Antike, des Mittel-alters bis hin zu Cyrano de Bergeracs Sonnen- und Mondfahrten — und überall dort bieten ja noch nicht praktizierte technische Momente die Voraussetzung zum Ausbreiten einer utopischen Welt — was gab dieser Literatur die allgemeine Ver-bindlichkeit und was entzog sie dem Begriff des Trivialen? Zunächst einmal. Es ging hier nicht um Vorausdeutung, es ging nicht um das Einholen der Zukunft, nicht um den Siebenmeilenschritt des Fortschrittsglaubens. Vielmehr handelte es sich um eine literarische Spiegeltechnik, die aus der Ferne der Utopie in die Reali-tät zurückverweisen wollte.*

*In dieser Technik sollte nicht die Zukunft gedeutet werden. Zukunft ist dieser so spielenden Literatur kein Gegenstand. Vielmehr argumentiert sie aus einer mani-pulierten Ferne, aus der Utopie, um der Gegenwart, dem Zeitgenössischen, die eigene Grimasse vor die Augen zu halten.*

*Aus dieser List, Utopie einzuspannen, um hier und jetzt etwas zu bewirken, näm-lich die bessere Existenz, das humanere Dasein, leben die großen Utopien der Vergangenheit. Eine Literatur also, die nur fiktiv sich aus dem irdischen Zusammen-hang entfernt, um diesen Zusammenhang zu verändern.*

*Diesem kritischen Willen der älteren utopischen Literatur mit ihren Fiktionen, die auf Realität zurückverwiesen, die mit der Geschichte rechneten und sie zu be-stimmen versuchten, steht der Satz entgegen, mit dem Professor Gruenter die moderne Science Fiction-Literatur berührt: »Und ist es Zufall, daß utopisches Denken und technische Industrie Hand in Hand arbeiten, daß sie zusammen den Menschen ideell und materiell grenzenlos in Bewegung setzen und seine lebenswichtige Empfänglichkeit für das Geschichtliche durch den leeren Kult* eines utopisch Zukünftigen und technisch Möglichen sterilisieren?« Dieser Satz sollte nicht zu strenggenommen oder verallgemeinert werden. Nicht alles, was wir an Science Fiction-Literatur kennen, läuft auf jene Sterilisierung hinaus. Dennoch scheinen viele Exemplare der Gattung mit technisch-utopischen Momenten sich nur zu verbrämen, gleichsam einer Flucht nach vorne willen; Angstzustände und Neurosen einer im Abstrakt-Technischen sich befriedigenden Welt zeigen sich in den trivialen Zügen von Schauerdramatik und Bestienbildern. Die Mitgaben an Psychologie und Handlung zeigen ferner, wie wenig Erfahrungen und Utopien technischer Art auf das Menschenbild sich auswirken konnten. Romantische Vorstellungen vom Helden verbinden sich mit Errungenschaften, die nur durch die allseitige Leistung einer Mannschaft möglich wurden. Hier gälte es, den neuen Beziehungen und Positionen der Menschen untereinander nachzugehen. Ebenfalls könnte man sich vorstellen, daß ihre Konflikte und deren Austragungen andere geworden sind. Solange aber die neue technische Welt und menschliches Verhalten nicht in gegenseitige Abhängigkeit und Funktion gebracht sind, solange die alten Handlungsschemata und psychologischen Schablonen in die Utopie hineingebracht sind, solange wird die Science Fiction, soweit sie auch greifen mag, im Reaktionären verharren.

# Gerhard Schmidt-Henkel
# Die Leiche am Kreuzweg

›Kriminal‹ und ›trivial‹ — das hat einen verdächtigen Gleichklang. ›Crimen‹ und ›trivium‹ berühren einander kaum noch, wenn man davon absieht, daß Verbrechen früher gern an Wegkreuzungen angesiedelt wurden. An einem Kreuzweg der literarischen Wertung befindet man sich jedoch, will man dem Kriminalroman anders gerecht werden, als es die generelle Einordnung in ›Trivialliteratur‹ tut. So stockt die Untersuchung schon bei der ersten definitorischen Schwierigkeit: Gehen wir von einer in der Literaturwissenschaft geforderten und immer wieder versuchten Trennung von Kriminalroman und Detektivgeschichte aus, dann scheint der Kriminalroman keineswegs zur Trivialliteratur zu zählen; denn Werke, in denen Verbrecher, ihre Taten, Verfolgung und Bestrafung dargestellt werden, gibt es in der Weltliteratur vom ›Ödipus‹ des Sophokles bis zu William Faulkners ›Springergambit‹. Gehen wir aber vom täglichen, in der Umgangssprache sanktionierten Gebrauch aus, dann müssen wir, wie es auch von Autoren und Verlegern geübt wird, Kriminalroman und Detektivgeschichte unter ›Kriminalroman‹ zusammenfassen.

Vermutlich nähert man sich dem Phänomen zunächst am besten, wenn man es aus dem Blickwinkel des um Objektivität und Selbstkritik bemühten Konsumenten, nicht aus dem des normativ-hochmütigen Literaturästheten ansieht.

Sonst scheint der Begriff Kriminalgeschichte »lediglich durch das Thema bestimmt, dessen Behandlung sehr verschiedene Erzählformen wählen kann; der Zusammenhang der einzelnen Repräsentanten der Gattung ist lose und der Gattungsbegriff daher weitmaschig. Die Detektivgeschichte dagegen bildet einen genau zu umreißenden Teil der Trivialliteratur und bewegt sich in einem festen Schema.« (So die Definition in Merker-Stammlers ›Reallexikon der Literaturgeschichte‹ I, 895, 2. Aufl.)

Man geht füglich auf den Ursprung zurück:

Im Mittelpunkt des Kriminalromans steht ein crimen. Dostojewskis ›Raskolnikoff‹ gehört also dorthin wie ein Reißer Mickey Spillanes, um die äußersten Gegenpole zu nennen. Aber den gewöhnlichen Kriminalroman unterscheidet von Dostojewski gerade das detegere = enthüllen, aufdecken. Dostojewski zeigt uns Mord und Mörder von Anfang an — die Detektivgeschichte verlegt ihre ganze Energie auf die Aufdeckung eines Geschehnisses vor der Handlung oder eines, das in ihr verschleiert eintritt.

Die Sekundärliteratur ist im anglo-amerikanischen Bereich zahlreich, im deutschen gering. Für historische wie analytische Fragen zuständig sind heute zwei Bücher:

142

Walter Gerteis, ›Detektive. Ihre Geschichte im Leben und in der Literatur‹, München 1953, und Fritz Wölcken, ›Der literarische Mord. Eine Untersuchung über die englische und amerikanische Detektivliteratur‹, Nürnberg 1953.

Ein Vergleich Wölckens etwa mit A. E. Murch, ›The Development of the Detective Novel‹, London 1958, zeigt, daß Wölckens Untersuchung hohen informatorischen, im vierten Kapitel besonders auch analytisch-wissenschaftlichen Wert hat, mögen dem kritischen Leser auch unnötige Wiederholungen und Verschiebungen von Argumenten auffallen.

Unsere Betrachtung tut vier Schritte: Der unbestrittene Konsumcharakter dieser Gattung von Unterhaltungsliteratur gebietet einen ersten Blick auf Statistik und Soziologie. Der zweite Blick auf die Genesis wird zeigen, daß dem Phänomen mit historischen Überblicken und Ableitungen überhaupt nicht beizukommen ist. Drittens geht es um eine knappe Typologie und Phänomenologie der literarischen Form. Viertens schließlich werden wir eine literarische Wertung versuchen.


## 1. Statistik und Soziologie

Wir entnehmen die folgenden Zahlen und Tatsachen einer Umfrage der ›Stuttgarter Zeitung‹ unter dem Titel: ›Die Lust am Kriminalroman. Das Für und Wider eines weltweiten Phänomens.‹ Die Antworten füllten von Juni bis September 1961 die Spalten des sonntäglichen Feuilletons. Sie sind eifernd, verdammend, panegyrisch, blasiert, dozierend. Sie stammen von Universitätsprofessoren und anderen Lesern, von Splitterrichtern und Seelenaposteln. Aber sie sind aktuell.

So antworten vier führende deutsche Kriminalromanverlage auf die Fragen nach Absatzsteigerung und soziologischer Schichtung der Leserschaft (wir zitieren in Auszügen aus Nr. 131 vom 10. Juni 1961):

Drei Beispiele mögen das Anwachsen der Kriminalliteratur während der letzten fünf Jahre veranschaulichen: Im ersten Fall betrug der Zuwachs von 1955 auf 1956 nur 6,6 Prozent; in den folgenden Jahren ergab sich jedoch folgende Kurve: 8,3 Prozent, 12,1 Prozent, 15,4 Prozent, zuletzt 20,2 Prozent. Ein anderer Verlag, der den Umsatz des Jahres 1956 mit 100 Prozent ansetzte, errechnete bereits für 1957 einen Zuwachs von 17,4 Prozent; weiter: 58 Prozent, 134 Prozent und zuletzt 170 Prozent (wobei die letzten beiden Zahlen als Resultate einer Preisreduzierung zu werten sind). Ein dritter Verlag, der ebenfalls den Umsatz des Jahres 1956 mit 100 Prozent ansetzte, kam zu noch erstaunlicheren Zahlen: 1957: 164 Prozent, 1958: 218 Prozent, 1959: 264 Prozent und 1960: 300 Prozent. Beim Vergleich der drei Beispiele muß betont werden, daß der erste Verlag keine Taschenbücher herausgibt, der zweite seine Serie der Taschenbuchform angenähert hat und nur der dritte eigentliche Taschenbücher verlegt. Der Zuwachs ist also zum Teil dem pocket-book zu verdanken.

Interessant ist die Entwicklung einer erst vor drei Jahren gestarteten Serie: Für das zweite Halbjahr 1958 waren 12 Bände vorgesehen; wegen des durchschlagenden Erfolges mußten jedoch 18 Bände herausgebracht werden. Zwei Jahre später waren es bereits 27. Seit Januar 1961 erscheinen jeden Monat drei neue Bände dieser Serie. In diesen drei Jahren wurden 1,5 Millionen Exemplare abgesetzt.

Das ist der von den Verlagen selbst angebenene Umsatz. Der Kenner errät unschwer, daß es sich beim ersten Beispiel um die Krähen-Bücher des Nest-Verlages, beim zweiten um die schwarzen Kriminalromane des Scherz-Verlages, beim dritten um die Ullsteinbücher handeln muß. Die vor drei Jahren gestartete Serie sind die ›Mitternachtsbücher‹ des Desch-Verlages.

Bei einem Versuch, die Gesamtzahl der in deutscher Sprache verbreiteten Kriminalromane zu errechnen, kam man auf 15 Millionen Exemplare. Im Jahre 1963 kamen etwa 800 neue Titel auf den Markt. Das sind imponierende Zahlen. Hinzu kommt die große Streuung durch die Leihbibliotheken, von denen viele vorwiegend, bis zu 80 Prozent, Kriminalromane ausleihen. Der Liebhaber dieser Gattung liest jährlich 30 bis 50 Romane. Die Zahl der Leser ist weitaus größer als die geschätzte Summe der Gesamtverbreitungszahl; denn nicht nur die Leihbibliotheken, auch Familien-, Freundes- und Berufskreise verbreiten weiter.

In den Anhaltspunkten der Verlage über die soziologische Schichtung der Leserschaft steht an erster Stelle das bekannte Argument, gerade »Intellektuelle, Politiker und Wirtschaftsführer« läsen in ihrer Mußezeit mit Vorliebe Kriminalromane zur Entspannung und »geistigen Umpolung«. Einer der Verlage beklagt, daß seine »gehobene Leserschicht« ein Vordringen seiner Serie in die sogenannte breite Masse verhindere; ein anderer glaubt, seine Bücher seien in allen Schichten gleich beliebt; ein weiterer betont wiederum die gesellschaftlich-geistige Elitestellung seiner Leser: das Bemühen um Selbstlegitimation ist unübersehbar, auch in dem wiederholten Hinweis, zahlreiche Kriminalromane seien literarisch bedeutungsvoller und künstlerisch wertvoller in Anlage, Aufbau und Konstruktion »als mancher Beitrag zur schöngeistigen Literatur«.

In einer Übersicht über die in deutscher Sprache publizierten Serien erscheinen neben den vier genannten noch die Blau-Gelb-Kriminalromane des Diana-Verlags, Goldmann, der größte und älteste Kriminalromanverlag der Bundesrepublik mit zwei Reihen, die noch junge Serie der Heyne-Bücher, die zu einem Drittel aus Kriminalromanen besteht, und schließlich die Simenon-Reihe des Verlages Kiepenheuer und Witsch. Sie nimmt, gemäß ihrem einzigen Autor, eine Sonderstellung ein. Der Versuch einer gültigen qualitativen Staffelung dieser Reihen fiele schwer: der Zwang der Serie, der merkantile Drang, unablässig am Leser zu bleiben, hindert häufig, ein mit den ersten Nummern gegebenes Versprechen einzuhalten.

Bemerkenswert ist zunächst der große Publikumserfolg. Zweifelhaft dagegen ist der Versuch, bestimmte Leserschichten ausfindig zu machen. Gewiß wird der Literaturinteressierte den Namen eines Autors behalten, der ihm gefallen oder mißfallen hat, und bei Gelegenheit nach ihm fragen oder vor ihm warnen. Der aufmerksame Kriminalromanleser ist in diesem Sinne literaturinteressiert oder gar -kundig. Das Indiz dafür: Jede Leihbibliothek weist nach, daß ›Krimis‹ sehr häufig systematisch nach Autoren gelesen werden. Mag der Leser beim ersten noch frei, dem Zufall oder seinem Instinkt überlassen sein — beim zweitenmal ist er bereits magisch infiziert. Die gleiche Beobachtung gilt für die ›Krimi‹-Reihen der verschiedenen Verlage. Gerade deshalb sind diese bemüht, von einem Autor nach und nach eine ganze Serie herauszubringen, mag das Niveau auch schwanken. Nun ließe sich einwenden, auch Courths-Mahler präge sich ein, es werde nach ihr verlangt. Aber sie ist, wie Karl May, mit ihrem Riesenwerk eine singuläre Erscheinung, auch im großen Urwald der Trivialliteratur. Wir hüten uns, beide gleichzusetzen. Aber goutiert man einen von ihnen, gibt es kaum eine Ausweich- oder Auswahlmöglichkeit. Nicht so beim Kriminalroman: man braucht zwar nicht dem enragierten Kriminalromanliebhaber zu folgen und zu behaupten, es sei erzieherisch, im besten Sinne geschmacksbildend, vom Stofflichen angezogen bei Wallace zu beginnen und bei Chandlers Stories zu enden, und zu folgern, das sei ein Königsweg der literarischen Selbsterziehung. Aber berechtigt ist zweifellos demgegenüber die Frage, wohin denn der Weg von Courths-Mahler führe, und der Einwand, daß der Prozeß der Wirklichkeitsfälschung hier und dort völlig unterschiedlich sei, nicht nur graduell, auch essentiell. Gibt es einen Weg von Courths-Mahler zu Voß oder Knittel? Jeder von ihnen würde es sich verbitten, neben oder hinter den anderen gestellt zu werden. Die modernen Kriminalautoren dagegen sind seit der Jahrhundertwende unablässig um ihre Ahnen und Wurzeln bemüht, und Dorothy Sayers und Chandler haben aufschlußreiche Parallelen und Distanzierungen aufgezeigt.

Eine schwererwiegende Frage stellt Horst Rüdiger in der erwähnten Umfrage (›Stuttgarter Zeitung‹, Nr. 148 vom 1. Juli 1961):

»Läßt sich die Nachfrage nicht auch künstlich steigern? Werden die ›Krimis‹ spontan geschrieben, oder sind sie nicht vielmehr Produkte auf Bestellung? Inwieweit gehört also das Anwachsen der Trivialliteratur zu der auch in höheren literarischen Sphären beobachteten Tendenz, daß die Produktion gar nicht mehr in erster Linie vom Autor ›gemacht‹ oder vom Publikum gewünscht, sondern vom Verleger oktroyiert wird, weil er ein Geschäft wittert?«

Aber hat es nicht immer Literatur, selbst Kunst auf Bestellung gegeben, ist der Produktionsmodus dieser Art von ›Gebrauchsliteratur‹ nicht typisch für sie? Die Methoden der Verführung zum Konsum aber scheinen uns hier gegenüber denen in anderen Wirtschaftszweigen ausgesprochen sanft und unauffällig zu sein. Eine ›Stützung des Marktes‹ gibt es durch Film, Fernsehen und Taschenbuch. Aber das Taschenbuch — in dieser Form verkauft sich der ›Krimi‹ am besten, sie entspricht seinem Zweck vollkommen — zeigt ähnlich hohe Umsätze auch in der sogenannten guten Literatur. Wir möchten vielmehr einen nachhaltigen und anhaltenden Aufstand gegen eine Diktatur in zwei Ausprägungen vermuten: einmal gegen den Versuch des Nationalsozialismus (und seine heute noch bemerkbaren Folgen), den Kriminalroman zu diskreditieren: In einem grundsätzlichen Artikel ›Über den Detektivroman‹, erschienen in der ›Bücherei‹, der Zeitschrift der ›Reichsstelle für das Volksbüchereiwesen‹ (Juli/August 1940), steht: »Der Detektivroman in seiner bisherigen Gestalt ist ein spezifisches Erzeugnis der bürgerlichen Gesellschaft kapitalistischer, westlicher und vor allem angelsächsischer Prägung.« Es wird »die positivistisch-analytische Denkform des Detektivromans« kritisiert. Der Artikel stellt fest, daß dieser »Einbruch westlichen Geistes abgewehrt« werden müsse. In den Sog, der durch das plötzliche Auffüllen literarischer Hohlräume nach 1945 entstand, wurde auch der Kriminalroman gerissen. Der Pseudomythos vom ›american way of life‹ stützte sich zu einem gewissen Teil ebenfalls auf den anglo-amerikanischen Kriminalroman.

Die zweite Form des Aufstandes wendet sich, so vermuten wir, gegen den bedrängenden Anspruch der ›guten Literatur‹. Viele Menschen haben eine Scheu vor dem, was als literarisch hochstehend bezeichnet worden ist, sei es in der Schule, sei es in der Tageskritik. Mangelndes Aufnahmevermögen setzt hohe Literatur mit langweiliger Literatur gleich, es bemerkt aber doch, daß ›Liebes-‹, ›Familien-‹, ›Gesellschafts-Romane‹ auch nicht unverfälschte Freude oder Spannung bieten. So bleibt häufig nur der Kriminalroman. Bertrand Russell hat recht, wenn er fordert: »Ein jeder, der hofft, daß sich mit der Zeit Kriege abschaffen lassen, sollte sich ernsthaft mit dem Problem beschäftigen, wie sich auf harmlose Weise jene Instinkte befriedigen lassen, die wir aus grauer Vorzeit ererbt haben. Ich persönlich finde ein ausgezeichnetes Ventil in der Lektüre von Detektivgeschichten, bei denen ich mich abwechselnd mit dem Mörder und dem Detektiv identifiziere.«

In der Tat werden in unserer Zeit viele Begierden mit Hilfe bedruckten Papiers befriedigt oder kompensiert — warum nicht diese gefährlichste?

Ein wesentliches soziologisches Moment kommt hinzu: Anthony Starr schreibt in seiner Untersuchung der äußeren und inneren Gesetze der Kriminalliteratur (zit. in ›Times Literary Supplement‹, Juli 1961): »Der Kriminalroman ist eine Literaturgattung, die nur in einer Gesellschaft existieren kann, deren Mitglieder in überwältigender Mehrheit auf der Seite von Gesetz und Ordnung stehen.« Er zitiert einen englischen Bischof, nach dem der ›Krimi‹ ein moralisches Märchen sei und den Säulen von Kirche und Staat behage, denn man könne in ihm sowohl die Sünde genießen als auch die Zuversicht, daß sie nicht ungestraft davonkommen wird. So lasse sich die moralische Güte eines Staates und seiner Organe, ja auch seiner Gesellschaft schließlich geradezu daran ablesen, ob der Kriminalroman in ihnen beliebt sei.

Die Folgerungen für uns liegen nach der angeführten Statistik auf der Hand. Sie könnten zwingende Form annehmen, erinnert man sich der Tatsache, daß im letzten Kriege keineswegs Literatur über Raub und Mord beliebt war, soweit sie zugänglich war. Auch ohne die Steuerung durch Feldpostbüchlein wurden Stifter und Hesse, Carossa und Wiechert vorgezogen. Je mehr Wohlstand und scheinbare Geborgenheit aber, desto größere Lust am ›Krimi‹: das ist eine Gleichung, die Russells Zitat bestätigt. Geborgenheit fördert wiederum den Erlebnishunger und gerade wegen der materiellen Sicherheit ein unartikuliertes Glücksverlangen. Beide werden, so meinen die Apologeten des Kriminalromans, durch diesen auf eine bequeme, saubere und schlüssige Weise befriedigt. Mit den grundsätzlichen Wandlungen in der Einschätzung und Selbsteinschätzung verschiedener Gesellschaftsschichten und deren Widerspiegelung in Literatur und Lektüre können wir uns hier nicht mehr befassen. Sie würden den Konsumcharakter dieser Literaturgattung und den Relativismus eines Einordnungsbemühens nach Gesellschafts- und Bildungsschichten bestätigen.

## 2. Entstehungsgeschichte

Die Geschichte des Kriminalromans ist weder organisch noch Teil einer Kultur- oder Literaturgeschichte. Sie vollzog sich schock- und stoßweise. Auf Perioden der Ruhe, ja der Unsichtbarkeit, folgten Blütezeiten. Es wurde bereits dargelegt, daß der ›Krimi‹ nahezu identisch ist mit dem, was im eigentlichen Sinne unter Detektivliteratur verstanden wird oder wurde. So dürfen wir uns bei der Aufzählung dessen, was alles unter anderem auch als Kriminalliteratur im Wortsinne verstanden werden könnte, auf einige Namen beschränken. Die Berührungen mit anderen, meist erzählenden Gattungen liegen jeweils auf der Hand. Sophokles' ›Ödipus‹ allerdings ist der »Urstoff des Detektorischen schlechthin« (Ernst Bloch, Die Form der Detektivgeschichte und die Philosophie, ›Neue Rundschau‹ 1960). Die Fabel lebt, wie etwa auch in Heinrich von Kleists ›Zerbrochenen Krug‹, vom Herausbringen des ante rem: der unwissende Mörder seines Vater, der unwissende Mann seiner Mutter, dessen ›Schuld‹ die Pest nach Theben bringt, ist Jäger und Beute zugleich. Es geht allerdings weit über ›Krimi‹ und Detektivroman hinaus, daß weder Charakter noch überhaupt Bewußtsein des Ödipus die ›Verbrechen‹ bedingen. Aber entscheidend ist die Aufdeckung des ›Vorher‹. Gemäß der Komödie steht bei Kleist für den Inzest ein mißlungenes Schäferstündchen, für den Totschlag das Zerschlagen eines Kruges. Aber Richter und Angeklagter treten wieder in Personalunion auf, die schrittweis-logisch-analytische Aufdeckung übt ihre Faszination. Das Auftreten des Gerichtspräsidenten nun aber, damit die Rechts- und Weltordnung gewahrt bleibe, hat bei Kleist seine dramaturgisch-ideologische Berechtigung — im Kriminalroman würde es an das fatale ›indicium ex machina‹ erinnern, das den mißlungenen Detektionsprozeß und damit den schlechten ›Krimi‹ kennzeichnet.

An ›Kriminalliteratur‹ wäre aus der weiteren Geschichte stichwortartig zu nennen: Schwankliteratur des Mittelalters und Schelmenromane des 17. Jahrhunderts; Pitavals ›Causes célèbres et intéressantes‹ von 1734 (Schiller schrieb 1792 die Vorrede für die deutsche Ausgabe) kennzeichnen das aufkeimende Interesse für Psychologie und Pädagogik des Verbrechens; bei Schiller fallen auch die Titel ›Die Räuber‹, ›Der Verbrecher aus verlorener Ehre‹, ›Der Geisterseher‹. Vulpius' ›Rinaldo Rinaldini‹ stehe stellvertretend für eine Bibliothek von Räuberromanen, in denen der edle Brigant weit wichtiger ist als der Verfolger. Schiller wäre vermutlich der Begründer der modernen Detektivgeschichte geworden, hätte er nach der Lektüre des ›Pitaval‹ und von Merciers ›Tableau de Paris‹ (1781 ff.) seinen Plan eines großen, in der französischen Hauptstadt spielenden Polizeiromans ausgeführt.

Den Weg von der rationalistischen zur magisch-religiösen Grundhaltung geht in der Romantik auch die Kriminalliteratur. Hoffmanns ›Fräulein von Scudéry‹ hat sogar schon detektivische Züge, aber wichtig sind hier immer die ›unerhörte Begebenheit‹ und damit die novellistische Form — weniger der Aufklärungsvorgang. Die Psychologie des Verbrechers bestimmt Drostes ›Judenbuche‹ und Fontanes ›Unterm Birnbaum‹. Aber selbst bei einer solchen einfachen Trennung wie der hier geübten zwischen Kriminal- und Detektivliteratur verwirren sich die

Linien: Der Untersuchungsrichter in Dostojewskis ›Raskolnikoff‹ in seinem Verständnis- und Verantwortungsstreben für Tat und Täter findet sich wieder in Dürrenmatts ›Der Richter und sein Henker‹ und schon vorher beim Lord Peter Wimsey der Dorothy Sayers: nicht allein Bestrafung, Rache, sondern Einsicht des Verbrechers in die Tat und freiwillige Buße sind sein Ziel, er leidet gar mit dem Mörder darunter, ihn gefaßt zu haben.

Die Detektivliteratur, der ›Kriminalroman‹ des heutigen Sprachgebrauchs, beginnt fortissimo. Edgar Allen Poes ›The Murders in the Rue Morgue‹ (1841) stellt den Privatdetektiv Auguste Dupin auf die Bühne. Der Held wird zum Gattungsträger. Geschichte wird zur Typologie. Hier ist alles in nuce, was später unablässig variiert und ausgebreitet wird. Poe versucht noch leichte Abwandlungen der detektorischen Methode in ›The Mystery of Marie Rogêt‹ und in ›The Purloined Letter‹ und parodiert sich dann schon selber in ›Thou Art the Man‹, wenn zur Aufklärung eine mechanisch sich erhebende Leiche und ein Bauchredner engagiert werden.

Anne Catherine Green, die 1883 der Gattung den Namen ›detective story‹ gab, hatte neben Emile Gaboriau und Wilkie Collins in der zweiten Hälfte des Jahrhunderts großen Erfolg, vor allem aber Charles Dickens mit ›Oliver Twist‹, ›Martin Chuzzlewit‹, ›Our Mutual Friend‹ und ›The Mystery of Edwin Drood‹. Dann begann Conan Doyle 1887 mit ›A Study in Scarlet‹ seinen Triumphzug. Er konnte sich auch auf Wilkie Collins' ›The Moonstone‹ berufen. Sherlock Holmes und Dr. Watson agieren, besser: analysieren und memorieren in sechzig Geschichten.

Zum Bild einer noch so stichwortartigen Geschichte gehört gerade hier das Faktisch-Historische: Es klingt an mit dem Bagnosträfling, Geheimagenten und Pariser Sûreté-Chef François Vidocq, dem Verkleidungskünstler und Kenner der Unterwelt, der die Verbrecher mit ihren eigenen Waffen schlug.

Vor ihm gab es schon in London die Bowstreetrunner. Sie hatten eine rote Weste, einen Stock und eine Knarre, mit denen sie Ganoven verscheuchen und Hilfe herbeirufen sollten. Ihr ›Erfinder‹ war Henry Fielding, der Dichter des ›Tom Jones‹ und des ›Mr. Jonathan Wild the Great‹, der ersten realistischen Romane in England. Er war Friedensrichter in der Bowstreet (1748). Die Entstehung Scotland Yards kann hier nur angedeutet werden (wir verweisen auf die ausgezeichnete Darstellung bei Walter Gerteis). 1829 schuf der Innenminister Sir Robert Peel die tausend Mann starke Metropolitan Police. Sie wurde (nach der Seitenstraße von Whitehall Place) Scotland Yard genannt. Dort befanden sich das Polizeipräsidium, eine Polizeiwache und etwas später die Detektivzentrale, das Criminal Investigation Department, CID (1843). 1890 zog Scotland Yard um ans Themseufer in die Nähe der Westminsterbridge. Dort sitzt er heute noch und nennt sich offiziell ›New Scotland Yard‹.

Entscheidende Entwicklungssprünge verbinden sich auch mit dem Namen Pinkerton in Amerika (›Pinkerton schläft nie‹) und Dr. Stieber als Preußens Pinkerton am Molkenmarkt, Berlins Scotland Yard, bevor er an den Alexanderplatz umzog.

Wir erinnern auch an Lombrosos Versuch, an der Schädelbildung des Menschen das Kainszeichen zu entdecken, an Bertillons Methode des Messens von Körpermerkmalen, um Verbrecher zu identifizieren. Diese Methode wurde überholt durch die Daktyloskopie — die Fingerabdruckkartei als das Adreßbuch der Verbrecherwelt. Das Federal Bureau of Investigation (FBI) besitzt heute über 125 Millionen Fingerabdrücke. Mit Hilfe von Selenzellen dauert es drei Minuten, eine bestimmte Identität herauszufinden. Übrigens gibt es auch hier eine literarische Kuriosität: Bevor noch die Methode entwickelt wurde, hat schon Mark Twain 1882 in einer eingesprengten Story im ›Leben auf dem Mississippi‹ einen Mörder durch seinen Daumenabdruck entlarvt und überführt. Über die heute angewandten, vielfältigen wissenschaftlichen Methoden, zum Beispiel in den Riesenlaboratorien des FBI, ist der Leser von Kriminalromanen und der Besucher einschlägiger Filmaufführungen zumindest oberflächlich orientiert.

Es gibt keine Literaturgattung, die gezwungen ist, sich einen solchen Anschein der Sachkunde zu geben wie die Detektivliteratur. Die in ihr begangenen Untaten vom Einbruch bis zum Mord halten in ihrer technischen Durchführung fachlicher Überprüfung kaum stand. Sie verlieren an Plausibilität. Der Prozeß des ›detegere‹ jedoch ist durch die Realität vorbestimmt, mag er auch durch Phantasie und Intuition vielfältig abgewandelt werden. Der logisch-analytische Vorgang hat seine Grundregeln, die unmerklich, aber unausweichlich in die poetisch-dramaturgischen Regeln für den Aufbau eines Kriminalromans übergehen.

## 3. Phänomenologie und Typologie der literarischen Form

Mit E. A. Poe wird Geschichte zur Typologie. Die berühmte Story ›The Murders in the Rue Morgue‹ hat bereits alle Kennzeichen der Detektivgeschichte, unseres Kriminalromans:

1. Der Detektiv tritt auf und ist nunmehr unentbehrlich, gleich, ob es sich um einen staatlichen, einen privaten oder einen Amateur, z. B. Zeitungsreporter, handelt. Ohne ihn kein ›detegere‹, ohne Auguste Dupin kein Entlarven des Orang-Utan. Die speziellen Denkmethoden entwickeln sich in vielfältiger Form.

2. Es geschieht ein rätselhaftes Verbrechen. Es kann im Laufe der Entwicklung und Verfeinerung variiert werden, es kann auch zuerst ganz einfach oder schon geklärt aussehen und wird dann erst schwierig. Es kann auch am Anfang die Verhinderung eines Verbrechens stehen, z. B. eines Justizmordes (ein beliebtes Sujet der amerikanischen ›Krimis‹). Aber auch dann gibt es eine vorhergegangene Tat und einen wirklichen Täter.

3. Es gibt einen Verbrecher. Der Orang-Utan in diesem Musterfall ist kein exotisches Relikt, vielmehr notwendiger Bestandteil der überraschenden Lösung. Hier ist auch nicht einmal, wie später meistens (man denke an Sherlock Holmes), davon zu sprechen, daß der Meisterdetektiv seinen Verstand mit einem gleichwertigen Gegner messen muß. Ein Mensch als Gegner läßt sich immer noch in seinen Aktionen und Reaktionen berechnen. Dupins Verstandesschärfe zeigt sich gerade darin, daß er ein unheimliches, unberechenbares Vieh bekämpfen muß.

4. Es gibt das dénouement, die dramatische Enthüllung. Hier ist der Punkt, an dem sich die Meisterschaft des Autors zeigt. Das Kalkül muß aufgehen. Aber die Lösung soll unerwartet, elegant und plausibel sein.

5. Schließlich: Watson tritt auf. Auguste Dupins Freund, der Erzähler, das ›Ich‹, hat noch keinen Namen, Watson aber ist derart typenbildend geworden, daß dieser Freund Dupins in der Literatur immer schon Watson genannt wurde. Nicht ohne Grund hat jedoch Dupins Freund keinen Namen: er ist, obwohl das ›Ich‹, keine Person. Je blasser das Individuum bleibt, desto deutlicher wird seine Funktion als Requisit. Er ist das Bindeglied zwischen Dupin-Sherlock Holmes und dem Leser, jedoch so, daß der Leser in seinem Intelligenzgrad zwischen Dupin und Watson steht. Nur über Watson teilt der große Aufspürer sich mit, nur durch Watson fühlt der Leser sich aber auch überlegen. Er weiß oder ahnt alles immer ein bißchen eher als der umständliche Watson.

Ein nicht seltener, zuerst bei Collins zu beobachtender Trick, Spannung zu schaffen und mehrere Handlungs- und Lösungsfäden zu knüpfen, besteht darin, einen Sachverhalt aus verschiedenen Gesichtswinkeln darzulegen. Das geschieht häufig auch über Watson. Augenzeugenberichte und Tagebuchaufzeichnungen sind weitere Mittel der Darstellung.

Eine besondere dramaturgische Notwendigkeit, ›Watson‹ einzuführen, beobachten wir bei Rex Stout: der unbewegliche, korpulente Privatdetektiv Nero Wolfe braucht seinen Gehilfen Archie Goodwin, weil die Erzähltechnik nicht völlig auf den Fixpunkt von Wolfes Sessel reduziert werden kann.

Das Requisit Watson ist jedoch nicht unsterblich. Mit dem Verzicht auf diesen ›Vertrauten‹ bahnt sich ein aufschlußreicher Wandel in der kriminalliterarischen Technik an. Nach sporadischen Ansätzen finden wir den Einzelkämpfer, ganz auf sich und seine ›Smith and Wesson‹ gestellt, am ausgeprägtesten bei Chandler und Hammett. Sam Spade, die Gestalt des früheren Pinkertonmannes Hammett, ist der erste wirklich autarke Detektiv; ihm folgt auf dem Fuße Chandlers Philip Marlow.

Chandler hat in seinem Essay ›The simple Art of Murder‹ eine Erklärung zu geben versucht, die in ihrem moralischen Impetus und ihrer präzisen Paradigmatik aufschlußreich ist:

»In aller Kunst, die den Namen verdient, ist ein Element der Erlösung enthalten ... auf dieser erbärmlichen Straße muß ein Mann entlanggehen, der selber nicht erbärmlich ist, der weder Flecken noch Angst an sich hat. So eine Art Mann muß der Detektiv in diesen Geschichten sein. Er ist der Held. Er ist alles. Er muß ein ganzer Mann sein und ein einfacher Mann und doch ein ungewöhnlicher Mann ... Er ist arm, sonst würde er kein Detektiv sein. Er ist ein einfacher Mann, sonst könnte er sich nicht unter einfachen Leuten bewegen. Er hat ein Gefühl für Charakter, sonst müßte er beruflich versagen. Er steckt von keinem Menschen auf unehrenhafte Weise Geld ein und von keinem Menschen eine Beleidigung, ohne sich genau und leidenschaftslos zu rächen. Er ist einsam ... Die Geschichte ist sein Abenteuer auf der Suche nach einer verborgenen Wahrheit ...«

Damit ist ein Ziel erreicht, das noch nicht erkennbar war, als Chesterton in seiner ersten Erzählung ›Das blaue Kreuz‹ seine Figur Father Brown zum Mittelpunkt katholisch-missionarischer Tendenzen machte. Hammett und der Quäker Chandler brauchen nicht mehr mit theologisch-verschmitzter Intelligenz die Erlösung zu zitieren. Ihr Blick ist realistischer und ihre Helden sind stärker. Ihre Erzählungen neigen zur Form der »innerweltlichen Predigt über das Selbstvertrauen des Menschen« (Paul G. Buchloh).

Aber die Änderung in der Auffassung, die Entfernung vom ursprünglichen Schema geht bei Chandler noch weiter. In ›The Simple Art of Murder‹ sagt er: »Die Gefühlsbasis der üblichen Detektivgeschichte war, wie immer, daß der Mord gerächt wird und der Gerechtigkeit Genüge geschieht. Ihre technische Grundlage war die relative Bedeutungslosigkeit, die alles, außer der endgültigen Abrechnung, hatte. Was dazu führte, war mehr oder minder Beiwerk. Die Abrechnung rechtfertigte alles ... Die ideale Kriminalgeschichte (aber) war eine, die man auch las, wenn der Schluß fehlte. Was die Gefühlsbasis der harten, brutalen Kriminalgeschichten angeht, so glaubt sie offensichtlich nicht daran, daß Mord gerächt und der Gerechtigkeit Genüge geschehen wird, wenn nicht ein sehr entschlossenes Individuum es sich zur Aufgabe macht, dem Recht zum Sieg zu verhelfen. Es gibt Leute, die glauben, daß Gewalt und Sadismus gleichbedeutend sind, und andere, die Kriminalromane für Afterliteratur halten, und das nur aus dem Grund, weil sie sich im allgemeinen nicht in Schachtelsätzen, schwieriger Interpunktion und hypothetischen Konjunktiven verhaspeln ... Kriminalgeschichten sind eine Art Schriftstellerei, die nicht in den Schatten der Vergangenheit verweilen darf, und der Verehrung der Klassiker schuldet sie wenig oder gar nichts ... Es gibt keine Klassiker des Detektiv- und Kriminalromans ... Ein klassisches literarisches Werk ist eine Arbeit, die alle Möglichkeiten ihrer Form erschöpft hat und niemals übertroffen werden kann. Das hat noch keine Kriminalgeschichte und kein Detektivroman erreicht. Ein paar sind nahe herangekommen. Das ist einer der Hauptgründe, weshalb sonst durchaus vernünftige Leute auch weiterhin versuchen, die Zitadelle zu stürmen.«

»Es gibt keine Klassiker des Kriminalromans«: nur mit dieser vereinfachten Auffassung gelang es den Amerikanern, die Formelhaftigkeit zu durchstoßen, das Gesetz von der Schablone und ihrer Variation zu überwinden.

Aber es ist unmöglich, sich völlig frei zu machen. Denken wir an gewisse archetypische Züge, z. B. die in Märchen- und Volksliteratur fest verankerten Weisheits- und Wissensrätsel. Der gute Kriminalroman muß immer ein Weisheitsrätsel enthalten. Geht es um ein Wissensrätsel, dessen Lösung man einfach nicht weiß oder wissen kann, kommt es zu den Enthüllungen, die den Leser unbefriedigt lassen, weil sie nicht vorbereitet wurden und ihm die Illusion der Mitarbeit raubten. Ein weiteres Kennzeichen ist das der ›Unwirklichkeit‹. Es waltet hier ein strenger Realismus, in sich schlüssig und folgerichtig, der sich dennoch weit von der Alltagswirklichkeit entfern hat. Handelt es sich bei Courths-Maler um eine Wirklichkeitsverfälschung, in der auch die Einzelheiten nicht stimmen, so geht es hier um eine Wirklichkeitsversetzung oder -verschiebung, in der fiktive, falsche Begrenzungen echte, real wirkende Einzelheiten umschließen. Wir wiesen schon darauf hin, daß Kriminalromane kaum geeignet sind, eine hohe Schule des Verbrechens, Anleitung und Leitfaden zu Gesetzesübertretungen darzustellen. Im literarischen Bereich herrschen andere Gesetze als im ›Leben‹. Poes Morde sind schon in ihren Details von hoher Unwahrscheinlichkeit. Kriminalwissenschaftler kennen diese Diskrepanz genau, und man darf diese ›Unwirklichkeit‹ (gegenüber der ›Lebenswirklichkeit‹) geradezu zu einer literarischen Notwendigkeit erheben. Sayers und Chandler mit ihren Charakter- und Handlungsromanen verlassen allerdings schon wieder diesen engen Normbezirk und deuten eine mögliche Rettung der Gattung an.

Zum ›geschlossenen Realismusbezirk‹ gehört vor allem die Präzision von Zeit und Raum. Man denke an Alibis: Mondaufgangszeiten, Gezeitentafeln, Fahrpläne, der Trick mit der übersehenen Sommerzeit dienen diesem Bezirk. Seine Errichtung und Ausbreitung füllt einen großen Teil der Handlung. Auch der Zeitverlauf ist in sich ganz exakt — die elastische oder innere oder epische Zeit der sonstigen Romanliteratur würde das detektorische Kontinuum durchstoßen und zerstören.

Die Raumfrage hat Agatha Christie mit einer Konsequenz beantwortet, die ihrer sonstigen Neigung zur skelettierten Handlung, zum abstrakten Kalkül entspricht. Der Kreis der Verdächtigen wird eindeutig begrenzt: sie befinden sich in einem geschlossenen Raum: in einem Zug (›Der rote Kimono‹), in einer Nilbarke (›Tod auf dem Nil‹), auf einer umbrandeten kleinen Insel (›Zehn kleine Negerlein‹) oder in einem Flugzeug (›Tod in den Wolken‹). Auf diesen abgeschlossenen Bezirk stürzen sich Hercule Poirots »kleine graue Zellen« und versagen nie. Aber wir sollten nicht übersehen, daß Poes geschlossenes Zimmer noch metaphysisch-romantische Elemente hat — Agatha Christie macht aus ihm ein Konstruktionsideal.

John Dickson Carr hat 1935 in seinem Roman ›The Hollow Man‹ durch seinen Detektiv Dr. Gideon Fell die möglichen Lösungen des ›locked room‹ ausführlich vortragen lassen:

1. Der Mord ist in Wirklichkeit ein Zufall und der Raum tatsächlich unzugänglich verschlossen.

2. Der Ermordete hat unter Zwang Selbstmord in dem tatsächlich abgeschlossenen Raum begangen.

3. Der Mord wurde durch ein Mittel begangen, das vor dem Abschließen bereits in den Raum gebracht war.

4. Echter Selbstmord, der den Eindruck von Mord erweckt — dies ist eine Variation von Fall 1 und 2.

5. Der Mord war begangen, ehe der Raum verschlossen wurde — der Eindruck, daß der Ermordete noch in dem verschlossenen Raum gelebt hat, wurde durch technische Mittel, z. B. Grammophon usw., erweckt.

6. Der Mord wurde von außen begangen, aber die Möglichkeit dazu (z. B. Abschießen einer Stichwaffe, Schleudern von Gift usw.) wurde übersehen.

Haben wir allein schon hier mindestens sechs Möglichkeiten, so wird deutlich, welche Funktion die Irrfährten im Kriminalroman haben. Die ›red herrings‹ (nach dem frischen Hering, der, an einer Schnur gezogen, eine künstliche Jagdspur legt) sind aber nicht nur retardierendes Moment, dienen nicht nur dazu, Detektiv und Leser über die Romanbreite hinwegzuführen. Sie zeigen auch die Genauigkeit der Konstruktion: nach Irrwegen bleibt nur eine Lösung; zudem lassen sie die Schwierigkeiten der detektivischen Arbeit erkennen. Je menschlicher, unkonstruierter der Detektiv erscheint, um so zahlreicher werden die ›red herrings‹, nun nicht mehr als literarische Tricks, sondern im Sinne der Erfahrung, daß es viele Spuren gibt, von denen die meisten im Sande verlaufen, daß man aber allen nachgehen muß, um einmal auf die richtige zu stoßen. So gehen denn Sam Spade und Philip Marlowe einfach los, stoßen auf etwas, verlieren es vor anderem aus dem Auge, erinnern sich wieder: schließt sich das Mosaik des Falles, sind zahlreiche Steinchen verworfen worden. Aber es ging nicht anders. Auch hier stehen sich als Extreme Conan Doyle/Agatha Christie und Dashiell Hammert/Raymond Chandler gegenüber.

Überspitzt formuliert, gibt es hier eine Wandlung vom literarischen Trick zur ›realistischen Ethik‹, wie sie Chandler fordert. Sie zeigt sich in der Verwendung der Spuren genauso wie zum Beispiel beim Polizisten als korruptem Verbrecher: im orthodoxen Kriminalroman ist das Verbergen des Verbrechers hinter der Maske des Rechtswahrers nur ein Kniff, bei Chandler gehört auch das zum Abbild des ›sündigen‹ und unvollkommenen Lebens: die falsche Fährte führt zum bösen Drachen, der vernichtet werden muß.

Diese Unterschiede zeigen deutlich, daß die erlernbaren Regeln zur ›Fabrikation‹ von ›Krimis‹ handwerklich wichtig sind, daß das Gerüst aber noch nicht einmal über das Dekor, geschweige denn über die Bewohner entscheidet. Freeman Wills Crofts gab 1938 im englischen Jahrbuch für Schriftsteller eine Anleitung, ›Das Abfassen eines Detektivromans‹. Wir greifen einige Stichworte heraus: das tragende Gerüst als Synopsis der Handlung; der Kriminalroman muß rückwärts, von der Lösung her, geschrieben werden; ein besonders dramatischer Anfang: die Leiche, eine spezielle Mordtechnik, ein ungewöhnlicher Schauplatz.

Diese ›Idee‹ bestimmt, so will uns scheinen, viel stärker die atmosphärische Qualität eines ›Krimis‹, als es die Konstruktionsregeln wahrhaben wollen. Selbst die Autoren, die als Gerüst und Ausgangspunkt einen bestimmten Detektiv (Poirot, Nero Wolfe, Lord Peter Wimsey) mit seinen persönlichen Eigentümlichkeiten (immer sind sie etwas skurril) und seinen Denkgewohnheiten verwenden, bemühen sich um ein spezifisches und wechselndes Milieu.

Die fesselnde Mischung von Exotik und Genauigkeit äußert sich auch in den Mordtechniken. Mord ist das häufigste Verbrechen. Nicht aus Blutrünstigkeit oder Sadismus, sondern weil die Teilnahme und das Entsetzen des Lesers hier am stärksten sind, und vor allem, weil eine solche irreparable Tat am stärksten nach Aufklärung, bisweilen auch Begründung ruft, und weil die Rolle des Detektivs hier am dringlichsten und deutlichsten wird. Falsch wäre es aber, generell von einer besonderen Intensität des kathartischen Effekts beim Mord zu sprechen: die Tat kann auch kunsthandwerkliche Faszination gewinnen, wertfrei und abstrakt in den Ablauf gefügt werden.

Verschiedene Autoren haben einen Katalog der Tötungsarten zusammengestellt. Einige Beispiele: Gift, Schlag, Schuß, Dynamitexplosion. Das technische Zeitalter bringt dann auch auf diesem Gebiet viel Neues: vergiftete Zahnfüllungen, vergiftete Matratzen, ein Dolch aus Eis (die Mordwaffe ist später unauffindbar), elektrischer Schlag durch die Telefonleitung, in die Adern injizierte Luftblasen (führen zu Embolie), Erfrieren in flüssiger Luft, aus einem Luftgewehr geschossene Injektionen. Der Erfindungsreichtum ist groß. Aber wiederum: außerhalb der Buchseiten ist das meiste undurchführbar oder erst nach längerer Übung am lebenden Modell praktikabel.

Die klassische Tötungsart bleibt jedoch der Schlag mit dem berühmten stumpfen Gegenstand, mit dem ›blunt instrument‹.

Neben das unerwartete Mittel der Tat tritt als ebenso wichtige dramaturgische Möglichkeit die unerwartete Person. ›The most unlikely person‹ darf natürlich nicht zur figura ex machina degenerieren, sie muß schon von Anfang an da sein, man hat ihr die Tat nur nicht zutrauen können. Vom Darstellungsvermögen des Autors hängt es ab, gewisse Indizien im Text zu verstecken, die in der Rückbesinnung Bedeutung gewinnen und die Lösung unausweichlich erscheinen lassen.

Eine Sonderform, die der Forderung nach kalkulierter Logik widerspricht, umfaßt die ›Krimis‹, in denen Reste irrationaler Schauergeschichten, häufig verbunden mit Spiritismus, auftreten. John Dickson Carr, auch als Carter Dickson veröffentlichend, ist gegenwärtig der bekannteste Vertreter dieser Gattung. Die Detektivgeschichte verdankt ihre Existenz auch dem positivistischen Glauben an die Errechenbarkeit des Lebens und dem Fortschrittsdenken als einem »säkularisierten Epiphänomen der puritanischen Geisteshaltung« (Paul G. Buchloh). Die Kompensation dieses Positivismus und Puritanismus ist die Neigung, aus dem so reizlos gewordenen Leben in die geheimnisreichere Erfindung zu fliehen. So hat man den Kriminalroman als die letzte Frucht der Romantik bezeichnet. Der Typ J. D. Carr repräsentiert zweierlei: einmal die verständliche Auflehnung gegen die keimfreie, letztlich geheimniszerstörende Kalkulation vom Typ Agatha Christie, sodann den Versuch, dem Verbrechen wieder den irrationalistischen, ja metaphysischen Schauder auch in Dekoration und Milieu zurückzugeben, den es, logisch und paradox zugleich, mit seiner Erhebung zum literarischen Gegenstand mehr und mehr verloren hatte. Hier sind es in besonders starkem Maße die Stilmittel, die über die Frage Kitsch und Schund entscheiden. Carr hat es bisweilen verstanden, trotz der notwendigen Aufklärung einen letzten Zweifel zu hinterlassen, ob es nicht doch Hexen, Gespenster und Widergänger gebe.

Poes Glaubensbekenntnis zum Realismus des zwanzigsten Jahrhunderts hat ihn nicht gehindert, seiner ›ratiocination‹ einen metaphysischen Beiklang zu belassen. Die Intuition ist keineswegs völlig von der Induktion verdrängt. Im Gegensatz zum Kreuzworträtsel enthält der Kriminalroman zwar ein Problem, er ist aber keines, sondern eine Erzählung.

So wird eine Art Säkularisierung mit der nächsten Sonderform, dem psychologischen ›Krimi‹ versucht. Hauptvertreter ist Francis Iles, z. B. mit ›Vor der Tat‹. Hier gibt es nicht mehr den unbekannten Täter. Ein Mann will seine Frau ermorden. Den Fortgang der Handlung macht das langsame Begreifen der Frau aus. Es wird kein Rätsel gelöst, sondern ein Charakter erkannt. Spannung entsteht durch Kumulation des Grauens. Hier haben wir eine Grenzform, die in der zitierten Unterscheidung mehr Kriminalgeschichte als Detektivgeschichte ist.

Beide Sonderformen haben die Gefahr erkannt, die droht, wenn der Scharfsinn die Phantasie zu verdrängen beginnt. Rationalität und Phantasievorstellung sollten in gleicher Weise angeregt werden.

Noch ein Wort zur bekanntesten französischen Ausprägung des Kriminalromans: George Simenons über 100 Romane mit Kommissar Maigret: der Bürger mit den festen Gewohnheiten und dem Verständnis für alles Menschliche, ist nicht so absurd, wie es scheinen könnte. Er ist es nicht nur nicht, weil er aus dem Leben genommen sein könnte (das wäre ja ein Verstoß gegen den Formkodex). Er ist es auch deshalb nicht, weil die scheinbar paradoxe Personalunion von Spießer und Racheengel oder Rechtswahrer genau der Repräsentation von Ordnung in der Gestalt des ordentlichen und ordnungsliebenden Bürgers entspricht.

## 4. Versuch einer literarischen Wertung

Wie schwierig dieser Versuch ist, und wie subjektiv die meisten Stellungnahmen bleiben müssen, zeigen einige Zitate aus der obenerwähnten Umfrage:

»Die sintflutartig steigende Lust am Kriminalroman wird durch die ungesunde Neugier des Publikums, wie lange ein Verbrechen unentdeckt bleiben kann, gesteigert. Der Leser ist dank diesem sportlichen Gesichtspunkt meist auf der Seite des Täters.« (Friedrich Sieburg)

»... gehöre ich zu den überzeugten Verteidigern des Kriminalromans. Denn obgleich ich selbst nur geringe Lust beim Lesen empfinde, muß ich ihn doch, gleich dem Ballett oder dem ›Western‹, zu einer hochentwickelten und streng stilisierten Kunstform rechnen.« (Bernhard Blume)

»... doch ist mit dem Warten auf die Überraschung, mit der ›Spannung‹, die Lust an der Lektüre einer solch einförmigen Gattung nicht erklärt. Wenigstens zwei Faktoren kommen hinzu: der märchenhaft-heroische und der gesellschaftlich-bürgerliche.« (Herbert Singer)

»Der Kriminalroman ist ein vollkommen irreales Kunststoffprodukt, eine theoretische Schlachthausliteratur, hergestellt von literarischen Weinpanschern und epischen Lebensmittelverfälschern. Diese Greuelfabrikate verbreiten die staubige Öde aller maschinell hergestellten Serienliteratur.« (Hermann Kesten)

Kein Zweifel: der Kriminalroman ist auch in seinen besten Exemplaren Unterhaltungsliteratur. In welche extremen Stilbereiche ich mich begeben kann, um mich unterhalten zu lassen, mögen zwei herausgegriffene Proben zeigen. Stan Telfords ›Mord per Nachnahme‹, Düsseldorf o. J., offensichtlich von einem deutschen Autor, beginnt folgendermaßen:

»Es war ein reiner Zufall, daß Burt Cassady hochblickte, er tat es sonst nie, nicht einmal, wenn das Heulen der Düsenjäger durchdringend über den Köpfen der hastenden Menschen war. Diesmal ... dieses eine Mal! ... tat er es. Und er sah, wie sich die Frau in der sechsten Etage weit aus dem Fenster beugte, wie sie irgend jemand zu winken schien, . . .« usw.

Den erwarteten Sprung aus dem Fenster tut die Frau erst auf der vierten Seite des I. Kapitels. Die Interpunktion entspricht der mit primitiven retardierenden Momenten arbeitenden Spannungstechnik. Der Roman gibt sich mit unzulänglichen Mitteln, z. B. dem Einstreuen solcher Wörter wie ›crew‹ und ›crime‹, einen pseudo›echten‹ Anschein, und so hochstapelnd wie der Beginn ist die primitive Auflösung.

Halten wir dagegen den Beginn von Jonathan Latimers ›The Lady in the Morgue‹: »Der Aufseher des Leichenschauhauses riß den Hörer vom Telefon und brachte das schrille Läuten der Glocke zum Schweigen. ›Hallo‹, sagte er. Dann ungeduldig: ›Hallo! Hallo! Hallo!‹ Der Schweiß auf seinem zitronengelben Gesicht glitzerte in dem fahlen elektrischen Licht, das wie Sahne unter einer grün beschirmten Schreibtischlampe hervorquoll. Seine Lippen an der Telefonmuschel zuckten.

›Sie wollen Daisy sprechen? Daisy? Daisy wer?‹

Zwei Zeitungsreporter, die Ellenbogen schwer auf die Eichenschranke gestützt, die das Büro des Schauhauses vom Warteraum trennte, starrten träge auf den weißen Kittel des Aufsehers. Ihre Hemdkragen standen offen, ihre Arme waren nackt; ihre locker geknoteten Schlipse hingen schlaff um ihre Hälse; ihre Gesichter waren naß vor Hitze. An der Wand neben ihnen zeigte eine Uhr mit gesprungenem Glas siebzehn Minuten vor drei.

›Ach, Sie wollen Miß Daisy Steif sprechen‹, sagte der Schauhausaufseher. ›Hat sie Ihnen gesagt, Sie sollten hier anrufen?‹ Er zwinkerte den anderen mit einem Auge zu. ›Die kann nicht ans Telefon kommen. Die is unten bei den anderen Mädchen.‹

Aufgeblähte, schmierige Vorhänge. Wellen heißer Nachtluft, die durch die Westfenster quollen. Das Atmen schmerzte. Der Aufseher sagte: ›Ist mir doch egal, ob Sie 'ne Verabredung mit ihr hatten. Sie kann nicht ans Telefon kommen.‹ Er lachte scheppernd. ›Die is aufgebahrt.‹ «

Spannung wird hier schon mit den ersten Absätzen geschaffen: Das Milieu ist fremdartig-grausig, aber es wird genau und atmosphärisch dicht erfaßt. Selbst die gewaltsame Metaphorik fügt sich dem ein. Zur Geschmacksfrage sagt Levin Ludwig Schücking (Soziologie der literarischen Geschmacksbildung, Berlin 1961, S. 85): »Nicht der Geschmack wird in der Regel ein anderer und neuer, sondern andere werden Träger eines neuen Geschmacks.« So gelangt man zu einer wirklich klaren Auffassung der Verhältnisse nur durch die Aufstellung von Geschmacksträgertypen. Das Kind etwa erscheint als Geschmacksträgertyp für das Märchen. Nun gibt es jedoch für den Kriminalroman keinen isolierten Geschmacksträgertyp. Beide existieren in so vielen Ausprägungen, wie es die Erwartungen sind, die wechselseitig gestellt werden.

Eine Gemeinsamkeit ist allerdings deutlich: der Kriminalroman hat es verstanden, den ›Helden‹ zu bewahren, eine Figur, die seit dem Einbruch der modernen Literatur, ja schon seit dem Naturalismus, an Glanz und Lebensmöglichkeit verlor.

156

Er weiß ihn zu bewahren und verliert trotzdem eine gewisse ›Wahrheit‹ und eine bestimmte, wenn auch sehr verschobene und begrenzte Wirklichkeitssicht nicht aus dem Auge. Es entspricht wiederum offenkundigen Entwicklungstendenzen, wenn hier der Heros des detektorischen Intellekts zurücktritt hinter den Detektiv, dessen Schwächen und Fehler das Idealbild des Rechtsverteidigers mitformen.

Einige der gängigen Kennzeichen des Trivialen treffen nun oft auch auf den Kriminalroman zu:

Er ist auf Reiz, Gefühls- oder Verstandeserregtheit gerichtet; er hat austauschbare Klischees; zu seinen Stilmitteln gehören Anhäufung und Wiederholung, einer Kumulation der Reize kann eine Kumulation der Stoffe entsprechen. Folgende Merkmale treffen hingegen nicht für ihn zu: Er geht nicht auf poetische Stimmung aus. Sein Sensationscharakter wendet sich an den Verstand, nicht an das Gemüt. Er lyrisiert nicht. Die Notwendigkeit der Imagination *kann* zumindest einer bestimmten und begrenzten Notwendigkeit des Lebens entsprechen, folgt aber immer einer inneren Notwendigkeit. Die Schwarzweißmalerei wird in der Entwicklung der Gattung zusehends aufgegeben. Der Kriminalroman befriedigt nicht nur ein pervertiertes Bildungsstreben. Er tritt gerade ohne falschen Anspruch auf. Er gibt nicht mehr, als er hat und verspricht nicht mehr, als er hält. Damit ist der Kriminalroman nicht a priori trivial.

Eine Zaubervorstellung braucht nicht zu den untersten und primitivsten Formen des Schaugewerbes zu zählen, ein literarisches Rätsel ist sogar literarästhetisch zugelassen. Magie und Trick walten auch im ›Krimi‹: Jeder weiß, es geht nicht, aber jeder läßt sich gern illusionieren. Das literarische und das kriminalistische Rätsel haben eines gemeinsam: auch wer sie nicht löst, ist doch der Überzeugung, kurz vor der Lösung gestanden und jedenfalls die Mittel für sie in Händen gehalten zu haben.

Dabei kann er Zeuge der Entwicklung dieser Gattung vom erstarrten Indizienspiel zum kriminalsoziologischen und gesellschaftskritischen Roman werden. In der allgemeinen Beurteilung ist der Kreis heute von E. A. Poe zu Chandler oder Cecil Day Lewis fast geschlossen. Wir zitieren Lewis, der unter dem Namen Nicholas Blake veröffentlicht, aus ›Tat auf Tat‹ (Ffm., 1959, S. 67 f.). Der Amateurdetektiv wird dort gefragt: »Warum geben Sie sich mit Kriminalfällen ab? ...« und antwortet:

»... Es schien mit der einzige Beruf, zu dem einen die humanistische Bildung befähigte ... Wenn Sie jemals ... einen lateinischen Text einfach so vom Blatt weg haben übersetzen müssen, werden Sie wissen, daß das eine genaue Parallele zu kriminalistischen Untersuchungen ist. Sie haben einen langen Satz vor sich mit lauter verdrehten Wortstellungen. Zuerst kommt er einem vor wie ein wilder Vokabelhaufen. Und genauso kommt einem ein Kriminalfall auf den ersten Blick vor. Das Subjekt ist ein Ermordeter; das Verbum ist der modus operandi — die Art der Ausführung des Verbrechens; das Objekt ist das Motiv. Das sind die drei Hauptelemente jedes Satzes und jedes Kriminalfalles. Zunächst sucht man nach dem Subjekt, dann schaut man sich nach dem Verb um, und die beiden zusammen führen einen dann zum Objekt. Aber damit hat man noch nicht den Verbrecher gefunden, — den Sinn des ganzen Satzes. Da ist eine Anzahl von Nebensätzen, die Anhaltspunkte sein können oder auch falsche Fährten, und man muß in seinem Köpfchen die einen von den andern trennen und sie dann wieder so zusammensetzen, daß sie auf den Sinn des Ganzen passen und ihn genauer ausführen. Es ist ein Exercitium in Analyse und Synthese — die allerbeste Vorübung für Detektive.« (Die drei Punktgruppen am Zitatanfang bezeichnen Kürzungen.)

Kriminalistik als angewandte Philologie. Man sollte nicht nur die englische Ironie in diesem Dialog bewundern. Analogie und theoretische Begründung: auch das spricht gegen das Vorurteil, der Kriminalroman sei a priori trivial. Von Poe bis Chandler bemühten sich die Autoren um literarkritisches Selbstverständnis. Das gibt es in der Trivialliteratur nicht. Niemand braucht dabei zu übersehen, daß Conan Doyles Geschichten trotz der beiden geradezu ›mythologischen‹ Gestalten Holmes und Watson noch unentwickelt in Stil und Aufbau sind, und daß gerade Wallace dagegen ein schlechter Kriminalautor ist, wenn man seine mit billigen Schrecken und vordergründigen Geheimnissen gefüllten Geschichten nicht überhaupt besser als flache ›Mystery Stories‹ bezeichnen will. Er deckt nicht schrittweise auf, sondern reißt den Leser von Handlungspartikel zu Handlungspartikel. Zum Schluß wird er mit einer unerwarteten Lösung entlassen. So ist es kaum möglich, von Wallace gefesselt zu werden.

Selbst bei der Kritik an Wallace wird aber übersehen, daß nicht das Verbrechen das Thema des Kriminalromans ist, sondern seine Entdeckung und Bestrafung. Sieburg irrt, wenn er glaubt, ein jeder Leser identifiziere sich mit dem Verbrecher und nicht mit dem Detektiv. Eine Kritik am Stoff wäre also von vornherein verfehlt, wenn man nicht so weit gehen wollte, es als prinzipiell trivial zu brandmarken, daß Untaten als Spannungserreger und Stoffe der Unterhaltungsliteratur mißbraucht werden.

James Hadley Chase's Roman ›Jeff Barretts Ratten‹ z. B. ist ein rechter Thriller, liest man ihn unvoreingenommen, mit der inneren Lockerheit, sich hin- und herreißen zu lassen, sich etwas Grauen vermitteln zu lassen, über das man anschließend lächelt, sich Zorn über die Bösartigkeit mancher Menschen erregen zu lassen, der sich mit der Lösung entlädt. Der Roman wird jedoch zu einem Arsenal überkommener und häufig wiederholter Darstellungstricks, geht man historisch-analytisch an ihn heran. Ist es trivial, sich in urmenschliche Spannungszustände versetzen zu lassen? Ist man trivial, wenn man diese Spannungszustände auf diesem literarischen Wege sucht?

Betrachten wir noch einmal den Geschmacksträgertypus: Statistik und Geschichte belegen, daß der literarisch völlig Anspruchslose für den Reißer und Abenteuerroman, für den anarchistischen Helden von Robin Hood bis zu den Maschinengewehr-Gangstern sich erwärmt. Für ihn mag der Polizist vornehmlich Knüppel und Gefahr darstellen. Wir sollten uns allerdings davor hüten, diesen anspruchslosen Typ mit irgendeiner ›Klasse‹, etwa der Kleinbürger- oder Arbeiterklasse, gleichzusetzen, wie es Nicholas Blake in ›The Detective Story — Why?‹ tut. Wir würden sonst das generelle Vorurteil gegen den ›Krimi‹ mit dem weiteren belasten, daß der »eigentliche Detektivroman« seine Leser nur in den »höheren und gebildeten Schichten« finde. An der heutigen ›Massenkultur‹ ist nahezu jeder beteiligt. Bildung und literarisches Urteilsvermögen sind nicht mehr allein von einer soziologischen Gebundenheit abhängig, sondern viel mehr vom individuellen Orientierungswillen.

Eine weitere Beobachtung fügt sich der Neigung zum ›menschlichen Helden‹ ein: Je mehr die Figuren, ihre Motive und Umwelt im technisch handwerklichen Sinne ernstgenommen werden, desto ›ehrlicher‹ werden auch sie und ihre Umstände, desto mehr entfernen sie sich aus der ursprünglichen Marionettenrolle, desto ›realer‹ werden sie. Man vergleiche dazu etwa Hammetts ›Bluternte‹ mit einem Roman Agatha Christies, obwohl der Typ Agatha Christie damit nicht abgewertet werden soll, auch das wäre subjektiv. Welcher Autor besonders geschätzt wird, das hängt vom Lesertyp, von seiner Erwartung, ja von seiner geistigen Struktur ab.

Eine letzte und schwerwiegende Frage ist es, ob nicht die Romanform für die Gattung zu lang sei. Schon Collins hat an seiner Langatmigkeit und seinen offensichtlichen Füllseln durch Vor- und Familiengeschichte verzweifeln lassen. Chandlers größte Leistung sind seine Stories. Tempo und Einheit der Erzählung sollten nicht gestört werden. Alle Stilcharakteristika des guten ›Krimi‹ zielen auf Erzählung, ja Novelle. Vielleicht bringen hier Produktions- und Konsumdiktate die Gefahr der Trivialität mit sich.

Wir fassen unsere Überlegungen in fünf Punkten zusammen (und stehen damit mehrmals in scharfem Gegensatz zu Walter Nutz, ›Der Trivialroman‹, Köln 1962):

1. Mag der Trivialroman seinen Inhalt auf das notwendigste der Handlung reduzieren und damit seine historischen Vorbilder verraten — der Kriminalroman hat schon und gerade in seinen Urbildern den dramaturgisch zweckvollen Handlungsaufbau als Grundregel. Er muß zielstrebig, wenn auch bisweilen mehrsträngig, die Auflösung im Auge behalten.

2. Die Gestalten im Trivialroman mögen völlig typisiert sein — die Hauptgestalten des Kriminalromans sind es gerade nicht. Neben der notwendigen beruflichen oder moralischen Prägung steht eine Fülle von individuellen Eigenheiten, die wiederum (Holmes, Poirot, Marlow) einen Typ bilden, diesen aber in skurriler Vielfalt darbieten.

3. Der Stil des Trivialromans mag in allen Sparten genau festgelegt sein — es geht aber nicht an, von der ›harten Sprache‹ des Kriminalromans zu reden: erstens führen nicht alle Kriminalromane eine ›harte Sprache‹ — man denke an Nicholas Blake, ja selbst an Ellery Queen —, zweitens gibt es erstaunliche Qualitätsunterschiede im ›harten Stil‹:

»Es sah fast so aus, als wären wir am Boden zerstört worden ... Sie können sich vorstellen, daß die Leute sehr auf Draht sind [gemeint ist das FBI] ... verdammt komfortabel eingerichtet ... verdammt anziehende Frau, flirtete hart auf hart ... endete der Fall in einer tollen Schießerei ... so überraschend, daß wir nicht mehr wußten, ob wir noch Männchen oder Weibchen waren.«

Diese Diktion zitiert W. Nutz S. 64 f. als ›typisch hart‹, in Wirklichkeit besteht sie jedoch nur aus abgeschliffenen Hyperbeln oder abgeschmackten Vergleichen der Umgangssprache, die nun allerdings mit dem Jargon mancher Leute konform geht. Die wirklich ›harte Sprache‹, vor allem der ›hard-boiled writers‹ klingt jedoch ganz anders. Einige Anfänge von Detektivgeschichten Carrol John Dalys, eines Vorläufers Hammetts und Chandlers, die den unromantisch-zynischen Typ in den Pulp-Magazines verkörperten, lauten so:

»Ich ging auf ein Knie und schoß zweimal.« Oder: »Ich mochte sein Gesicht nicht leiden und sagte ihm das geradeheraus.« Oder: »Das tote Mädchen lag in der Gosse. Sie war kein hübsches Bild. Irgend jemand hatte ihr ein Messer in die Brust gesteckt und umgedreht.« Berühmt ist der Anfang des zweiten Kapitels von Hammetts ›Malteser Falken‹: »Das Telefon klingelte in der Dunkelheit. Als es dreimal geklingelt hatte, quietschten die Bettfedern, Finger tasteten auf Holz, etwas Kleines, Hartes fiel auf den Teppich am Boden. Die Federn quietschten noch einmal, und die Stimme eines Mannes sagte: ›Hallo ... Am Apparat ... Tot? ... Ja ... In 'ner Viertelstunde‹.«

Diese ›Härte‹ ist gepaart mit einer kompromißlosen Exaktheit: ist einmal auf das Wesentliche reduziert worden, wird dieses Wesentliche nüchtern und genau erfaßt. Innerhalb dieses Bereichs ist nun weder das Mitgeteilte noch das Mittel der Mitteilung, die Sprache, von vornherein trivial.

4. Das Happy-End am Schluß des Trivialromans unterscheidet sich wesentlich vom Happy-End des Kriminalromans, der Auflösung. Eine dramaturgische Notwendigkeit kann nicht als Kennzeichen des Trivialen gelten. Man könnte genausogut sagen, daß der Kriminalroman der konsequenteste Träger der ›poetischen Gerechtigkeit‹ sei. Der im täglichen Leben nicht immer beobachtete Kausalzusammenhang von Schuld und Strafe ist eine Grundbedingung der Gattung, der formalen Norm.

5. Raum und Zeit des Trivialromans mögen nicht durch die individuelle Handlung, sondern durch die ›Sprache‹ vorgeprägt sein. Der Kriminalroman dagegen spielt nicht nur im ›Großstadtdschungel‹, er kann überall und jederzeit spielen, weil es in ihm um Verbrechen und Sühne geht. Dabei mag die Zeit meistens die jeweilige Gegenwart des Autors darstellen — im Räumlichen gibt es keine Begrenzung, es ist so vielgestalt wie das Verbrechen.

Selbst in den Leihbüchereien machen Autoren wie Sayers und Queen mindestens die gute Hälfte des Gebotenen aus, Autoren also, die der festen Überzeugung sind, daß im Spiel ihrer Suche nach der Wahrheit der Ernst einer Befreiung von Lüge und Schuld verborgen ist, wobei die Konstruiertheit so weit gehen mag, wie die Wahrheit konstruiert erscheint. So kann der Kriminalroman in seinen besten Stücken auch ein Versuch sein, die Pilatus-Frage zu beantworten oder doch ihren Anspruch zu neutralisieren. Auch das ist nicht a priori trivial.

Ziehen wir das Fazit: Wenn alle Literatur als ›trivial‹ zu kennzeichnen ist, die nicht den strengen Anforderungen genügt, mit denen ›Dichtung‹ definiert wird, dann ist der Kriminalroman eben in seiner Eigenschaft als Unterhaltungs-, Spannungs- und Entspannungsliteratur trivial.

Wenn mit ›trivial‹ im ursprünglichen Sinne das gemeint ist, was auf der Kreuzung, der Straße liegt, was platt- und breitgetreten ist, dann ist nicht jeder Kriminalroman trivial.

So scheint es uns auch literatursoziologisch und literarästhetisch fruchtbarer, auf eine generelle Verurteilung durch das Sammelwort zu verzichten, um sich nicht der notwendigen Differenzierungsmöglichkeiten gegenüber einer Literaturgattung zu begeben, die unsere Aufmerksamkeit verdient.

# Helmut Heissenbüttel
## Spielregeln des Kriminalromans

Das Lesen von Kriminalromanen ist bekanntlich ein Hobby, vor allem von Intellektuellen. Nach einer anderen Version auch ein Laster. Ob nun Hobby oder Laster, ob von Intellektuellen oder nicht — noch niemand hat darauf aufmerksam gemacht, daß dem Lesen von Kriminalromanen bis heute eine größere subjektive Freizügigkeit zugestanden wird als jeder anderen Lektüre. Bei ›seriöser Literatur‹ ist man (ob man sich auch für die eigene Person darüber hinwegsetzt) immer an Kriterien und Konventionen gebunden; man kann ihnen nie ganz entgehen, sie laufen einem nach. Beim ›Krimi‹ wird eine Ausnahme gemacht. Er ist eben eine Liebhaberei.

Es gibt Erklärungen dafür. Der Kriminalroman gilt als eine Art Denksportaufgabe und wird in die Sphäre des Schachspiels erhoben. Politiker, Schriftsteller und Akademiker bekennen sich zu ihm und erklären, daß die Spannung, die die Aufdeckung eines Falls hervorruft, sie entspanne und von anderen Sorgen ablenke. Der Kriminalroman wird mit Urlaub und Sanatorium gleichgestellt. Radikale Intellektuelle wie Walter Benjamin, Bertolt Brecht und Ernst Bloch haben ihm freilich diagnostische Züge abgelesen. Ist an all dem etwas dran? Oder wird in dieser vagen und unscharf begrenzten Ansicht nur ein Spiegelbild erkennbar, das wie manche andere Spiegelbilder uns nur beruhigt weitergleiten läßt, die entschiedene und entscheidende Einsicht aber verwehrt?

Da der Freibrief der Subjektivität, der freien Entscheidung dem Lesen von Kriminalromanen vorgegeben scheint, kann ich ebensogut mit etwas persönlich Anekdotischem fortfahren. Zum Lesen von Kriminalromanen brachte mich Wolfgang Weyrauch. Und zwar erzählte er mir 1953 von einer wahren SS-Literatur amerikanischen Ursprungs mit Morden und Brutalitäten am laufenden Band. Er meinte Mickey Spillane, der damals eben berühmt geworden war. Ich las in ›Vengeance is mine‹, ›My gun is quick‹, ›The big kill‹ von den Helden- und Untaten des Privatdetektivs Mike Hammer. Ich gab Weyrauch recht und sah in diesen Erzählungen eher die Abreaktion eines latenten Dranges zur Gewalttätigkeit als eine Denksportaufgabe. Die Auflösungen kamen mir wie Gags vor, deren Komik nicht beabsichtigt war (und auch in ihrer Unfreiwilligkeit den Zug zum Terror nicht verlor). Später empfahl mir Weyrauch den Autor, zu dessen Lektüre er selber inzwischen übergegangen war: Erle Stanley Gardner. Ich las die Romane (und lese sie heute noch), in denen der Rechtsanwalt Perry Mason und seine Sekretärin Della Street aus Los Angeles die Hauptrollen spielen. Kein Detektiv, sondern ein Strafverteidiger, dem es in jedem neuen Fall darum geht, einen hoffnungslos in einen Mordfall verstrickten Angeklagten gegen die hinterlistigen (und Gott sei Dank auch oft recht primitiven) Verdächtigungen des Staatsanwalts von jeder Schuld reinzuwaschen und den wahren Schuldigen der Gerechtigkeit zu überliefern. Dabei wird der entscheidende Teil der Winkelzüge und detektivischen Anstrengungen in das Hin und Her einer oft minutiös reproduzierten Gerichtsverhandlung übertragen, der Fall sozusagen in voller Öffentlichkeit aufgedeckt. Diese Romane erschienen mir tatsächlich als Denksportaufgaben, wenn auch durch die Methode des permanenten Kreuzverhörs ein wenig simplifiziert.

Dann las ich erst Dashiell Hammett und Raymond Chandler, Agatha Christie und Dorothy Sayers und viele andere. Nur einmal noch wurde ich von außen auf einen Autor hingewiesen, und zwar durch Erich Franzen auf Rex Stout. Franzen selbst hielt Stout für das eine und wahre Paradigma der Kriminalliteratur überhaupt. So lernte ich den drei Zentner schweren Privatdetektiv Nero Wolfe kennen, der eigentlich in seinem alten Haus in New York, und zwar in einem zum Gewächshaus ausgebauten Dachgeschoß, Orchideen sammelt und züchtet. Zur Detektivarbeit und zum (leider notwendigen) Geldverdienen wird er immer wieder gezwungen von seinem schnoddrigen, aber findigen Gehilfen Archie Goodwin, der auch in all diesen Romanen den Part des Erzählers bestreitet. Rex Stouts Nero-Wolfe-Stories stellen wiederum eine andere Spielart der ›Denksportaufgabe‹ dar. In der massigen und außerordentlich schwer zu bewegenden Gestalt ›verkörpert‹ sich die Denksportaufgabe sozusagen selbst. An den entscheidenden Punkten der Ermittlung sitzt er nur einfach da, in seinen Spezialsessel zurückgelehnt, die Augen geschlossen, mit rhythmisch vorgestülpten und wieder eingezogenen Lippen, und denkt nach.

Heute habe ich etwa ein halbes Tausend Bände dieser Literatur gelesen und bin weiter ein ziemlich regelmäßiger Leser dessen, was neu auf den Markt kommt oder was mir bisher entgangen ist. Denn die Übersicht ist nicht leicht zu gewinnen, und Nuancen und Varianten sind zahlreich. Einiges hat sich dabei unter der Hand von selbst ausgeschieden. So kann ich nach einigen Kostproben nur schlecht Edgar Wallace oder Ellery Queen lesen. Ebenso habe ich allmählich den Geschmack verloren an Erzählungen, die nichts als den Ruhm und die Cleverness ihres Erzählers verkünden, also etwa die des Detektivs Lemmy Caution von Peter Cheyney oder des Polizeileutnants Al Wheeler von Carter Brown. Auch Spillane gehört dazu. Diese Sparte hat zwar eine starke Verbreitung gefunden, stellt aber eigentlich eine Grenzerscheinung dar, zum Abenteuerroman hin.

Erst als ich mir versuchsweise Klarheit zu verschaffen suchte, was das Auftreten und Florieren des Kriminalomans zu bedeuten haben könne, sah ich, daß ich gleich am Anfang meiner Lektüre auf ein klassisches Gegensatzpaar gestoßen war, den Detektiv, der im rauhen bis rüden Einsatz solange Gegner zusammendrischt (und natürlich zwischendurch auch selber zusammengedroschen wird), bis er heraus hat, wer's gewesen ist, und den anderen, der durch eine Mischung aus Faktenermittlung und kombinatorischer Rätselraterei das zunächst Verworrene und Undurchschaubare in plausible Zusammenhänge bringt und durchschaubar macht. Diese beiden Typen spielen bereits in der historischen Entwicklung der Gattung eine Rolle. Mit dem Auguste Dupin von Edgar Allan Poe tritt der Detektiv auf, der den Fall allein durch logische Schlußfolgerung zu lösen vermag. Dupin hat einen positivistischen Zug. Er vertraut auf die allmächtige Aufklärungsfähigkeit der menschlichen Ratio. Allerdings ist das, was er aufklärt, Grauen und Unmenschlichkeit schlechthin. Der Täter ist ein Affe. In dieser extremen Polarisierung von Ratio und Unmenschlichkeit erscheint der ›Doppelmord in der Rue Morgue‹ wie ein Programm, das in so reiner Ausprägung nie wieder eingeholt werden sollte. Auch der berühmteste und sprichwörtlichste Nachfolger Dupins, Sherlock Holmes, besitzt diese Zuversicht in die Lösbarkeit von Problemen. Das Pendant zur strikt wissenschaftsgläubigen Methode des Detektivs ist hier in der spiritistischen Tätigkeit des Autors Conan Doyle zu suchen. Anders sind die Gewichte bei Chestertons Father Brown verteilt. Liberale Christlichkeit fängt den Enthüllungsdrang des geistlichen Detektivs auf. Die späteren Nachfolger Dupins und Sherlock Holmes' werden dann immer stärker soziologisch typisiert. Hercule Poirot, Lord Peter Wimsey, Dr. Gideon Fell, Albert Campion, Chefinspektor Alleyn, Nigel Strangeways, Professor Gervase Fen, Roger Crammond, Nero Wolfe, Dr. Martin Buell, Hildegard Withers und Inspektor Napoleon Bonaparte (und eine Reihe anderer) sind gegenüber ihren Urvätern gleichsam bürgerlich-konventionell getarnt. Ihr neuer Prototyp ist der berühmteste, George Simenons Pariser Polizeikommissar Maigret. Mit ihm scheint sich, worauf ich noch zurückkomme, ein neuer Stamm zu begründen.

Die andere Spezies des Detektivberufs, die ›hard boiled‹, hartgesottene Sorte, tritt nicht so prononciert ins Leben der Literatur wie Dupin und Sherlock Holmes. Ihr Ursprung ist zu einem Teil aus Geschichten abzuleiten wie denen von Bret Harte, Mark Twain oder Ambrose Bierce. Frühformen finden sich in Europa etwa im Detektiv Sven Elvestads, Asbjörn Krag, der in Deutschland in den zwanziger Jahren berühmt war. Als eigentliche Prototypen aber gelten die Detektive Dashiell Hammetts, etwa Samuel Spade und Nick Charles (sie sind, wie es ihr Erfinder war, meist kleine, unscheinbare Angestellte einer Agentur) und Raymond Chandlers Philip Marlow. Vor allem Marlow, der böse Mann aus puritanischer Traktatliteratur, der dennoch, in all seiner Verkommenheit, das Recht verkörpert, das er in den Repräsentanten einer großstädtischen und mondänen Oberschicht korrumpiert sieht, hat reichliche Nachfolge gefunden. Die eigentümlichsten Varianten hat vielleicht James Hadley Chase beschrieben, weil bei ihm die Zwischenstellung zwischen Recht und Unrecht ernst genommen wird. Die Fronten scheinen von Fall zu Fall vertauscht, die Tätigkeit des ›Aufklärers‹ wird zweideutig. Eine eindrucksvolle, groteske Variante findet sich in den Negerdetektiven Grabschaufler Jones und Sargfüller Johnson von Chester Himes.

Betrachtet man diese beiden Stammbäume literarischer Detektive genauer, so kann man sich bei aller Variationsbreite der Typen doch des Verdachts nicht erwehren, daß diese Unterscheidung etwas Äußerliches, vielleicht nur Regionales darstellt. Der Unterschied besteht grob gesagt in einer Verschiedenheit der Methoden, hie logisches Denken, dort rauhe Gewalt. Zugleich jedoch sieht man, daß auch der Logiker nicht ohne Gewalttat auskommt und daß auch der Hartgesottene seinerseits auf die logische Lösung seines Fakten-Puzzles angewiesen ist.

Man kann sie durchaus als ein und dieselbe Person ansehen. Ihre Verschiedenheit ist interner Art, sie beruht mehr in Gradunterschieden der Fähigkeit. Fähigkeit wozu? Um das zu beantworten, muß man sich darüber klar werden, wie weit dieser Kriminalroman eigentlich als realistische Erzählung in real fixierbaren Milieus, real fixierbaren Chronologien, mit fiktiven, aber menschlichen Figuren anzusehen ist. Der Anschein spricht dafür. Seit jeher ist aber auch bemerkt und eingewendet worden, daß die Darstellung des Verbrechens im Kriminalroman jeder statistischen und sonstigen kriminalistischen Bestandsaufnahme widerspreche. Mary Hottinger, die verdienstvolle Herausgeberin von Kriminalstories und streitbare Verfechterin der Gattung, hat dazu bemerkt:

»Diese seltsame Stellung der Detektivgeschichten kommt auch zum Vorschein, wenn wir sie mit der ausgezeichneten Reihe der *Notable British Trials* oder mit den *Famous Trials* vergleichen. Beide haben eine sehr große und sehr kultivierte Leserschaft, die nicht nur aus Kriminalanwälten besteht. Sie enthalten die wörtliche Wiedergabe von großen Prozessen, mit einer Einleitung und einem Nachwort von einem zuständigen Rechtsgelehrten. Hier aber gilt das Interesse immer dem Angeklagten, während in der Detektivgeschichte der Verbrecher selten interessant und fast nie sympathisch ist. Das Interesse konzentriert sich auf den Detektiv. Diese Spaltung zwischen Prozeßbericht und Detektivgeschichte wirft auch Licht auf die Gattung.«

Das Licht, das diese Spaltung auf die Gattung wirft, erhellt vor allem eins: daß nämlich die Fälle, um die es sich im Kriminalroman handelt, erfunden, ja konstruiert sind. Die Beispiele etwa, die Erle Stanley Gardner aus der realen Praxis seines ›Court of the Last Resort‹ berichtet, erweisen sich als völlig ungeeignet für einen seiner Perry-Mason-Romane. Sie müssen frisiert werden. Der Unterschied des Falles, wie ihn der literarische Detektiv löst, zu dem der juristischen Praxis irgendeines Landes besteht vor allem darin, daß der reale Fall sich aus Verwicklungen ergibt, die nur gewaltsame Lösungen zuließen, der Fall des Romans jedoch auf die plausible Auflösbarkeit hin angelegt sein muß. Das heißt, alle realistischen Elemente, seien sie psychologischer, wirtschaftlicher oder sozialer Art, müssen von vornherein so eingerichtet sein, daß sie zu verschlüsselbaren wie auch auflösbaren Musterspielen zusammengefügt werden können.

Es ergeben sich zwei Stilisierungsmöglichkeiten, die ins Abnorme und die Reduktion. In der Abnormität finden sich die Nachkommen von Poes Orang Utang. Hier geht der Kriminalroman über in den Thriller, die Gruselgeschichte. Die Reduktion führt zu einer weiteren Einsicht. Es zeigt sich, daß es dem Kriminalroman gerade auf das nicht ankommt, auf was es dem Roman der sogenannten seriösen Literatur ankommt: auf Menschendarstellung und auf die Ergründung menschlicher Motive in Reflexion und Handlung. Was wie Ergründung von Motiven aussieht, erweist sich als ein bloßes Aufdecken vorgegebener Spielmarken. Der Kriminalroman ist eine Exempelgeschichte, die nach einem bestimmten Schema etwas einübt.

An dieser Stelle muß noch etwas nachgeholt werden, was ebenfalls im allgemeinen nicht deutlich unterschieden wird. Der Kriminalroman ist nicht eine Erzählung, die von verbrecherischen Taten schlechthin berichtet. Die wenigen Beispiele, die von Diebstählen, Schmuggeleien, Hochstapeleien oder ähnlichem erzählen, sind beiläufig. Ebensowenig läßt sich die Unterteilung (die immer wieder getroffen wird) in Verbrechergeschichten und Detektivromane aufrechterhalten; sie wird vor allem in England und Amerika gemacht, wo man zwischen *crime stories* und *detective stories* unterscheidet. Der Kriminalroman, so wie er sich historisch entwickelt hat und wie er heute eine bestimmte und nicht wegzudiskutierende Rolle spielt, ist *immer* ein Detektivroman. Ihm zugrunde liegt ein festes Schema, das zunächst drei Faktoren enthält: die Leiche, den Detektiv und die Verdächtigen. Der Ermordete, der entweder vor Beginn der Erzählung oder auf den ersten Seiten sein Ende findet, bringt alles in Gang. Die Leiche ist gleichsam der Hebel, der der Story den Anstoß liefert. Ihr gegenüber steht der Entdecker, der sich bemüht, die Verwicklung des Mordfalls aufzulösen. Alle anderen Figuren, die vorgeführt werden, sind entweder Gehilfen des Detektivs (manchmal auch bösartige Verzögerer seines Tuns) oder Verdächtige. Keine Person wird um ihrer selbst willen geschildert. Die ganze Statisterie ist fest ins Schema eingebunden.

Sehr gut hat Ernst Bloch dargestellt, wie der Kriminalroman aus der »Rekonstruktion des Unerzählten«, bei dem keiner dabeigewesen sein will, seine erzählerische Bewegung erhält:

»Geschehen dagegen im Lauf der Detektivgeschichte selbst neue Morde, so sind auch sie noch ein schwarzer Fleck, mit dem Dunkel von Anfang zusammenhängend, es vermehrend, oft gar die Lösung erschwerend. Hauptsache bleibt dabei stets: das Alpha, bei dem keine der nacheinander auftretenden Figuren eingestanden dabei war, und der Leser am wenigsten, es geschieht — wie der Sündenfall, gar Engelssturz (um allzu mythisches Couleur nicht zu scheuen) — *exul* der Geschichte.«

Man braucht nun nicht, wie Bloch weiterhin tut, die Perspektive zu Ödipus auszuziehen, der ja durch die Psychoanalyse schon genügend strapaziert worden ist, um das Exemplarische und Grundlegende dieser Erzählungsart zu erkennen. Es ist immer ein und dieselbe Geschichte, die erzählt wird. Es gibt nur die eine Geschichte von der Leiche, die gefunden wird, und von der Rekonstruktion der Tat, wobei die Rekonstruktion die scheinbar willkürlich durcheinandergeworfenen Figuren der Verdächtigen immer mehr in ein bestimmtes Muster einordnet. Welches Muster? Zunächst kann man nur sagen, daß dies Muster etwas als eigentliches und einziges Ziel aufscheinen läßt, das im ›seriösen‹ Roman nur beiläufig auf den letzten Seiten vorkommt, wenn dort noch rasch die ferneren Schicksale der Personen aufgezeichnet werden, mit denen man während der Lektüre mitgelitten und mitgebangt hat.

In der einen Geschichte, die in fast unendlicher Variabilität immer wieder erzählt wird, geht es nicht um die Rehabilitierung des Ermordeten. Als rekonstruierte Person hat die Leiche am Schluß des Exempels den geringsten personalen Stellenwert. Ihr Tod wird gerächt, nicht, um personale Schuld zu sühnen, sondern um eine Gruppe von exemplarischen Figuren so ordnen zu können, daß man am Ende jenen herausgreifen kann, der die Sühne, nicht für die Tat, sondern für die potentielle Täterschaft der anderen Verdächtigen auf sich nehmen kann oder dem sie aufgeladen wird, weil er am Schluß das notwendige Ausfallmuster repräsentiert.

Eine entscheidende Rolle spielt in jedem Kriminalroman der Weg, den die Überführung nimmt. Das klassische Schema der Erzählung von Agatha Christie setzt an den Anfang eine Situation, die offenbar eine Lösung ausschließt (›Der rote Kimono‹, ›Tod in Mesopotamien‹, ›Tod in den Wolken‹ und viele andere). Die Ermordung wird so dargestellt, daß plausiblerweise keiner der Dabeigewesenen die Tat hat ausführen können. Dann tauchen Fakten auf, die eine Lösung möglich scheinen lassen. Diese Fakten stehen in unlösbarem Widerspruch zueinander. Hier tritt dann Hercule Poirot auf. Um das unzureichende Material ergänzen zu können, prüft er ein paar Dinge nach, die noch nicht nachgeprüft worden sind, diese baut er aus durch eine kleine Provokation, er stellt hypothetische Fragen, deren Beantwortung die vorhandenen Fakten in eine neue Beziehung zueinander bringen usw. Eine bestimmte Rolle spielt in diesem sich allmählich aufsummierenden Komplex von Indizien immer das Tatmotiv. Dies aber wird nicht als etwas subjektiv-psychologisch zu Ergründendes aufgefaßt, sondern erscheint ebenfalls in faktischer Form. Die Tätigkeit des Detektivs hat in einem solchen klassischen Fall (für den neben Agatha Christie etwa auch John Dickson Carr, Anthony Berkeley, Father Ronald A. Knox, Dorothy Sayers, Margery Allingham, Nicholas Blake, Ngaio Marsh, Edmund Crispin, Thomas Muir, aber eben auch Dashiell Hammett, Raymond Chandler, Erle Stanley Gardner, Rex Stout oder das Ehepaar F. R. Lockridge stehen könnten) etwas ganz Materielles zum Ziel. Der Detektiv versucht aus einzelnen zufälligen Abdrücken eine Spur zu rekonstruieren. Er gleicht jemandem, der aus einzelnen Strichen zunächst eine Schrift und dann einen Text erschließt. Dabei kommt es vor allem, wenn man im Bild bleiben will, auf die Schrift an. Es kommt darauf an, in der Vervollständigung der Spur ein kombinatorisches Geschick zu üben. Charakteristisch für viele Kriminalromane des klassischen Typus ist es, daß am Ende die Nacherzählung der Mordtat selbst nur oberflächlich und stichwortartig, mitunter sogar unvollständig geschieht. Hier hat Bloch nicht scharf genug unterschieden. Es kommt nicht auf die Rekonstruktion des Unerzählten an, sondern auf die Rekonstruktion der Spur des Unerzählten.

Damit zeigt sich, daß die Erzählung des Kriminalromans grundsätzlich in einem abstrakt funktionierenden Schematismus befangen ist, der seine eigenen rigorosen Gesetzmäßigkeiten hat. Die Geschichte, die erzählt wird, stimmt oder stimmt nicht, je nachdem wie diese Gesetzmäßigkeiten befolgt oder übergangen werden. Der Schematismus ist quasi formaler Art. Er bewirkt nicht, aber er garantiert die unendliche Variabilität der einen Geschichte. Die Rekonstruktion der Spur des Unerzählten läßt im Gerüst ihres rigoros auskalkulierten Schemas eine immer neue Kombinatorik der möglichen Füllungen zu.

Nun kann natürlich auch eine solche gleichsam abstrakte Erzählung nicht ohne das auskommen, was man ihren Inhalt nennt. Dieser Inhalt, so kann man zunächst sagen, besteht in der immer neuen Angleichung an reale Schauplätze und Milieus. Die Geschichte zieht sozusagen immer neu zugeschnittene Kleider aus Schauplatz und Milieu an. Das geschieht wiederum nicht in einer nur psychologischen, soziologischen oder gar ethnologischen Vermenschlichung, es geschieht merkwürdigerweise topographisch. Die Konstanz einer Variante stellt sich her aus der topographischen Verankerung der Geschichte. Das hat, für den älteren Kriminalroman, schon Walter Benjamin deutlich gemacht. In ›Einbahnstraße‹ sagt er:

»Vom Möbelstil der zweiten Hälfte des neunzehnten Jahrhunderts gibt die einzige zulängliche Darstellung und Analysis zugleich eine gewisse Art von Kriminalromanen, in deren dynamischem Zentrum der Schrecken der Wohnung steht. Die Anordnung der Möbel ist zugleich der Lageplan der tödlichen Fallen, und die Zimmerflucht schreibt dem Opfer die Fluchtbahn vor . . . Dieser Charakter der bürgerlichen Wohnung, die nach dem namenlosen Mörder zittert wie eine geile Greisin nach dem Galan, ist von einigen Autoren durchdrungen worden, die als ›Kriminalschriftsteller‹ — vielleicht auch, weil in ihren Schriften sich ein Stück des bürgerlichen Pandämoniums ausprägt — um ihre gerechten Ehren gekommen sind.«

Was Benjamin hier »bürgerliches Pandämonium« nennt, kommt im Modell des älteren Kriminalromans als reine Darstellung einer Polarisierung von Gut und Böse, Ratio und Unnatur zum Vorschein. Das wird nach Doyle und Chesterton anders. Was gleich bleibt, ist die topographische Verankerung. Während noch auf den Londoner Club von Anthony Berkeley die Diagnose Benjamins unmittelbar anwendbar scheint, ist der Bellona Club Dorothy Sayers' und Lord Peters ein allgemeiner Ort, der in der Stadtlandschaft bestimmter Londoner Bezirke aufgeht. Ähnlich ist es bei John Dickson Carr.

Merkwürdig bleibt die Zwischenstellung in vielen Romanen Agatha Christies: Interieurs, die streng genommen keine sind (das Innere eines Flugzeugs, eines Schlafwagens, das Zwischendeck eines Nildampfers), Interieurs, die gleichsam Fühler ausstrecken, ohne daß die Umgebung ganz zur Landschaft wird, Landschaftsausschnitte, die interieurhaften Charakter bekommen dadurch, daß sie wie Zimmer behandelt werden.

Das Besondere der Benjaminschen Analyse hat sich gewandelt, das Allgemeine, die topographische Verflechtung, erweist sich bis heute als eins der hervorragenden Charakteristika der Gattung. Dabei muß allerdings beachtet werden, daß es sich nicht um Schilderung von Orten und Gegenden im Sinne der seriösen Literatur handelt. Interieur und Landschaft werden nicht um ihrer selbst willen sprachlich verwandelt, erscheinen nicht in der Sprache als sie selbst. Wenn ich bei Hammett unverwechselbar etwas über die Topographie von San Francisco erfahre, bei Chandler über die von Abbruchvierteln und Luxusstraßen in Los Angeles, bei Gardner etwas über Landsitze und Motels in Kalifornien, bei F. R. Lockridge und Margaret Scherf über bestimmte, ausgeschnittene Stadtteile von New York, bei Margot Neville über Sidney, bei Arthur W. Upfield über australische Kleinstädte und Farmhöfe, immer ist dieses Vertrautwerden mit Schauplätzen ein Vertrautwerden mit Tatorten. Ich erfahre, nicht in sprachlicher Verwandlung, sondern in der Summierung von Fakten zur Physiognomie des Tatorts etwas über die Örtlichkeit. Die Rekonstruktion der Spur des Unerzählten geschieht mit Hilfe der topographischen Durchdringung. Der Schauplatz, der sich als Tatort identifiziert, erscheint nicht als Landschaft im malerischen oder romantischen Sinne. Er erscheint als typologisch geprägter Lebensraum. Das Modell, das der Kriminalroman aufbaut, erscheint zuerst als Örtlichkeit, die die Spur der typischen menschlichen Aktivität bewahrt hat; die Örtlichkeit erscheint als etwas, was aus den Spuren dieser Aktivität besteht. Umgekehrt hat die Örtlichkeit unmittelbarer

Menschliches (Spuren von Psychologie, Emotionen, ›Glück und Leid‹, Gemeinschaftlichkeit usw.) in sich bewahrt als die Spielfiguren des Exempelfalles selber. Das Menschliche erscheint in den Schauplatz versachlicht. Was etwa Robbe-Grillet theoretisch verficht, hat der Kriminalroman lange vor ihm auf eigene Weise realisiert.

Benjamin spricht davon, daß es sich um »die einzig zulängliche Darstellung und Analysis zugleich« handle. Darin deutet sich an, daß die Rekonstruktion des Tatorts im Namen eines der Beteiligten geschieht (nämlich dessen, der die Analyse durchführt), und das ist der Detektiv. Er rekonstruiert. Er kann dies kraft seiner Sonderstellung, in der er mit der Leiche allein ist. Er rekonstruiert, weil er, wenn man näher zusieht, mit Eigenschaften begabt ist, die ihn als außermenschliches Wesen kennzeichnen. Er ist unsterblich und mit höherem Wissen, mit Omnipotenz begabt. Beide Eigenschaften dürfen nicht als etwas Zufälliges, als übersteigerter Subjektivismus oder als geheime Selbstglorifizierung des Autors interpretiert, sie müssen wörtlich genommen werden. Der Detektiv weiß von Anfang an, wohin ihn sein Weg führen wird. Die Schwierigkeiten, die er hat, betreffen den Weg, den er gehen muß. Für ihn gilt der Satz von Kafka: »Es gibt ein Ziel, aber keinen Weg; was wir Weg nennen, ist Zögern.« Wenn er am Schluß mit seiner anfänglichen Unwissenheit renommiert, so ist das nur eine augenzwinkernd ironisch vorgebundene Maske. In Hammetts ›Dünnem Mann‹ heißt es gegen Ende: »›Du meinst, du hast das von Anfang an gedacht?‹ fragte Nora, indem sie mich mit strengen Augen fixierte. — ›Nein, Liebling. Allerdings — eigentlich müßte ich mich schämen, daß ich das nicht gleich gesehen habe . . .‹«

Ich war früher der Ansicht, man müsse, wie das auch bei Gilbert Keith Chesterton oder Dorothy Sayers geschehen ist, den Detektiv als eine theologische Figur, als eine Art bürgerlich getarnten Erzengels, interpretieren. Ich meine heute, daß eine solche Interpretation das Problem zu sehr vereinfacht. Gewiß hat der Detektiv etwas von einem solchen ›Abgesandten‹, gewiß ist der Kriminalroman eher im Erzählraum einer säkularisierten Legenden- und Allegorienliteratur angesiedelt als in der Nachbarschaft des realistischen, psychologischen oder nachrealistischen Romans. Dennoch läßt sich die Rekonstruktion der Spur im Tatort nicht als ein Akt theologischer Einsicht deuten. Als was aber?

Wenn sich die Rekonstruktion der Spur am Ende als etwas erweist, das auch aufgefaßt werden kann als allmähliche Enthüllung eines Musters, so bezieht sich diese Enthüllung nicht auf den Tatort, sondern auf die mitspielenden Figuren, genauer gesagt, auf die Gruppe der Verdächtigen (nicht auf die Helfer oder Widersacher des Detektivs). Die Gruppe der Verdächtigen erfährt ihr erstes Kriterium als eine definierbare Gruppierung dadurch, daß sie beschränkt ist auf Figuren, die in Beziehung zur Leiche standen. Diese Beziehungen beschränken sich auf emotionale, verwandtschaftliche und wirtschaftliche Bindungen. Der Gangster tritt nur als Randerscheinung oder, in einer besonderen Funktion, in der neuesten Phase der Gattung auf. Die Bindungen der Figuren an die Leiche erweisen sich weiterhin als dieselben, die die Figuren untereinander als Gruppe erkennbar machen. Sie lassen sich auch als die molekularen Affinitäten bezeichnen, die die spätbürgerliche Gesellschaft strukturieren; die sich als der letzte soziologische Kitt zwischen den einzelnen Personen erweisen in einer Situation, in der standesmäßige Gliederungen nicht mehr und gewaltherrschaftliche Mittel noch nicht bindend genug sind. Das Muster, zu dem sich am Schluß die Gruppe der Verdächtigen zusammenschließt, wird bestimmt durch dieses letzte Bindemittel der spätbürgerlichen Gesellschaft. Die Gruppe erweist sich als Muster spätbürgerlicher soziologischer Verbundenheit. Diese Konstituierung der Gruppe wird erkauft durch den Tod des Ermordeten. Das Trennende hat sich quasi rein ausgeschieden. Die Bindung aber kann erst zutage treten, wenn sich der andere, der Täter entlarvt hat als derjenige, der geopfert werden muß. Leiche und Täter sind unlösbar aneinander gebunden. In gewissen Fällen, nämlich da, wo die Gruppe selbst als Täter erscheint (wie im ›Roten Kimono‹ von Agatha Christie), werden Leiche und Täter identisch. Denn die Gruppe ist, im Gegensatz zur realen Rechtsprechung, niemals fähig, schuldig zu werden. Die Schuld fällt dann rein auf die Leiche zurück.

Das Schema gilt offenbar nicht mehr ganz für die Entwicklung der Gattung in den letzten 15 bis 20 Jahren. Die entscheidende Übergangsposition scheint sich dabei in den Erzählungen von den Taten des Polizeikommissars Maigret zu finden, wie sie Georges Simenon geschildert hat. Maigret ist einer von jenen Detektiven, die gleichzeitig eine einflußreiche offizielle Stellung innehaben. Ihm steht außer seinen übernatürlichen Eigenschaften ein großer Hilfsapparat zur Verfügung. Bezeichnenderweise macht ihn das jedoch nicht zum Repräsentanten staatlicher Gewalt, er befindet sich im Gegenteil in einem ständigen Kleinkrieg gegen deren Vertreter. Zur Unsterblichkeit und übernatürlichen Einsicht tritt die Fähigkeit, sich in den staatlichen Apparat einzunisten und sich dort zu halten (die Drohung der Entlassung erscheint immer wirksamer als die des Todes, ernstlich verwundet wird er nur, wo er mit besonders rückständigen Formen staatlicher Macht zusammentrifft, so in ›Maigret und der Verrückte‹). Schon immer war die Tendenz, den Detektiv zu tarnen, groß gewesen. »Ein lächerlicher kleiner Mann, den sicher niemand ernst nahm«, heißt es von Hercule Poirot. »Die fähigsten Detektive sehen aus wie Geistliche und die gerissensten Hasardspieler wie Bankprokuristen«, stellt Rechtsanwalt Mason bei Gardner fest. In der Figur Maigrets erreicht diese Tarnung sozusagen ihre Perfektion. Maigret ist das Urbild des vom Lande stammenden großstädtischen Kleinbürgers. Mit Raffinesse und schriftstellerischer Ökonomie hat Simenon das Repertoire dieser kleinbürgerlichen Existenz eingerichtet und ausgebaut. Der ›Abgesandte‹ wird vollkommen in einem soziologisch eindeutig bestimmbaren Typus verkörpert.

Diese Verkörperung aber hat nun zur Folge, daß Maigret gleichsam ohne Umwege in die Verbindungsmöglichkeiten der Verdächtigen hineinschleicht. Seine menschlich-psychologische Anteilnahme scheint unmittelbarer. Mehr als seine Vorgänger und Kollegen lebt er gleichberechtigt in der Gruppe der Verdächtigen. Zugleich wird der Charakter des gesellschaftlichen Musters offener gezeichnet. Jeder Maigret-Roman erscheint als Ausschnitt aus einem größeren Zusammenhang. Man hat tatsächlich die Vorstellung, alle die einzeln geschilderten Gruppen könnten sich zu einem übergreifenden Gesellschaftskörper zusammenschließen. Die Analyse bekommt in der stärkeren realistischen Einfärbung (und Tarnung) den Charakter des Entwurfs. Man kann jedoch diesen Eindruck nicht beim Wort nehmen, er hält nicht stand und erweist sich eher als eine neue, raffiniertere Tarnung. Etwas anderes scheint wichtiger. Die größere Nähe Maigrets zur Gruppe der Verdächtigen nähert ihn gleichzeitig dem Täter, dem Opfer an. Stärker als im früheren Typus des Kriminalromans tritt die leidende Verbundenheit des Entdeckers mit seinem Opfer hervor. Sie findet sich auch anderswo, etwa bei Margery Allingham, Phyllis Hambledon, Helen Nielsen oder Thomas Muir. Niemals jedoch so ausgeprägt und grundsätzlich. Maigret ist immer auf dem Wege, sich mit dem Täter zu identifizieren. Am wenigsten dort, wo die Gruppierung der Verdächtigen sich als ganz rudimentär oder exotisch erweist. Dort zieht er sich zurück (so in ›Maigret und die Gangster‹, ›Maigret in Arizona‹). Am stärksten identifiziert er sich da, wo der Täter gleichsam in offener Stellvertreterschaft für die Gruppe gehandelt hat. Dort kann es geschehen, daß er den Täter deckt oder ihn sich selbst richten läßt. Er nimmt einen Teil der Last auf sich. Nicht, wie es scheinen könnte, aus Anteilnahme mit dem Schuldigen, nicht aus Mitleid, sondern weil er (bzw. der Autor) erkennt, daß etwas diese stärkere Identifizierung des Entdeckers mit dem Täter verlangt, daß etwas objektiv Wirksames die Funktion des Detektivs verändert. Diese Veränderung kann durchaus Beiklänge von Kritik und Bitterkeit haben, wie in ›Maigret und der faule Dieb‹, sie ist in der über dreißigjährigen schriftstellerischen Tätigkeit Simenons so deutlich geworden wie in keiner Provinz des Kriminalromans sonst.

Tatsächlich entspricht diese Veränderung einer Entwicklung, die auch an anderen Stellen abzulesen ist. Äußerlich gesehen werden Schauplatz und Personal des Kriminalromans alltäglicher, sozusagen familiärer. Hierfür sind etwa die Erzählungen des Ehepaars F. R. Lockridge, Helen Nielsens (die in ihren Büchern die vielleicht eindrucksvollste Parallele zu Simenon zeigt), Margaret Scherfs, Thomas Muirs, Guy Collingfords, Margot Nevilles, aber auch die Ben Bensons, des Ehepaars Gordon, Ivan T. Ross' oder P. J. Merrills charakteristisch. Kennzeichnenderweise kehrt in den Romanen dieser Gruppe eine stereotype Überlegung wieder. Eine Figur aus der Gruppe der Verdächtigen ruft gegen den Schematismus des Entdecktwerdens die Gewohnheit ihres Alltags auf, sie sagt sich, daß so schreckliche Dinge doch in diesem normalen Leben nicht vorkommen könnten, denn sie lebe doch nicht in einem Kriminalroman. Hier wird die Reflexion auf die Fiktivität des Exempelspiels zu einem halluzinatorischen Trick umgebogen, so als handele es sich tatsächlich nur um einen harmlosen Tatsachenbericht.

Diese Vorgabe gehört zu dem neuen Arsenal von Tarnungen, mit dem die Geschichte versteckt wird. Die Zunahme an plausibler Realistik führt auch zur Diskussion des Verbrechens und des Verbrechers selbst. So in den Erzählungen des Ehepaars Gordon und Ben Bensons. Der Verbrecher wird als potentiell zu Rettender, als Verführter gesehen, so bei Ivan T. Ross. Diesen Charakter aber hat er nicht als Angehöriger einer abzugrenzenden Gruppe, sondern als eine Art Jedermann. Die Gruppierung wird allmählich immer unschärfer. Die Molekularbindungen der klassischen Gruppierung werden lockerer, allgemeinere Relationen treten an ihre Stelle. Der Modellcharakter selbst tritt in den Gesichtskreis der

Erzählung. Die Möglichkeit, das Exempelspiel in den eigenen Erfahrungsbereich zu übertragen, wird größer. Die Distanz verringert sich. Es passiert hier und jetzt, mitten unter uns.

In dieser Situation geschieht das Merkwürdige, daß Detektiv und Täter zu einer Person verschmelzen. So in den beiden erstaunlichen Romanen von Stanley Ellin ›Im achten Kreis der Hölle‹ und ›Befehl des Bösen‹. Jedenfalls ist der Detektiv der Schuldige. Eine andere Variante hat Margaret Millar in ihren Romanen ausgebildet. Auch bei Helen Nielsen finden sich Beispiele dafür, P. J. Merrills ›Woher kommst du‹ und Fletcher Floras ›Der Schuß kam zu schnell‹ zeigen etwas Ähnliches. Der Täter wird sich gleichsam seiner Rolle als notwendiges Opfer bewußt und daher gezwungen, beide Aufgaben zu übernehmen. Die Rekonstruktion der Spur wird zur Selbstentlarvung. Diese Selbstentlarvung aber dient nicht der konstitutionellen Gruppierung, die Gruppe erweist sich als etwas von Anfang an Gegebenes. Was sich herausstellt, ist ihre Unveränderbarkeit. In der Unveränderbarkeit erscheinen die internen Bindungen als bloße Floskeln. Die Möglichkeit zur breitesten Verallgemeinerung wird in der Waage gehalten von immanenter, aber nicht auf fixierbare Objekte gerichteter gesellschaftlicher Kritik. Gleichzeitig verändert sich auch der Charakter der topographischen Verankerung. Der Tatort wird zu einer allgemeinen, realistisch nicht mehr eindeutig bezüglichen Örtlichkeit. Allgemeine Großstadtviertel, anonyme Kleinstädte und Dörfer, technische, touristische Landschaft.

Es scheint, als ob diesem Vorgang vor allem die Leiche an Beweiskraft verliert. Sie bekommt etwas Irreales. Sie verschwindet, etwa bei Margaret Millar und Stanley Ellin, als ob etwas in der Luft läge, das auflöst, immaterialisiert. Das wirft noch einmal die Frage auf, warum es im Kriminalroman immer und unter allen Umständen ein Mord sein mußte, der als Hebel, als Büchsenöffner sozusagen, diente. Die Antwort auf eine solche Frage könnte etwa lauten, daß der Zwang zur Konstituierung einer Gruppe in der spätbürgerlichen Gesellschaft offenbar nur unter einer Drohung wirksam werden konnte, der Drohung der Vernichtung. Die Leiche erschien nicht als ein zu recht oder zu unrecht Verfolgter, als zufälliges Opfer einer Affekthandlung oder verbrecherischer Besitzgier. Sie war stellvertretendes Objekt der Drohung. Die Drohung war dem Charakter der molekularen Bindungen der Gruppe immanent. Um aber die Bindungen als etwas zu Konstruierendes positiv zu offenbaren, mußte der Kurzschluß des Mordes stattfinden, an den dann der Täter, als posthumer Garant der Gruppierung, ebenso gefesselt war wie die Leiche des Ermordeten.

Dies Schema hat sich aufgelöst, ohne daß der Spielcharakter der Exempelerzählung verschwunden wäre. Es scheint im Gegenteil so, als ob er deutlicher und seiner selbst bewußter geworden sei. Was das schließlich zu bedeuten hat, ist vorerst kaum zu sagen. Möglich wäre, daß die zunehmende Polarisierung von realistischer Plausibilität in Inventar und Statisterie zur wachsenden Irrealität der Leiche den Charakter des bloß hypothetischen Spiels absolut macht. Die unendliche Variabilität der einen Geschichte erwiese sich dann als gleichrangig mit der des Schach- oder Kartenspiels.

172

Wider Erwarten erscheint der Kriminalroman so als eine der offensten Formen der heutigen Literatur. Er tut das, weil er gleichzeitig einen der wenigen in sich abgeschlossenen Bereiche der neueren Literatur ausgebildet hat. Das, was viele Kritiker an ihm stört, die sprachliche Lakonik und Anonymität, die schematische Reduktion der Psychologie, die ›unkünstlerische‹ Beschreibung, all das gehört zu seinen internen Kennzeichen. Er hat seine eigene sprachliche Tradition, die nur punktweise mit der der übrigen Literatur in Verbindung tritt, er hat auch, was oft übersehen wird, seine eigenen sprachlichen und stilistischen Kriterien, die ganz auf die Erfordernisse des allegorischen Erzählens (denn um ein solches handelt es sich) zugeschnitten sind.

Daß es sein eigenes literarisches und repräsentatives Wesen hat, gibt aber dem Erzählen von Kriminalromanen vielleicht auch jene Freizügigkeit der subjektiven Wahl, von der anfangs gesprochen wurde. Diese Freizügigkeit erweist sich bei näherem Zusehen als ein Zeichen dafür, daß es sich hier um etwas handelt, was so viele Kritiker der modernen Literatur vermissen: nämlich um legitimen Lesestoff für alle. Jeder kann sich in ihm wiederfinden. Den Kritikern, andererseits, scheint gerade dies nicht recht zu sein.

*Exkurs*

*Der Held des Kriminalromans erscheint im Gegensatz zu dem des „Western"
nicht immer als der „ganze Mensch", als Universalheld. Er kann auch, mit allen
menschlichen Schwächen, als Spezialist in der arbeitsteiligen Gesellschaft, als Detektiv, auftreten und damit ein ungleich realistischeres Bild vermitteln. Nicht er
ist dann der „Held" des Kriminalromans, sondern die Handlung ist es, der Ent-
hüllungsprozeß tritt an seine Stelle: in dem Moment, da die Gesellschaft realistischer widergespiegelt oder zum Handlungsfaktor wird, löst sich der Detektiv
aus dem trivialen Ersatzbild-Schema. Heissenbüttel bekennt, er habe den Geschmack an Erzählungen verloren, die nichts als den Ruhm ihres Erzählers verkünden. Offenbar wird der sich selbst glorifizierende Held unglaubhaft. Andererseits führt die Zunahme an plausibler Realistik zur Diskussion des Verbrechens
selbst: die gesellschaftliche Wirklichkeit wird die Leitplanke zur ethischen
Wahrheit.*

*Trotz seiner gegenheroischen Schwächen ist aber gerade d e r Detektiv zum Krimi-
nal-Romanhelden prädestiniert, der im Alleingang mit Privatinitiative einen Fall
löst, auch gegen den Polizeiapparat und die Apparatur des Zivilisationsstaates.
Treffen hier zwei Heldenvorstellungen zusammen, mischen sich die individua-
listisch-romantische und die spezialistisch-realistische Imago?*

*Die formale Bedingung des Kriminalromans, einen geschlossenen Realitätsaus-
schnitt zu geben, eröffnet dem „Helden" jedenfalls die Möglichkeit, in der Wirklichkeit verborgene Beziehungen aufzuspüren und ihnen nachzugehen; dabei kann
sich das Ganze dennoch in einem fiktiven, abstrahierten Rahmen bewegen. Das
Rätselspiel des Kriminalromans benötigt eine erdichtete Welt, die aber aus nachprüfbaren Fakten ein geschlossenes Spielsystem konstruiert.*

*Es ist behauptet worden, diese literarische Spezies verdanke ihren Erfolg dem
Gegenbild und zugleich dem Wunschdenken der gesicherten bürgerlichen Gesellschaft; zweifellos hat die ewige Wiederkehr der variierten „fremden Welt", der
geographischen u n d moralischen Exotik, einen ähnlichen Bestätigungscharakter
wie bei Karl May, indem sie Abenteuerlust weckt, aber die Normalität wiederherstellt. Der Leser begibt sich in die Welt des Grauens und Verbrechens, aber
unter den schützenden Fittichen des angefochtenen und anfechtbaren, doch immer
obsiegenden Detektivs.*

*Die zitierte kriminalistische Sachkunde zeigt wohl, wie im Tatsachenroman, ihren
faktischen Charakter, sie ist aber dramaturgisch eingeordnet, fügt sich der Stilisierung des Ganzen, treibt die Handlung voran, gehört zu einer neuen Exotik.
Die brüchige Welt, von Mord bedroht, präsentiert sich durch die glückliche Lösung
des Rätsels als geheilt: ist der Kriminalroman damit auf dem Wege, poetologisch
geweiht zu werden wie einst die Komödie? Bekommt er nachträglich vom Lite-
raturrichter die Würde, die sein Kassenerfolg schon längst für den Verleger
ausstrahlt?*

Die entscheidende Frage steht zwischen den Ausführungen Karl Markus Michels und Gerhard Schmidt-Henkels. Michel rechnet den Kriminalroman zu einer Literatur, die sich den jeweils herrschenden Verhältnissen angepaßt hat; sie hat zwar das Anstößige der früheren Kolportage-Literatur abgelegt, trägt jedoch wegen dieses Konformismus das Signum der Subliteratur. Schmidt-Henkel räumt dem Kriminalroman eine gewisse Fähigkeit ein, in seinem immanenten oder transzendenten Realismus Gesellschaftskritik zu üben.

Es ist trivial, wenn sich der Kriminalroman den jeweiligen gesellschaftlichen Verhältnissen widerspruchslos fügt, sie bestätigt, Leservorurteile pflegt und das komplizierte Gefüge von Recht und Unrecht, Schuld und Sühne gemäß den geltenden Moralkodices schablonisiert. Der Übergang zu einer anderen Art von Literatur vollzieht sich jedoch bereits dort, wo die Gewalttat zwar nicht in den sozialen Verflechtungen reflektiert wird, aber formal stilisiert und infolgedessen isoliert und ihres gesellschaftsgefährdenden Akzentes entkleidet erscheint.

Die Trivialliteratur nimmt sich der Wunschträume des Publikums an; sie hält es davon ab, die Anlässe dieser Wunschträume zu erkennen und zu ändern. Die Kriminalliteratur beruht hingegen auf einer positivistisch-analytischen Denkweise, sie analysiert eine reale Folge von einer behaupteten Ursache, nicht aber eine fiktive Konsequenz von einer realen Causa. Akzeptieren wir diese Kennzeichnung, erinnern wir uns an Marianne Moores Definition von Dichtung: Sie stelle »zur Ansicht eingebildete Gärten mit echten Kröten darin« dar. Aber diese Erinnerung stellt gewiß einen unzulässigen Versuch zur Ehrenrettung des Krimis dar.

Wenn man will, liegt hier ebenso der verborgene Kunstcharakter wie im möglichen gesellschaftskritischen Impetus. Aber das ist schon eine Geschmacksfrage. Schmidt-Henkel weist schließlich auf den vom konstruktiven Erzählgerüst bewirkten Hang zur Novelle hin, und Heissenbüttel preist den Kriminalroman als eine der offensten Formen der heutigen Literatur, aber eben nur insofern, als der Spielcharakter der Exempelerzählung eine unendliche Variabilität erlaubt. Der scheinbare Widerspruch löst sich so in der formalen und sprachlichen Singularität, die die Gattung sichtbar von der Trivialliteratur abhebt.

# Karl Riha
# Die Blase im Kopf

Vergangenes Jahr waren in der Pariser Galerie der Ileana Sonnabend Bilder von Roy Lichtenstein zu sehen, die von der Kunstkritik als »neuer Pointilismus« und »Bestandaufnahme des amerikanischen Kitsches« bezeichnet wurden. — Wir haben es hier mit gemalten Druck-Erzeugnissen zu tun. Lichtenstein nimmt die Motive zu seinen Bildern aus der kommerziellen Illustration der Gegenwart; er verwendet Werbe-Inserate und Kino-Reklamen als Vorlage, aber er verfremdet sie, indem er sie vom Handzettel ins Quadratmetertableau vergrößert oder frappierende Schnitte setzt. Ich erinnere an ›Draw 1963‹: ein Patronengürtel, eine halbe Hand kurz vor dem Griff nach dem Colt, das Ganze sehr flächig, mit Schwarz-Weiß-Kontrasten und groben Rastern gearbeitet . . . — . . . Ausschnitt aus einem ›comic strip‹. Über ›Little Aloah 1962‹, ein anderes Bild Lichtensteins derselben Herkunft, schreibt Robert Rosenblum: »Vergrößert zu den Dimensionen eines Bildwerkes und daher in den Rahmen eines Kunstwerkes gestellt, zwingt uns diese hawaiische Liebesgöttin, sie mit einer Aufmerksamkeit zu betrachten, die wir ihr früher niemals zugestanden hätten. Sie kann einerseits als ein kläglichtrauriges, soziologisches Phänomen betrachtet werden, ein Wesen, das einer neuen und seltsamen Rasse angehört, die von unserem Jahrhundert hervorgebracht wurde, zugleich aber ist sie die Inkarnation einer erotischen Phantasie, populär in den Vereinigten Staaten; diese popularisierte Verwandte der Odalisken von Ingres und der tahitischen Mädchen von Gauguin überrascht uns und ist in höchstem Grade hypnotisch in ihrer unheimlichen Leere.«[1]

Man könnte Lichtensteins künstlerisches Verfahren bedenkenlos als Entlarvungstechnik etikettieren, wenn da nicht ein Rest bliebe, der sich als positive Fortsetzung der alten Porträtkunst verstünde. Wie Courbet, der den Arbeiter für die Malerei entdeckte, wendet sich auch Roy Lichtenstein schockierenden Banalitäten zu, die bis dahin aus der Domäne der Kunst ausgeschlossen waren. — — Robert Rosenblum jedoch habe ich zitiert, weil die beiden Interpretationsansätze, die er wählt, relevant sind auch für unser Thema, für die ›comic strips‹ selbst; der eine Ansatz ist soziologisch, der andere fußt auf der historischen Betrachtungsweise: zusammen mit der pädagogischen Analyse markieren sie die Haupttendenzen einer ange-

[1] Rosenblums Essay findet sich gedruckt im Lichtenstein-Ausstellungskatalog der Galerie Sonnabend, Paris. Hier zitiert nach der deutschen Übersetzung in ›Diskus‹, 7/1963, S. 10.

schwollenen amerikanischen Sachliteratur, die zur Zeit über zweihundert Buch-
und Zeitschriftentitel umfaßt.[2] — — Bleiben wir zunächst bei der Historie!

›Comic strips‹ sind eine Erfindung des späten neunzehnten Jahrhunderts. 1895/96
— (in Deutschland werden Raabes ›Akten des Vogelsangs‹, Wedekinds ›Erdgeist‹
und Schnitzlers ›Liebelei‹ gedruckt) — tauchen in den Sonntagsbeilagen amerikanischer Tageszeitungen erstmals Fortsetzungsgeschichten in Bildern auf, die man
zu Recht ›funnies‹, ›cartoons‹ oder eben ›comic strips‹ heißen kann: Bilderzäh-
lungen also, mit Texten gekoppelt, die anfangs als Unterschriften, später im Bild
selbst erscheinen. Die einzelnen Abschnitte der Bilderfolge werden im Amerikanischen als ›panels‹, die Sprechblasen als ›balloons‹ bezeichnet. ›The Yellow Kid‹
von Richard Felton Outcalt und ›The Katzenjammer Kids‹ von Rudolph Dirks
gelten als die ersten Vertreter des Genres, das rasch an Popularität gewinnt. Bereits
1897 liefert Oppers ›Happy Hooligan‹ einen Filmstoff, 1915 kehrt sich der Vorgang um, und Charlie Chaplin avanciert zum Helden eines ›comic strip‹; ›the first
animated cartoon‹, die erste Trickfilmfassung eines ›comic strip‹ datiert aus dem
Jahr 1906. Schon 1904 veröffentlicht die Chikagoer ›American‹ die ersten ›daily
strips‹, 1909 werden ›Mutt and Jeff‹ von Rube Goldberg geboren, die einund-
zwanzig Jahre später als Mute und Jute in ›Finnegans Wake‹ von James Joyce
auftauchen. 1906 zeichnet Lyonel Feininger, signiert mit ›Your Uncle Feininger‹,
zwei ›comic‹-Serien, ›The Kin-der-Kids‹ und ›Wee Willie Wilkie's World‹, die er
von München aus nach Amerika verkauft, und 1913 startet George Herriman mit
›The Krazy Kat‹, zu deren späterer Buchfassung E. E. Cummings das Vorwort
schrieb. — — Das in einigen Strichen die Anfangsphase der ›funnies‹! Sie schließt
zu Beginn der dreißiger Jahre mit Otto Soglows ›The Little King‹ und Elzie
Segars ›Popeye‹, dem die Spinatfarmer von Crystal City in Texas 1937 ein Denk-
mal bauten. 1938, im Entstehungsjahr von Walt Disneys ›Donald Duck‹, wird
der Gemüse-Matrose durch ›Superman‹ abgelöst, der nun nicht mehr im Rahmen
einer Zeitung erscheint, sondern gleich als ›comic book‹, in Heft-Form also auf
den Markt kommt.

Betrachten wir jedoch die Frühgeschichte der ›comic strips‹ noch etwas genauer!
— — Die amerikanische Fachliteratur (selbst in seriösen wissenschaftlichen Untersuchungen ist mit Sätzen wie »America without comics would not be America«[3]
zu rechnen) leitet die ›funnies‹ als »stories told graphically« von den Reliefplasti-
ken der alten Ägypter, von den Vasenmalereien der alten Griechen oder spätestens
den Triptychonaltären des christlichen Mittelalters her und vermerkt für 1918,
das letzte Jahr des ersten Weltkrieges, daß Präsident Wilson, bevor er zu seinen
Kabinettssitzungen ging, die oben erwähnte ›Krazy Kat‹ zu lesen pflegte. Das
sind zu weite Hüte! — — Der eigentliche Pate der ›comic strips‹ liegt näher.
Ihr unmittelbarer Vater ist die im Sog von Aufklärung und Demokratisierung ent-
stehende politische Karikaturmalerei vom Beginn des achtzehnten bis hinauf ins

---

[2]  Ausführliche Bibliographie der amerikanischen Sekundärliteratur in ›The Funnies. An
American Idiom‹, hrsg. von David Manning White und Robert H. Abel. Free Press
of Glencoe, New York 1963, S. 294 ff.

[3]  ›The Funnies‹, S. 54.

späte neunzehnte Jahrhundert, die ihre bedeutendsten Vertreter in Frankreich und England, in William Hogarth (1697—1764) und Honoré Daumier (1808—1879) gefunden hat; hier werden jene Charakteristika präformiert, welche dann von den ›strips‹ aufgegriffen werden und die Anfänge des Genres kennzeichnen. Hogarth kreiert die Technik der ›balloons‹ als ein instruktives Mittel politischer und gesellschaftskritischer Zeichenstift- und Kupferstichsatire.

Aus dieser Tradition kommt ›The Yellow Kid‹. Outcalt — sein Schöpfer — war ein bekannter ›editorial cartoonist‹ (Zeitungsillustrator) der achtziger Jahre im Sinn von Hogarth und Daumier; er blieb nicht der letzte Karikaturist und ›comic strip‹-Autor in einer Person: schon kurz nach 1900 folgte ihm Walt McDougall, der ›Fatty Felix‹ produzierte. — — Outcalts erster ›comic strip‹, der erste überhaupt, besteht aus einer losen Reihe großformatiger Einzelgraphiken, die von Sonntags- zu Sonntagszeitung kontinuiert wurden, aber keine durchgehende Handlung aufweisen, sondern lediglich durch eine immer wieder auftauchende groteske Einzelfigur — eben ›The Yellow Kid‹, einen Lausbubenknirps in knöchellangem Hemd, mit Glatze und Henkeltassenohren, keinen Akteur, sondern Kommentator von außen — miteinander verbunden sind. Die einzelnen Bilder der Serie spielen im Hinterhofmilieu, im Großstadtslum. Eines dieser Blätter zeigt eine Horde Kinder und Köter, die über einen Hundefänger hergefallen sind und sich in ihn verbissen haben. Im Vordergrund der Szene posiert ›The Yellow Kid‹, die Epiphanie eines ›schwarzen Engels‹: auf seinem Hemd stehen die Worte »de most popular joke wot ever happened«, zu seinen Füßen liegt ein Flugblatt, auf dem ein Hammer abgebildet ist, an dem ein Zettelchen mit der Gebrauchsanweisung »love one another« hängt. — — Ihrer aggressiven sozialkritischen Tendenz wegen wurde die Serie schon bald nach der Jahrhundertwende unpopulär, lief also — im Gegensatz zu anderen ›comics‹, die es auf drei und vier Jahrzehnte brachten — nur wenige Jahre.

Der satirische Impetus freilich bleibt den ›funnies‹ zunächst erhalten. Noch ›The Little King‹ ist eine hinterhältige Parodie auf den kleinen Normalbürger, den die moderne Gesellschaft nur scheinbar mit Regentenrechten, mit Robe und Szepter ausgestattet hat: in Wirklichkeit wird er regiert und ist Objekt der Manipulation, die Marionette seiner eigenen ›Irrtümer‹; diese Ungereimtheit ist es, welche Soglow anleuchtet. — — Jedoch nur noch in der inhaltlichen Tendenz, nicht mehr im graphischen Stil ist ›The Little King‹ mit dem ›Yellow Kid‹ verwandt; Soglow präsentiert nicht mehr den ›realistischen‹ Karikaturstil Outcalts, sondern bietet einen Malstift aus, der auf eine andere als jene Wurzel der ›comic strips‹ verweist, die mit ihrer Herkunft aus dem ›editorial cartoon‹ angegeben wurde. — — Die ersten ›funnies‹, die sich nach 1895 in den Sonntagsbeilagen amerikanischer Zeitungen finden, fungieren als Witzspalten: sie sollen unterhalten, Pointen streuen und das Wochenende verzuckern. Walt McDougall und Mark Fenderson setzten 1894 für die ›New York World‹ die Geschichte jenes Hundes in Bilder, der doppelte Prügel bezieht; zum ersten, weil er mit Gekläff die Nachtruhe seines Herrn stört, als sich Einbrecher am Fenster zeigen, zum zweiten, weil er aus Angst vor weiterer Strafe das Bellen einstellt, als die Räuber nun tatsächlich über

178

den Sims klettern: das Ganze — wie viele spätere ›comics‹ auch — eine optisch paraphrasierte Anekdote, ein in ›panels‹ zerdehnter Witz.

Interessanter als dieser Vorläufer der ›comic strips‹ von McDougall und Fenderson — »The Unfortunate Fate of a Well-Intentioned Dog« ist ja nur ein Einzelblatt und wurde nicht fortgesetzt — sind ›The Katzenjammer Kids‹ von Rudolph Dirks, eine Imitation von Wilhelm Buschs ›Max und Moritz‹, das schon 1870 durch Rev. Charles Timothy Brooks of Salem, einen Goethe- und Schillerübersetzer, ins Amerikanische übertragen worden war. ›The Katzenjammer Kids‹ — im Unterschied zu ›Max und Moritz‹ ohne gereimte Unterschriften — sind ein populäres Muster geworden, denn wie sie sind fast alle ›comics‹ der Frühphase zwischen 1895 und 1910 ›Kid strips‹: von der losen Szenenfolge im ›Yellow Kid‹ Outcalts unterscheidet sie die durchgehende Handlung, die ähnlich wie bei Busch als Aufeinanderfolge von Streichen organisiert wird, denen die Strafe auf dem Fuß folgt. — — ›Kid‹ jedoch ist mit Lausbub oder Strolch nur schlecht verdeutscht. Um den Status dieser Helden und die Eigenart ihrer Streiche und Dummheiten näher zu beschreiben, scheint es mir notwendig, etwas weiter auszuholen.

1905 ließ Winsor McCay seinen ›Little Nemo‹ erscheinen, der Jonathan Swifts ›Gulliver‹ zur literarischen Vorlage hat. Andere beliebte Buch-Vorbilder sind Mark Twains Abenteuergeschichten vom ›Tom Sawyer‹ und ›Huckleberry Finn‹: gleich ›Mutt and Jeff‹ von Goldberg lassen sich zahlreiche andere ›funnies‹ — weniger im Thema als im Organisationsschema — auf den ›Don Quixote‹ des Cervantes zurückführen. — — Das weist die Richtung. Ich halte es für keinen Zufall, daß die ›strips‹ gerade zu jenem Zeitpunkt auf den Plan treten, als sich aus dem Pionierfilm die Filmgroteske herausschält und mit den Dramen Frank Wedekinds, mit dem literarischen teatro del grotesco — 1904 schreibt Schnitzler seinen Einakter vom ›Großen Wurstel‹ — eine neue europäische Groteskliteratur entsteht, die bis heute andauert und in Eugène Ionesco gewiß nicht ihren letzten Enkel gefunden hat. Wie unterschiedlich sich auch die Groteske hier und dort geben mag, eine Parallele besteht. Bei den frühen ›cartoons‹ vom Schlag Feiningers oder der ›Krazy Kat‹ tritt eine unverhüllte Tendenz zur ›verrückten‹ Welt und zum Absurden zutage: diese Tendenz liegt auf jener Linie, die ja — wie ich oben zeigte — vom ›realistischen‹ Karikaturstil des ›Yellow Kid‹ ebenso wegführte wie vom bloßen Bild-Witz in der Nachfolge der MacDougall und Fenderson; und dieser Zug zur Groteske hat seine Konsequenz für den thematischen und stofflichen Bereich der ›strips‹. — — Immerhin wäre es denkbar, daß sich die ›cartoons‹ als selbständig gewordene Illustrationen aus den zeitgenössischen Zeitungslesestoffen, aus der populären Jedermannslektüre oder als Vorform der Photoreportage entwickelt hätten, jenen ersten Flimmerstreifen vergleichbar, bevor Méliès die Leinwand eroberte. Das jedoch ist nicht der Fall. Wenn die ›comics‹ die Funktion des ›Leseersatzes‹ übernehmen, in Zeichnung und Text der realistischen Manier verfallen, befinden wir uns bereits in den dreißiger Jahren, in der kommerziellen Phase der ›funnies‹, die ›The Phantom‹, den schon genannten ›Superman‹, ›Tarzan‹ und ›Prince Valiant‹ hervorgebracht hat, denen zahllose andere ›Adventure strips‹, ›Historical strips‹ oder ›Fantastic strips‹ folgen sollten.

Von der Lippe des sogenannten ›wahren Lebens‹ springen nun die ›Real-Life strips‹. Jetzt werden Kriminal-, Liebes- und Schauerromane zur bestimmenden Vorlage... — ...und die alten Helden- und Ritterbücher des Mittelalters werden ausgegraben und popularisiert! Damit schließt sich ein Bogen: denn gerade gegen das Abenteuerschema ähnlicher zum Ritterroman verrohter Heldenepen hatte sich ja Cervantes gewandt, der neben Swift — beide Autoren satirischer Romane — den frühen ›comics‹ als Muster diente.

Verschiedentlich hat man die ›strips‹ als ›popular art‹ bezeichnet und ihren folkloristischen Charakter herausgestrichen: gewiß, eine ›Venus von Milo‹ ist aus diesem Genre nicht hervorgegangen. Doch die frühen ›cartoons‹ sind sowohl als ›Volkskunst‹ wie als ›Kunst fürs Volk‹ oder ›Popularkunst‹ nur unzureichend gekennzeichnet; sie sind alles andere als naiv und unkompliziert, obwohl sie schon früh eine Millionenleserschaft finden. — — Nehmen wir es als Symptom, daß gerade die satirische Literatur — auch ›Max und Moritz‹ fallen ja ins satirische Fach — von ihnen aufgegriffen wird; auch dort, wo diese nicht den unmittelbaren Anstoß, die stoffliche Quelle gibt, ist die Affinität zu ihren Darbietungsweisen, zu ihrer speziellen Logik und zu ihrer Methode unverkennbar. Versucht man die Abenteuerwelt dieser ersten ›comic strips‹ und die Aktionen ihrer ›Helden‹ zu beschreiben, so geht man nur in der Größenordnung zu weit, wenn man sie in Parallele setzt zu jenen ›Welt‹- und ›Helden‹-Modellen, wie sie — um zwei satirische Romane der deutschen Literatur als Beispiel zu nehmen — Christoph Martin Wieland im ›Biribinker‹ seiner ›Abenteuer des Don Sylvio von Rosalva‹ und Karl Leberecht Immermann im ›Ich. Fragment einer Bildungsgeschichte‹ seines ›Münchhausen‹ gegeben haben. Wie bei Immermann und Wieland befinden wir uns auch bei den frühen ›cartoons‹ — auf einer niedereren Ebene freilich — im Anti-Märchen und in der Parodie des Bildungs- und Entwicklungsromans, in einer simplicianischen Welt. Die ersten ›Animal strips‹ — ihr renommiertester Vertreter: ›The Krazy Kat‹ — lassen sich als Anti-Fabeln etikettieren; beide, Anti-Märchen und Anti-Fabel, korrespondieren mit jenem Anti-Realismus des Zeichenstifts, von dem wir schon wiederholt sprachen. — — Walt Disney ist es dann, der nach dem zweiten Weltkrieg mit ›Cinderella‹ und ›Snow White and the Seven Dwarfs‹ zum ›simplen‹ Märchen zurückkehrt.

Das mag ausreichen zur knappen Kennzeichnung der Anfänge der ›comic strips‹! Nicht nur weil sie in Deutschland nahezu unbekannt sind, sondern weil sie sich, wie ich meine, in vielen Punkten stärkstens von dem unterscheiden, was unter dem Einfluß der späteren Formen des Genres und unter dem Einfluß seiner realistischen und kommerziellen Phase, die heute das Feld beherrscht, unter ›comics‹ verstanden wird, schien es mir notwendig, diese Anfänge in den Blick zu rücken. — — Zu erwähnen bleibt noch, als ein Pendant zu den vorhergenannten Charakteristika der ›funnies‹, daß sie nicht selten auch eine eigene Idiomatik entwickelt haben, eine verrückte Sprache, die eine verrückte Welt orchestriert: wie dort die ›Helden‹, so parodiert hier eine krude Orthographie die Ordnung. ›The Katzenjammer Kids‹ zum Beispiel — das deutet sich schon im Titel an — sind eine kuriose Mischung aus amerikanischem Slang und unverdauten Brocken Deutsch; Milt Gross, der spätere Erfinder von ›That's My Pop!‹, erzielt in ›Hiawatta‹

einen ähnlichen Effekt, indem er das Jiddische miteinbezieht. — — Ohne den langen Arm zu bemühen, der dazu nötig wäre, weise ich nur darauf hin, daß diese Mischsprachen sich von fern mit den sprachlichen Intentionen eines James Joyce oder eines Ezra Pound treffen.

Verlassen wir die ›Kid strips‹ und ›The Krazy Kat‹! — — Martin Sheridan berichtet in ›Comics and Their Creators‹ über ein interessantes Leserecho, das stattfand, als in den vierziger Jahren ›Tarzan‹ auch in russischen Tageszeitungen nachgedruckt wurde: »Some of those who wrote did so to inquire the way to the nearest jungle. A few were convinced that Tarzan was a real person«.[4] Als man nach dem zweiten Weltkrieg eine Umfrage veranstaltete, um herauszubekommen, weshalb die Nachfolger der alten ›Animal strips‹ — ›Albert the Alligator‹ von Walter Crawford Kelly zum Beispiel — keinen rechten Anklang mehr fanden, erhielt man als häufigste Antwort, daß diese ›comic books‹ keine Handlung (»no action«) hätten: »Nobody shot nobody«.[5] — — »It is not quite clear«, lautete eine Zeitungsleserzuschrift aus dem Jahre 1910, die sich speziell auf ›Mutt and Jeff‹ bezieht, »what these comics are. We cannot call them caricatures, for a caricature is based upon or aimed at something that exists. But these effigies under consideration have no actual relationship with anything that is to be seen upon our earth«.[6] Eine treffende Charakterisierung der frühen ›cartoons‹, möchte man meinen, doch hier als Kritik an deren Irrealität gemeint. — — Walt Disney hat sich, könnte man sagen, gegen derlei Einwände mit dem Vergnügungspark ›Disneyland‹ abgesichert: mit ihm gibt er zugleich dem russischen Leserbriefschreiber ein festes Reiseziel.

Der hier zitierte Brief ist nur einer aus einer ganzen Kampagne, die um 1910 heftig gegen die damalige Form der ›cartoons‹ opponierte: öffentliche Vereine, Persönlichkeiten aus Kirche und Schule schlossen sich ihr an; die Diskussion war allgemein. In den dreißiger Jahren wiederholte sich der Protest, und nun fügten sich die ›strips‹ — inzwischen in Konkurrenz mit dem avancierten Film, später mit dem Fernsehen — den Forderungen, die nach realistischer Handlung und realistischer Widerspiegelung des Lebens, nach Glaubwürdigkeit und Lehrhaftigkeit erhoben wurden. Der Wandel ist einschneidend. — — Hinzukommt, daß die ›comics‹ sich nun aus ihrer engen Bindung an die Zeitung, in deren Rahmen sie sich bisher entwickelt hatten, lösen: ab jetzt erscheinen sie in Heft-Form, haben ein anderes Format und sprechen damit auch einen anderen Leserkreis, ein anderes Publikum an. Parallel zu dieser Änderung der Leserstruktur, die ihre Vielschichtigkeit verliert und sich nivelliert, macht sich auch unter den Autoren von ›comic strips‹ ein Wechsel bemerkbar: nicht mehr wie bei den frühen ›cartoons‹

[4] Martin Sheridan, ›Comics and Their Creators. Life Stories of American Cartoonists‹. Ralph T. Hale & Company, Boston 1942, S. 24.

[5] Stephen Becker, ›Comic Art in Amerika. A Social History of the Funnies, the Political Cartoons, Magazine Humor, Sporting Cartoons and Animated Cartoons‹, Simon and Schuster, New York 1959, S. 351.

[6] Sheridan, ›Comics and Their Creators‹, S. 76.

stellen Karikaturisten von Beruf, sondern kommerzielle Illustratoren und Gebrauchsgraphiker aus der Werbebranche das Hauptgros der Verfasser. Die dreißiger Jahre sind es denn auch, in denen die Technik der ›comics‹ ein viel gebrauchtes Mittel der Reklame wird, um Seife und Zahnpasta an den Mann, beziehungsweise an die Frau zu bringen.

Daß Kriminal-, Liebes- und Geschichtsromane die neuen Stoffe der ›strips‹ werden, erwähnte ich schon, ebenso, daß Disney vom Anti-Märchen der ›Krazy Kat‹ wieder zum ›simplen‹ Märchen zurückkehrt. Es entstehen die ›Adventure comics‹, die ›Fantastic or Science Fiction strips‹, letztere nur scheinbar außerhalb der neuen realistischen Tendenzen und nur scheinbar ein Rückgriff auf die Phantastik und Groteske der frühen ›cartoons‹. Allein, mir scheint der Wandel des Genres nicht so sehr ein Problem der rezipierten Stoffe und Vorlagen als vielmehr eine Frage der gewandelten Darbietungsweisen. — — Der Realismus der neuen ›cartoons‹ wird in der amerikanischen Soziologie-Literatur recht unterschiedlich gewertet: indem sie den Zuwachs an Lokalkolorit, die wachsende Verwandtschaft der ›comic‹-Figuren mit denen des ›wirklichen Lebens‹ konstatieren, buchen ihn die meisten Autoren als Gewinn. So Stephen Becker, der in ›Comic Art in America‹ — im Untertitel ›A social History of the Funnies‹ usw. — beispielsweise über die ›Jackson Twins‹ von Dick Brook sagt, die Helden »exist in a world which is essentially real and thoroughly recognizable. There are no grotesques in the strip, no exotics in the true sense of the word«[7], so aber auch Francis E. Barcus, der in seinem Aufsatz ›The World of the Sunday Comics‹ einem zwar nützlichen, aber doch oberflächlichen soziologischen Pragmatismus huldigt, wenn er sich darauf beschränkt, in Tabellenform den Prozentsatz dünner gegen den Prozentsatz dicker ›comic‹-Helden zu ermitteln[8]; immerhin bietet gerade sein Aufsatz eine Menge statistischen Materials, das sich verwerten läßt. — Stephen Becker entnehme ich, daß Stan Drake, der Autor von ›The Heart of Juliet Jones‹, ein guter und ernstzunehmender Golfspieler ist.

Einen brauchbaren Ansatz über diesen Pragmatismus hinaus liefert Heinz Politzer in seinem Artikel ›From Little Nemo to Li'l Abner‹, wo er für die ›cartoons‹ der nachdreißiger Jahre zwei Typen aufstellt: »One ... represents what the industry as separate from the public considers suitable for mass consumption«, »The other type ... expresses the common-man comic strip reader's sense of himself«.[9] Zu einer ähnlichen Typologie kommt Leo Bogart, der in ›Comic Strips and Their Adult Readers‹ verschiedene ›strips‹ der gleichen Periode auf ihre Leserintentionen hin untersucht hat. Für Chesters ›Dick Tracy‹ — einen der ersten ›Police strips‹ — stellt der Autor fest: »It contains strong sensational components, which might satisfy sadistic or aggressive impulses ... The strips permit readers to fance themselves in the role of the wise and powerful detective«[10]; das Leben, das ›Gasoline Alley‹ von Frank King beschreibt, »may be more pleasant, easy-

---

[7] Becker, ›Comic Art in America‹, S. 277.
[8] ›The Funnies‹, S. 190 ff.
[9] ›The Funnies‹, S. 44.
[10] ›The Funnies‹, S. 240.

going, and comfortable and perhaps at a higher social level than the reader's own... it expresses their own fantasies of a better life«[11]; ›Little Orphan Annie‹ von Harold Gray »permits regression to the happy days of childhood« und »offers hate objects« ebenso wie »objects of righteous superiority feelings«[12]; von Milton Caniffs ›Terry an the Pirates‹ schließlich heißt es: »The strip offers readers a thrilling identification with this hero in his adventures and romances... it offers freedom, power, escape from dull reality«.[13] Zusammenfassend schreibt Bogart: »The appeal of the popular arts stems from the fact that they express the fantasies, longings, and suppressed impulses of people living in a chaotic world. To lives burdened by frustration and monotony they bring a momentary release. Their heroes and heroines do all the things which the reading, listening or viewing public would like to do«.[14]

Der springende Punkt — sowohl bei Politzer wie bei Bogart — ist der psychagogische Einfluß, den die ›strips‹ von nun an auf den Leser nehmen. Mit ihm aber verlassen sie jenen Raum einer freien, phantastischen Fiktion, in dem sie bisher spielten, verlieren jene Distanz zum Leser, in welcher Satire, Karikatur und Groteske, ja die Parodie ihrer selbst[15] möglich war, und wandern hinüber in den Bereich der modernen, immer mehr im Wachsen begriffenen Leitbilder- und Meinungsindustrie, die im kommerziellen Film und in der industriellen Werbung nur ihre exponiertesten Vertreter gefunden hat, insgeheim aber, in ihrer Methode, in ihren Denkklischees, weiteste Teile der öffentlichen Sprache beherrscht: man bedenke nur, welche Rolle in ihr etwa dem Freund-Feind-Klischee als allgemeinem Veranschaulichungsmittel zukommt und welche Spannungseffekte allein der täglichen Zeitung auf standardisierten Mustern beruhen, die zwar differenzierter, aber im Prinzip denen der Trivialliteratur, hier speziell der ›comic strips‹ gar nicht so unähnlich sind. *Schön durch Rexona! Erfolg durch Schönheit!* — — Beim flüchtigen Durchblättern einiger amerikanischer ›comic books‹ neueren Datums fand ich Anzeigen wie *Make good money!, Write thrilling love letters!, It's easy to win someone when you know how!, I'll teach you to hypnotize easily!, How to gain up 50 lbs. of mighty muscles!* oder *Make all out war in your own home!*

Je komplizierter, verschlüsselter und uneinsichtiger die gesellschaftlichen Verhältnisse werden, desto mehr Aussicht auf Erfolg haben die Propagandeure vereinfachender Modelle des Lebens und der Wirklichkeit. Die Zugkraft der Parolen wächst. Die Klischees werden zu Zwängen und verhärten sich, so daß sie kaum oder nur sehr schwer wieder aufzubrechen sind. Das mögen zwei Beispiele zeigen. — — In der Absicht, weiten Leserkreisen ein elementares medizinisches oder juristisches Sachwissen zu vermitteln, starteten 1951 Nicholas Dallis und Dan Heilman die ›comic‹-Serien ›Judge Parker‹ und ›Rex Morgan, M. D.‹: bei beiden

---

[11] ›The Funnies‹, S. 241.
[12] ›The Funnies‹, S. 242.
[13] ›The Funnies‹, S. 243.
[14] ›The Funnies‹, S. 244.
[15] Ein Beispiel: siehe Abb. in Beckers ›Comic Art in America‹, S. 356.

Serien und erst recht bei ihren Nachfolgern läßt sich beobachten, daß das zunächst nur als Aufhänger gedachte Erfolgsschema, der Lebenslauf als Karriere, zum Selbstzweck wird und daß Arzt und Richter als Helden sich nur noch in Nuancen von den übrigen Helden der ›cartoons‹, den Detektiven, den Haudegen usw. unterscheiden, denen sie in ihrer permanenten Entscheidungsgewalt über Tod und Leben ähneln. Das populäre Dramatisierungsschema hat über die gute Absicht gesiegt. — — Während des zweiten Weltkrieges benutzte die amerikanische Armee, die den propagandistischen Wert der ›cartoons‹ erkannt hatte, zahlreiche ›strips‹ zur moralischen Mobilisierung ihrer Soldaten: der ihnen eingeimpfte Heldenbegriff — »der Held siegt oder stirbt« — hat die Selbstauffassung der Armee aufs stärkste beeinflußt. Als in den fünfziger Jahren Coulton Waugh den bescheidenen Versuch machte, die ›Army strips‹ der Nachkriegsrealität anzupassen und zum Helden seines ›Hank‹ einen beinamputierten Kriegsinvaliden wählte, mußte er unter dem Druck der Zeitungsleser die Serie nach nur wenigen Wochen Laufzeit abbrechen.

Anders als ›Judge Parker‹ oder ›Rex Morgan, M. D.‹, in denen sich das ursprünglich didaktische Konzept an geläufige Handlungs- und Spannungsschemata verlor, traf Coulton Waughs ›Hank‹ offensichtlich weder das, was Politzer einerseits mit »what industry ... considers suitable for mass consumption«, noch jenes, was derselbe Autor mit »the common-man comic strip reader's sense of himself« zu umschreiben suchte: hieraus jedoch erklärt sich mehr als nur der Mißerfolg der einen und der Erfolg der anderen Serie. — — Kehren wir deshalb nochmals kurz zu Leo Bogart zurück! Die Ausdrücke, die er wählte, um die Reizpunkte der neuen ›true strips‹ und das Interesse zu charakterisieren, das die Leser an ihnen finden, lauteten: the strips »satisfy ... impulses«, »permit readers to fance themselves in the role of ...«, »express fantasies of a better life«, »permit« oder »offer a thrilling identification«, »offer freedom, power, escape from dull reality«. Diese aus der Merkantilsprache oder dem psychologischen Wartezimmer gegriffenen Formulierungen zeigen, meine ich, deutlich genug, wie wenig es sich bei den neueren ›cartoons‹ um wahren Realismus, sondern lediglich um einen Staffagen- oder Pseudorealismus handelt, der auf gewisse Neurosen, unterströmige Phantasien und Ideale der Gesellschaft und auf gewisse Hoffnungen, Erwartungen und Wünsche des einzelnen in ihr reagiert und diese stillt. Wir haben es hier mit einer speziellen, an eine ganz bestimmte Ideologie gebundenen Befriedigungs- ›Kunst‹ zu tun, deren Idolisierungstendenzen gerade jenes kritische Bewußtsein, das kennzeichnend geworden ist für den Realismus in der Kunst seit dem frühen neunzehnten Jahrhundert, negieren und überspielen. Nur folgerichtig ist es also, wenn ein Interpret von Dave Bregers ›G. I. Joe‹, einem der populärsten ›Army strips‹, im Ton naiver Bewunderung schreiben konnte: »he was to real to be satirical. Satire was not Breger's intent; sympathy was«.[16] — — Erinnern wir uns der irrealen Figuren eines ›Yellow Kid‹, einer ›Krazy Kat‹ oder eines ›Happy Hooligan‹; ›The Little King‹ reicht seiner Königin kaum bis zur Hüfte: ›they were unrealy enough to be satirical‹ könnte man sagen. Wenn überhaupt, dann

---

[16]  Becker, ›Comic Art in America‹, S. 266.

184

darf bei diesen frühen ›funnies‹ allenfalls von einer durch die Groteske gebrochenen, von einer verfremdeten ›identification‹ des Lesers mit den dargestellten Gestalten die Rede sein. — — Über ›Steve Canyon‹, den ›Army strip‹ Milton Caniffs lese ich: »A strip like Steve Canyon, in its present form, might well have been incomprehensible to comics readers of the 1920s«.[17]

Das Unvermögen zur Satire oder der Verzicht auf sie sind bezeichnend für die sogenannten ›Real-Life strips‹ nach 1935: sie sind ohne jede Ironie und — sieht man von gelegentlicher unfreiwilliger Komik ab — zutiefst humorlos. Dasselbe gilt für die ›Adventure strips‹ ebenso wie für die ›Fantastic strips‹ oder ›Education strips‹. — — Die Welt, in welcher die ›cartoons‹ von nun an spielen, wurde von Stephen Becker als »thoroughly recognizable« beschrieben; die Dialoge der ›balloons‹ imitieren fortan einen normalen Sprechton, der nichts mehr mit der verrückten Sprache, der kruden Orthographie der frühen ›comics‹ zu tun hat: auf Erkennbarkeit im Sinne photographisch-filmischer Exaktheit ist denn auch der Zeichenstift aus. Wo den frühen ›funnies‹ das Imaginäre als Landschaft und Hintergrund genügte, werden jetzt die Interieurs, die Garderoben, die dekorativen Ausstattungen wichtig. Von den mitunter recht ›schlampigen‹ Zeichnungen eines George Herriman oder Frederik Burr Opper stechen die eines Stan Drake oder Alex Raymond durch eine pingelig-sterile Ordentlichkeit ab: sie sind mit der Kamera gemalt und locken mit perspektivischer Raffinesse den Betrachter, ins Bild hineinzurutschen; lediglich das Kästchenformat der ›panels‹ macht uns noch bewußt, daß wir uns nach wie vor auf dem Papier befinden. Sind bei Herriman oder Opper die ›balloons‹ noch unorganisch ins Bild geworfen, unregelmäßig in der Form, so formieren sie sich nun zu ausgezirkelten Kreisen, Ovalen oder Wölkchen; auch die Beschriftungen verlieren das handschriftliche Signum und ahmen die gestochene Schreibmaschinen- oder Druckertype nach. — — Dieser optischen Eindeutigkeit der ›strips‹ entsprechen Stoffe und Handlungen, in denen sich der Leser auch emotional leicht zurechtfinden kann.

Nehmen wir die Charaktere! Sie scheinen von allgemeinem Interesse. Nach »How far ahead are you with your work?« ist »Where did you get your ideas and characters?« die zweithäufigste Frage, die ›comic strip‹-Autoren ins Haus geschickt wird. — — Die Charaktere der ›new strips‹ sind auf einige wenige Eigenschaften festgelegt: sie sind sympathisch oder unsympathisch; gemischte Charaktere, negative Helden oder Helden in Anführungszeichen wie in den früheren ›cartoons‹ treten kaum mehr auf. ›Superman‹ — ein Eingeborener des Planeten Krypton, eine Art Feuerwehr der Luft — ist ein Symbol der Kraft im Dienst der immer in Gefahr stehenden guten Sache, die Hornbrille ›Rip Kirbys‹ insinuiert Intelligenz auf der Spur des Verbrechens, die Pfeife als stehendes Requisit Gedanklichkeit. Als Widerpart agieren Feigheit, Mutlosigkeit oder Dummheit, aber auch abermals Kraft und Intelligenz, dieselben Eigenschaften also, die auch den Helden auszeichnen und zieren, hier jedoch im Dienst einer schlechten Sache. Als Raufpartner ›Supermans‹ fand ich in einer Folge dieser Serie einen Kontrahenten, der

[17] Becker, ›Comic Art in America‹, S. 274.

seinem Gegenüber auch visuell aufs i-Tüpfelchen gleicht. Da setzt nun das ein, was ich als manipulierte Sympathielenkung bezeichnen möchte: in ihr wird der psychagogische Einfluß, den die ›strips‹ von nun an auf ihren Leser nehmen, ich sprach davon, am deutlichsten sichtbar. — *It's easy to win someone when you know how! I'll teach you to hypnotize easily!*

Diese Sympathielenkung kann nach Äußerlichkeiten verfahren: Männer mit Narben im Gesicht sind heimtückisch usw. Übergehen wir diese verhältnismäßig simple Signifikationstechnik, deren mechanistisches Verfahren sich in zahllosen weiteren Beispielen belegen ließe. Bärtigen ist weniger zu trauen als Glattrasierten, vorstehende Unterkiefer deuten auf Brutalität im Gemüt, Schlitzaugen verraten Perfidie und Glatzköpfe schließlich haben einen Hang zu Intrigen, bei denen sie im Hintergrund agieren. ›Karikaturistische‹ Tendenzen lassen sich bei den ›new cartoons‹ fast nur noch an negativen Figuren nachweisen; die ›Karikatur‹ hat hier den Zweck, die Antipathie des Lesers zu lenken. Summer Smith Olson dagegen, Doe Redwood, Herself Muldoon oder Feeta-Feeta und Miss Mizzou — ›Girl strip‹ Heldinnen der Kriegs- und Nachkriegsjahre — imitieren nicht nur, sondern kopieren geradezu den eben im Film tonangebenden Frauentyp von Rita Hayworth bis Grace Kelly; Rosenblum sprach von »Inkarnation einer erotischen Phantasie«. — — Bemerkenswerter als diese Personalnotizen, die so auch einem beliebigen anderen Gegenstand der Trivialliteratur abgezogen werden könnten, scheinen mir einige Beobachtungen am stofflichen Detail der Handlung und am ›Wie‹ seiner Darbietung. Bei den frühen ›funnies‹ bestimmte die optisch paraphrasierte Anekdote, die ihre Affinität zur Satire bewahrt hat, eine lose Folge von Streichen, das Kontinuationsprinzip: oft genug besteht eine einzelne ›comic‹-Folge aus nicht mehr als drei bis vier ›panels‹; so in ›Mutt and Jeff‹, so in ›The Krazy Kat‹. Ich gebe ein Dialog-Beispiel aus Percy Lee Crosbys ›Skippy‹, einem ›Kid strip‹ der zwanziger und dreißiger Jahre, der zwei Lausbuben zeigt, die hier auf einem Rinnstein sitzen und sich unterhalten: »I've got a terrible memory. Already I forgot what I did yesterday.« / »Will ya remember tomorrow what you did today?« — »Nope.« / »Lend me a nickel.« Ein anderes Beispiel derselben Serie: »Where do ya live?« — »I dunno.« / »Where do you live?« / »I dunno!« — »Well, then — let's wait in the library.« Das mag genügen! Hier wie dort konstituiert eine witzige Pointe, die den Nonsens streift, die Szene und schließt sie, schließt sie ab: es dürfte schwerfallen, hier mit ›thrilling identification‹, mit ›sympathy‹ oder ›fantasies of a better life‹ zu operieren. Mit ambitionierten künstlerischen Arbeiten hatte Crosby, der 1891 geboren ist und im ersten Weltkrieg als tapferer Soldat dekoriert wurde, Ausstellungen in Rom, Paris und London; als politisierender Schriftsteller polemisierte er gegen Roosevelt, verfaßte 1936 ›Three Cheers for the Red, Red and Red‹ und schrieb zwei Jahre später, 1938, »Would Communism Work Out in America?» — — »He now lives quietly, in poor health...« lese ich in Stephen Beckers ›Comic Art in America‹.

Bei den sogenannten ›Real Life strips‹ stehen wir in anderem Gartengelände. — — Sie sind zu realistisch, hieß es, um satirisch, karikaturistisch oder auch nur humoresk sein zu können. Ich sprach von ihnen als einer Befriedigungs-›Kunst‹,

die mit pseudorealistischen Mitteln arbeitet, deren Zweck Suggestion, Psychago-
gie ist; ich redete von manipulierter Symphathielenkung des Lesers, die sich
krasser Veranschaulichungsmittel bedient. Dies ließ sich an der Manier des
Zeichenstifts, an den Charakteren der ›new strips‹ nachweisen: wie sie sind auch
die Handlungen immer wieder auf krasse Effekte aus. Immer wieder steuern sie
Szenen an, in denen Motive wie ›der Held, der zu unterliegen droht, aber sich
dennoch durchsetzt‹, ›eine junge Liebe in Gefahr, die sich dennoch bewährt‹
oder ›Hindernisse auf dem Weg zu einer Karriere, die dennoch zustande kommt‹
gestaltet sind: häufig genug markieren Pistolenszenen oder Raufereien den Höhepunkt: die ›balloons‹ geben hier ihre gezirkelten Rundungen auf und deformieren
sich zu unregelmäßig gezackten Sternen, in die ein »Crash!«, »Oof!«, »Awwk!«
oder »Ooops!« geschrieben ist. Unschwer lassen sich fast alle Stoffe der ›new
cartoons‹ auf einige wenige Modelle von Handlungen, deren populäres Interesse
in der Idolisierung der Helden und in der handgreiflichen Spannungstruktur begründet sein dürfte, zusammenbündeln: auf sie reduziert sich die Wirklichkeit,
welche widerzuspiegeln die ›Real Life strips‹ doch vorgeben. Das wohl charakte-
ristischste und einflußreichste Modell dieser Art, auf welches die Realität mit
ihren Widersprüchen zusammenschrumpft, wurde von den ›Adventure strips‹
und von den ›Detective strips‹ entwickelt; ich verwies ja darauf, daß ›Tarzan‹,
›Superman‹ und ›Prince Valiant‹ die neuen ›cartoons‹ einleiten. Lebensläufe unter
dem Aspekt der freiwilligen oder erzwungenen Selbsterprobung des Individuums
erscheinen als Abenteuerfolge von oft mehreren hundert ›panels‹: Abenteuer
freilich, wie es hier auftaucht, hat nicht das geringste mehr mit jener komischen
Fatalität gemein, als welche Abenteuer sich in den frühen ›funnies‹, in den ›Kin-
der-Kids‹ Lyonel Feiningers etwa, auswies und erklärte.
Am Beginn der jeweiligen Abenteuerfolge steht in der Regel die Berufung des
Helden, ein Auftrag wird erteilt: »Als Geheimagent X-9 ans Telephon eilte, wurde
ihm ein Telegramm durchgesagt, das ihn zu neuen Taten rief: ›Mr. Corrigan, um
zwölf Uhr fünfundvierzig ist ein Flug für Sie auf Nr. 614 gebucht.‹« Auch eine
infame Herausforderung des Helden kann den Anfang machen. Das Titelblatt
der oben zitierten ›Superman‹-Folge zeigt den Akteur in einer prekären Situation:
mit den Worten »This is merely a sample of my super-strength! Do you still
want to continue our duel, Superman?« wird er von seinem Kontrahenten gegen
einen Telefonmast geschleudert, der zersplittert. Versteckter äußert sich das Be-
rufungsschema, wenn in ›Rip Kirby‹ der Diener-Assistent Desmond — eine Zeitung in der Hand — auf den Detektiv zutritt und sagt: »There's an item in the
Hollywood hearsay column that migth interest you.« — — Ähnlich stereotyp sind
die Ausgänge der Abenteuerfolge, in denen ein ähnliches Zeremoniell gestaltet
wird. Die besiegten Gegner liegen am Boden, sind ausgeschaltet, Gratulanten eilen
herbei, der Held bekommt die Hand geschüttelt; er streift die Kampfgarderobe
ab und wirft sich, indem er mit knappen Worten die Selbstlosigkeit seines Handelns und die eben vollbrachte Tat zitiert, in eine unauffälligere, bescheidenere
Tracht. — — Dies der Rahmen! Einem festen Fundus solch stehender Szenen
folgt jedoch nicht nur er, sondern ihm sind auch weite Partien im Inneren der
Handlung selbst verpflichtet. Die Umschwungszene zum Beispiel, in welcher der

Held, der zu unterliegen droht, zum Sieg über seinen Gegner geführt wird, markieren Sätze wie »All right gentlemen ... it's our turn to ask questions!«

Aus solchen und ähnlichen Requisiten der Handlung müßte sich, meine ich, eine Typologie der Trivialliteratur, hier speziell eine Typologie der ›comics‹ entwickeln lassen: sie schiene mir jedoch unvollständig und fehlerhaft, wenn sie nicht auch einginge auf die spezifische historische Situation, auf den spezifischen Moment, in dem sie sich präsentiert. Auch die Trivialliteratur, die Trivial-›Kunst‹ schlechthin hat, glaube ich, eine historische Entwicklung und kennt verschiedene Anpassungen an das jeweils heutige Datum. — — Über ›Superman‹, der erstmals 1938 erschien, heißt es im Rückblick: »Superman's appearance triggered an explosion in the comic-book world« oder »Superman was the sensation of the early forties«. »The thirties were a period of trial, and many of us had lost our old faith in the traditional virtues« notiert Stephen Becker: »The gangster was an American institution, a salient figure in fact and fiction. War was imminent in Europe; Hitler seemed the personification of absolute evil with unlimited power. Superman may have been partly a wish fulfillment: hesitant to accept battle with the evil loose in the world ... Set down on earth, he had become an American, which was properly patriotic.«[18] — Wie ›Superman‹ auf die Jahre unmittelbar vor dem zweiten Weltkrieg Bezug nimmt und in seinem idolisierten Helden Neurosen, die in der Zeit liegen, auflöst, so korrespondieren, scheint's mir, die ›Horror strips‹, die ›Fantastic or Science Fiction strips‹, die heute weitgehend den Markt beherrschen, mit unserer unmittelbaren Gegenwart: gewiß, ihre Grusel-, Schauer- und Gespenstermotive sind alter Erzählklamauk und gestalten dramatische Spannungen, die auf ein zeitloses naives Leserbewußtsein berechnet sind, attraktiv jedoch werden sie — gerade für dieses Bewußtsein und gerade für diesen Augenblick — nicht zuletzt dadurch, daß sich in ihnen aktuelle Probleme, Massenpsychosen des atomaren Zeitalters, unterschwellige Massenängste der technischen Revolution usw. zu lösen und zu befreien scheinen ... — ... ›scheinen‹ sage ich.

Verborgener freilich, aber wohl doch deutlich genug ist eine solche ›Aktualität‹ auch in jenen Situationen wirksam, wie ich sie oben an der stereotypen Rahmenhandlung der ›Adventure and Detective strips‹ herauszustellen versuchte. Wie die Schauer- und Gruselmotive der ›Horror strips‹, sind natürlich auch die Motive dieser ›cartoons‹, die immer wieder repetierten Zeremonien der Erwählung des Helden anfangs der Handlung, die Dankzeremonielle zum Schluß, alte Erzähltopoi, die als solche — und je öfter sie strapaziert werden — ihre Faszination ausüben: doch auch hier läßt sich, glaube ich, nicht ganz absehen von einem spezifischeren, auf das gesellschaftliche Heute und aus ihm berechneten Kalkül, das wirksam wird. — — Amerikanische Leseranalysen der letzten Jahre haben ergeben, daß die ›new comics‹ im Gegensatz zu den frühen ›funnies‹, bei denen die Streuung bedeutend breiter war, hauptsächlich von den unteren Schichten der Gesellschaft gekauft und gelesen werden: selbständige Berufe dagegen greifen kaum oder nur selten zur ›comic strip‹-Lektüre. Dies als Gegebenheit, die in Rechnung zu stellen ist! Nur die Richtung soll angedeutet werden, in welcher fortzufahren wäre. — —

---

[18] Becker, ›Comic Art in America‹, S. 241 f.

Die weitgehende Entindividualisierung und Entmachtung des einzelnen in der modernen Industrie- und Massengesellschaft hat zur Entäußerung an die Meinungsmanipulatoren, an die Reklame- und Werbeindustrie geführt. Letztere vor allem ist es, die — durch handfeste Verkaufsinteressen geleitet — Massenkonsum in Individualkonsum umzudeuten versucht und den Weg weist, der von der Benutzung dieser oder jener Hautcreme, vom Gebrauch dieses oder jenes Federhalters oder vom Rauchverzehr zur Chefsekretärinnen-, Buchhalter- oder Prokuristenkarriere führt; diese oder jene Seife verleiht den Teint der Film- und Fernsehstars. Man könnte das, was hier bezweckt ist, als Berufung des Kunden durch die Ware bezeichnen und eben diese Berufung in Parallele setzen zur zitierten Erwählung unserer ›comic‹-Helden: aber lassen wir diese zu direkte Analogie. Mehr als sie interessiert mich das Prinzip der Aufwertung, die illusionistische Tendenz, die hier wie dort verfolgt wird. Ähnlich wie die Werbemanager den Artikel, den sie zu vertreten haben, mit einer Sphäre kommunizieren lassen, die Teilhabe an einem exklusiveren, erfolgreicheren Leben, Düfte der weiten Welt, Wertsteigerung des Verbrauchers verspricht, so stilisieren auch die Autoren von ›comics‹ die Figuren ihrer ›strips‹ in einen gehobeneren Bereich, ins Repräsentative. Gar nicht selten tritt als Auftraggeber des Helden ein vag umrissener Staat, ein verschwommenes Volksganzes auf: und ebenso häufig erscheint am Schluß der ›panel‹-Folge eine gerettete Nation, eine vom Verderben bewahrte Menschheit, ein dem Untergang entrissenes All.

Ich habe den graphischen Realismus der sogenannten ›true and Real Life strips‹ als Staffagen- und Pseudorealismus zu kennzeichnen versucht, indem ich auf das Paradox verwies, daß der Zeichenstift zwar Stoffe des Alltags oder — wie Politzer sagt — »the common-man comic strip reader's sense of himself« wiedergeben möchte, daß er jedoch nur immer wieder dem gerade auf der Leinwand populären Liebling, den Berühmtheiten des Tages, den kinematographischen Modetypen, einer vorfabrizierten Wirklichkeit also, verpflichtet ist und diese kopiert. — — Von Realismus kann auch anderwärts kaum die Rede sein. Wie die ›comic strip‹-Autoren ihre Helden auf den gängigen ›Star‹ hin determinieren, so ›komponieren‹ sie auch ihre Handlungen auf Vorstellungsmuster hin, die vorvermittelt sind in den Praktiken von Reklame und Werbung. — »Another elastic adventure with the elongated man in the next issue!«: »Watch for him . . . he'll be at YOUR newsstand march 12th!« — — Martin Sheridan hat in ›Comics and Their Creators‹ zahlreiche Autoren von ›comics‹ interviewt und sie nach ihrem »how to be successful« gefragt; als eine der häufigsten Antworten erhielt er: »One must have a creative mind . . . and be able to create characters«. Das klingt nach Michelangelo oder Balzac, doch schon ein flüchtiger Blick in die ›strips‹ selbst belehrt, wie wenig es sich hier um Charaktere handelt, sei's nun, daß man unter Charakter Individualhabitus, sei's, daß man darunter moralische Qualität versteht. Analysiert man auch nur eine Handvoll dieser ›new cartoons‹ auf ihre gehaltliche Essenz, so zeigt sich, wieviel mehr es darauf ankommt, einen bestimmten vorfixierten Typ von Figur oder Handlung zu ›kreieren‹: gewisse marktbeherrschende Moralismen, populäre Phantasien und Vorstellungswelten, Träume sind zu treffen, in denen das Leben interessanter, das

Ich mächtiger erscheint, als die Wirklichkeit, die moderne Wirklichkeit mit ihrer Nivellierung des Ichs, der Tilgung von Abenteuern im alten Stil, es gestattet. Mit der optischen Befriedigung des Lesers geht eine existentielle Befriedigung Arm in Arm — Scheinbefriedigung diese wie jene. Hypnotische Faszination ist hier wie dort der Angelpunkt, auf den alles angelegt ist. Das Beispiel von Coulton Waughs ›Hank‹ beweist doch, daß das Verfahren eher negativ ist und daß die Attraktivität der ›comics‹ abhängig ist von Rücksichten, die auf das zu nehmen sind, was man die gemanagten, manipulierten ›Ansichten vom Leben‹, was man die verfestigten, gefrorenen ›Images‹ der Gesellschaft nennen könnte: obwohl Nachkrieg und Invaliden allenthalben, vertrug sich dieser eine Invalide offensichtlich nicht mit dem ›Image‹ der amerikanischen Nation. — —

. . . — — Ich will mit einem Zitat aus Stan Drakes ›The Heart of Juliet Jones‹ schließen, in welchem dieses ›Image‹ getroffen scheint: Sie erinnern sich, von Drake war als einem guten Golfspieler die Rede. Ein ›panel‹ seiner Serie zeigt den zurückgesunkenen Kopf der Heldin, einen erotisch verzückten Mund und darüber die Worte: »I hear music . . . I think it's ›America the beautiful‹« — — Wir sind bei Roy Lichtenstein!

*Exkurs*

*Mit diesem Aufsatz, mit seinem Gegenstand, haben wir die Grenze, die das Thema ›Trivialliteratur‹ stellt, gestreift. Nicht nur, daß das Wort reduziert ist auf Bildfolgen, die notdürftig sprachlich verziert sind. Auch die Herkunft der Strips aus der satirischen Zeichenkunst des 19. Jahrhunderts belegt diese Form mit einem Anspruch, den Literaturbetrachtung nicht anzweifeln kann.*

*Dennoch haben wir uns aus zweierlei Gründen um dieses Thema bemüht. Das Geschichtenerzählen durch Bildfolgen und den Bildern beigegebene sprachliche Kurzinformationen zielt auf eine gedankliche Kontinuität, die — bevor der Film erfunden war — nur Sätze, Satzfolgen und die Komposition größerer sprachlicher Einheiten erreichten. Beispiele der Transformation aus Literatur in Strips reichen von den Romanen Sir Walter Scotts bis hin zur Bibel. Bildfolgen und Text, ob er nun die Handlung nachbeschreibt oder ob er in direkter Rede auftritt, leben gleichsam in Symbiose miteinander, eines lebt vom anderen, eines stützt das andere; der literarische Kern, der uns hier interessiert, bleibt erkennbar.*

*Der zweite Grund. Comic Strips beruhen auf systematischer Reduktion. Das betrifft die Handlung, den psychologischen Aufwand und in Folge davon den Text und die Bildausformung. Die Einfachheit, die Einfältigkeit der Bilder, ihre nichtssagenden Stereotypen sind an die Stelle sprachlicher Leitbilder getreten. Die Reduktion der Sprache ist gleichsam übergeschlagen ins Bild als Leseersatz.*

*Diese Reduktion aller Komponenten der Comic Strips, gleichzeitig die Herausarbeitung einiger signifikanter Züge der Gestalten im Bild und in ihrem Sprachgebrauch ist uns schon bekannt als Technik der Gebrauchsliteratur. Wenn wir von Mustern gesprochen haben, von Klischees — hier sind sie auf unüberbietbare Weise da. Das Bedeutungsnetz dieser Muster ist so eng, so eingespielt auf die Bewußtseinsvorgänge der Lesergemeinde, daß ein unbefangener Betrachter es zuweilen schwer hat, in dieses Netz sich hineinzudenken, zu begreifen, der Geschichte und ihrer Absicht zu folgen. Die Reduktion aller Teile — seien sie nun sprachlicher Art oder nicht — auf Plakatwirkung und gleichzeitig auf die primitive Befehlsgewalt des einfachsten Zeichens, ist zur Geheimsprache nicht einer kleinen Gruppe, sondern einer Millionenleserschaft geworden. Reduktion zeigen die Comic Strips am deutlichsten; ihr Prinzip bildet die Voraussetzung aller Sparten der Trivialliteratur.*

# Gertrud Willenborg
# Adel und Autorität

»The decline of the individual in the mechanized working process of modern civilisation brings about the emergence of mass culture, which replaces folk art or ›high‹ art, but in all its media popular culture proves to have its own genuine characteristics[1].« ›Mass culture‹, ›popular culture‹ und ›popular art‹ sind Begriffe, die in wissenschaftliche Veröffentlichungen aus dem Themenkreis der Massenkommunikation und Kunstsoziologie sehr stark eingedrungen sind. Dabei beeilt sich jeder Autor, der sie gebraucht, zu sagen, daß es eine eigentliche Theorie der Populärkultur oder Populärkunst noch nicht gibt, weil es an Einzelstudien, auf denen eine solche Theorie aufbauen könnte, fehlt. Es gibt zwar Hypothesen über das Verhältnis von populärer Kunst zu ›hoher‹ Kunst — zum Beispiel die Übertragung des Greshamschen Gesetzes vom Ökonomischen auf die Kultur: »It seems to be a Gresham's Law in cultural as well as monetary circulation: bad stuff drives out the good, since it is more easily understood and enjoyed[2].« — Und es fehlt nicht an schwarzseherischen Aussagen über den verderblichen Einfluß der ›popular art‹. Was aber fehlt, sind systematische Untersuchungen über Inhalt und Aussagen dieser ›Kunst‹-art. Wo der Inhalt untersucht und gedeutet wurde, stellten sich verblüffende Ergebnisse heraus; so in den Studien von Siegfried Kracauer[3] über deutsche und von Martha Wolfenstein und Nathan Leites[4] über amerikanische, französische und englische Filme.

Die folgende Untersuchung befaßt sich mit dem Inhalt von Courths-Mahler-Romanen[5], die ohne Zweifel ein Stück deutscher Populärkunst darstellen. Sie

[1]  Leo Lowenthal, Historical Perspectives of Popular Culture, in: Bernard Rosenberg und David M. Withe, ›Mass Culture‹, Glencoe, Ill. 1957, S. 55.

[2]  Dwight Mac Donald, A Theory of Mass Culture, in: Bernard Rosenberg und David M. Withe, ›Mass Culture‹, a. a. O., S. 61.

[3]  Siegfried Kracauer, ›From Caligari to Hitler‹, Princeton University Press 1947, dtsche. Übers. Hamburg 1958.

[4]  Martha Wolfenstein und Nathan Leites, ›Movies‹, A Psychological Study, Glencoe, Ill. 1950.

[5]  Hedwig Courths-Mahler lebte von 1867—1950. Sie hat in einer etwa 35jährigen Schaffenszeit 206 Titel, meistens Romane, veröffentlicht. Die Gesamtauflage ihrer Werke wird allein für Deutschland auf 30 Millionen geschätzt. Alle ihre Bücher wurden ins Holländische, über die Hälfte ins Ungarische, Tschechoslowakische und Schwedische, einige ins Finnische, Französische und Spanische übersetzt. Vgl. Walter Krieg, ›Unser Weg ging hinauf, Hedwig Courths-Mahler und ihre Töchter als literarisches Phänomen‹, Wien 1954.

will ein kleiner Baustein sein, so daß einmal über ein ganzes Gebäude solcher Untersuchungen eine umfangreiche Theorie der ›popular culture‹ aufgestellt werden kann. Der Untersuchung liegen 50 repräsentativ ausgewählte Titel zugrunde. Aufbauend auf einer Inhaltsanalyse[6] läßt sich nachweisen, daß das Weltbild, das die Romane enthalten, große Ähnlichkeit mit dem Weltbild der autoritären Persönlichkeit hat.

Kurz zur autoritären Persönlichkeit: Die Lehre von der autoritären Persönlichkeit erbringt den Nachweis, daß zwischen einer bestimmten Persönlichkeitsstruktur und gewissen Ideologien ein Zusammenhang besteht. Sie »nimmt an, daß bestimmte Strukturen heterogener ideologischer Elemente in einer bestimmten Persönlichkeitsstruktur verankert sind, im besonderen, daß faschistische Ideologie und autoritäre Persönlichkeit einander eindeutig zugeordnet sind.«[7] Die autoritäre Persönlichkeit ist also das konstruierte Bild einer Persönlichkeit. Inwieweit ein Individuum diesem Bild entspricht, kann mittels der F-Skala gemessen werden; das ist eine Skala von Fragen, die allein auf Persönlichkeitsfaktoren abstellen und überhaupt nicht auf Vorurteilshaftigkeit eingehen. Es ist eine Art Messung von innen her. Die Persönlichkeitsfaktoren, auf die die F-Skala eingeht, sind durch folgende Merkmale gekennzeichnet:

»1. Conventionalism. Rigid adherence to conventional, middleclass values.

2. Authoritarian submission. Submissive, uncritical attitude toward idealized moral authorities of the ingroup.

3. Authoritarian aggression. Tendency to be on the lookout for, and to condemn, reject, and punish people who violate conventional values.

4. Anti-intraception. Opposition to the subjective, the imaginative, the tenderminded.

5. Superstition and stereotypy. The belief in mystical determinants of the individual's fate; the disposition to think in rigid categories.

6. Power and ›toughness‹. Preoccupation with the dominance-submissive, strong-weak, leader-follower dimension; identification with power figures; overemphasis upon the conventionalized attributes of the ego; exaggerated assertion of strength and toughness.

7. Destructiveness and cynicism. Generalized hostility, vilification of the human.

8. Projectivity. The disposition to believe that wild and dangerous things go on in the world; the projection outwards of unconscious emotional impulses.

9. Sex. Exaggerated concern with sexual ›goings-on‹.«[8]

Diese neun Merkmale, die das Verhalten der autoritären Persönlichkeit kennzeichnen, sind Folgen ihrer Schwäche. Die autoritäre Persönlichkeit befolgt zwar

---

[6] Vgl. Gertrud Willenborg, ›Die Romane von Hedwig Courths-Mahler‹, Diplomarbeit, Köln 1960.

[7] Peter Heintz, Zur Problematik der ›Autoritären Persönlichkeit‹, in: ›Kölner Zeitschrift für Soziologie und Sozialpsychologie‹, IX (1957), S. 47.

[8] Theodor W. Adorno, Else Frenkel-Brunswik, Daniel J. Levison, R. Nevitt Sanford, ›The Authoritarian Personality‹, New York 1950, S. 228.

streng die Normen der von ihr anerkannten Macht, aber diese Normen sind letztlich für sie unverbindlich. Die unvollständig verinnerlichten Normen werden vom Superego [9] dem Ego gegenüber zur Geltung gebracht. Der Druck, den das autoritäre Superego dadurch auf das Ego ausübt, kennzeichnet diese Persönlichkeitsstruktur.

Die Figuren eines ›popular art‹-Romans auf eine derartige Persönlichkeitsstruktur hin zu untersuchen, bringt viele Schwierigkeiten. Es handelt sich ja nicht um lebende Menschen, sondern um Idealmenschen, die nur in ganz bestimmten Situationen zu sehen sind und aus deren Leben nur ein begrenzter Ausschnitt gezeigt wird. Die vorliegende Untersuchung kann auch nicht den Anspruch erheben, einen exakten Nachweis zu erbringen, daß die in den Romanen gezeigten Idealmenschen autoritäre Persönlichkeiten sind, sondern sie zeigt, daß das von Hedwig Courths-Mahler entworfene Romanweltbild eine Tendenz zum Weltbild der autoritären Persönlichkeit hat.


Adelsmenschen — wer sie sind und wo sie leben

Herrensitze und Schlösser bilden den würdigen Hintergrund für das Romangeschehen. Sie sind altehrwürdig und aus ihren Mauerritzen gleiten unsichtbare Ströme von Traditionsbewußtsein in das Bewußtsein der handelnden Personen. Alles ist alt und vornehm. Lautlos schreiten Diener durch lange Gänge, vorbei an schweren Damastvorhängen, kostbaren Gobelins und einer langen Ahnengalerie. Erlauchtheit überall! Aber auch die prächtigen Villen der Großbourgeoisie sind ein vortrefflicher Rahmen. Wenn man aus den Fenstern dieser vornehmen Häuser schaut, sieht man hinter den Bäumen des uralten Parks die Schornsteine der nahen Fabrik, des übernommenen Besitzes des Hausherrn.

Die Menschen, die sich in dieser Umgebung bewegen, sind Barone, Grafen und Fürsten, begüterte Kommerzienräte und Konsuln, aber auch arme Intellektuelle, bei denen der ›Herzensadel‹ ersetzt, was ihnen die Herkunft verweigerte. Alle zusammen sind — wenn sie zu den Guten gehören — ›rechte Adelsmenschen‹ und geborene ›Herrenmenschen‹. Sie sind charakterstark, gebildet und tüchtig, besitzen Güte und Geist. Sie haben auch Glück, aber das Glück ist in erster Linie eine Begleiterscheinung ihrer Tüchtigkeit und eine Belohnung für ihre Tugend. Edel zu sein, fällt ihnen leicht, weil sie es von Natur aus sind. Sie glänzen blütenweiß. Sie sind »Menschen von Wert und Charakter«. Zur Abrundung ihres Bildes gehört ihre markante, sportlich elastische Erscheinung: Er »war ein hübscher, stattlicher Mann. Auf einer schlanken, sehnigen Gestalt saß ein scharfgeschnittener Kopf mit energisch blickenden Augen, die zuweilen weich und träumerisch ausschauen konnten.«

Dem Wünschen und Streben dieser edlen und schönen Menschen — Hedwig Courths-Mahler nennt sie einmal »kraftvolle Vollnaturen« — entgegen wirkt der Schurke. Er ist das Negativ des Adelsmenschen: leichtsinnig, mißgünstig, skrupel-

---

[9] a. a. O., S. 455 f.

los, er schmeichelt und spielt, ist faul oder verderbenbringend ehrgeizig, falsch, höhnisch, manchmal brutal. Dazu gehört eine häßliche Erscheinung:

»Die Züge seines Gesichtes erschienen flach und ausdruckslos, nur das Kinn schob sich hart und kantig vor, was dem Gesicht etwas Unausgeglichenes gab. Seine schwarzen Augen waren hinter leicht gefärbten Brillengläsern verborgen. Durch diese Brillengläser sahen sie scheinbar freundlich und harmlos in die Welt, und nur ein sehr scharfer Beobachter konnte in ihnen zuweilen ein seltsam aufzuckendes Glimmen, wie in den Augen eines Raubtieres, wahrnehmen.«

Der glänzende Mittelpunkt des Romangeschehens aber ist eine Frau. Sie ist die selbstbewußte, reiche Erbin der Güter eines Adelsmenschen oder ein armes, bescheidenes Aschenputtel, das auf Grund seines ›Herzensadels‹ für sozialen Aufstieg sehr geeignet erscheint. Bei der reichen Erbin stirbt in der Regel die Mutter früh, so daß das junge Mädchen die Repräsentationspflichten der Hausfrau übernehmen muß. Manchmal, wenn auch der Vater gestorben ist, leitet sie ein großes Unternehmen gewissenhaft und unermüdlich. Ihr Wirken ist durch Intrigen sehr erschwert, und nicht selten wird nach ihrem Leben getrachtet. Ihre Umgebung und ihre Pflichten erfordern sicheres Auftreten. So ist sie bestimmt und selbstbewußt, hat eigene Ideen und Initiative. Sie ist meistens temperamentvoll und bei Gesellschaften kaum zu übersehen. Gewandt weiß sie immer das Richtige im rechten Augenblick zu tun. All diese Sicherheit und Resolutheit bezieht sich aber nur auf das geschäftliche Leben. Privat ist sie mädchenhaft scheu, holdselig errötend, schüchtern liebreizend und befangen anziehend. — Hilflos, lieblich, sanft und bescheiden ist das Aschenputtel. Es ist ein Mädchen, das ganz allein in der Welt steht und arm und verlassen im Herrenhaus Aufnahme gefunden hat. Stolz erträgt es die Armut und die damit verbundenen Demütigungen. Mit Beherrschung und Fleiß beschämt es seine Peiniger. Es ist ernst, meistens still, oft völlig leidenschaftslos. Sein Edelmut übersteigt das Maß der menschlichen Duldsamkeit. Es muß die größten Widerwärtigkeiten ertragen, aber es duldet, gleichsam als wüßte es, daß das rettende Ende in Gestalt des geliebten Mannes nicht mehr fern ist. Schön, elternlos in eine böse Umwelt gestellt, ausgenutzt und mit Undank belohnt, entspricht es dem Stereotyp eines Waisenmädchens, wie es in vielen Märchen und Romanen vorkommt.

Auch zu diesen beiden holden Gestalten gibt es eine Gegenspielerin: die böse Frau. Ihr Ziel ist der Mann mit großem Reichtum. Eiskalt, keiner echten Gefühlsregung fähig, dabei aber hinreißend schön, was sie um so gefährlicher macht, liebt sie Schmuck und äußeren Glanz. Leichtsinnig und unbeherrscht, launisch, kokett und dumm, macht sie nach Erreichung dieses Zieles ihrer Umwelt das Leben zur Hölle. Sie betrügt und hintergeht in flatterhafter Leichtfertigkeit den Mann, dessen Geld sie mit vollen Händen an Luxusgüter verschwendet. Nicht selten verursacht sie den Ruin der Familie.

Wie schon beim Mann ist auch bei der Frau die äußere Gestalt der Spiegel eines guten oder schlechten Charakters. Schlechter Charakter führt unweigerlich zu solchem Aussehen:

»Wohl zeigte das verschwommene Gesicht noch Spuren einstiger Schönheit, aber die dicke Puderschicht, die die Verlebtheit ihrer Züge noch mehr unterstrich, machte sie direkt widerlich.« Dagegen wirkt das gute Mädchen wie eine Grazie: »Sie hatte eine schlanke Gestalt, wundervolles blondes Haar mit einem satten Goldton und einen blütenzarten Teint. Ihre blauen Augen leuchteten mit einer intensiven Klarheit aus dem lieblichen Gesicht heraus, das feine Züge hatte, und ihre Bewegungen waren voll Anmut und Vornehmheit.«

Die fünf geschilderten Menschentypen sind die Personen, die das Romanleben bestimmen. Je nachdem wie und in welcher Zahl sie sich begegnen, ergeben sich bestimmte Handlungsverläufe. Dabei gibt es zwei Grundmuster, die mit den Worten ›Dreiecksverhältnis‹ und ›Standesunterschied‹ gekennzeichnet sind. Dreiecksverhältnisse sind unproblematisch: einem Mann zwischen einem guten und einem schlechten Mädchen, oder einer Frau zwischen einem guten und einem schlechten Mann fällt letztlich die Wahl nicht schwer. Mit dem Standesunterschied ist es etwas schwieriger. Sozialer Aufstieg erscheint in den Romanen auf den ersten Blick als großes Problem, das sich allerdings schnell als Pseudoproblem erweist. Da ist zum Beispiel das Mädchen Jonny, Tochter eines gräflichen Angestellten, das nach vielen tragischen Ereignissen von einer alten Gräfin an Kindes Statt angenommen wird, und dem es — nach 125 Seiten voller Auseinandersetzungen, in denen Worte fallen wie »alle Menschen haben gleiches Anrecht, auf die Höhen des Lebens zu gelangen« oder: »Adelsmensch im schönsten und wahrsten Sinne kann jeder sein ohne Ansehen der Geburt« — endlich gelingt, ihren gräflichen Stiefbruder zu heiraten. Oder es gibt da ein Mädchen wie Margot, eine Waise, die ihr ganzes Vermögen in der Inflation verloren hat. Verwandte besitzt sie nicht, sie muß arbeiten. Weil sie tapfer die ungewohnte Arbeit Tag für Tag vollbringt, beschert ihr das Schicksal am Ende des Romans den verlorenen Reichtum wieder. Ein Traummann taucht auf, der zugleich ihr Chef ist, und nimmt sich der verarmten Großbürgerin an. Sobald es Jonny und Margot auf Grund ihres Adelsmenschentums gelungen ist, ungeachtet ihrer Armut oder niedrigen Herkunft »auf die Höhen des Lebens« zu gelangen, empfindet der Leser große Befriedigung. Es scheint so, als sei das eine ganz selbstverständliche Sache, die heute oder morgen dem Leser selbst widerfahren könne, wenn er nur einen ebenso soliden Lebenswandel aufweisen kann. Daß Jonny und Margot aber auch noch einige ganz konkrete Vorzüge haben müssen, um als Adelsmenschen zu gelten, erscheint dabei völlig nebensächlich. Das Adelsmenschentum erstreckt sich nämlich bei einem Mädchen auf eine ausgezeichnete Erziehung und bei einem Mann auf einen ordentlichen, möglichst akademischen Beruf. Weder heiratet die reiche Guts- oder Fabrikbesitzerstochter einen Arbeiter, noch nimmt der Graf eine Wäscherin zur Frau. Das Äußerste in der Annäherung zweier Schichten ist schon erreicht, wenn das reiche Fräulein den Sohn eines Arbeiters, der inzwischen Dr.-Ing. geworden ist, heiratet, oder wenn der Graf die Tochter einer Wäscherin, die sich durch besondere Geistesgaben auszeichnet und die zufällig eine erstklassige Erziehung erhalten hat, mit seiner Hand beglückt. So ist auch Jonny fein gebildet, und die perfekte Sekretärin Margot liebt Musik, gute Bücher, spricht mehrere Fremdsprachen fließend und hat das sichere Auftreten eines erfahrenen, weit herumgekommenen Menschen. Die Grundlage für einen krassen Standesunterschied, ausgedrückt etwa in der Beziehung Magd—Graf oder Arbei-

196

terin—Großindustrieller, ist in den Romanen überhaupt nicht vorhanden. Eine geistige Ebenbürtigkeit der Partner wird von vornherein als Voraussetzung angenommen. Damit fällt aber auch die Grundlage für eine echte Problemstellung weg.

In den Dreiecksverhältnissen sind es die Adelsmenschen, die siegen; wenn es um Aufstieg geht, sind es ebenfalls die Adelsmenschen, die Erfolg haben. Damit stellt sich die Frage, wie eine Romanfigur sich verhalten muß, um als Adelsmensch zu gelten?

## Adelsmenschen müssen konventionell sein

Die Romane sind aus der Sicht der guten Menschen geschrieben. Da es aber nur ganz gute und ganz böse Menschen gibt, stehen sich zwei Gruppen gegenüber: die Gruppe der Guten als ›ingroup‹ — weil alle Handlungen an ihrer Moral gemessen werden und weil sich der Leser mit dieser identifiziert — und die Gruppe der Bösen als ›outgroup‹.

Die ›ingroup‹-Normen weichen nach Alter und Geschlecht der Personen ein wenig voneinander ab. Als Romankind liebt und verehrt man seine Eltern und ist bedingungslos gehorsam. Als junges Mädchen ist man tugendhaft, man raucht nicht, man kleidet sich nicht auffällig, sondern einfach und elegant; man flirtet und kokettiert nicht; zu seinen Verehrern steht man in kameradschaftlichem Verhältnis. Zwischen 20 und 25 Jahren hat der erste Kuß, zugleich der Verlobungskuß, das kameradschaftliche Verhältnis zu beenden und nach einigen Monaten in die Ehe zu führen. Der junge Mann hat einer ernsthaften Arbeit nachzugehen, die er liebt. Er hat einen Ehrbegriff und ist bereit, für seine Ehre zu sterben; er liebt seine Freunde. Wenn es darum geht, ein bestimmtes Ziel zu erreichen, muß er hart und zäh sein. Er hat Anspruch auf ein gewisses Maß an Leichtsinn. Er darf z. B. Schulden machen, um daraus eine Lehre zu ziehen. Wie im Beruf, so hat er auch Erfolg bei Frauen. Je nach Veranlagung kann er diesen bis zum Überdruß ausnutzen, wobei er selbstverständlich mit den Frauen der ›outgroup‹ vorliebnehmen muß, da die der ›ingroup‹ angehörenden Frauen für Abenteuer nicht zur Verfügung stehen. Diese Erfolge führen dann zu einer zeitweisen allgemeinen Verachtung des weiblichen Geschlechts, bis der Überdrüssige durch Liebe und Heirat einer ›ingroup‹-Angehörigen von seinen Kinderkrankheiten geheilt wird. Andererseits kann der junge Mann aber auch ernst sein und sofort die ›ingroup‹-Dame seines Herzens finden. Der älter gewordene Mensch hat, wenn er der ›ingroup‹ angehört, abgeklärt zu sein und Würde zu zeigen. Der Mann in mittleren Jahren repräsentiert seinen Erfolg. Er ist eine bewunderte Autorität. Die Frau hingegen hat diskret im Hintergrund zu verschwinden. Als gebe es für Frauen mittleren Alters im Leben keine Verwendung, kommen sie in der ›ingroup‹ kaum vor, nicht einmal als Mütter.

Ob alt, ob jung, wer man auch ist, man darf in keiner Weise aus der Reihe tanzen. Man muß auch jeden Anschein vermeiden, der ein solches Verhalten vermuten läßt. Man verachtet zwar die ›outgroup‹-Angehörigen, aber man fällt auch hier nicht aus der Rolle. So besucht man sie z. B., wenn sie gleichen Standes sind, von Zeit zu Zeit zum Tee, weil es die Konvention erfordert, sich gegenseitig einzuladen. Man ist in jeder Beziehung beherrscht und verrät seine Gefühle nicht.

Die ›ingroup‹-Angehörigen müssen tun, was ›man‹ tut. Alles, was von ihnen verlangt wird, liegt in einer alltäglichen, selbstverständlichen Mitte. Es wird niemals Außergewöhnliches gefordert. Wer im Rahmen des Überlieferten, Konventionellen lebt, gehört zur ›ingroup‹. Gut sein, heißt konventionell sein. Nun scheint es aber so, als sei der Konventionalismus die innerste Überzeugung dieser Menschen, als sei er voll integrierter Bestandteil ihres Bewußtseins und nicht eine äußere Zur-Schau-Stellung, die das autoritäre Über-Ich befiehlt, wie das bei der autoritären Persönlichkeit der Fall ist. Daß das aber doch so ist, sei an jenen Beispielen erläutert, in denen ein Mädchen aus edlen Motiven einen ungeliebten Mann heiratet. Der wirklich Geliebte taucht in den ersten Ehejahren wieder auf. Die junge Frau bleibt aber trotzdem bei ihrem nun einmal geheirateten Mann. Sie gerät nicht einmal in einen Gewissenskonflikt, sondern es ist die größte Selbstverständlichkeit der Welt, daß eine ›ingroup‹-Angehörige sich nicht scheiden läßt. Wäre diese konventionelle Norm voll verbindlich für sie, dann müßte jetzt die Geschichte enden, eben als die Geschichte einer traurigen Aufopferung für eine gute Sache. So aber läßt die Autorin den geheirateten Mann sehr bald sterben, damit der Weg zum einzig Geliebten frei wird. Mit dem plötzlichen Tod im Wege stehender Personen werden die ›ingroup‹-Normen hintergangen, ohne daß die Hintergehenden ›outgroup‹-Angehörige werden. Daß solche Normen aber überhaupt umgangen werden können, ist Beweis genug dafür, daß sie letztlich in dieser Romanwelt unverbindlich sind. Das äußere Festhalten an den konventionellen Werten ist bei den Romanfiguren — wie bei der autoritären Persönlichkeit — »based upon the individual's adherence to the standards of the collective powers with which he, for the time being, is identified«.[10]

Eine Ausnahme von der Gleichung ›gut = konventionell‹ scheint der unkonventionelle Beruf des Künstlers zu bilden. Künstler gibt es nämlich sowohl als ›outgroup‹- wie auch als ›ingroup‹-Angehörige. Tilly, eine ›outgroup‹-Künstlerin: »Die größte Pein verursachte ihm jeden Abend das Auftreten seiner Gattin. Dann stieg jähe Röte in sein Gesicht. Er schämte sich, daß er es dulden mußte, daß seine Frau dort oben auf der kleinen Bühne stand, geschminkt und gepudert, mit kurzen Kleidern und einem Dekolleté, das alle Reize enthüllte.« Künstler zu sein, ist einerseits unkonventionell, unbürgerlich. Künstler sind deshalb oft ›outgroup‹-Angehörige, die — wie Tilly — ein bohémienhaftes, unordentliches Leben führen und an ihrer Ausschweifung zugrunde gehen oder andere damit zugrunde richten. Dazu kommt, daß ihr Talent nicht hält, was es in ihrer Jugend versprach, so daß sie im Varieté, als Barpianisten oder beim Film enden. Nun stellt Kunst aber, auch vom bürgerlichen Standpunkt aus betrachtet, etwas durchaus Wertvolles dar. Ein musisch begabter Mensch ist interessant und bewunderns-

---

[10] a. a. O., S. 230.

wert, und fast jede Romanheldin ist eine erstklassige Pianistin oder Sängerin. Sie ist das aber im Gegensatz zur ›outgroup‹-Künstlerin, deren Element das Rampenlicht ist, nur unter Ausschluß der Öffentlichkeit. Sie verkauft ihr Können nicht. Im folgenden Beispiel wird das sehr anschaulich gezeigt: Ein Abend in einem gepflegten Landhaus. »Der große Salon im ersten Stock der Villa war als Musikzimmer eingerichtet. Neben dem kostbaren Flügel lagen auf einem Ständer einzelne Notenblätter.« Erna, eine mittelmäßige Konzertsängerin, der es mittels ihrer Schönheit gelungen ist, einen reichen Konsul zu heiraten, beginnt zu singen. »Die junge Frau setzte mit lauter, kräftiger Stimme ein. Sie sang in den Mittellagen voll und rein, die tiefen Töne klangen jedoch unklar und verschleiert. In der Höhe verletzte ein scharfer, harter Klang ein fein empfindendes Ohr. Es war ein seelenloser Bravourgesang, dem der Schmelz der Innerlichkeit fehlte und der nicht in die Herzen der Zuhörer drang.« Nachdem Erna geendet hat, beginnt ihre Stieftochter Ruth: »Voll und weich, wie ein tiefer Glockenton erscholl die seelenvolle Altstimme des jungen Mädchens und erfüllte den Raum mit wunderbarem Wohlklang. Da gab es keine Härten und Schwächen. In gleichmäßiger Schönheit reihte sich Ton an Ton und strahlte einen einzigartigen Zauber aus.« Ernas Gedanken zu diesem Gesang:
»Erna war fassungslos. Sie hatte erwartet, ein liebliches Stimmchen zu hören, und war großmütig bereit gewesen, es über Gebühr zu loben. Was sie hier zu hören bekam, war von einer Vollendung, daß ihr Herz von Neid und Mißgunst erfüllt wurde. Sie war klug genug zu erkennen, daß Ruth eine größere Künstlerin war, als sie je gewesen. Mit dieser Stimme und diesem Können würde sich eine Frau wie sie die Welt erobert haben. Und hier verbarg man ein solches Talent im engen Kreise der Häuslichkeit. Wie ganz anders hätte sich ihre Zukunft gestalten lassen mit diesem Stimmaterial. Hier fiel es überflüssig einem Goldfisch in den Schoß, der es neidisch gleich seinen Schätzen vor der Öffentlichkeit verbarg. Die Mißgunst brannte in ihrem Innern. Der Künstlerneid wucherte in ihr empor und machte ihr die Stieftochter verhaßt. Ein tückischer Blick schoß aus den schönen Augen hervor und ließ sie in bösem Licht aufleuchten.«
Wenn eine der verborgenen Künstlerinnen von edlen Motiven gezwungen, doch einmal in die Öffentlichkeit tritt, dann sieht das so aus: »Endlich erschien die Valori. Der Gastgeber führte sie selbst in den Saal, und aller Augen hingen an der reizenden blonden Erscheinung, die so echt mädchenhaft lieblich und gar nicht herausfordernd stolz durch die Menge schritt.« Das Mädchen Betty Valori ist durch edle Gründe gezwungen, ihr Können zu verkaufen. Sie bleibt ein Mitglied der ›ingroup‹, wenn auch ein wenig als Außenseiter.
Es gibt zwei Dinge, in denen sich ›ingroup‹- und ›outgroup‹-Künstler voneinander unterscheiden: Die ›outgroup‹-Künstlerin singt für Geld, die ›ingroup‹-Künstlerin nicht, oder nur, wenn edle Gründe sie zwingen. Die ›ingroup‹-Künstlerin distanziert sich von der ›outgroup‹-Künstlerin durch konventionelles Verhalten. Sie steckt ihr Künstlertum in eine konventionelle Zwangsjacke, während die ›outgroup‹-Künstlerin sich gewisse Freiheiten erlaubt. Diese ambivalente Einstellung gegenüber den Künstlern dient letztlich der Polarisierung der Bilder und verstärkt die Kluft zwischen Guten und Bösen oder Konventionellen

und Unkonventionellen; denn die Künstlerinnen Ruth und Betty sind eben
darum besser als die Künstlerinnen Erna und Tilly, weil sie konventioneller sind.
So ist es am Ende bei den Künstlern wie bei den anderen Romanfiguren: Derjenige ist gut, der konventionell ist.


## Adelsmenschen verhalten sich ambivalent gegenüber Autoritäten

Georg Lersen ist ein sensibler Junge. Er hängt mit zärtlicher Liebe an seiner
Mutter und fürchtet seinen Vater, den Großreeder Lersen, dessen Erbe er einst
sein soll. Kaufmännische Geschäfte stoßen ihn ab, das Theater zieht ihn an. Nach
dem Tod der Mutter wird er Schauspieler, heiratet die verworfene Tilly und
geht mit ihr nach Südamerika. Das trifft Vater Lersen »bis ins Mark des Lebens«:
»Ein Gaukler ist er geworden, er, der Sohn Bernhard Lersens, der Sohn des
Hauses Lersen und Söhne... Er, mein einziger Sohn, er spottet der Tradition,
er warf sie mir vor die Füße wie einen Bettel und sagte verächtlich, daß er kein
Krämerblut in seinen Adern habe, er wolle ein freier Künstler sein und nur seiner
Kunst leben. Ein elender Possenreißer ist er geworden, der mit einem leicht-
fertigen Weibe, einer Gauklerin, auf und davon ging... Bis ins Mark des Lebens
hat er mich getroffen.«
In Südamerika kommen sehr schnell Unglück und Armut über die Ungehorsamen.
Aber nicht die schreckliche Lage und die unglückliche Heirat lassen ihn zerbrechen,
sondern die Tatsache, daß der Vater ihn verstoßen und enterbt hat. Der Schmerz
darüber zehrt an seiner Gesundheit und wirft ihn schließlich auf das Krankenbett.
— Inzwischen kommt Vater Lersen zum Sterben. Auf Monas Flehen hin —
Mona ist Georgs Schwester — vergibt er in seiner letzten Stunde Georg. Mit dieser Kunde erreicht Mona den inzwischen heruntergekommenen und verfallenen
Bruder. Als Georg endlich von der Verzeihung des Vaters erfährt, »bricht er in
ein haltloses und schmerzliches Weinen aus«. Nachdem er wieder zu sich gekommen
ist: »Wohltätiger war nie eine Erregung. Wenn du wüßtest, Mona, welche Wohltat
du mir mit diesen Worten erwiesen hast. Mir ist, als sei eine schwere Last, die
jahrelang mein Herz bedrückte, von mir abgefallen. Mein Vater hat mir ver-
ziehen... nun kann ich ruhig sterben.« Georgs Leben ist ein abschreckendes Beispiel für alle Menschen, die sich gegen eine Autorität vom Format Vater Lersens
empören. Gehorsam gegenüber ›ingroup‹-Autoritäten ist unerläßlich für jeden
›ingroup‹-Angehörigen. Für einen Helden, der gegen diese Norm verstößt, gibt es
nur den Untergang.
Rose Rietberg, ein verwaistes Mädchen, wird von Verwandten aufgenommen.
Onkel und Tante bemächtigen sich habgierig ihres Vermögens. Jedoch in der
Inflation geht alles verloren. In der aussichtslos gewordenen Lage taucht ein
Jugendfreund des Onkels auf, »der in der Inflationszeit große Reichtümer zu-
sammengerafft hatte«. Dieser Jugendfreund stellt den Onkel mit ungewöhnlich
hohem Gehalt ein, aber nur unter der Bedingung, daß Rose ihn heiratet. »Gerade
weil sie in ihren schlichten Kleidern so stolz und vornehm wirkte, gefiel sie ihm,
der die Personifizierung des Gewöhnlichen war.« Der Onkel befiehlt der

sich sträubenden Rose kurzerhand die Heirat. Rose flieht daraufhin nach Argentinien.

Während die Flucht Georgs vor dem moralisch einwandfreien Vater aus der Anlage des Romans heraus nur abgelehnt werden kann, ist Roses Flucht vor den unmoralischen Verwandten eine sehr zu bewundernde Tat. Das ist im Romanwerk generell so. Moralische Autoritäten der ›ingroup‹ werden allgemein anerkannt, Autoritäten der ›outgoup‹ abgelehnt. Diese ambivalente Einstellung wird ganz klar, wenn die Bewunderung, die den ›ingroup‹-Autoritäten gezollt wird, und die heimliche Aggressivität, die sich gegen die ›outgroup‹-Autoritäten ansammelt, in die Betrachtung einbezogen wird. ›Ingroup‹-Autoritäten werden bewundert sowohl wegen ihrer seelischen Größe als auch wegen ihrer äußeren Macht und wegen ihres Einflusses. Über Vater Lersen, der durch seine Starrköpfigkeit den Sohn Georg in den Tod getrieben hat, sagt Mona: »Aber ich sah, wie der Vater litt, unter seiner starren Härte habe ich sein Herz bluten sehen.« Und als sie die eigentlichen Motive dieser Härte kennenlernt, nämlich daß der Vater bei ihrem Leben geschworen hat, Georg dürfte das Haus nicht mehr betreten, ist ihre Bewunderung für den Vater grenzenlos. »Mona saß tief erschüttert. Sie beugte sich über seine Hand und küßte sie.« Mona hält das für Größe und bewundert es. Darüber hinaus ist der Vater ein Mann, der viel Gutes tut, der vielen Menschen Arbeit gibt, der großzügig andere an seinem Reichtum teilnehmen läßt. Dieser großzügigen, bewundernswerten Art gegenüber steht das kleinliche Denken der ›outgroup‹-Autoritäten, die ihre Macht und ihren Einfluß mißbrauchen, und — Aug um Aug, Zahn um Zahn — für jede gewährte Wohltat einen größeren Vorteil scheffeln, so wie der Jugendfreund die gut bezahlte Stellung gegen eine begehrte Frau zu tauschen wünscht. Autoritäten werden auf der einen Seite bewundert, auf der anderen Seite verachtet, nicht gehaßt; denn solch unlauteres Gefühl kennt ein Adelsmensch nicht. Diese ambivalente Einstellung erscheint deshalb so selbstverständlich, weil die Autoritäten mit moralischen bzw. unmoralischen Eigenschaften extrem geschmückt sind.

Der Fall ›Georg‹ zeigt, daß es für einen ›ingroup‹-Angehörigen unbedingt notwendig ist, sich der Autorität eines allgemein bewunderten Vaters unterzuordnen, der Fall ›Rose‹, daß es nicht gegen die Normen der ›ingroup‹ verstößt, sich gegen die ›outgroup‹-Autorität eines Onkels aufzulehnen. Ein neues Problem entsteht dagegen, wenn die ›outgroup‹-Autorität nicht von einem Onkel, sondern von einem Vater dargestellt wird. Wenn ein solcher Vater, der ein böser Mensch ist, von seinem Kind in irgendeiner Weise unmoralisches Handeln verlangt, entsteht ein Normenkonflikt; denn unmoralisch handeln heißt so zu handeln, wie die Menschen der ›outgroup‹, und das vermeiden die Romanfiguren unter allen Umständen; sich aber dem Willen der väterlichen Autorität — und sei es einer ›outgroup‹-Autorität — nicht zu unterwerfen, verstößt ebenso gegen eine Norm der ›ingroup‹. Der Held muß sich nun für einen der beiden Wege entscheiden; der unproblematische Handlungsablauf ist um ein Spannungsmoment bereichert. Dieser Konflikt wird mit einem kleinen Trick gelöst. Auch jetzt muß sich der Held der väterlichen Autorität unterordnen, aber er hat Gründe, die ihm das geradezu notwendig machen, die ihn aber auch zugleich entschuldigen. Es bleibt ihm nämlich einfach kein anderer Weg, als dem Willen des unseriösen Vaters zu gehorchen. Standardbeispiel: Ein Vater will seine Tochter zwingen, einen reichen Mann zu heiraten, den sie nicht liebt. Die Tochter weigert sich. Jetzt taucht ein edles Motiv auf. Entweder kann durch die aufopfernde Heirat des Mädchens die Familie vor irgendeiner Schande bewahrt oder irgendein Mensch gerettet werden. Damit ist das Problem gelöst, der Held glänzt, und der garstige Vater wird obendrein noch beschämt.

»Lena stand bleich und zitternd vor ihrem Vater und starrte ihn mit entsetzten Augen an. War es Wirklichkeit, was sie eben durchlebte? Sie sollte einen Mann heiraten, den sie nicht liebte, der ihr immer unsympathisch gewesen war, sollte ihn heiraten, um ihre Familie vor Not und Schande zu bewahren, sollte sich opfern, weil der eigene Vater in roher Genußsucht das Vermögen vergeudete, Warnstetten heruntergebracht und selbst seine Ehre in den Staub getreten hatte?«
Solche Väter kommen vor; sie sind aber nicht die Regel. Gewöhnlich haben Adelsmenschen Väter, die ebenfalls Adelsmenschen sind. Dadurch wird die Romanwelt harmonischer, und die ›ingroup‹-Helden werden nicht zu heimlicher Agressivität gegen ihre eigenen Väter gezwungen. Die wenigen bösen Väter, die vorkommen, sind dann auch die einzigen Charaktere, die eine Wandlung im Laufe des Romangeschehens durchmachen. Sie zeigen Reue und finden zur ›ingroup‹ zurück. Lenas böser Vater am Ende des Romans:
»Er wollte von heute an ein anderer Mensch werden, wollte schaffen und arbeiten, sparen und sorgen, damit er Warnstetten wieder in die Höhe brachte und seinem Sohn einst als gefestigtes Erbe hinterlassen konnte. Und was er Lena an den Augen ablesen konnte, das wollte er tun. Vielleicht war es noch nicht zu spät, vielleicht gewann er sich die Liebe seiner Kinder zurück.«
So werden im allgemeinen die ›ingroup‹-Autoritäten durch Väter dargestellt, die ›outgroup‹-Autoritäten durch sonstige Verwandte. Die Macht der ›ingroup‹-Autoritäten wird anerkannt und bewundert, die der ›outgroup‹-Autoritäten wird abgelehnt, und der Held kann sich ihr entziehen. Das gleiche ambivalente Verhalten gegenüber Autoritäten ist der Persönlichkeitsstruktur der autoritären Persönlichkeit eigen.


## Das Schicksal hilft den Adelsmenschen hassen

Die ›ingroup‹-Angehörigen leben ständig unter dem Zwang der ›ingroup‹-Moral. Diese Moral erlaubt ihnen nicht die natürliche Regung, offen böse auf die Personen zu sein, die die ›ingroup‹-Normen verletzen und damit gegen die Interessen der Adelsmenschen handeln. Weil sie nicht offen hassen dürfen, wen sie hassen müßten, tritt an die Stelle ihrer normalen menschlichen Aggressivität die höhere Gewalt des Schicksals. Das Schicksal straft die Andersdenkenden und Andershandelnden; die härteste Strafe, die es zu vergeben hat, ist der Tod. Der Tod wird als durchaus gerecht empfunden; denn nur eine so schwere Strafe kann die Feindseligkeit, die sich im Laufe der Handlung entsprechend der Darstellungsweise beim Leser angesammelt hat, abreagieren. Der Leser nämlich muß, wenn er den Roman richtig miterlebt, aggressiv werden, weil es für ihn das zwanghafte Gutsein der Romanfiguren nicht gibt. Der sichere Untergang der bösen Stiefmutter, die der Heldin das Leben unerträglich macht, das Ungemach, das den faulenzenden Verwandten zustößt, während sich die arme Waise ›die Hände blutig arbeitet‹, und das Unheil, das den Intriganten widerfährt, die es auf die Tugend des Mädchens ›in abhängiger Stellung‹ abgesehen haben, werden vom Leser mit Schadenfreude verfolgt und gipfeln in dem Gedanken: Das geschieht ihnen ganz recht! Selbst im Bewußtsein der idealen Romanfiguren steckt dieses Empfinden, obwohl sie sich hüten, das jemals zuzugeben. Das Schicksal verteilt seine Schläge bevorzugt gegen Menschen in bestimmten Situationen. Stiefmütter, Stiefgeschwister und ›outgroup‹-Bewerber im Dreiecksverhältnis erweisen sich als besonders geeignete Zielscheiben für die verdrängten Gefühle der ›ingroup‹-Angehörigen.

Frau Erna wendet alle Verführungskünste auf, um ihre Heirat mit dem reichen Konsul Waldeck herbeizuführen. Sie bedient sich hierbei elementarer weiblicher Hilfsmittel: »Sie sah ihn überlegen lächelnd  an und bog sich graziös in den Hüften.« »Die Toilette, die einen leicht extravaganten Geschmack verriet, war bis an die Grenzen des Erlaubten dekolletiert.« Nachdem sie ihr Ziel erreicht hat, erfreut sie sich zunächst eine Weile des ungewohnten Reichtums, aber bald wird ihr das langweilig, und nun nimmt sie es mit ihren ehelichen Treuepflichten nicht mehr so genau. »Sie hatte hastig und viel getrunken, ihr Blut jagte durch die Adern und ließ sie alle Vorsicht vergessen. Glühend erwiderte sie den Blick des jungen Mannes, der verlangend ihre blonde Schönheit umfing.« Es bleibt nicht bei den Blicken. Eines Tages kann der Konsul seine junge Frau in der Wohnung jenes jungen Mannes überraschen. Ihre Untreue wird erkannt, und sie muß für ihr haarsträubend unkonventionelles Verhalten büßen. Sie muß Glanz und Reichtum, den sie so heftig erkämpfte, verlassen. So befiehlt es der Konsul: »Du wirst morgen früh eine längere Reise antreten, angeblich um eine kranke Verwandte zu besuchen. Daß es nach dieser Reise keine Rückkehr für dich in mein Haus gibt, wirst du begreiflich finden... Meine Tochter soll nicht länger mit dir unter einem Dach weilen.« Dann »stieg ein Gefühl des Ekels in ihm auf... Er wandte sich ab. Der Anblick war ihm unerträglich.« Hochherzig stellt er ihr die Mittel zur Verfügung, damit sie ein angenehmes Leben weiterführen kann; jeder Skandal ist ihm unangenehm. Sie verabschieden sich mit »Leb wohl«. Er bleibt zurück. »Ein tiefer Schmerz durchzog ihn. Er nahm Abschied von Glück und Liebe, von dem letzten Glanz der Jugend, und kämpfte still um Resignation.« Natürlich geht es nicht an, daß die Stiefmutter, gleich Schneewittchens böser Stiefmutter, sich in glühenden Pantoffeln zu Tode tanzen muß. Im Gegenteil! Frau Erna erhält noch eine Abfindung. Der Enttäuschte resigniert, aber er straft nicht. Er weiß, daß das Schicksal strafen wird, so als wäre es ein Teil seines eigenen Willens. Und das ist das Romanschicksal auch. Es hilft den Adelsmenschen hassen.

Nicht besser als den Stiefmüttern ergeht es den Bösewichten im Dreiecksverhältnis: Dem ›outgroup‹-Angehörigen Tondern, der die schöne, reiche Regina

liebt, gelingt es durch allerlei Intrigen, seinen Nebenbuhler, den »tollen Haßberg«, aus der Stadt zu vertreiben. Zwei Jahre lang bemüht er sich leidenschaftlich um Regina. Zwei Jahre lang bleibt Regina standhaft, weil sie den »tollen
Haßberg« liebt. Der »tolle Haßberg« kehrt zurück und will Regina heiraten.
Tondern versteht es, Mißverständnisse zwischen sie zu legen, so daß der eine
nicht mehr an die Liebe des anderen glauben kann. Als der Roman seinen Höhepunkt erreicht, verunglückt Tondern mit dem Auto. Alles klärt sich auf. Regina
verursacht den Tod Tonderns nicht, aber sie ist froh, als das Schicksal ihn schickt.
»Sie konnte Tondern nicht zürnen, aber ihre Brust hob sich, als sei eine schwere
Last von ihr abgefallen.... Dieser Brief (mit der Nachricht von Tonderns Tod)
brachte Erlösung und Befreiung.« So ist auch hier die Schicksalsstrafe letztlich
wieder ein Teil von Reginas Willen.

Die Neigung zur Feindseligkeit gegenüber ›outgroup‹-Angehörigen wird bei
der autoritären Persönlichkeit begleitet von einer allgemeinen Feindseligkeit und
Menschenverachtung, die gerechtfertigt wird mit dem Hinweis, daß solche Feind-
seligkeiten häufig und selbstverständlich seien. Der Glaube, es entspreche der
menschlichen Natur, »to make war upon one's neighbours« oder ein allgemeiner
Zynismus, wie etwa die Meinung, es liege in der menschlichen Natur »never to
do anything without an eye to one's own profit« [11], kennzeichnen diese Einstellung. Es liegt auf der Hand, daß eine solche Lebenseinstellung in den Romanen nicht zum Ausdruck kommt. Das Gute siegt immer. Das Gute ist stärker
als das Böse. Die Gefühle sind hehr und die Menschen voll Opferbereitschaft
und Edelmut, so daß für Zynismus kein Platz ist. Von allgemeiner Feindseligkeit ist nichts zu bemerken; bestraft werden muß nur, wer es wegen seiner
›outgroup‹-Zugehörigkeit verdient. Und dafür sorgt das Schicksal.


## Adelsmenschen haben keinen Sinn für das Mögliche

Es gibt Menschen, die haben nur Sinn für die Wirklichkeit, und es gibt Menschen,
die sehen auch das Mögliche.

»Die Möglichkeitsmenschen leben, wie man sagt, in einem feineren Gespinst, in
einem Gespinst von Dunst, Einbildung, Träumerei und Konjunktiven; Kindern,
die diesen Hang haben, treibt man ihn nachdrücklich aus und nennt solche Menschen vor ihnen Phantasten, Träumer, Schwächlinge und Besserwisser oder Kritler.
Wenn man sie loben will, nennt man diese Narren auch Idealisten.« [12]

Weniger dichterisch aber um so prägnanter wird die Ablehnung dieser Eigenschaften von den Autoren der ›Autoritären Persönlichkeit‹ als ›anti-intraception‹ bezeichnet. Dabei wollen sie unter ›intraception‹ verstanden wissen: »The
dominance of feelings, fantasies, speculations, aspirations — an imaginative,

---

[11]  a. a. O., S. 238.

[12]  Robert Musil, ›Der Mann ohne Eigenschaften‹, Hamburg 1958, S. 16.

subjective human outlook.«[13] Dieses Subjektive, Schöpferische, Weichherzige lehnt die autoritäre Persönlichkeit ab.

Auch die ideale Romanfigur hat solche Eigenschaften nicht. Sie sind zwar hie und da in schwachen Schattierungen vorhanden, aber der Leser erhält das Gefühl, daß sie völlig unwichtig sind und nur den um seinen Aufstieg bemühten Helden hemmen. Um im Leben zu Erfolg und Glück zu gelangen, muß man hart sein; um etwas Produktives hervorzubringen, ist eine schöpferische Gedankenwelt der falsche Weg. Es gibt für die Romanfiguren nur ein Leben in der Wirklichkeit und keines in Ideen. Bei aller Idealisierung und bei allem vorgegebenen Edelmut ist dieses Leben in der Wirklichkeit mittelmäßig und spießbürgerlich, aber gerade daraus schöpfen sie ihre Stärke. Sie leben im Wirklichen, an das Mögliche verschwenden sie keinen Gedanken. »Das Mögliche umfaßt jedoch nicht nur die Träume nervenschwacher Personen, sondern auch die noch nicht erwachten Absichten Gottes.«[14] Solche Gedanken haben in der Romanwelt keinen Platz. Menschliche Größe im Geist erscheint den Romanfiguren unheimlich. Nicht einmal die Bösen erreichen eine annähernd dämonische Größe, auch sie sind nichts anderes als irregeleitete Spießbürger. »The anti-intraceptive individual is afraid of thinking about human phenomena...«[15] Das ist auch ganz klar, denn menschliche Phänomene sprengen den Rahmen der konventionellen Betrachtungsweise.

Die Ablehnung ›intraceptiver‹ Eigenschaften geht in alle Einzelheiten. Ein in den Romanen idealer Mensch ist niemals müßig: »Die Schwestern blieben allein zurück und suchten ein kleines Zimmer auf, wo Lena sich über eine feine Handarbeit machte, da es ihr unmöglich war, untätig dazusitzen.« — Er schwatzt nicht und weiß immer das Rechte zur richtigen Zeit zu tun: »Aus dem Haus waren wehklagend die Magd und Frau Delius herbeigekommen und machten ein großes Lamento... Während Beckmann, noch immer fassungslos, den Kutscher herbeiholte«, ist Eva Maria die einzige, die dem Verunglückten zu Hilfe eilt. — Er gibt vor allem seinen Gefühlen keinen Ausdruck: Monas Vater ist gestorben, aber »sie hatte keine Zeit, ihrem Schmerz nachzuhängen«. Er ist »against prying, against with what people think and feel, against unnecessary ›talk‹; instead he would keep busy, devote himself to practical pursuits, and instead of examining an inner conflict, turn his thoughts to something cheerful.«[16] Die dargestellten Personen weichen ihren Konflikten allerdings nicht durch Ablenkung auf erfreuliche Dinge aus, sondern durch Ablenkung auf Arbeit; aber das kommt ja letzten Endes auf dasselbe heraus.

Könnte man die Romanfiguren sprechen lassen, so würden sie die Punkte der F-Skala, die das Merkmal ›anti-intraception‹ kennzeichnen, bejahen: »If people would talk less and work more, everybody would be better off.« — »Nowadays

[13] H. A. Murray, ›Explorations in Personality‹, New York 1938, zitiert bei: Theodor W. Adorno u. a., a. a. O., S. 235.
[14] Robert Musil, a. a. O., S. 16.
[15] Theodor W. Adorno u. a., a. a. O., S. 235.
[16] a. a. O., S. 235.

more and more people are prying into matters that should remain personal and private.« — »The businessman and the manufacturer are much more important to society than the artist and the professor.«[17]

Die Ablehnung des Weichherzigen, Schöpferischen, Phantasievollen, Subjektiven schlägt bei der autoritären Persönlichkeit in eine Überbetonung des Machtaspektes der zwischenmenschlichen Beziehungen um.

»Most apparent in its manifestations is overemphasis on the power motif in human relationship; there ist a disposition to view all relations among people in terms of such categories as strong-weak, dominant-submissive, leader-follower, ›hammer-anvil‹. And it is difficult to say with which of these roles the subject is more fully identified.«[18]

Diese Betonung des Machtaspektes der zwischenmenschlichen Beziehungen ist in der Romanwelt nur sehr schwach ausgeprägt. Die Helden sind weder ausgesprochene Führernaturen — abgesehen von einzelnen Vätern —, noch haben sie Leitbilder, denen sie sich unbedingt unterwerfen möchten. Die Bösewichte sind weder Schwächlinge noch Herrschernaturen. Beide sind stark. Schwachheit und Wankelmütigkeit ist im Romanwerk sehr selten, aber andererseits bedeutet Macht den Menschen nichts. Gewiß, vereinzelte Anzeichen, die dem oben gezeigten Bild der autoritären Persönlichkeit in diesem Punkt entsprechen, sind da. Die Helden sind gut, und sie fühlen sich stark, weil sie zu den Guten gehören.

»The individual whom we suspected to score high on this cluster readily identifies himself with ›the little people‹ or ›the average‹, but he does so, it seems, with little or no humility, and he seems actually to think of himself as strong or to belive that he can somehow become so.«[19]

Auch die idealen Romanfiguren fühlen sich durchschnittlich oder wenigstens so wie sie sich vorstellen, daß der Durchschnitt der Menschen sein sollte. ‹Ein schlichter Mann aus dem Volke› zu sein, gibt den Romanmenschen Rückhalt, und dadurch fühlen sie sich stark. Es gibt da auch Beziehungen wie die zwischen einem Ingenieur und einem Studenten. Der Ingenieur führt den Studenten, dessen Charakter durch Todesfälle und Einsamkeit ein wenig erschüttert wurde, zu Reife und Persönlichkeit. Das ist eine Freundschaft, zu der die Bezeichnung ›leader-follower‹, keinesfalls aber ›hammer-anvil‹ paßt.

In einem einzigen Lebensbereich tritt etwas wie Machtaspekt deutlicher hervor. Manchen männlichen ›ingroup‹-Typen wird eine kraftvolle Stärke, Zähigkeit bei der Verfolgung von bestimmten Zielen und Härte im Aushalten von Demütigungen zugeschrieben, kurz, sie sind durch ›toughness‹ gekennzeichnet. Diese zähe Zielstrebigkeit, von der man annehmen könnte, daß der Held sich ihrer in allen nötigen Lebenslagen bedient, kommt jedoch lediglich bei der Eroberung einer Frau zum Ausdruck. Es ist auch hier nicht der Wunsch, Macht zu erhalten, der den Helden treibt, sondern der Wille, ans Ziel zu gelangen.

---

[17] a. a. O., S. 256.

[18] a. a. O., S. 237.

[19] a. a. O., S. 237.

»Er hatte sich an einen Baumstamm gelehnt und sah forschend in ihr schönes, herbes Gesicht. Sein Blick brachte sie zur Besinnung. Sie schloß in jähem Schreck die Lippen und sah mit düsteren Augen in das dunkle Grün der Buchen. Letzingen wandte den Blick nicht von ihr. Etwas in ihrem Gesicht griff ihm ans Herz, und plötzlich war ihm, als höre er sie sprechen: Wenn ich einen lieben könnte, der müßte wie von Stahl sein. Aufrecht und unbeugsam müßte er meinen Willen unterjochen. Es kam ihm zum Bewußtsein, wie oft er seit jener Stunde, da er diese Worte von ihr hörte, daran hatte denken müssen. Und zugleich erwachte ein unklarer Wunsch in ihm, ein Verlangen, dieses schöne, herbe Geschöpf zu Weichheit und Hingabe zu zwingen.«

Der sehr hervorgehobene und mehrmals wiederkehrende Wunsch des Mädchens, sich einem Mann zu unterwerfen, der wie von Stahl ist, entspricht zwar der gleichen Neigung der autoritären Persönlichkeit: »It appears that he admires power in other and is inclined to submit it...«[20], aber es handelt sich in den Romanen nicht um eine geistige Unterwürfigkeit, wie bei der autoritären Persönlichkeit, sondern vor allem, das geht wenigstens aus der Darstellungsweise hervor, um eine körperliche. Diese Unterwürfigkeit auch bei einem widerspenstigen Menschen herbeizuführen, wird in den Romanen als außerordentlich reizvoll hingestellt. Den Sieg kann aber nur ein Mann erringen, der äußerst willensstark, spannkräftig, unempfindlich, überlegen und zäh ist. Leider macht sich jetzt der Mangel, daß die Romanfiguren nur in ganz bestimmten Situationen zu sehen sind, sehr stark bemerkbar, so daß nicht gesagt werden kann, ob sich diese Hervorkehrung der Männlichkeit auf das Gebiet der Liebe beschränken soll, oder ob sie auch als gute Eigenschaft im Geschäftsleben und in anderen Bereichen anzusehen ist.

Im ganzen muß wohl gesagt werden, daß das Merkmal ›anti-intraception‹ in den Romanen sehr stark ausgeprägt ist, daß dagegen dem Merkmal ›power and toughness‹ keine besondere Bedeutung geschenkt wird, vor allem dann, wenn man berücksichtigt, daß dieses Merkmal in den Zeitungsromanen [21], die zu der Zeit erschienen sind, als das Courths-Mahler-Werk in Blüte stand, sehr stark im Vordergrund steht.


Viel Schwarz und Weiß gibt es und keine Schatten

Die Neigung der autoritären Persönlichkeit, Menschen und Dinge in starre Kategorien einzuteilen — »stereotypy, the tendency mechanically to subsume things under rigid categories«[22] — dient der Bequemlichkeit der Orientierung. Mit dem Gedanken an eine bestimmte Sache verknüpft die stereotype Betrachtungsweise zwangsläufig eine bestimmte Vorstellung, die die Einstellung zu dieser Sache kennzeichnet.

---

[20]  a. a. O., S. 237.
[21]  Vgl. Friedkarl Wieber, ›Der Zeitungsroman im 20. Jahrhundert‹, Diss., Halle 1933.
[22]  Theodor W. Adorno u. a., a. a. O., S. 236.

Die Courths-Mahler-Romane sind für diese Art der Betrachtung ein ausgezeichnetes Beispiel: Es gibt zwei Arten von Menschen im Romanleben, und deren Eigenschaften stehen sich als Dichotomien gegenüber. Oberste Wertsetzung ist die Dichotomie ›gut-böse‹, und darunter gliedern sich alle übrigen Eigenschaften ebenfalls als Dichotomien: innerlich-äußerlich, seelenvoll-kalt, klug-schlau oder dumm, schlicht-raffiniert, solide-verschwenderisch, vernünftig-unvernünftig, reich-arm. Mit den Eigenschaften ›arm-reich‹ hat es eine besondere Bewandtnis. Sie sind zu Beginn des Romans keine Wertsetzungen und können beliebig mit anderen Eigenschaften — guten und schlechten — kombiniert werden. Aber am Ende des Romans, wenn die reichen Bösen ihr Geld verschleudert haben, belohnt Reichtum die Guten. Als Krönung steht über dem Ganzen die Dichotomie ›schön-häßlich‹, damit man den Menschen sogleich ihre verborgenen Eigenschaften vom Gesicht ablesen kann. Das ist ein einfaches psychologisches Einmaleins, das dem Leser ganz selbstverständlich erscheint, weil damit eine Idealität geschaffen wird, die seinen Wünschen nachkommen mag.

Nicht so selbstverständlich ist die starre Zuordnung bestimmter Verhaltensweisen zu den obersten Wertsätzen ›gut-böse‹. Diese Verhaltensweisen sind an sich neutral, nicht moralisch gebunden und eigentlich für Gute und Böse gleich bedeutend oder gleich belanglos; dennoch werden sie in die Starrheit des Lebensbildes einbezogen, guten bzw. bösen Personen zugeordnet, und erhalten dadurch eine moralische Wertung. So steht es beispielsweise einem Guten an, für seinen neu gegründeten Hausstand antike Möbel zu wählen statt moderner. »Es war ein ziemlich großer Raum im Stil Ludwig XIV. Prachtvolle Damastbezüge und Vorhänge in goldgelber Farbe gaben dem Raum sein Gepräge.« Gute, innerlich reine Menschen pflegen in hellen, lichten Räumen zu leben, während die Bösen ein Dasein im Halbdunkeln und Düsteren bevorzugen. »Die Wände, Teppiche, Möbelbezüge und Decke, alles leuchtete in derselben eigenartigen Farbe. Selbst das Licht fiel im blauen Schimmer durch das Fenster, da stets durchscheinende Vorhänge in blauer Tönung vorgezogen waren. Und abends sorgte eine elektrische Lampe in blauer Kristallglocke für dieselbe magische Beleuchtung.« — Gute Menschen kleiden sich diskret, sie lieben Pastellfarben, während die Bösen in kräftigen, schreienden Farben ihre Kleider wählen; Schminke, Puder und Zigaretten sind ausschließlich Requisiten oberflächlicher Mädchen, während zartes Erröten und die Vorliebe für Handarbeiten und Blumen ein Recht der Ernsthaften darstellt. Eigenschaften und Verhaltensweisen werden jedoch nicht nur als Stereotype der Wertsetzung ›gut-böse‹ untergeordnet, sondern sie stehen untereinander in Beziehung. Eine bestimmte Verhaltensweise zieht nicht nur die stereotype Vorstellung von einem allgemein guten Menschen nach sich, sondern sie weist auch auf eine ganz spezielle gute Eigenschaft hin. So erkennt man Bildung an der Eleganz, mit der ein Held sich durch seine Mitmenschen bewegt, während unelegante Kleidung, schlechter Sitz auf dem Pferd und ungeschliffene Konversation das Zeichen für mangelnde Bildung ist. Guter Geschmack deutet auf Ausgeglichenheit des Wesens. Wer sich mit Altem umgibt, ist vornehm; wer ein schlichtes Leben führt, hat Seelengröße. Die Zuordnung bestimmter Verhaltensweisen ist teilweise konventionell bedingt — Eleganz des Lebensstiles zum Zeichen von Bildung oder Bevorzugung des Alten zum Zeichen von Vornehmheit — und teilweise allgemeinen erfahrungsmäßigen Regeln entnommen. Es ist ja ganz einsichtig, daß ein heruntergekommener Mensch zum Zeichen seiner Verkommenheit nicht etwa korrekt oder ordentlich ist, obgleich das in der Wirklichkeit durchaus der Fall sein könnte. Stereotype bewegen sich eben im Rahmen einer mittleren Allgemeinheit.

Durch ihre äußere Gestalt und ihr Verhalten sind die dargestellten Figuren in ihrem ganzen Wesen bestimmt und eindeutig der hellen oder der dunklen Seite des Lebens zugeordnet. Es gibt da viel Schwarz und viel Weiß, aber keine Schatten.

Völlig stereotyp sind auch die Überraschungen, die das Leben den Romanfiguren bereitet. Die Handlungsverläufe lassen sich in vier Formeln zusammenfassen: 1. Ein bürgerliches Mädchen steigt mittels Heirat in den Adel auf. 2. Ein sehr armes adliges Mädchen wird mittels Heirat in eine sehr reiche adlige Familie aufgenommen. 3. Ein großbürgerliches Mädchen heiratet allen Intrigen zum Trotz den Mann ihrer Wahl. (Das bedeutet meistens sozialen Aufstieg für den Mann.) 4. Ein arm gewordenes bürgerliches Mädchen steigt trotz ›Arbeit in abhängiger Stellung‹ auf und erlangt durch Verheiratung, meistens mit ihrem Chef, alle bürgerlichen Vorteile zurück.

Heirat ist das Glückselixir, die große schicksalshafte Fügung. Der Glaube an das Eintreffen dieser Fügung ist unumstößlich. Er ist das, was von den Autoren der ›Authoritarian Personality‹ ›superstition‹ genannt wird und mit dem Merkmal der Stereotypie Hand in Hand geht. »The belief in mystical or fantastic external determinants of the individual's fate« [23] hat aber nichts mit Prädestination zu tun, sondern die Guten verdienen sich ihr Schicksal durch ihre ›ingroup‹-Zugehörigkeit selbst. Manchmal gibt das Schicksal sogar Zeichen, was ganz im Sinne des Merkmals ›superstition‹ ist. Es läßt zum Beispiel Bilder von der Wand herunterfallen, wenn jemand im Sterben liegt, oder es schmückt manche Romanhelden mit geheimnisvollen Edelsteinen, die trüb werden oder sich verklären, je nachdem ob ein Böser oder ein Guter sie anschaut. Das sind aber nur schwache Anklänge, die den vernünftigen ›ingroup‹-Angehörigen unheimlich erscheinen und über die sie nicht nachdenken. In diesen Dingen drückt sich auch weniger Aberglauben aus als in der zwangsläufigen Sicherheit, mit der das Schicksal das Seine tut.

Die Stereotypie der Betrachtungsweise erstreckt sich, genau wie die Ablehnung ›intraceptiver‹ Eigenschaften, auf viele Einzelheiten. So werden die Südamerikaner völlig starr gesehen. In vier Romanen, die in Südamerika spielen, kommen insgesamt sieben Argentinier und Brasilianer in einigermaßen tragenden Nebenrollen vor. Das Bild dieser Menschen ist denkbar schlecht. Alle sieben sind dargestellt als faule, unintelligente, hinterlistig schlaue Menschen. Um so mehr wird der klare Intellekt, das technische Können, die Ehrlichkeit und Redlichkeit, ja die Körpergröße und Kraft des Deutschen ins Feld geführt. Die Autorin befindet sich bei dieser Art der Darstellung in guter Gesellschaft, denn »schon Aristoteles

---

[23] a. a. O.

weiß von der intellektuellen Unbegabung der Menschen in heißen Ländern im Gegensatz zum Scharfsinn der Griechen zu berichten«[24].


## Das Sexuelle ist eine Art Begleiterscheinung der Liebe

»Von Bewegung überwältigt blieb sie stehen und sah ihm entgegen. Jetzt erblickte er sie auch. Einen Augenblick verhielt er den Fuß und sah prüfend auf die stille Frauengestalt. Dann lief er in langen Sätzen auf sie zu. Ehe sie Zeit hatte, sich zu fassen, lag sie von seinen zitternden Armen umschlungen, an seinem wild klopfenden Herzen. Kein Wort sprachen die zwei. Aber ein Beben flog über beider Gestalten, und sie umschlangen sich fest, als fürchteten sie, sich wieder zu verlieren. Und aus des Mannes Brust brach ein Stöhnen, als fühlte er jetzt noch einmal die Qual des jahrelangen Entsagens.«
Wenn zwei Adelsmenschen verschiedenen Geschlechts, die durch äußere Schönheit aufeinander aufmerksam geworden sind, festgestellt haben, daß die innere Schönheit der äußeren nicht nachsteht, beginnen sie, sich zu lieben. Das Mädchen gerät in grenzenlose Verwirrung; denn ungeachtet ihrer 20 bis 25 Jahre versteht sie die neuen, sie überwältigenden Gefühle nicht. Das äußere Zeichen ihrer Verwirrung besteht in Erröten, welches dem Mann ein unvergleichliches Vergnügen bereitet. Wann und wo die Liebenden sich treffen, bestimmt der Zufall, und er sorgt auch dafür, daß meistens dritte Personen dabei sind. Wenn es ihnen eines Tages doch einmal gelingt, unbeobachtet beisammen zu sein, nimmt der Mann das Mädchen in die Arme und küßt es. Das ist die Verlobung. Entweder beginnt jetzt eine harmonische Verlobungszeit — dann endet das Buch sehr schnell — oder den Liebenden werden große Schwierigkeiten bereitet — dann hat das Buch gerade erst begonnen.
Die kurze Zeitspanne, die aus dem Leben der Romanmenschen gezeigt wird, ist die Zeit des Wartens und Sehnens. All ihr Denken und Handeln ist auf den Augenblick der Gemeinschaft gerichtet, auf den Augenblick, da sie sich keinen Zwang mehr auferlegen müssen. Sie stellen sich vor, daß mit diesem Augenblick eine Zeit beginnt, in der sie in ungestörter Harmonie nur ihrer Liebe leben werden. Die Liebe steht im Vordergrund des zukünftigen Lebens und nicht die Familie, die sie gründen wollen. Die bevorstehende Ehe stellt sich dar als eine ›rechtlich sanktionierte Form des Liebespaares‹. Eigentlich sind sie für die Ehe zu unreif, wenn man die Ehe so verstanden wissen will wie René König: »Denn im Grunde ist die rechtverstandene Ehe eine rechtlich geregelte Beziehung zwischen Mann und Frau, die nicht nur auf persönliche Gemeinschaft, sondern darüber hinaus auf Familie zielt[25].«
In diesem vorgeprägten, sich immer wiederholenden Bild von der Liebe, hat auch das Sexuelle seinen festen Platz. Die Liebe wird in dem Stadium, in dem

---

[24]  Peter R. Hofstätter, ›Gruppendynamik‹, Hamburg 1957, S. 99.
[25]  René König, Soziologie der Familie, in: A. Gehlen und H. Schelsky, ›Soziologie‹, Düsseldorf 1955, S. 143.

der Leser sie erlebt, gezeigt als eine vorwiegend geistig-seelische Beziehung zwischen Mann und Frau; eine Beziehung, die hehr und rein ist, innig und keusch, gewaltig und Berge versetzend, die rettet und belohnt, in der es keine Zweifel und Enttäuschungen gibt. Dem Sexuellen darf besonders eine Frau keine allzu große Bedeutung geben. Es ist für sie eine Art Begleiterscheinung der Liebe. Sie geht ganz auf in ihrem seelischen Glück:

»Daß Arnim kein stürmischer und feuriger Liebhaber war, fiel Eva Maria nicht auf. Sie selbst war eine viel zu stille und ausgeglichene Persönlichkeit, um anderes von ihm zu erwarten. Ihre Liebe war tief-innerlich und gab sich nicht durch Äußerlichkeiten kund, daher glaubte sie, Arnim empfinde wie sie. Er liebt dich, du liebst ihn — diese Gewißheit füllte jetzt ihr Leben und trug sie über alles andere hinweg.«

Bei den Männern hingegen dürfen sich gemäß ihrer Männlichkeit zuweilen heftige Wünsche einstellen, die aber bis zur Hochzeit unterdrückt werden müssen. Die Autorin versteht es, diesen Wünschen diskret Ausdruck zu geben, und sei es nur durch einige Gedankenstriche.

»Er sah ihr nach, ohne sie mit einem Wort oder einer Bewegung zu halten. Aber in seinen Augen glühte es auf, Renate Hochstetten war ihm begehrenswert geworden. Er wußte, wie sie zu erringen war, sie selbst hatte ihm den Weg gezeigt. Und den wollte er unentwegt gehen. Dieses stolze, eigenwillige Geschöpf war nicht in alltäglicher Weise zu erobern. Er kannte die Frauen —.« Oder: »Sie nickte lächelnd. Er küßte sie und seine innige Glut weckte alle toten Wünsche in ihr auf.«

Während in der vorehelichen Wartezeit das Sexuelle nur eine Begleiterscheinung der Liebe ist, tritt es in den Romanen, in denen eine Ehe geschildert wird, stärker hervor. Bei den verwitweten Vätern, die von einer heftigen Leidenschaft für eine jugendliche Frau ergriffen werden, ist das Sexuelle ausschlaggebend. Allein mittels ihres ›sex appeals‹ — andere Vorzüge hat sie nicht — gelingt es der ›outgroup‹-Frau in die ›ingroup‹-Familie einzudringen. Noch ausgeprägter kommt das Sexuelle zum Ausdruck in den Romanen, in denen zwei Adelsmenschen sich aus edlen Motiven geheiratet haben, ohne daß einer etwas von der Liebe des anderen weiß; im Gegenteil, beide glauben, der eine verabscheue den andern, und die Ehe sei ein Opfer. Da es für eine ›ingroup‹-Angehörige unmöglich ist, sich einem Mann zu ergeben, von dem sie annehmen muß, daß er sie nicht liebt, ist das Ganze keine Ehe, sondern ein unhaltbarer Zustand. Der Leser wartet nun ein ganzes Buch lang auf das Ereignis, das dieses Verhältnis zu einer Ehe werden läßt. Wenn es dann eintritt, ist es allerdings, gemessen an vergleichbaren Szenen in heutigen Filmen, bar aller Pikanterie:

»... er hatte sie schnell in seine Arme genommen ... Sie bog erschaudernd den Kopf zurück und schloß die Augen ... Er sah sie an, daß sie bis ins Innerste erschrak. Und nun jagte dunkle Röte in ihr Gesicht ... Schauer der Erregung flogen über sie hin, und wie gebannt hing ihr Blick an seinen Augen ... Käthe hatte in seine Augen geblickt, sie schauderte zusammen unter dem Sturm der Gefühle.«

Wenn das auch alles sehr züchtig ist, und nur die »Schauer« ausdrücken, was konventionellerweise nicht gesagt werden kann, steht in diesem Roman das Sexuelle doch eindeutig im Vordergrund. Alles spitzt sich zu auf den Augenblick der Vereinigung der Liebenden. Daß dieser Augenblick nur angedeutet werden kann, ist selbstverständlich.

Die Überbetonung des Sexuellen läuft bei der autoritären Persönlichkeit in zwei Tendenzen aus: »A strong inclination to punish violaters of sex mores may be an expression of a general punitive attitude based on identification with ingroup authorities, but it also suggests that the subject's own sexual desires are suppressed and in danger of getting out of hand [26].« Die autoritäre Persönlichkeit reagiert empfindlich auf Verletzungen von ›sex mores‹ und sie neigt dazu, ihre eigenen, vom Überich nicht gestatteten sexuellen Wünsche und Vorstellungen in die ›outgroup‹ zu projizieren. Feindseligkeit gegenüber den ›violaters of sex mores‹ hat sich auch bei den Romanfiguren gezeigt, nämlich gegen jene Menschen, die die Liebe aus Berechnung mißbrauchen. An sexuelle Außergewöhnlichkeiten, wie etwa Homosexualität, denken die Romanfiguren allerdings keinen Augenblick. Da solche Menschen in ihrem Lebensbereich überhaupt nicht vorhanden sind, kommt auch Feinseligkeit gegen sie nirgends zum Ausdruck. Aber es ist ja leicht vorstellbar, was mit ihnen geschehen müßte, wenn es sie gäbe, da schon so harmlose Dinge wie Heirat um des Geldes willen vom Schicksal scharf geahndet werden.

Viel ausgeprägter als die Neigung ›to punish violaters of sex mores‹ ist bei den Romanfiguren die Neigung, unerlaubte sexuelle Vorstellungen in die ›outgroup‹ zu projizieren. Aber das soll im Zusammenhang mit der allgemeinen Projektivität der autoritären Persönlichkeit behandelt werden.


Rose gerät in ein Bordell

»The suppressed impulses of the authoritarian character tend to be projected onto other people who are then blamed out of hand [27].« Die Neigung, eigene Konflikte mit der konventionellen Moral auf die Menschen der ›outgroup‹ zu projizieren, ist im Romanwerk sehr stark ausgeprägt. Das zeigt sich am Beispiel der Ehen, die ›ingroup‹-Väter nach dem Tode ihrer ›ingroup‹-Frauen mit ›outgroup‹-Angehörigen eingehen. Die ›ingroup‹-Väter begehren diese Frauen und, um an ihr Ziel zu gelangen, müssen sie heiraten, weil für einen älteren ›ingroup‹-Herrn ein anderes Verhältnis nicht in Frage kommt. Dieses Verhalten wird dem Vater aber nicht als Mangel an Zurückhaltung ausgelegt, sondern die ›outgroup‹-Angehörige bekommt die Schuld zugeschoben, indem sie durch ihre unerlaubte und betonte Attraktivität den Vater gar nicht mehr zu einer vernünftigen Enscheidung kommen läßt. Sie legt ein Netz um den Mann, den sie zu erringen trachtet, und der lautere Adelsmensch läßt sich unschuldig fangen. Hier werden alle Fehler, die der ›ingroup‹-Angehörige begeht, der ›outgroup‹-Angehörigen zur Last gelegt. Ebenso ist es mit manchen Vätern, die ihre Kinder durch übergroße Strenge geradezu zu unkonventionellem Verhalten erziehen.

---

[26] Theodor W. Adorno u. a., a. a. O., S. 241.

[27] a. a. O., S. 240.

Zum Schluß sind sie bewundernswert, und Schuld haben die mißratenen ›out-group‹-Kinder.

Aber bei all dem lassen sich noch keine Vorstellungen über »wild erotic excesses, plots and conspiracies[28]« finden; Dinge, die die autoritäre Persönlichkeit in der Umwelt der ›outgroup‹ vermutet. Solche Erscheinungen treten erst auf, wenn sich in den Romanen Projektivität mit Ethnozentrismus verbindet.

Sofern die Romanfiguren einmal die Grenzen Deutschlands oder gar Europas verlassen, werden sie mit unangenehmen und schrecklichen Dingen konfrontiert. Sie verirren sich in wilde Verschwörungen südamerikanischer Landarbeiter oder werden unversehens das Opfer eines liebeswütigen Don; auf jeden Fall geraten sie in eine geheimnisvolle, böse, verderbliche Welt voller schockierender Außer-gewöhnlichkeiten; außergewöhnlich und schockierend jedenfalls für die darge-stellten Personen.

Das Bild von dieser Umwelt spiegelt sich am besten in den Romanen, deren Handlungsort Südamerika ist: Rose wächst nach dem Tod ihrer Eltern im Hause eines Onkels auf. Der Onkel vergeudet ihr ererbtes Vermögen, überfordert ihre Arbeitskraft und verlangt schließlich die Heirat mit seinem Chef. Daraufhin läuft Rose weg. Sie nimmt eine Stelle in Südamerika an, die ihr gut getarnte Mädchenhändler vermittelt haben. In Rio de Janeiro wird sie sofort in ihren neuen Wirkungskreis eingeführt. Eine schlampige, verlebte Señora ist ihre Arbeitgeberin, deren erstes Auftreten bereits das Schlimmste ahnen läßt. Das Haus, das Rose an der Seite dieser Halbweltdame betritt, läßt an seiner Bestim-mung keine Zweifel. Mit vielen roten Lampen und unzähligen Spiegeln entspricht es ganz und gar dem Stereotyp eines solchen Hauses. Rose merkt nichts. Als sie sich in einem Zimmer gefangen findet und bald darauf die ihrem neuen Beruf entsprechende Kleidung gebracht wird, fällt sie jäh aus den Höhen des Adels-menschentums herab auf den harten Boden der Tatsachen.

»Die Dienerin legte die elegante Toilette und die seidene Wäsche sorgsam auf das Bett. Dann richtete sie sich auf und sagte leise: ›...wo Sie sich befinden? Armes Kind — in einem schlechten, schlechten Haus.‹ Halb ohnmächtig sank Rose in einen Sessel. ›Allmächtiger Gott!‹ Und dann sprang sie wieder auf und warf sich gegen die Tür. ›Ich will hinaus oder ich schreie laut um Hilfe.‹... ›Das nützt Ihnen gar nichts, niemand wird ihre Hilferufe hören. Auch ich habe einstmals hier um Hilfe geschrien, bis ich heiser war. Niemand hat meinen Ruf gehört. Die Polizei verschließt die Ohren absichtlich hier, denn Señora zahlt gut. Vor acht Jahren stand ich auch so hier wie Sie und habe keine Hilfe gefunden. Und wohl viele vor und nach mir auch nicht. Man versteht es hier, die Opfer Kamillas gefügig zu machen.‹ «

Das »schlechte, schlechte Haus« stellt in den sonst so züchtigen und wohlanstän-digen Romanen den Gipfel der Unanständigkeit dar, und es ist bezeichnend, daß dieses Haus nicht in Deutschland, sondern in Südamerika steht. Gegen diesen Erdteil hat man in der Romanwelt ein entschiedenes Vorurteil. Und alle

---

[28] a. a. O.

Vorstellungen über ›wild and dangerous things‹, die in der Welt vor sich gehen, konzentrieren sich auf dieses Land. »Hier« ist die Polizei bestechlich, und »hier« weiß man seine Opfer gefügig zu machen. Und in welche Situation kann in diesem Land ein unschuldiges Mädchen kommen!

Ebenfalls in Südamerika spielt folgender Roman: Felicie, schön, reich und verwöhnt, Tochter eines angesehenen Kommerzienrats und einer ebenso reichen wie schönen Brasilianerin, ist von großer Sehnsucht nach ihrer Mutter, eben dieser Brasilianerin, befallen worden. Der Vater lebt getrennt von dieser Frau, seit er sie kurz nach Felicies Geburt »in den Armen eines anderen Mannes fand«. Er kehrte damals mit Felicie nach Deutschland zurück, wo sich ihm die Tore des Vaterhauses schnell wieder öffneten, die ihm vorher wegen dieser Heirat verschlossen waren. Jetzt, nach 20 Jahren, erfüllt er Felicie den Wunsch und fährt mit ihr nach Südamerika. Dort erwartet man gespannt die Ankunft der Tochter. Donna Elvira kann allerdings nur dann Interesse für ihr Kind aufbringen, wenn es hübsch ist; denn mittels einer anziehenden Tochter hofft sie, wieder zum Mittelpunkt der Gesellschaft Rios zu werden. Dieser Wunsch Donna Elviras erfüllt sich schnell; sie kann mit ihrer schönen Tochter sehr zufrieden sein. Nicht so die Tochter mit der Mutter! Felicie ist enttäuscht von dieser aufgetakelten, geputzten, viel zu jugendlich aufgemachten Frau, die zudem noch in geschmackloser Weise mit ihrem deutschen Verwalter Busso von Malteck kokettiert. Felicie kann das nicht ertragen und will zurück nach Europa. Nun beginnt ein mit allen möglichen ›outgroup‹-Machenschaften ausgestattetes Kesseltreiben mit dem Ziel, Felicie an einen angeheirateten Neffen Donna Elviras zu verheiraten. Als alle Anstrengungen erfolglos bleiben, wird Felicie in ein einsames Haus entführt. Da schließt sich der Neffe mit ihr zusammen ein, um sie für eine gemeinsame Ehe gefügig zu machen. Nach einer Woche, so glauben die Brasilianer, wird sich genug zugetragen haben, um Felicie für eine Ehe noch dankbar zu machen. Natürlich kann Busso von Malteck diesen Anschlag kühn verhindern.

Wie stark das Vorurteil gegen die geschlossene brasilianische ›outgroup‹ ist, zeigt sich bei genauerer Betrachtung von Felicies Mutter, Donna Elvira. Eine Mutter im Courths-Mahler-Werk ist etwas sehr Seltenes. In den behandelten Romanen kommen insgesamt drei Mütter vor. Donna Elvira ist eine davon. Die beiden anderen sind geplagte Hausfrauen mit ›outgroup‹-Gatten. Sie opfern sich für die unter diesem Ehemann leidenden Kinder auf. Sie sind sehr positiv gezeichnet mit allen Merkmalen des Adelsmenschentums. Auch die Mütter der Randfiguren, die hin und wieder vorkommen, sind überschwenglich mit Muttereigenschaften ausgestattet. Die ›outgroup‹-Zugehörigkeit einer Mutter von ›ingroup‹-Menschen scheint in der Romanwelt unvorstellbar zu sein. Donna Elvira ist die einzige Ausnahme. Sie ist Brasilianerin; und daß Brasilianerinnen gute Mütter sein könnten, das ist ganz und gar ausgeschlossen. In Brasilien gibt es eben nur ›outgroup‹-Angehörige. Davon machen auch Mütter keine Ausnahme. Die Ehe, die der Kommerzienrat mit Donna Elvira geschlossen hat, ist unglücklich geworden, wie alle Ehen, die Europäer mit Südamerikanerinnen eingehen. Daß aber diese Südamerikanerinnen sehr anziehend auf Europäer wirken, liegt

auf der gleichen Ebene der Projektivität wie die Ehen zwischen jugendlichen
›outgroup‹-Frauen und ›ingroup‹-Vätern, nur kommt bei den Südamerikanerinnen ein starkes Vorurteil dazu, weil sie im Romanwerk als eine Art mächtige
Minderheit gegenüber den Europäern erscheinen. »Besonders auffällig ist die
geschlechtliche Attraktion, die von Angehörigen verfolgter Minoritäten ausgeht
und die diesen dann im Sinne eines Abwehrmanövers als besondere sexuelle Begier
und Leichtfertigkeit zur Last gelegt zu werden pflegt.«[29]

## »Harmlose Märchen«

Hedwig Courths-Mahler nennt einmal in einem Brief ihre Romane »harmlose
Märchen«, mit denen sie ihrem Publikum »einige sorglose Stunden zu schaffen
suche«.[30] Die hohe Auflagenzahl beweist, daß ihr das gelungen ist.
Sie führt ihre Leser in eine ›bessere‹ Welt, in der das Leben der Guten von Erfolg begleitet wird. Diese ›bessere‹ ist aber keine freiere, sondern eine engere Welt.
Der Leser möchte nicht aus seiner Alltäglichkeit in eine weite Welt voller Möglichkeiten gelangen, sondern er möchte die gleichen Alltäglichkeiten auch im Roman
sehen, nur von Erfolg begleitet. Die Normen, die den Romanmenschen letztlich
nichts bedeuten, will er erfüllt sehen, damit dieser Erfolg eintreten kann. Es ist
wirklich eine Welt, in der die Menschen von ihrem autoritären Überich geleitet
werden. Sie sind konventionell, weil sie unbewußt Angst haben, sonst der ›outgroup‹ zugerechnet zu werden. Bewunderung für ›ingroup‹-Autoritäten bestimmt ihr Handeln. Sie möchten unbedingt gut sein und glauben, den einzigen
Maßstab dafür zu besitzen, deshalb verachten sie die ›outgroup‹-Angehörigen,
vor allem die ›outgroup‹-Autoritäten. Sie lehnen alles Subjektive, Eigenständige,
Selbsterdachte ab, weil damit der Erfolg aufgehalten wird, der nur bei Menschen
mit zäher Zielstrebigkeit eintreten kann. Sie haben stereotype Vorstellungen von
der Umwelt und projizieren ihre unerlaubten Wünsche in die ›outgroup‹. Sie
richten sich ein Bild äußerer Männlichkeit auf, um ihre Schwäche zu verbergen.
Allein durch solches Verhalten gelangen sie zu jenem Glück, welches ihnen das
unbekannte Schicksal bereitet.
Es sind wirklich Märchen, was die Autorin da geschrieben hat, wie ja alle Erzeugnisse der ›popular-art‹ Wünsche befriedigen müssen, die in der Wirklichkeit
nicht befriedigt werden können. Diese Märchen bringen aber einen Idealtyp hervor, dessen Charakterstruktur in beträchtlicher Nähe der autoritären Persönlichkeit steht.
Dieser Aussage kommt Bedeutung erst im Hinblick auf den Leser zu. Der Leser
nämlich, der in einer Lektüre uneingeschränkten Genuß finden will — und das
will der Leser dieser Produktionen — muß mit der Betrachtungsweise, in der
diese Lektüre geschrieben ist, einverstanden sein. Nach diesem Gesichtspunkt
wählt er seine Lieblingsbücher, bevorzugt den einen Schriftsteller und meidet den

[29] Peter R. Hofstätter, ›Psychologie‹, Frankfurt 1957, S. 211.
[30] Walter Krieg, a. a. O., S. 19.

anderen. Ein Leser, dem die Lektüre von Courths-Mahler-Romanen Genuß bereitet, ist folglich mit der autoritären Betrachtungsweise einverstanden; das Geschilderte erscheint ihm gut und nachahmenswert.

Wie sich die 30 Millionen Courths-Mahler-Leser im einzelnen zusammensetzen, ob es vorwiegend Frauen oder vorwiegend Männer, ob sie älter oder jünger sind, welcher sozialen Schicht sie angehören, welchen Bildungsstand sie haben, das läßt sich ohne umfassende empirische Untersuchung nur vermuten. Sicher ist nur, daß die Zeit des größten Erfolges zwischen den beiden Weltkriegen liegt, vor allem von 1918—1930. In einer Zeit der gesellschaftlichen Umgruppierungen und der ökonomischen Wirren flüchteten die Menschen aus der Wirklichkeit in eine Märchenwelt, in der der Typus der autoritären Persönlichkeit gang und gäbe war, und wahrscheinlich fiel ihnen das überhaupt nicht auf. Das mag ein Zeichen mehr dafür sein, wie gut sich der Boden für das kommende Unheil unmerklich von innen her vorbereitet hatte; denn gleich den damaligen Filmen spiegelt auch das Bestseller-Werk von Courths-Mahler »jene Schichten einer Kollektivgesinnung, die mehr oder minder unter der Bewußtseinsschwelle liegen. Sie verschaffen Einblicke in allgemein vorherrschende innere Haltungen und Triebrichtungen.«[31]

---

[31] Siegfried Kracauer, ›Von Caligari bis Hitler‹, Hamburg 1958, S. 8.

*Die »Herrenmenschen« und »Vollnaturen« der Courths-Mahler, die preußischen Junker und begüterten Kommerzienräte gehören auch zu jenem Menschenschlag, dem wir schon in der Prärie und auf Schleichpfaden begegnet sind, der heimatliche Gipfel bezwingt und in der Frauenarztpraxis Seelen streichelt. Es sind die ›ganzen Menschen‹. — Nicht nur die »rechten Adelsmenschen« müssen konventionell sein, um gut zu sein, auch der Held im Pferdesattel und das Mädchen vom Lande. Im Gegensatz zu den Bösewichten sind sie für Konventionen, für das Hergebrachte, so regelt Old Shatterhand sein zwischenmenschliches Leben nach dem Rosenkranz christlicher Nächstenliebe. Übereinstimmung zwischen Eigenschaften der Präriegrößen oder den Helden der Berge und den preußischen Junkern bei Courths-Mahler besteht auch in der Ambivalenz gegenüber Autoritäten, in der Verachtung »›ingroup‹-Angehöriger« gegenüber Außenseitern, in den Schönheits- und Häßlichkeitsabmachungen oder in den gesitteten sexuellen Umgangsformen dieser Vollnaturen. Solche Übereinstimmungen waren zu erwarten, neu und überraschend ist der von Gertrud Willenborg erbrachte Nachweis, daß dieser Menschenschlag im Grunde höchst autoritäre Typen hervorbringt, daß das Bild vom ganzen Menschen eine autoritäre Struktur besitzt. Die gesellschaftliche Verbreitung und Auswirkung einer solchen Figur zu verfolgen, ist unerläßlich, und wahrscheinlich ist eine solche Analyse aufschlußreicher als eine bloß ästhetische Interpretation, weil dieses Bild vom ganzen Menschen eben Plakatwirkung besitzt, nur erfordern solche Analysen Anker in der Empirie, die den Schlußfolgerungen Gertrud Willenborgs offensichtlich fehlen. Auch wenn man annehmen kann, »daß bestimmte Strukturen heterogener ideologischer Elemente in einer bestimmten Persönlichkeitsstruktur verankert sind, im besonderen, daß faschistische Ideologie und autoritäre Persönlichkeit einander eindeutig zugeordnet sind« vergröbert Gertrud Willenborg die Komplexheit gesellschaftlicher Prozesse; sie bringt die Romanerfolge der Courths-Mahler in den Jahren zwischen 1918 und 1930 in Zusammenhang mit dem aufhaltsamen Aufstieg des Herrn Hitler. Dieses von Kracauer, Adorno u. a. in die Kultursoziologie eingeführte Denkschema ist ein Analogieschluß, dem ein naiver naturwissenschaftlicher Kausalbegriff zugrunde liegt. In den Romanen der Courths-Mahler manifestiert sich weder der Zeitgeist noch die unreflektierte Gesinnung der zwanziger Jahre, der »rechte Adelsmensch«, der »Herrenmensch« sind, wie wir meinen, vielmehr der Abklatsch eines autoritären Menschenbildes, einer Gesinnung, die man sowohl in den frühen Heldensagen und Volksmärchen als auch in den Werken der hohen Literatur vergangener Jahrhunderte antrifft. Und das macht die Trivialität von Courths-Mahlers Romanen aus.*

# Dorothee Bayer
# Falsche Innerlichkeit

»Ihre Arme umschlangen ihn, ihr Mund näherte sich dem seinen..., und ganz fern sang eine Nachtigall... Mit einem weißen Rosenblatt trocknete er ihre Tränen. Lichtkäfer irrten im Gezweig. Wasser sangen an Felsen. Neben den Liebenden schritt die silberne Nacht durch das ruhende Land.«
Das steht nicht bei Hedwig Courths-Mahler und auch in keinem Groschenroman, sondern im Werk eines Autors, über den ein Kritiker unlängst schrieb: »Infolge seiner psychologischen Vertiefung gab er dem vernachlässigten und abgesunkenen deutschen Gesellschaftsroman ein neues Gesicht, so daß er sich auch dem Inhalt nach wieder zum Bildungsroman erhob.« Dieser Autor heißt Reinhold Conrad Muschler, und seine ›Inconnue de la Seine‹ lächelt nicht nur in den Jungmädchenzimmern unserer Mütter. Sie tut es auch heute noch, genauso wie Muschlers Romane noch heute hohe Auflagen erzielen. Und eine Untersuchung des trivialen Familien- und Liebesromans im 20. Jahrhundert muß sich gerade mit Autoren wie Muschler und seinen Brüdern und Schwestern im Geiste beschäftigen, wenn sie den tatsächlichen Verhältnissen gerecht werden und kein Geplänkel um längst entschärfte Gefahren machen will.

Man würde mit Kanonen nach Spatzen schießen, wollte man hier ins Gericht gehen mit den Romanen Ganghofers oder der Courths-Mahler. Sie sind inzwischen in ihrem Wesen erkannt; relative Harmlosigkeit wurde diesen Tagträumen zugebilligt. Wichtig ist es dagegen, solche Romane einer genaueren Betrachtung zu unterziehen, die — wenn sie nicht geradezu für ›Kunst‹ gehalten werden — den breiten Mittelbau bilden zwischen den Höhen der Kunst und den Niederungen von Kitsch und Schund. Dazu gehört etwa Agnes Günthers Roman ›Die Heilige und ihr Narr‹, diese wunderseltsame und rührende Geschichte von einer Prinzessin, ihrer bösen Stiefmutter und dem Grafen Harro, der die Prinzessin erlöst und heiratet. Dazu gehört aber auch der ›gehobene‹ Schicksalsroman der Illustrierten, deren einer unter dem Titel ›Ein Student ging vorbei‹ den Lesern der ›Hör zu‹ vor einigen Jahren von Glück und Leid einer Tübinger Apothekersfamilie berichtete; der Verfasser hieß Hans-Ulrich Horster. In diesen Zusammenhang gehört auch die ›stud.-chem. Helene Willfüer‹, deren Geschichte Vicki Baum 1928 in der ›Berliner Illustrierten‹ erzählte. Ein anderes Untersuchungsobjekt ist Harald Brauns ›Nachtwache‹; dieser Roman enstand nach dem Film, der als erste deutsche Produktion nach dem zweiten Weltkrieg gedreht wurde.
Es wäre nicht nur ungerecht, sondern auch sinnlos, derartige Romane pauschal abzuwerten. Vielmehr ist es nötig, Struktur- und Formelemente dieser Gattung so objektiv wie möglich zu erkennen. Der Trivialroman ist heute zu einem Markt-

und Konsumartikel geworden, der aus dem Literaturganzen nicht mehr wegzu-
denken ist. Mit moralischer Entrüstung und gefühlsmäßiger Abwertung allein ist
es nicht getan. Die genannten fünf Romane bieten sich als typische Beispiele ihrer
Gattung zur Untersuchung an. Auf Grund der Tatsache, daß einige von ihnen
schon auf den Bestsellerlisten standen, kann man zudem annehmen, daß sie wichtige Gründe für die Beliebtheit derartiger Literaturerzeugnisse enthalten.

Die Sprache des Trivialromans, sofern sie nicht einfach banal und alltäglich ist,
wird häufig durch besondere *Preziosität* gekennzeichnet. Dabei versucht der Autor,
durch gesuchte und gekünstelte Formen, seltene Wortbildungen, gezierte und überladene Bilder die Sprache ins dichterisch Gültige zu erheben und ihr einen poetischen Anstrich zu geben. Oft scheitert diese Bemühung, sei es, weil er der Gefahr
der Übertreibung erliegt, sei es, weil das Absichtliche und Gewollte zu deutlich
in Erscheinung tritt. Besonderer Beliebtheit erfreuen sich Neubildungen von Wörtern. Diese können durch endlose Zusammensetzungen von Substantiven zustande
kommen, oder dadurch, daß gewöhnliche Wortelemente in ungewöhnlicher Weise
miteinander verbunden werden, wie zum Beispiel »Spätherbstblumeneinsamkeit,
Nirgendwohin-Land, tausendundeinenachthaft, herbstabendmäßig« (Günther).
Besonders Muschler liebt derart gedrechselte Neuprägungen, die er mit den verschiedensten Techniken fabriziert. Er leitet neue Verben von Substantiven ab:
»Du weißt, daß mein Denken in Frau Welten heimatet«. Er wechselt die Präfixe
und Suffixe aus: »Alles ist vom Glück getieft. — Füllnis, Blühnis, trostbar (für
›des Trostes bar‹).« Oder er läßt das Präfix ganz weg und erzielt dadurch einen
preziösen Verfremdungseffekt: »Seine Augen wegten sich an ihr vorüber in ver-
sunkene Fernen. — Mein Sein frischte sich in der Liebe Marias.« Unter den Substantiven finden sich zahlreiche Zusammensetzungen mit ›innen‹ wie »Kunst-
inneres, Innenschauer, Innenstärke, Innenverwandtschaft«. Aber auch besonders
kernige und starke Wörter sind beliebt: »Vollcharakter, Frohklang, Eisenwille«.
Unter den Adjektiven gibt es viele Zusammensetzungen, die der Verstärkung des
Ausgesagten dienen sollen oder eine Zustandsschilderung in sprachlich gerraffter
Form enthalten: »stillglücklich, weichzitternd, blickblendend, angstbefangen,
seelwund, reifesehnend, wundersehnsüchtig, himmelverknüpft, wunschfroh,
wunschzitternd«. Allerlei Effekte lassen sich auch mit dem hauptwörtlichen Gebrauch von Verben, Partizipien und Adjektiven erzielen. Muschler erreicht eine
zusätzliche Wirkung, indem er bei derartigen Konstruktionen den Artikel oder
das sonst übliche ›etwas‹ wegläßt: »In den Worten lag Lachen und war Sehnen
und Stürmendes. — Seine Rede hatte Bröckelndes. — Fremdes lag in ihrer
Ruhe.«

Auch Agnes Günther versteht die preziöse Handhabung der Sprache. Sie gebraucht gern die umständliche Form ›ein weniges‹ statt ›ein wenig‹: »Wie wenn
ein Vogel mit seinem Flügel eine Harfensaite berührte, daß sie ein weniges
klänge.« Ein weiteres Kennzeichen preziöser Sprache ist die Verwendung von
Archaismen. Da finden sich Wörter wie »bresthaft, dachgäh, Dirnlein, Mägdlein,
Gewaffen«, Wendungen wie »Die Standuhr im Nebenzimmer schlug die dritte

Morgenstunde« oder »Nun steht sie wieder hier im Vaterhaus«. Beliebt sind auch archaische Deklination und Konjugation: »eines Hauptes länger als alles Volk. — Corneliens Hände. — Dann beut sie ihrem Vater die Wange dar, daß er sie küsse.« Schließlich sind die Diminutiv- und Superlativformen zu nennen, die gleichfalls in preziöser Weise verwendet werden, wenn etwa von der Spinne die Rede ist, »die wie ein totes welkes Blättlein über ihren noch schlafenden Kindlein hängt«. Agnes Günther verwendet den Superlativ häufig zur bloßen Verstärkung, wo gar kein Vergleich vorliegt: »Harro wendet den kleinen Körper in den gewandtesten Händen. — ...in dem alten Schloß, das mit seinen dicken Türmen in das lieblichste Tal hinabsieht.«

Preziosität muß jedoch nicht unbedingt schwülstig sein, sie läßt sich auch erreichen durch schockierende Einfachheit und Schlichtheit. Das wird etwa deutlich an den Stellen, wo jeweils das um eine Nuance schwächere Verb gewählt wird: »Aber eine Antwort wird ihm nicht. — Es ist, als müßte etwas werden.« Auch absichtliche Naivität und fragmentarisches Gestammel können der Versuch einer preziösen Sprache sein. Das zeigt sich besonders an der albernen Kindersprache, die man in vielen Zeitungen und Magazinen unter dem Etikett ›Kindermund‹ lesen kann und die auch Agnes Günthers Seelchen ›meisterlich‹ beherrscht. Sehr naiv kann auch das Wörtchen ›so‹ wirken, das Agnes Günther in suggestiver Weise gebraucht: »Sie gehen unter den hohen Schwarztannen, die auf leicht bereiftem Moospolster stehen, das so köstlich weiche Wülste um die Wurzeln bildet, durch die anregende Luft, die das Blut so köstlich frisch macht.«

Dem Trivialroman ist schon oft der Vorwurf gemacht worden, er sei banal und undichterisch. Die angeführten Beispiele zeigen jedoch, daß ›dichterische‹ Ambitionen im Trivialroman viel gefährlicher sind. Man würde ihn überfordern, wenn man von ihm eine dichterische Sprache verlangte, und zugleich würde man seine Autoren der Gefahr überantworten, daß sie preziöse Schilderungen für dichterisch halten, eine schwülstige, unnatürlich gezierte und überladene Sprache und verkrampfte Bildhaftigkeit für originell. Gewaltsame Originalität ist schlimmer als schiere Banalität, weil es stets Leute gibt, die derartige Tiraden dann für große Kunst halten. Von der Unterhaltungsliteratur werden keine schöpferischen Neuerungen und avantgardistische Vorstöße in literarisches Neuland erwartet. Guter Durchschnitt ist hier ambitiöser Verstiegenheit vorzuziehen. Nicht seine Primitivität macht einen Roman zu einer Gefahr für den Geschmack des lesenden Publikums, sondern sein Anspruch, etwas Besonderes — ›Kunst‹ — zu sein, die Tatsache, daß er von subtilen Kostbarkeiten und stilisierter Schönheit strotzt und dabei keinerlei Bezug zur Wirklichkeit hat.

Preziosität im Trivialroman ist keineswegs nur in einzelnen Wortbildungen nachzuweisen; in ihrem ganzen Pomp — und in ihrer unfreiwilligen Komik — stellt sie sich erst dar, wenn sie sich über die Sätze und Passagen eines Romans ausbreitet. Das klingt dann etwa so: »Da träufelt süß und silberzackig durch die Luft heran das erste Drossellied. — In Harros Herzen schlagen alle Lerchen zusammen. (Günther) — Sein Wesen ging fest am Stab des Willens. — Als Maria mit Peter anstieß, standen sich ihre Seelen gegenüber wie sonnenbekränzte Berggipfel« (Muschler). Umständliche Konstruktionen und verschobene Sätze sind sehr beliebt. Agnes Günther leitet viele Sätze mit dem Pronomen ›es‹ ein und nennt das Subjekt erst viel später: »Es schimmert nur noch schwach der Wald von der jenseitigen Bergwand herüber. — Es rauscht in der Sommernacht die Linde. — Es legt ihr ein Diener den weißen Mantel um.« Auch andere Satzergänzungen werden zurückgehalten: »Und der rosa Kranz macht, daß es doch nicht tot ist, das Weiß und Silber. — Und damit rauscht sie an ihm vorüber, der noch keinen Ton geredet hat.« Vicki Baum bevorzugt die folgende Passiv-Konstruktion: »Gedacht wurde nur für eine Zeitlang nicht. — Jetzt wurde ohne Zweifel geküßt.« Im Dialog wird die Anrede gern an der ungewöhnlichsten Stelle eingeschoben: »Sei vorsichtig mit deinen Enthüllungen, ich bitte dich, bei der Frau. — Kalt, Rose, bist du.« (Günther). Schließlich ist die Ellipse zu nennen, die richtig oder auch falsch konstruierte, die sich gleichfalls zur preziösen Aufbereitung der Sprache eignet: »Und da — ist das nicht das Lied des alten Straßburger Mönchs, das aus der Enge seiner Klostermauern gedrungen und das doch so zeitlos ist wie Sterben Menschenlos« (Günther).

All diese verschwommenen oder übersteigerten sprachlichen Formen sind symptomatisch für einen tieferliegenden Mangel des trivialen Romans, *die falsche Realität*. Diese Erscheinung läßt sich in drei Formen verfolgen: Typisierung, Stilisierung und Zwangsharmonisierung. *Typisierung* ist ein Stilmittel, das keineswegs negativ zu sein braucht. Doch widerfährt ihm im Trivialroman oft dasselbe Schicksal, das dort auch andere Kunstmittel wie Preziosität, Stilisierung oder Synästhesie erleiden. Durch übermäßigen Gebrauch oder durch Einsatz an der falschen Stelle werden sie ins Negative verkehrt.

Ein erstes Beispiel soll zeigen, wo die Gefahren liegen. Es handelt sich um die Darstellung von Agnes Günthers Heldin, um »das Seelchen«, »die Rose«, »die Heilige«. Schon aus diesen drei Namen der Prinzessin Rosmarie von Brauneck wird deutlich, daß die Verfasserin mit dieser Gestalt etwas ganz Besonderes schaffen wollte. Sie erzielt bei der Nennung dieses Namens einen bedeutungsvollen Doppelsinn, eine scheinbare Tiefe, indem sie den bestimmten Artikel davorsetzt (»Das Seelchen ist ihm wieder geöffnet wie im Winterwald. — Dort hinein tragen sechs Förster die Rose von Brauneck«). Seelchen also wird die Prinzessin als Kind genannt. Daneben erscheinen Bezeichnungen wie »ein wunderliches«, ein »verwunschenes Prinzeßchen«, ein »Blümlein Wunderhold«. Das sind keine Namen, die dem Kind von vornherein gemäß waren, sondern das ist ein Programm. Natürlich ist Seelchen besonders schön und fein, denn sie ist ja eine Prinzessin. »Der Nasenrücken ist sehr fein geformt und fast stolz, die Augen lang mit breiten Lidern, die so zart sind, daß, wenn sie die senkt, die Augensterne durchschimmern.« Sie hat ein »feines Märchenstimmchen« und »feine Linien«, kurz: »das Rassegesicht der Braunecker«. Die Typisierung und Zurechtstilisierung des Kindes auf etwas ganz Besonderes beginnt bei seiner ersten Begegnung mit Harro. Er gibt ihr auch den Namen Seelchen, und fortan wird kein kleines Mädchen, sondern ein »Seelchen« dargestellt.

Es sieht folgendermaßen aus:
»Ein sehr sehr schmächtiges Mägdlein in einem blausamtenen Hänger mit altem Spitzenwerk am feinen Hälschen. Aber es konnte anhaben, was es wollte, man sieht nur die wallende Mähne von blassestem Gold, die zu beiden Seiten des Gesichts herabfällt... Und es weht ein Lüftchen um sie von dorther, wo die großen Geheimnisse wohnen.«
Und so sieht sie ihr Freund Harro, dieses Bild malt er von ihr, und damit ist ihre Eigenart zugleich legitimiert und verklärt:
»In dem Saal geht, von einer fernen Lichtquelle beleuchtet, eine zarte Kindergestalt, mit weit offenen träumenden Augen. Einer blassen Goldwolke gleich flutet das Haar um das Gesichtchen und die schmalen Schultern. Es hebt sich auf blassen, nackten Füßchen, in den erhobenen Händen, sehnend, bittend ausgestreckt, trägt es ein fremdartiges Kleinod, von dem ein rotes Licht ausgeht... Es ist eine weiße Lilienflamme auf einem Altar, das Seelchen, denkt Harro.« Auffallend ist, daß einige Merkmale ständig wiederholt werden: das Zarte und Feine, das Goldhaar, die träumerischen Augen. All das lenkt die Phantasie des Lesers in eine ganz bestimmte Richtung; Unwirkliches und Märchenhaftes deutet sich an, verstärkt durch den Zauber des geheimnisvollen roten Kleinods. Auch Seelchens Kleidung ist nicht ohne Bedeutung; kostbares Material — Samt, altes Spitzenwerk — wirkt als Bestätigung des bisherigen Eindrucks. Was aber geschieht, wenn Seelchen erwachsen werden? Bei Agnes Günther wird daraus »eine hohe junge Königin mit weichster Stimme« und einem »Gang, wie nur Königinnen durch Traumgärten schreiten können«. Aus *dem* Seelchen wird *die* Rose. Die Gefahr liegt nahe, daß statt einer lebendigen Gestalt eine abstrakte Konstruktion entsteht, eine Figur, der die Verfasserin all die Attribute und Wesenszüge zuordnet, die ihr zum Typ Prinzessin oder Märchenprinzessin zu gehören scheinen. Ihre Erscheinung hat viel Ähnlichkeit mit der Seelchens. »Rosmarie legt sich auf eine Chaiselongue. Die hat einen schönen Platz am offenen Fenster, in das die Rosenranken hängen. Die Lampe beleuchtet die weißen Blüten, die geheimnisvoll lieblich aus der blauen Nacht hereinsehen. Rosmarie hat ein großes, flaches, grünseidenes Kissen von einem ein wenig harten Grün mit Goldverschnürung, und da liegt sie nun darauf wie eine Wasserrose, weiß und gold auf grünen Gewässern, und die lichten Flechten fließen über das Kissen.« Das ist ein gestelltes lebendes Bild, aber kein lebendiger Mensch. Wie bei der Beschreibung Seelchens sind auch hier das kostbare Material und die erlesenen Farben wichtig. Besonders bei der sehr exakten Beschreibung des »ein wenig harten Grüns« hat man den Eindruck, als handle es sich um ein Stilleben. Und wie bei einem Gemälde, so ist auch der Rahmen wichtig: die Chaiselongue, die Rosenranken, die blaue Nacht. Es ist allerdings nicht auszudenken, was geschehen würde, wenn an diesem Bild etwas verrückt würde; die harmonische Abstimmung ist so vollkommen, daß man vorsichtig Abstand nimmt. Sie ist vollkommener als die Wirklichkeit. Der Rohstoff zu diesem Bild ist nicht der Realität, sondern der Phantasie der Verfasserin entnommen. Diese Gestalt kann sich nicht

verwandeln, sie lebt nicht, aber sie ist ein schönes, ein berückend schönes Bild. »Zu beiden Seiten ihres Gesichtes liegen die langen, schweren, blaßgoldenen Flechten. Sie sieht fast erschreckend vornehm aus. Wie ein Marmorgrabmal mit strengen frühgotischen Linien. Sie rührt sich nicht, nur ihre Augen leben. Die Fenster sind offen ... Es weht ein leiser Rosenduft, es sind aber keine Rosen da.« Dieses Beispiel enthält ein weiteres Merkmal von Agnes Günthers Technik. Zur Stilisierung ihrer Lieblingsgestalt zieht sie alles heran, was ihr notwendig und gemäß erscheint, selbst dann, wenn es nur in der Negation vorhanden ist wie die Rosen in dem zuletzt zitierten Abschnitt.

Der Technik der Typisierung droht besonders die Gefahr der Idealisierung. Indem sich ein Autor einen ganz bestimmten Typus zu beschreiben vornimmt, ist er genötigt, gewisse Züge zu betonen und andere wegzulassen, denn kein lebendiger Mensch ist mit solch konsequenter Einseitigkeit angelegt. Muschler und Horster bevorzugen ebenfalls Typen statt Individualitäten, und oft handelt es sich dabei um Pseudotypisierung. Auch in der gehobenen Literatur gibt es Typisierung und Charakterisierung von Personen durch das Hervorheben bestimmter Merkmale, doch wird dabei selten nach dem starren Schema: reich und schön und gut oder böse und häßlich verfahren. Thomas Mann etwa greift oft ganz kleine, nebensächliche, aber dem Leben abgeschaute persönliche Merkmale heraus und ordnet diese in der Art der Leitmotivtechnik seinen Gestalten zu. Solche charakteristischen Züge verstärken ihre Individualität und Lebendigkeit. Die Charaktermerkmale bei Thomas Mann entsprechen dem Benehmen und den Handlungen seiner Gestalten, während die Figuren im Trivialroman häufig in stilisierter Schönheit und Regungslosigkeit verharren und sich oft nur in der Art von Marionetten bewegen können. Ihnen fehlt die Plastizität, sie sind entweder zur Karikatur übertrieben oder zum lebenden Bild erstarrt. Nicht dem Leben entnommene Beobachtungen charakterisieren sie, sondern wahllos und willkürlich an sie herangetragenes und um sie herum aufgehäuftes Beiwerk: Rosenduft, Seidenkissen, Schmuckstücke. Das sind ›aufgestellte‹ Gegenstände und Attribute, keine solchen, die durch die Persönlichkeit bedingt sind. Echte Stilisierung und Typisierung bleibt immer Abbild des Lebens, weil sie auf dieses zurückgreift und ihre Einzelzüge im Leben möglich wären. Wenn aber an die Stelle lebendiger Züge tote Beigaben treten, dann wird Typisierung zur Pseudotypisierung; aus der Vereinfachung wird damit eine Veräußerlichung. Natürlich erfolgt die Stilisierung und Typisierung meist nach der Seite des Schönen und Edlen. Dabei werden oft so platte Allgemeinheiten aneinandergereiht, daß vollends jede Individualität verlorengeht und die Figuren beliebig ausgetauscht werden könnten. Die Anzahl der Klischees wird immer geringer; Äußerlichkeiten wie der Lippenstift, das Make-up, die Krokodilledertasche, der Goldschmuck und das Parfum drängen sich immer stärker in den Vordergrund. Je mehr das Innenleben der Gestalten verkümmert, um so mehr Wert wird auf ihr Äußeres gelegt. Die Kleidung, das modische Drum und Dran — das ist ein unerschöpfliches und in immer neuen Variationen behandeltes Thema. Besonders wichtig sind die exakten Materialangaben und die Beschreibungen des modischen Zubehörs bei Horster.

Solche gleichsam aus dem Modejournal und dem Filmprogramm ausgeschnittene Helden haben zwei Fehler: sie können sich nicht entwickeln, und sie können oft nicht konsequent handeln. Da ihnen die Dimensionen der Höhe und Tiefe fehlen, kann sich kaum ein Wandel ihres Charakters vollziehen. Verglichen mit der Ballung von Schicksalsschlägen, die zum Beispiel in Horsters Roman eintreten, ist es erstaunlich, wie gleich sich die Personen dennoch bleiben. Sie gehen unbewegt durch alles hindurch, am Schluß ist wieder alles beim alten, und sie selber sind auch die Alten geblieben. Persönliches Schicksal und innere Entwicklung gibt es nicht, oder zumindest sind Schicksalsschläge und seelische Prüfungen nicht innerlich realisiert. Die Personen dieser Romane haben eine erstaunliche Fähigkeit, alles zu überwinden, wenn nur die äußere Handlung dadurch vorangetrieben wird. Die Schicksalsschläge dienen der äußeren Spannung und die konstanten Typen dem Wunschdenken der Leser. Es wird nicht erwartet, daß die Figuren durch ihr Schicksal wachsen, sondern daß an der Unveränderlichkeit des Klischees festgehalten wird. Diese Figuren ohne Charakter, ohne Innenleben und Entwicklung können wie Marionetten an jeder beliebigen Stelle des Romans eingesetzt werden und jeweils das tun, was der Gang der Handlung gerade erfordert. Sie handeln ja nicht auf Grund eines inneren Zwangs oder einer bestimmten Seelenhaltung, sondern sie handeln, weil etwas passieren muß. Die verschiedenen Phasen ihres ›Einsatzes‹ weisen so auch oft eine erstaunliche Inkonsequenz auf.

Der starren Typisierung bei der Darstellung von Menschen im Trivialroman entspricht bei der Beschreibung von Landschaft und Milieu die *Stilisierung*. Dabei steht nicht das Bemühen im Vordergrund, Wirklichkeit wiederzugeben, sondern im Gegenteil ganz bestimmte, oft sehr einseitig zurechtgestutzte Vorstellungen zu erwecken oder zu bestätigen. Wie bei der Beschreibung der Personen oft Adel oder Reichtum die Voraussetzung und Garantie für Schönheit und Edelmut sind, so wird bei der Darstellung ihrer Umwelt großer Wert gelegt auf Vornehmheit und Tradition, Reichtum und Gediegenheit. Die kostbaren Menschentypen, die beispielsweise Muschler oder Agnes Günther bevorzugen, brauchen die ihnen gemäße Umgebung, und diese kann nicht aus dem gewöhnlichen Stoff der Wirklichkeit bestehen. So wird vom Autor eine Bühne vorbereitet, auf der sie in würdiger Form ihre erlesenen Geschicke agieren und zelebrieren können.

Auf das Alter, die Qualität und den Preis der Einrichtungsgegenstände wird großer Wert gelegt. Alles, was die Harmonie stören oder beeinträchtigen könnte, wird weggelassen, und damit beginnt die Vergewaltigung der Wirklichkeit. Das wird deutlich etwa in der folgenden Beschreibung eines Hauses in Wiesbaden. »Das war ein reizendes kleines Gemach mit Flügeltüren auf einen Balkon, der über Rosenbeeten schwebte. Die Türen standen offen, und allerhand freundliche Geräusche, ferne Musik, Wagenrollen, Stimmen der Menschen, das Rauschen seidener Kleider und Zigarettenduft drangen herauf« (Günther).

Dabei ist von vornherein die Möglichkeit ausgeschlossen, daß man in Wiesbaden etwas anderes sehen könnte als Rosenbeete, etwas anderes riechen als Zigarettenduft und etwas anderes hören als das Rauschen — natürlich seidener! — Kleider.

Ebenso verhält es sich bei der Beschreibung eines Empfangs, der auf Zigarren, Mokka, befrackte Herren und Palmengruppen reduziert wird, ohne daß das besondere Fludium einer solchen Veranstaltung dabei eingefangen würde. Nicht uninteressant ist der Vergleich mit der Beschreibung eines Empfangs — er heißt nun Cocktail-Party — fünfzig Jahre später im Roman von Horster. Auch dort wird die atmosphärische Dichte ersetzt durch äußerste Korrektheit der Regieanweisungen und genaue Materialangaben. Es besteht überhaupt kein großer Unterschied zwischen den Räumen, die Harro und Rose von Brauneck bewohnen, und dem alten Apothekerhaus in der Bursagasse zu Tübingen mit seiner »jahrhundertealten Tradition«. Diese zeigt sich sowohl in der Offizin »mit dem feinen anheimelnden Duft der alten Holztäfelung«, »den alten dunklen Ölgemälden aller früheren Besitzer der Apotheke«, als auch in den Wohnräumen der Familie Brandt, »im feierlichen Eßzimmer mit der großen Tafel« und dem Salon mit »Mutters gemütlichen Biedermeiermöbeln, dem mit Rosengirlanden durchzogenen Smyrnateppich, den Volantgardinen. Da hängen an den Wänden vergilbte Scherenschnitte, Kupferstiche und Aquarelle. Da ist ein aus vielerlei Blüten von ihrer Urgroßmutter liebevoll gebundener Strauß, der fein präpariert unter gewölbtem Glas mehr als ein Jahrhundert überdauert hat.« Hier ist wie in einem Museum bis in jede Einzelheit konsequent durchstilisiert.

Bedenklicher aber als die Starrheit und Leblosigkeit dieser Szenerie ist die Tatsache, daß Horster eine völlig unzeitgemäße Welt beschreibt. Denn es ist nicht selbstverständlich, daß Agnes Günther 1911 und Horster 1953 dasselbe Milieu und dieselben Interieurs als die Wirklichkeit ihrer Zeit beschreiben konnten, wie es doch tatsächlich geschieht. Das ist nur deshalb möglich, weil von keinem der beiden Autoren die historische Zeit eingefangen wurde, sondern vielmehr die Romane in einer unwahr stilisierten Umwelt spielen, die keinen zeitlichen Veränderungen unterliegt. Bei Agnes Günther gibt es zwar Autos und Schnellzüge, bei Horster Flugzeug, Telefon und Plattenspieler, aber es handelt sich dabei um Requisiten und nicht um den Ausdruck einer Zeit. Das bürgerliche Zeitalter, in dem Horster seinen Roman spielen läßt, endete mit dem ersten Weltkrieg. Im Trivialroman scheint es jedoch ungebrochen weiterzugehen. Es ist die Frage, ob es sich dabei um einen bewußten oder einen unbewußten Anachronismus handelt, um absichtliche Täuschung des Publikums oder um Bequemlichkeit des Autors, der sich auf hergebrachte Klischees beschränkt.

Bei der Beschreibung von Natur, von bestimmten Orten und Landschaften tritt die klischeehafte Stilisierung besonders deutlich zutage. Meist werden ganz bestimmte Grundelemente, die nun einmal nicht fehlen dürfen, aufgezählt: Himmel, Wolken, Bäume, Berge im Hintergrund, ein Fluß und alte Gebäude. Aus diesen Bausteinen kann sich der Leser selbst ein Bild zusammensetzen. Den Beschreibungen fehlt jede charakteristische Eigentümlichkeit, es fehlt ihnen die Atmosphäre und die Plastizität. Die bereitgestellten Requisiten sind von höchst allgemeiner Art und fügen sich immer wieder zu ein und derselben Grundlandschaft zusammen, die keinerlei individuelle Züge trägt. Es wird ins Belieben des

Lesers gestellt und seiner Phantasie überlassen, ob er sie mit Leben erfüllen will. Auch wenn einmal bei der Beschreibung eines Ortes die Details stimmen — mit der Genauigkeit des Konversationslexikons —, so fehlt doch die verdichtete Stimmung, weil die Eigenart fehlt. Die Landschaft im Trivialroman ist meist eine künstlich angestrahlte Szenerie, eine großflächige Kulisse, vor der sich das Geschehen abspielt, ohne auf sie bezogen zu sein. Darüber kann auch die Tatsache nicht hinwegtäuschen, daß die Grundelemente einer Landschaft oft durch ein Adjektiv noch näher gekennzeichnet werden: »seidig blauer Herbsthimmel, goldrote Wälder, fliegende Wolken, blühende Mandelbäume, rauschende Pinien, steile Gassen und altes Rathaus« — all das könnte man an hundert anderen Orten auch finden. Es sind klischierte Wendungen und Formeln, beliebig anwendbare Schablonen, die keinerlei Eigentümlichkeit wiedergeben. Wenn in der Beschreibung einer Landschaft Himmel, Bäume und eine Brücke genannt werden, so wird sich niemand daran stören, denn es ist zwar sehr allgemein, aber doch durchaus möglich. Unwahrscheinlich ist jedoch, daß der Himmel stets blau, die Bäume blühend und die Brücken edel und alt sind.

Die Stilisierung nach ganz bestimmten Klischees wird auch in dem folgenden Beispiel aus Agnes Günthers Roman deutlich: »Das Liebste, was es auf Erden gibt, einen deutschen Maienwald mit weichen seidigen Blättern«. Zwar sieht der Wald im Mai innerhalb derselben Vegetationszone — ohne Rücksicht auf Staatsgrenzen — überall gleich aus, doch wird durch die Hinzufügung des Wortes ›deutsch‹, das einen stark gefühlshaltigen Bedeutungsumkreis besitzt, die Phantasie des Lesers in die vom Autor gewünschte und vom Klischee garantierte Richtung gelenkt. Hier liegt eine Wechselwirkung vor, die sich auch in sentimentalen Heimatliedern beobachten läßt: das Klischee ruft die ebenfalls schon fest gemünzten Gefühle hervor, und diese wiederum verlangen nach der traditionellen Prägung des Ausdrucks.

Derartige Klischees können bestimmte Erwartungen und Wunschvorstellungen des Publikums erfüllen. Das Realitätsbedürfnis des Lesers soll zwar befriedigt werden, aber nur so, daß nichts von einer bestimmten Schablone abweicht. Namen werden genannt wie Rom, Paris, Bordighera; sie sind die Garantie dafür, daß es sich um die wirkliche Welt handelt, denn man kann sie auf dem Atlas finden. Der Autor darf jedoch nicht den Versuch machen, ein wahres Bild von der Riviera zu entwerfen; er muß vielmehr die ganz spezifische Vorstellung erfüllen, die das Publikum von der Wirklichkeit dieser Orte hat. Der Leser des Trivialromans verlangt eine Bestätigung der ihm vertrauten Vorstellungen, und es genügt, wenn er sie in der größten Einfachheit erhält; er will nicht prinzipiell, sondern nur graduell Neues. Kein imaginäres, unerreichbares Traumland wird also gefordert, sondern die Wirklichkeit, aber nicht die tatsächliche Wirklichkeit, sondern die der Klischees.

Es ist nicht uninteressant, die Reiseprospekte und die Ankündigungen der großen Reiseunternehmen untereinander und mit den Landschaftsbeschreibungen des

Trivialromans zu vergleichen. Dabei lassen sich Übereinstimmungen oft bis in den Wortlaut hinein feststellen. Ohne Zweifel besteht eine Wechselwirkung zwischen den Beschreibungen aus der Unterhaltungsliteratur und dem Erfolg, den die Werbebroschüren mit ähnlichen Texten haben. Sie versprechen die Erfüllung von Vorstellungen und Erwartungen, die durch Film und Roman vorgeprägt wurden und die das Publikum ›in Wirklichkeit‹ erleben will. Man müßte allerdings meinen, die Leute, die etwa nach Italien reisen, könnten sich an Ort und Stelle von der Schiefheit und Unrichtigkeit der Klischees überzeugen und sie entsprechend korrigieren. Das Gegenteil jedoch geschieht. Die Klischeevorstellung scheint so tief im Bewußtsein verankert zu sein, daß im fremden Land oft nur das wahrgenommen wird, was ihr entspricht. Und die Fremdenverkehrsmanager hüten sich, die Vorstellungen der Reisenden auch nur im geringsten zu korrigieren. Sie bemühen sich im Gegenteil, die Klischee-Erwartungen ihrer Kunden bis ins Detail zu befriedigen. Das große Publikum will nicht Italien sehen, wie es wirklich ist, sondern es will sein Italienbild bestätigt haben. Das führt dann freilich dazu, daß die größere Zahl der Italienreisenden mit genau den gleichen Erfahrungen und Erlebnissen nach Hause kommt, denn etwas befremdlich Absonderliches war ja nicht gesucht worden, sondern blaues Meer und Sonne, Chianti und Spaghetti, Mondschein und Tanz.

Die meisten Städte im Trivialroman könnten ebensogut andere Namen tragen, sie sind beliebig austauschbar, denn ihre Eigenart tritt nicht in Erscheinung. Dann wieder werden unerwartet Namen genannt wie die Bursagasse, der Neckar, das Uhlanddenkmal. Das ist eine bewährte Technik überall da im Trivialroman, wo Realität vorgetäuscht werden soll. Durch die genaue Beschreibung mancher Details wird der Anschein der Echtheit und Wirklichkeitstreue erweckt und die Tatsache verdunkelt, daß eben nur die Details stimmen, während die übrige Darstellung nicht an der Wirklichkeit, sondern an einer Fülle von klischierten Vorstellungen orientiert ist. Dieser Realismus der Nebenumstände, deren korrekte, naturalistische Darstellung getreulich der jeweiligen Mode folgt, täuscht den Leser darüber hinweg, daß die Grundstruktur, die Handlung und die Hauptmotive des Romans nicht realistisch, sondern märchenhaft und unwahrscheinlich sind. Die Täuschung durch die korrekten Details — »Wenn sogar solche Kleinigkeiten stimmen, muß das andere ja auch wahr sein, muß es sich um das ›Leben, wie es wirklich ist‹, um ›die Welt, in der wir leben‹ handeln« — diese Täuschung gibt dem Leser die Illusion, sich mit der Wirklichkeit zu befassen und ermöglicht ihm dadurch die Identifizierung mit den Romanhelden — die konstruierte Idealgestalten sind, aber gutgläubig für ›Menschen wie du und ich‹ gehalten werden. Nicht die Wirklichkeit nimmt sich der Verfasser also zum Vorbild, nicht das Leben, sondern Kursbücher, Stadtpläne, Modejournale und Speisekarten. Mit diesen Hilfsmitteln wird eine bloße Scheinwirklichkeit statt der Realität vorgeführt.

Wie die Bauelemente einer Landschaft, so sind im Trivialroman auch die Motive und Episoden auswechselbar. Neben historischen und geographischen Gegebenheiten wird — wahllos und an beliebiger Stelle — all das aufgenommen, was nur irgend im Schicksal eines Menschen oder im Bereich einer Familie geschehen kann. Das zeigt sich besonders deutlich bei Horster: Liebe, Tod, Selbstmord, das Problem der fahrlässigen Tötung, Krankheit, Ehescheidung, Studentenleben, käufliche Liebe, Wirtschaftswunder und alte Burschenherrlichkeit, schwäbische Gemütlichkeit und mexikanische Exotik — das alles wird in den Roman hineingepreßt ohne Rücksicht darauf, ob nicht die einzelnen Handlungsstränge davon erstickt werden. Die gedrängte Folge der extremsten Ereignisse und Episoden beeinträchtigt die Wahrscheinlichkeit des Romans; er ist nicht mehr geformtes Abbild der Wirklichkeit, sondern Stoffsammlung, Rohmaterial, aus dem erst eine Auswahl getroffen werden müßte. Die Episode wird zum bloßen Füllsel. Es liegt kein zwingender Grund vor für den Gang der Handlung, und es ist auch gleichgültig, wo der Roman aufhört. Das Ende, und auch fast jeder Teil der Handlung, könnte ebensogut an jeder früheren oder späteren Stelle stehen.

Agnes Günther schreibt:

»Zu ihren Füßen liegt Harro..., ganz hingegeben, seine Seele bespült von der Flut der Töne. Und draußen streicht der Nachtwind mit zarten, tastenden Händen um das Goldhaus, und die Sterne wandeln durch die Winternacht... Es wird ein so wunderschöner Abend, wie es nur sein kann, wenn die leisen Quellen rauschen und der Hauch, der darüber weht, an alle Herzen stößt und eine Liebe und ein Leid alle die verschiedenen Herzen vereinigt.«

Das klingt zunächst sehr schön und weckt tiefe Empfindungen und Vorstellungen von Gutem und Schönem. Dennoch ist diese schöne Stelle leeres Gerede. Niemand weiß, was die Autorin unter den »leisen Quellen« versteht, aber das Wort klingt schön. Es vermag viele angenehme Assoziationen hervorzurufen, und dadurch wird der Abschnitt zu einem Sammelpunkt für jede beliebige Menge vager Gefühle und Empfindungen des Publikums.

Eine Stelle aus ›Nachtwache‹ erbringt einen weiteren Gesichtspunkt. Braun schreibt:

»Wann war dies alles, die Abende am Xantener Rhein, die Gänge durch die weiten Felder, das Zuwinken aus den Fenstern der Alten Kartause und das unendliche Erzählen in der Weinstube am Markt, in Hövelmanns Hotel? Wo mag er jetzt sein, den sie damals liebte und mit dem sie die Zeit vergaß?«

Diese Erinnerung Cornelies bezieht sich auf die Zeit im Krieg, als sie, eine junge Ärztin, im Lazarett Stefan Gorgas kennengelernt hatte. Gewiß kann es auch mitten im Krieg solche Lichtpunkte und beinahe unbeschwerte Stunden geben; überdies pflegen sich die Dinge in der Erinnerung zu verklären. Aber es ist auffallend, wie hier das Nur-Schöne überwiegt. Ein Glück wird gleichsam ans andere gereiht, und der Erzähler unterschlägt, daß dazwischen wohl immer wieder Stunden oder Tage der Angst und der Ungeduld, des Schmerzes und der Hoffnungslosigkeit lagen. Es werden nur stark stimmungshaltige Namen und Wörter genannt: der Xantener Rhein, die Alte Kartause, die Weinstube am Markt. Man kann das alles wunderschön finden und Cornelie um dieses Glück beneiden. Doch gilt dieser Neid einem so ungetrübten, weder durch Not noch durch Alltäglichkeit gestörten Glück, wie man es in Wirklichkeit nie finden könnte. Hier wird dem Leser das Traumbild einer Wirklichkeit vorgegaukelt, die es gar nicht gibt. Solche Beschreibungen wecken nur falsche Vorstellungen und exaltierte Wünsche, für die es in einer natürlichen, nicht überspannten Welt keine Erfüllung gibt. Es ist sehr schön und nicht sehr schwer, sich in diese Traumwelt hineinzusteigern, aus ihr herauszufinden aber, von der verfehlten in die wirkliche Realität zurückzukehren, ist nicht leicht. Nur das Schöne wird hier sichtbar; alles, was wirklich, natürlich und darum auch einmal schwer oder unangenehm sein könnte, aber wird unterschlagen. Dieser Vorgang ist vor allem gemeint mit dem Begriff *Zwangsharmonisierung.* Dazu gehören auch die Euphemismen, die in den untersuchten Romanen sehr häufig sind. Geburt und Tod, Schmerz und Krankheit werden beschönigt und verhüllt, die Härten und damit die wirkliche Realität des Lebens werden entweder unterschlagen oder in schönfärberischer Weise zurechtgestutzt. Auf diese Art wird die stilisierte Welt ungebrochener Schönheit und Güte erhalten. Dadurch werden einfache und natürliche Vorgänge erst dunkel, hintergründig und geheimnisvoll gemacht. Nicht selten entsteht dadurch eine unangenehme Schwüle, doch wird diese offenbar gern der Härte vorgezogen.

Die Wirklichkeitsferne der Beschreibungen im Trivialroman hat zu einem großen Teil ihren Grund in dieser Unausgewogenheit der Schilderung, die nur das Schöne nennt, während die Welt doch in der Spannung zwischen Schönem und Häßlichem besteht. Diese Stilisierung, die sich an den Phantasiebildern des Autors statt an der Wirklichkeit orientiert, führt immer wieder zu einseitiger Abstraktion, auch wenn der Autor selbst an die von ihm aufgebaute Scheinwelt glaubt. Dazu gehört auch die Vorliebe, die besonders Muschler und Agnes Günther für kostbares Material haben, überhaupt für alles Schöne, Blühende und Duftende. Das von den verschiedenen Autoren erstrebte Ideal scheint eine ziemlich verschwommene Harmonie zu sein, in der alles Schöne und Wünschenswerte zusammenfließt. Auch die Sprache ist verschwommen. Um so mehr Spielraum bleibt der Phantasie des Lesers, die das Bild mit ihren eigenen Vorstellungen und Träumen aufladen kann, deren Ziel ungetrübtes Glück und kampflose Harmonie ist.

In diesem Zusammenhang müssen die Bilder, Vergleiche und Metaphern aus Muschlers Romanen noch näher betrachtet werden. Sie sind repräsentativ für eine große Zahl von Trivialromanen, erscheinen jedoch selten so gehäuft wie hier. Möglicherweise hat die Realitätsferne von Muschlers Romanen ihren Grund vor allem in diesem uferlosen Schwelgen in Bildern, die in preziöser Schönheit — aber völlig beziehungslos — aneinandergereiht werden. Sehr häufig sind Vergleiche mit Edelsteinen, edlen Metallen, Perlen und kostbaren Stoffen. Vergleiche mit Musikinstrumenten, mit Blumen und Tieren sind ebenfalls nicht selten; auch dabei kommen nur solche von besonderem Wert, besonderer Schönheit oder Seltenheit in Frage. »Toscini lauschte dem Winde nach, der die Mondharfe strich. — Ganz langsam fielen die Silben, wie weiße Blütenblätter, die ins Dämmern sinken.«

Solche Bilder geben der Phantasie des Lesers Nahrung und Anregung, vermögen jedoch in keiner Weise, dem Vergleich zu dienen. Das Besondere der Gegenstände und Erscheinungen wird aufgehoben in dem Versuch, sie noch eigentümlicher, noch kostbarer darzustellen, als sie in Wirklichkeit sind. Das Vergleichsbild wird wichtiger und entfernt sich immer mehr von dem Gegenstand, der eigentlich dargestellt werden sollte.

»Ernteseligen Tälern gleich lag Kiems Zukunft damals vor ihnen. — Ihr Lachen war leise, wie Fontänen am Mittag klingen. — In ihrer Stimme lag die Hingabe einer sommermüden Julinacht. — Hinter ihr versank das Erinnern, als glitten große Magnolienblüten in blauendes Dämmern. — In ihre Augen kam das Flimmern heißer Luft, die Julimittags über blütentollen Wiesen wellt.«

Solche Vergleiche überschreiten zweifelsohne die Grenze zwischen Kunst, Preziosität und Kitsch. Hier handelt es sich nicht mehr um kunstreiche Verwendung von Metaphern, nicht um symbolhaltige Bilder, sondern um die Erzeugung immer neuer Reize, die mit der ursprünglich beabsichtigten Aussage nichts mehr zu tun haben.

Die Technik, die einer solchen Darstellungsweise besonders entgegenkommt, ist die Synästhesie. Sie ist als solche nicht negativ, wird es aber, wenn sie wie bei Muschler nur der Gefühlsseligkeit und dem vagen Genuß dient. Er schreibt:

»Am fernen Nil blitzte ein Segel im Mondlichte, einer Träne gleich, die aus den Augen der Nacht zu Boden rann. Palmen neigten sich dem Glühhauch, wie nackte Sklavinnen im dämmernden Bade sich vor dem Könige beugen ... Nur die weißen Blütenhüllen der Kalla leuchteten schamlos aus dem Dunkel wie nackte Kurtisanen. Vom Fluß tönte Musik, als klage ein Cello.«

An anderer Stelle heißt es: »Die Nacht war düfteschwer und liebestrunken, als rankten wilde Rosen um weinvolle Amphoren.« Es ist bezeichnend für Muschlers Technik, daß er nicht nur »Rosen« sagt, sondern »wilde Rosen«. Der Unterschied ändert zwar nicht viel an dem Bild, aber der Ausdruck »wilde Rosen« hat noch mehr Stimmungsgehalt und bedeckt einen größeren Umkreis von Bedeutung, Erinnerung und Assoziation. Hinzu kommt »Wein«, auch dieser rot, duftend und edel, und durch das Wort »weinvoll« entsteht überdies der Eindruck der Fülle und des Überflusses. Das nicht alltägliche Wort »Amphoren« bestätigt die Beobachtung, daß der Autor nur außergewöhnlich kostbares oder ehrwürdig altes Material für den Bau seiner Traumwelt benützt. An die Stelle der Intensität tritt eine Häufung der verschiedensten Reize. Es kommt auch vor, daß eine Handlung mit einer anderen verglichen wird, aber stets so, daß der Vorgang dadurch in eine höhere Sphäre gehoben wird, so zum Beispiel: »Lautlos, wie man Opferblumen streut, hatte sie dem Scheidenden nachgewinkt.«

Auf diese Weise entfernt sich Muschler immer mehr von seinem eigentlichen Gegenstand und geht über zu freier Kombination und willkürlichem Spiel mit Reizen verschiedenster Art, wobei optische und akustische Eindrücke, Düfte, Erinnerungen, Gefühle und erotische Reize ineinander übergehen. Die verschiedenen Bilder sind austauschbar; sie haben keinen Zeichenwert, keinen Sinn und keine Anschaulichkeit mehr. Das wird ausgeglichen durch Häufung. Die Bilder überstürzen sich, Gefühl ist alles — Gefühle, Naturschilderung, Liebesworte, Beschreibung von kostbaren Innenräumen oder duftenden Gärten, sinnliches Begehren und Edelmut vereinen sich zu einer lyrisierenden Stimmung, die den Leser gefangennimmt und der er sich gern und wohlig überläßt. Er träumt, er fühlt, er empfindet — was er eben will —, und zugleich hat er die angenehme Illusion, er konsumiere Kunst, denn dafür werden solch gegenstandslose, aber gekünstelte Beschreibungen nur zu gern gehalten. Die Beschreibung wird zum Stimulans für die private Rührung des Lesers, die mit den Vorgängen im Roman nichts zu tun hat, sondern zum Selbstzweck genossen wird. Sie wirkt betäubend durch ihre scheinbare Üppigkeit und Schönheit. Man bewahrt keinen Abstand mehr wie bei der Aufnahme von Dichtung, sondern läßt sich gleichsam fallen, um nur noch passiv zu genießen — diese Schönheit, diese Sinnlichkeit, diesen Rausch.

Ein »buntgewirktes Halbdunkel«, wie es bei Muschler einmal heißt, so könnte man diese Atmosphäre bezeichnen, in der allenfalls die exotischen preziösen Treibhausgewächse des Trivialromans gedeihen können, aber keine Natur, keine Realität. Sie ist beschränkt auf kostbare Gegenstände und Düfte, Klänge, die nicht vermögen, die Harmonie zu stören, edle Menschen, schöngeistige und auf jeden Fall wünschenswerte Situationen, Gesang, der von nirgends herkommt, und Gefühl, das sich auf kein bestimmtes Objekt richtet. Durch diese Reize wird jeder Abstand zwischen Buch und Leser aufgehoben. Das führt zur völligen Identifikation mit dem Helden, und da nun kritik- und distanzlos mitgelebt und -gelitten wird, der Leser sich von Sentimentalität und Stimmungen gefangennehmen läßt, führt es schließlich dahin, daß zum Beispiel bei einer traurigen Szene das Erlebnis des Lesers — und sei es auch unbewußt — in Selbstbemitleidung endet. Er weint über das Leid eines Romanhelden und merkt dabei nicht, daß er ja nur über seinen eigenen — derzeitigen oder vergangenen — Kummer weint. Und gerade das ist so schön traurig.

Es ist bezeichnend, daß der Trivialroman extreme Situationen, schwierige Entscheidungen, Schicksalsschläge gerade noch darstellt, ihre Wirkung auf das Leben der Helden jedoch nicht mehr behandelt. Es ist nicht die Rede davon, wie ein Mensch mit etwas fertig wird. Nur das Ereignis wird dargestellt, und zwar in einem so kurzen Zeitraum, daß es noch als Sensation, als Schock wirkt. So wird zum Beispiel eine Trennung im Augenblick des Abschiednehmens geschildert, der Tod als Sterben. Was geschieht, wenn dieses Ereignis endgültig vollzogen ist, wenn die Trennung durchgestanden und der Tod verschmerzt werden muß, interessiert nicht mehr. Die Ereignisse werden in rührseliger Weise verniedlicht. Aber auch das umgekehrte Phänomen gibt es im Trivialroman, daß nämlich höchst banale Vorgänge aufgeplustert und so dargestellt werden, als seien sie von höchster Bedeutung, daß das Niedliche und Belanglose heroisch gemacht wird. Auch die Verniedlichung ehemals großer und starker Motive ist ein Teil dieser Erscheinungen. So wird zum Beispiel bei Vicki Baum das aus dem Nibelungenlied bekannte Motiv des Schwertes, das in der Hochzeitsnacht zwischen Siegfried und Brünhild lag, folgendermaßen abgewandelt: »Er streckte sich neben Helene ins Gras und ließ ein Büschel blühender Anemonen zwischen sich und ihr.«

Den Trivialroman beherrschen häufig die äußeren Ereignisse und Sensationen. Ein wirkliches inneres Geschehen gibt es nicht, die Spannung bleibt an der Oberfläche. Alle Aufregungen und Schicksalsschläge werden nur als äußere Hindernisse vor der Erreichung des Ziels betrachtet und als — nicht einmal unangenehmer — Sinnen- und Nervenkitzel empfunden. Sie stellen keine ernsthafte Bedrohung dar, denn die Garantie, daß alles gut gehen und zum happy end kommen werde, hat der Leser gewissermaßen schon mit dem Buch zusammen eingekauft. Das rein stoffliche Interesse erlahmt in dem Augenblick, wo das Schema, die Konstellation fürs happy end, durchschaut wird. Dieser gute Schluß ist ein weiteres Merkmal des trivialen Liebesromans, seiner künstlichen Harmonie und seiner Realitätsferne. Er wird oft im wahrsten Sinn des Wortes ohne Rücksicht auf Verluste angestrebt. Die Verwicklungen vor dem happy end sind meist so übertrieben und so zahlreich, daß der gute Ausgang völlig unrealistisch wirkt. Doch vielleicht wird gerade das vom Publikum verlangt. Die Wirklichkeit ist rauh und entsagungsvoll genug; in dem Buch, das man — zur Entspannung nach Feierabend — liest, soll es anders sein. Da, wo Schmerz und Verzicht im Roman naheliegen und auch der Realität näherkommen würden, wird nur ein rührendes, edles Spiel ohne Konsequenz damit getrieben. Weil der Autor ohne Lebensnähe und Folgerichtigkeit konzipiert, kann er bestimmte Szenen je nach Belieben weglassen oder ad infinitum wiederholen. Er kann die Schwerpunkte entsprechend der Nachfrage des Publikums setzen, nicht nach der inneren Forderung der Struktur.

Vor allem die Liebesszenen treten stark in den Vordergrund. Sie halten sich etwa an das folgende Schema:
»In seinen Augen flackerte der Dämon auf. Er riß sie an sich, er bedeckte ihr Gesicht, ihre Haare mit seinen wilden Küssen, er vergaß alles in dem Sturm seiner Leidenschaft« (Günther). — »Ihre Blicke sanken ineinander ... Er schloß sie in seine Arme und bedeckte ihren lechzenden Mund mit Küssen, die sie heiß erwiderte« (Muschler). — »Er zieht sie in seine Arme. Sekundenlang stehen sie, weltvergessen, eng aneinandergeschmiegt« (Horster).
Was bei diesen Zitaten auffällt, ist die Ernsthaftigkeit, mit der alles geschieht, kein feierlicher Ernst, sondern eher eine ernsthafte Sachlichkeit, die darüber wacht, daß alles perfekt und comme il faut vor sich geht. Es ist ein Ernst ohne jede Ironie, der sich selbst zu wichtig nimmt. Dadurch fehlen diesen Szenen die ironischen, die heiteren, auch die ärgerlichen und ungeschickten Pointen, mit denen die Wirklichkeit sie versieht und durch die sie erst zum charakteristischen Einzelerlebnis werden, das in der Erinnerung haften bleibt. Die Liebesszenen des trivialen Romans aber prägen sich niemand ein, weil ihre Eigenart der Perfektion zum Opfer gefallen ist. Deshalb können sie sich auch unendlich wiederholen, sie müssen es sogar, weil die Wirkung dieser serienmäßig fabrizierten

Liebesbegegnungen sehr viel weniger nachhaltig ist als die einer Szene, die sich aus den Umständen eines Romans ergeben und die im Geflecht der Handlung ihre einzigartige Stellung hat.

Muß Liebe schön sein — das denkt der Leser bei jeder dieser Szenen. Er vergißt dabei, daß Liebe stets aus dem Alltag herauswächst und nicht in einer für sie eigens errichteten Welt stattfindet, daß das Leben kein Roman ist — das freilich bedeutet keine Verarmung. Und er vergißt, daß Liebe verbunden ist mit Verantwortung, daß sie nicht nur in egoistischem Genießen bestehen kann. Der triviale Liebesroman aber weckt häufig unnütze und verkehrte Wunschträume, die blind machen für die Ereignisse der Realität und unzufrieden, wenn diese sich nicht dem Wunschbild anpaßt. Dieses aber sieht, in einem letzten Beispiel zusammengefaßt, so aus:

» ›Meine Seele ruft dich, Maria . . .‹
Zu ihren Füßen sangen die Wasser. Ihre tropfende Melodie vergrößerte das Schweigen . . . Durchs Gezweig huschten die Glühwürmchen, eines fing sich in Marias dunklem Haar.
›Wie schön du bist . . . So schufen die umbrischen Maler ihre Madonnen!‹ . . . Das Meer wurde blau wie Flachsblüte im Sommer. Zerrissene Wolken verdeckten die Mondscheibe. Von den Rosenbüschen fielen langsam weiße große Blätter auf den Weg . . . Der Mond strahlte über Peters Antlitz, das als weiße Frucht vor Maria lag.
›Du bist schneeblaß, Pietro!‹
›Bianca.‹
Ihre Arme umschlangen ihn, ihr Mund näherte sich dem seinen, langsam, ganz langsam. Die Bäume raunten im Wind, und ganz fern sang eine Nachtigall. Peter fühlte den Atem Marias. Seine Lider blieben geschlossen. Es war, als ringe das Glück nach einer neuen Daseinsform . . . Da küßte sie den Freund . . . Durch die Nacht fielen Perlen. Maria weinte.
›Aus dir blüht mir die Erlösung!‹ . . .
Mit einem weißen Rosenblatt trocknete er ihre Tränen. Lichtkäfer irrten im Gezweig. Wasser sangen an Felsen. Neben den Liebenden schritt die silberne Nacht durch das ruhende Land« (Muschler).

Dieser Abschnitt enthält alle Elemente, die zur Liebesszene des Trivialromans gehören: die unwirklich schöne Umgebung, mit Zeitlupe geschilderte Zärtlichkeiten und eine scheinbare Vertiefung ins Innerseelische, beziehungsweise eine Erhöhung zu religiöser Bedeutsamkeit an Stellen wie »Es war, als ringe das Glück nach einer neuen Daseinsform« oder »Aus dir blüht mir die Erlösung«. Lebendige Vorgänge, wie zum Beispiel Marias Weinen, erstarren sofort — »Durch die Nacht fielen Perlen« — zu statischer Preziosität. Hier zeigt sich die falsche Realität verbunden mit *falscher Innerlichkeit* — einer im Trivialroman häufig zu beobachtenden Erscheinung. Er bietet seinen Lesern nicht allein das Schöne, sondern zugleich auch das Tiefe. Oft bleibt es jedoch bei der guten Absicht. Pseudoreligiosität und Scheinproblematik sind die einzigen Resultate.

*Pseudoreligion* zeigt sich bei Agnes Günther, in deren Roman ›Neues Testament‹, Sage und Phantasie merkwürdig vermischt werden. Gewiß war religiöse Verkündigung ein wesentliches Anliegen der Autorin. Sie bringt diese jedoch nicht offen in der Form eines Bekenntnisses vor, sondern gleichsam hinter der Maske der das Buch begleitenden Gespenstergeschichte von der Hexe Gisela, die eine Heilige war. Das trägt ohne Zweifel wesentlich bei zu dem geheimnisvollen Zauber, der das Buch so beliebt machte, ist aber in Wirklichkeit ein Merkmal pseudochristlicher Dichtung, eine Verkitschung des Weltanschaulichen durch die Verquickung des Religiösen mit dem Romantisierenden. Die religiösen Anschauungen sind überdies meist recht subjektiv. Auch wenn man aus dem Rankenwerk der Erzählung herauslöst, daß es vor allem um das Gebot der Nächstenliebe und der unbedingten Frömmigkeit geht, so bleibt dennoch alles im Halbdunkel durch das Leitmotiv vom »Schleier der Gisela«. Auf dem geheimnisvollen und faszinierenden Hintergrund der Gisela-Geschichte entwickelt Agnes Günther ihre religiösen Anschauungen, kann jedoch nicht vermeiden, daß eins ins andere übergeht. So entstehen Pseudodämonie und Pseudoreligion, weil keine der beiden Ebenen um ihrer selbst willen dargestellt wird, sondern stets durch die andere schmackhaft gemacht, dadurch aber ihres Eigenwertes beraubt und künstlich verdunkelt wird. Die Grenzen dieses Glaubens sind fließend und können sich den verschiedensten Gefühls- und Stimmungselementen öffnen. Harro hatte Seelchen von Anfang an mit einem Heiligenschein gesehen, und Rose hielt die Bekehrung ihres Mannes zum christlichen Glauben für eine ihrer wichtigsten Aufgaben. Daher kommt es, daß in diesem Roman nicht nur Sage und Evangelium ineinander übergehen, sondern daß das Religiöse auch mit dem Erotischen verquickt wird. Es ist durchaus zulässig und gar nicht ungewöhnlich, wenn in einem Roman verschiedene Ebenen, zum Beispiel die der Liebesgeschichte und die des religiösen Bekenntnisses, vorkommen, aber sie sollten deutlich sichtbar voneinander zu trennen sein, während bei Agnes Günther Liebe und Religion in unsauberer und unklarer Weise vermischt werden. Die beiden Ebenen können einander wohl ergänzen, erhellen oder vertiefen, aber sie müssen getrennt bleiben. Nicht gegen die religiöse Aussage des Romans richtet sich die Kritik, sondern gegen die Art und Weise, wie diese vorgebracht wird.

Kurz nach seiner ersten Begegnung mit Seelchen sagt Harro zu sich selbst: »Ich muß katholisch werden und einem Heiligen eine Kerze anzünden... Jemand muß ich danken. Oder ich zünde sie dir an, Seelchen.« Und als bei der Enthüllung des Bildes, das er von Seelchen gemalt hat, das Kind mit feinem Einfühlungsvermögen das Gemälde erklärt hat, sagt Harro, indem er »wie ein Hauch den goldenen Scheitel küßt«: »Ich dank dir, Seelchen. Nun ist das Bild geweiht.« Hier liegt die Umkehrung des Phänomens vor. Bisher war das Religiöse an Hand der Liebesgeschichte dargestellt und aufbereitet worden. Nun erscheint die Vermischung der Ebenen in umgekehrter Form. Die Liebesgeschichte wird überhöht, gewissermaßen sublimiert, indem die Autorin sie mit dem religiösen Bereich vergleicht. In beiden Fällen aber handelt es sich um eine Verfälschung. Die Erscheinung, daß ein Autor seine Liebesgeschichte zu sublimieren versucht, indem er einen Personenkult begründet und seine Gestalten in den Bereich des Religiösen hebt, gibt es auch bei Muschler. Es heißt da zum Beispiel: »Voller Andacht baute er sein Leben neben das der Freundin ... — Nicht brechen das heilige Band, das beide verknüpfte inmitten der webenden Allmacht.« Und Maria telegrafiert an Peter: »Froh unseres Glückes, küßt gläubig ihren Priester, Bianca Maria.« Zum Priester gehört eine Heilige, und so, wie Rose im Roman von Agnes Günther die Heilige genannt wird, so ist Maria Welten die Heilige Peter Lechters. Das äußert sich folgendermaßen:

»Durch Tränen sah sie ihn vor sich knien, legte ihre Hände auf seine Schultern und schlug die Brücken zwischen ihren Seelen — — —

›So bin ich Ihnen ...‹

›Heilig ...‹

Ihre Augen baten und die Finger legten sich auf seine Schultern.

›Mit deinen Händen segnest du mich, ... Maria!‹

›Du bist meine Heilige.‹ «

Der Vermischung von Liebe und Religion begegnen wir auch in Harald Brauns ›Nachtwache‹. Die Hauptpersonen dieses Romans sind Pfarrer Heger und Dr. Cornelie Badenhausen; sie sagen Herr Pfarrer und Frau Doktor und natürlich Sie zueinander. Es ist nichts dagegen einzuwenden, wenn dieser Zustand eines Tages ein Ende nimmt, aber man wird mißtrauisch, wenn das gerade in dem Augenblick geschieht, da es um Fragen nach der Weltanschauung und dem Sinn des Daseins geht. Denn Religion ist schließlich Religion, und Liebe ist Liebe, und keins der beiden Phänomene hat es nötig, mit dem anderen verbrämt zu werden. Gerade dann, wenn der christliche Glaube als echtes, sogar existentiell wichtiges Problem aufgefaßt und behandelt wird, müßte die Auseinandersetzung in möglichst sachlicher Form vor sich gehen, und es müßte vermieden werden, daß die Verquickung mit anderen Dingen den eigentlichen Kern der Sache fraglich macht. Bei der ersten bedeutsamen Begegnung zwischen Heger und Cornelie ist das Religionsgespräch am Ende nur Stimulans für die rein menschliche Annäherung. »Heger nimmt ihre Hände. ›Und nun sagen Sie selbst, Cornelie ... Das Gesicht und die Hände zu Gott erhoben, kann es etwas Schöneres für uns Menschen geben?‹ — ›Ja‹, sagt sie leise, ›o ja ... Die Hand in eines Menschen Hand gelegt, den Arm um eines Menschen Schulter gelegt ...‹ Heger will antworten, aber sie legt ihm mit einer liebenden Geste die Hand auf den Mund. ›Bitte, jetzt keine Predigt‹, lächelt sie.«

Die religiöse Thematik, die bis dahin Anspruch auf ernsthafte Teilnahme erhoben hatte, verliert diese durch eine derart zwielichtige Art der Gestaltung. Wie bei Agnes Günther bleibt nur ein pseudotheologischer Horizont; wichtiger ist es, daß die Hauptpersonen einander die Hände halten und sich lieben. Dagegen wäre gar nichts einzuwenden, wenn die Intention des Autors von vornherein eine Liebesgeschichte gewesen wäre. Aber er sagt Religion und meint Liebe. Er weckt lediglich die Illusion von etwas Höherem oder Tieferem; der christliche Glaube erscheint unecht, verlogen und verniedlicht dadurch, daß man ihn mit dem ›schönen Menschlichen‹ verbrämt und schmackhaft macht. Durch diese Gestaltung wird niemand die Dinge des Glaubens in ihrem vollen Ernst verstehen

lernen, sondern höchstens den Eindruck gewinnen, eine Bekehrung sei ein reizvolles intellektuelles Spiel und könne in der Form eines Flirts abgemacht werden.
Die zunächst rein formale Unstimmigkeit, das heißt die unsaubere Vermischung
der beiden Handlungsebenen, geht über ins ethisch Bedenkliche. Die Sphären von
Religion und Erotik fließen ineinander. Während der Leser noch glaubt, sich mit
tiefen Problemen abzugeben, genießt er im Grunde schon einfach die Liebesgeschichte, und zwar mit besonders gutem Gewissen, da es unter der Maske der
Anteilnahme an tiefen Problemen geschieht. Allerdings ist er dabei schon weit
ab von ernsthafter Problematik. Dem Publikum wird nicht zugemutet, die an
sich legitime Problematik ernstzunehmen und durchzustehen. Sein Problem bleibt
lediglich die Frage, ob Cornelie und Heger einander am Ende ›kriegen‹.

Nicht nur im Zusammenhang mit Fragen der Religion kommt es vor, daß das
Publikum durch nur *scheinbare Problematik* belehrt und erhoben wird, sondern
auch überall da, wo Probleme aufgeworfen werden und wo ein Autor Tiefe
erreichen oder auch nur vortäuschen will. In diesem Zusammenhang muß zunächst ein Phänomen genannt werden, das in allen untersuchten Romanen fast
gleich häufig vorkommt. Dabei werden, meist ohne Übergang, bedeutungsvolle
Sätze in der Art von Sentenzen in den Roman eingeflochten. Da gibt es psychologische Erkenntnisse ebenso wie praktische Anweisungen zur Lebensgestaltung
und Lebensbewältigung. »Empfindliche muß man laufen lassen, dann kommen
sie von selber wieder« (Horster). »Gerade in dem Freiheithaben bringt man die
schönen und großen Herzen an ihre Pflicht« (Günther). »Man gewinnt aber
steile Gipfel nie ohne Mühe und überwindet breite Gräben nur mit großem
Anlauf« (Muschler). Oft steht mitten in der Erzählung, mit unsichtbaren Aus-
rufezeichen versehen, irgendeine allgemeine Erkenntnis über die Welt und das
Leben, eine etikettierte Gebrauchsanweisung oder ein guter Rat wie zum Beispiel:
»Das Feine, Edle, Zarte ist immer ein wenig wehrlos« (Günther). »Das Lied vom
Glück muß ein jeder sich selber singen« (Muschler). »Musik ist eine wunderbare
Heimat für den, der im Leben nicht zu Hause ist« (Baum). Ihre starke Häufung
im Trivialroman nimmt diesen Aussprüchen ihren Geltungswert; sie werden billig
und sinken herab zu bloßen Phrasen. Der naive Leser läßt sich jedoch blenden
und betören durch diese Albumverse und Goldenen Worte, die dem Roman zu
scheinbarer Tiefe und geistigem Gehalt verhelfen sollen. Fertige Lebensweisheiten
werden vorgetragen, die stark an Zitat- und Gedichtsammlungen erinnern von der
Art der ›Vergißmeinnicht‹ der Jahrhundertwende, eine Art säkularisierte Spruch-
und Erbauungsbücher, die man in allen Lebenslagen ›befragen‹ und bei denen man
sich Zuspruch, Trost und Rat holen konnte. Es heißt etwa: »Das Schöne ist alles da,
man muß es nur zu finden wissen« (Günther). »Wer innen gesunden will, braucht
Leid« (Muschler). »Die Härten des Lebens sind es, an denen man wächst und
stark wird« (Baum). Diese bequeme, innerlich unbewältigte Art der Weisheit ist
sehr verführerisch, und so kommt es, daß die einfachsten Binsenwahrheiten,
Gemeinplätze und Banalitäten aufgeplustert und mit dem Anspruch des Besonderen und Einmaligen vorgetragen werden. In Wahrheit aber sind sie hohl, und
die betörende kernige ›Schlichtheit‹ ihres Ausdrucks ist nichts als Plattheit.

236

Daneben enthalten die Romane längere Erörterungen über Probleme des Lebens, über Gefühle und pseudophilosophische Gedanken. Agnes Günther ergeht sich besonders gern in Betrachtungen des Heimwehs — »nagendes Heimweh nach grünen Waldbergen, ein nagendes Heimweh nach dem Waldland. Das Heimweh, das die Seele mit grauen Fäden bespinnt und zusammendrückt ... Das Heimweh, das nach jedem Stein der Heimat schreit, das nach den fremden Wänden schlagen möchte. Das immer wieder dem Herzen die trauten Bilder vorhält.« Es ist bezeichnend, wie sehr die Objekte, auf die das Heimweh sich richtet, einander ähneln; man wird dabei an Heimwehschnulzen erinnert, die ebenfalls mit wenigen Grundklischees in immer wieder veränderter Zusammensetzung arbeiten (»Wo du einsam bist, wo dich keiner küßt...«, »...daheim blühen jetzt die Rosen«). Es liegt gewiß in der Natur des Heimwehs, daß sich ihm das Ferne und Vergangene verklärt und daß es sich an einige besonders starke und typische Bilder heftet wie hier das »grüne Waldland«. Dort steht Harros Burg, nach der er sich sehnt.

»Wer eine solche Heimat hat wie ich, die so vielen lebendigen Herzen einst das Höchste war, um die sie geblutet haben in vielen Schlachten, in deren Frieden ihre Kindlein spielten, in deren Schatten sie sich zur letzten Ruhe legten, der darf sie nicht verlassen, ihr nicht untreu werden, muß an seinem Teil und so gut er es kann, sorgen, daß die, die nach ihm kommen, das köstliche Gut bekommen, das ihm die Alten hinterlassen.«

Hier geht die Darstellung der Wirklichkeit über in eine Aufzählung von Klischees, die hinüberführen in eine völlig entwirklichte Problematik. Auf der Vorstellung von der Väterburg im grünen Waldland baut die Verfasserin auf und läßt Harro folgern:

»Und wenn ich zwischen den Vorortbahnen und ihren hundert Lichtern und dem Menschengewühl der armen Heimatlosen im Berliner Norden herumstieg, haben sie an mein Herz gestoßen, daß es mir klar wurde, warum sie so ruhelos sind, so verbittert, so unstet, so pflichtlos oft. Weil das deutsche Herz nach einer Heimat schreit. Hat es keine mehr, an der noch die Sitten, die Taten, die Leiden der Alten hängen, so muß es suchen gehen und wird unruhig und füllt sich mit allerhand, was es hin- und herreißt und nimmer satt werden läßt.«

Dieser Schluß ist einleuchtend, wenn man den Ausgangspunkt akzeptiert. Da aber liegt schon der Fehler. Erst wenn man überlegt, wer denn die »armen Heimatlosen« im Berliner Norden sind, wird einem klar, daß die Verfasserin die Realität verschoben und verfälscht hat. Denn die Zeit der Ritterburgen und der heimeligen Spitzwegstädtchen ist vorbei, und sie stand auch 1912 nicht mehr gerade in Blüte. Väterburgen sind kein Maßstab mehr für das Heimweh der Deutschen, und es ist außerdem ungewiß, ob nicht die »armen Heimatlosen« auf den Berliner S-Bahnhöfen für ihr — freilich ganz anderes — Zuhause genauso empfinden wie Agnes Günther für Langenburg. Gewiß stellt die moderne Großstadt viele Probleme, aber sie müssen anders gelöst und bewältigt werden. Bei Agnes Günther handelt es sich um falsche Innerlichkeit, um eine Scheintiefe, die den Anschein erweckt, als bemühe sie sich um wirkliche Probleme, die diese jedoch verschleiert und sich an überholten Klischees orientiert, die eine Verhüllung und Verkehrung der Realität bewirken, die oft gefährlicher ist als bloße Seichtheit.

In seiner 1921 erschienenen Studie über volkstümliche Erzählerkunst bezeichnete Walter Berendsohn das *Märchen* als den Roman des Volkes. Heute müßte man eher umgekehrt formulieren: der Roman ist das Märchen des Volkes. Das eigentliche Märchen ist heute »in die Kinderstube hinabgesunken« (Lüthi), das Märchenbedürfnis aber ist geblieben. Durch die wirtschaftliche und soziale Umstrukturierung änderten sich die Formen der Unterhaltung. An die Stelle der Geschichtenerzähler früherer Zeiten trat gedruckter Ersatz in einer Fülle von Magazinen, Zeitschriften, Heften und Büchern. Dabei erhebt sich die Frage, ob der Vergleich mit dem wirklichen Volksmärchen legitim ist und ob Märchen und Trivialroman tatsächlich dieselbe Befriedigung zu geben vermögen. Der Vergleich, der immer wieder zwischen diesen beiden Formen angestellt wird, könnte den Fehler haben, daß ein falscher, schiefer und verwaschener Begriff von Märchen zugrunde liegt, etwa der einer schrankenlosen Phantasie- und Wunschdichtung, in der alle Wünsche erfüllt werden und das Leben maßlos schön ist. Eine Reihe recht augenfälliger Entsprechungen verführen immer wieder dazu, Volksmärchen und Trivialroman zu vergleichen. Ein gemeinsamer Zug ist die Befriedigung des naiven Gerechtigkeitsempfindens; das Gute siegt, das Böse wird bestraft. Gemeinsam ist den beiden Formen auch der gute Schluß, ferner die Präzision des Geschehens, oft die Isoliertheit ihrer Helden, die keinen Beruf ausüben und die ewige Jugend besitzen. Diesem Vergleich liegen die Kategorien zugrunde, die Max Lüthi in seiner Monographie über ›Das europäische Volksmärchen‹ erarbeitet hat.

Besonders eine Eigentümlichkeit des Märchens legt häufig den Vergleich mit dem Trivialroman nahe. Es sind die menschlichen Grundtypen und Grundverhaltensweisen in der abstrakten und figuralen Stilisierung, die für das Märchen charakteristisch ist. Meist verkörpert eine Figur einen bestimmten Wesenszug oder eine Verhaltensmöglichkeit. Dazu gehört auch die Vorliebe des Märchens für das Extreme, besonders für extreme Kontraste. Doch gerade hier, wo die Entsprechung am deutlichsten zu sein scheint, muß mit der scharfen Unterscheidung der beiden Formen begonnen werden. Das Märchen vollbringt die Typisierung durch die Technik der Benennung. Es schildert die Dinge nicht, sondern nennt sie nur. Es verzichtet darauf, seine Aussage ins Detail zu vertiefen und erfaßt eben dadurch das Wesen einer Sache ganz. Es stilisiert und typisiert durch höchste Einfachheit der Gestaltung. Auch der Trivialroman kennt Typisierung und Stilisierung. Die Typen des Helden, des guten Fürsten, der bösen Stiefmutter, des bösen Gegenspielers und vor allem des schönen unschuldigen Mädchens sind auch im Trivialroman häufig und scheinen seine Verwandtschaft mit dem Märchen zu begründen. Doch wird hier eine völlig andere Technik der Darstellung verwendet. Die Typisierung erfolgt nicht durch Nennung, sondern durch Häufung. Wenn es im Märchen von einer Prinzessin heißt: »Sie war sehr schön«, so ist das durchaus glaubwürdig, und der Hörer wird von sich aus alles, was für seine Begriffe schön ist, mit der Vorstellung dieser Prinzessin assoziieren, ohne an ihrer Schönheit zu zweifeln. Im Trivialroman dagegen wird eine schöne Frau bis in alle Einzelheiten beschrieben: die schönen Augen werden erwähnt, die feine Nase, der holde Mund, das prächtige Haar, die schimmernde Haut, der Hals, die Stirn, die Wimpern und schließlich noch die Beine und das Make-up. Mag sein, daß der einfache Leser das alles hinnimmt als Garantie größter Schönheit. Die Wirkung einer solchen Beschreibung kann aber auch lächerlich sein. Es kann zu einer Reaktion kommen etwa in der Art: nein, so viel Schönheit auf einmal, das gibt es doch gar nicht. Daher bedeutet die Häufung, die sich ins Detail verliert, oft den Verlust der Allgemeingültigkeit und Glaubwürdigkeit.

Die Personen des Märchens besitzen keine Umwelt. Im trivialen Roman dagegen ist die Umgebung, das Milieu ein wesentlicher Bestandteil und Erfolgsgarant des Buches. Man denke nur an die Häufigkeit eingehender Beschreibungen von kostbaren Interieurs. Das Märchen liebt scharfe Umrisse, klare Farben und feste Stoffe. Dem steht im trivialen Roman die Synästhesie gegenüber. Hier wird wieder die große Kluft deutlich, die das Märchen von der trivialen Literatur trennt: hier reine Farben, dort Mischfarben, hier edle Steine und Metalle, dort Weichheit und Schwüle, hier scharfe, dort verschwommene Konturen. Die Vermischung von Gegenständen, Düften, Klängen und Stimmungen, die für den Trivialroman so ungemein charakteristisch ist, bildet den denkbar größten Gegensatz zum entdinglichten, flächenhaften, abstrakten Märchenstil. Die Aufgaben, die dem Märchenhelden gestellt werden, sind stilisiert; sie werden mit spielerischer Leichtigkeit und Folgerichtigkeit gelöst, weil es sich ja um die entstofflichte Figuration von Problemen handelt. Im Trivialroman stehen die Helden vor äußerst realistischen Schwierigkeiten, die in die Bezüge des realen Alltags gehören. Sie müßten entsprechend den Gesetzen dieses Alltags gelöst oder, wenn eine konkrete Lösung unmöglich ist, innerlich bewältigt werden. Der Schluß im Trivialroman ist jedoch meist völlig unrealistisch; auf wirkliche Bewältigung des Lebens und seiner Probleme wird verzichtet. An diesem Punkt wird deutlich, daß die beiden Formen sich nur scheinbar entsprechen. Während man am Ende eines Märchens ein Gefühl der Befriedigung hat, ist diese Befriedigung am Ende des trivialen Romans nur scheinbar. Es ist nicht wirklich ›aufgegangen‹, die Lösung taugt nicht, sie hilft einem nicht, sondern zeigt nur noch stärker die Dunkelheit und Problematik der eigenen Wirklichkeit.

Die Erfüllung der leeren Existenz mit Farbe und Leben — und seien es auch nur bunte Träume — wird in den meisten Untersuchungen, die sich mit der Frage nach der *Funktion der Trivialliteratur* befassen, als Motiv in den Vordergrund gestellt. Daneben tritt die Sehnsucht des Menschen nach Vergessen des Alltags und der Wirklichkeit überhaupt. Er sucht einen Ausgleich zu dem Dasein, das er als elend empfindet und an das er zeitweilig nicht mehr erinnert werden will. Sieht er jedoch keine andere Möglichkeit des Entrinnens, so flüchtet er in die Illusion.
Der Drang des Publikums zielt darauf hin, über die Durchschnittlichkeit und Mittelmäßigkeit der eigenen Existenz hinauszugelangen. Die Sehnsucht gilt dem

großen, dem bedeutenden, dem außergewöhnlichen Schicksal. Es ist bezeichnend, wie oft im Trivialroman die Rede ist von der großen Welt, der großen Liebe, dem großen Heimweh. Die elementaren Gefühle eines jeden Menschen wie Liebe, Haß, Heimweh, Sehnsucht werden angesprochen, aber sie erscheinen im Roman immer größer und bedeutsamer, als der einzelne Mensch sie empfindet. Das Extrem herrscht vor, die Gipfelsituation und die Hoch-Zeiten menschlichen Lebens, der Ausnahmezustand gewissermaßen, aber dieser ist im Trivialroman ein kontinuierlicher Zustand, so daß der Leser den Eindruck gewinnt, so sehe eben das große Schicksal aus, das ihm versagt sei. Keineswegs müssen es immer Situationen höchster Freude und größten Glückes sein, auch der tiefste Schmerz ist offenbar gefragt; schließlich kann er bei der Lektüre niemand gefährlich werden. Er stört die Ruhe des Lesers nicht, denn er wird in derselben Weise wie das große Glück sentimental genossen. Und wenn es Tränen gibt, dann sind es nur solche, die sich leicht und gut mit einem weißen Rosenblatt trocknen lassen. Es ist also keineswegs so, daß nur die Happy-end-Romane und -Filme in diese Rubrik gehörten. Das tragische Ende, der Tod oder die ewige Trennung der Liebenden tun dieselbe, nur durch den Edelschmerz noch raffinierter zubereitete Wirkung. Das Entsagen des Liebespaares — ›Sie konnten zusammen nicht kommen‹ — wird so wunderschön dargestellt, daß der Zuschauer sie auch darum beneidet. In diesem Sinn kann man von Wunschtraumbefriedigung mit negativem Vorzeichen sprechen. Der Tatbestand bleibt derselbe. Ein Verzicht im wirklichen Leben bedeutet Rückkehr in den nun vollends grau und leer gewordenen Alltag mit seinen Pflichten. In der Schnulze dagegen — gleich, ob es sich um Roman, Film oder Schlager handelt — wird der Moment des Abschieds, in dem die Trennung noch gar nicht vollzogen ist, genußreich in die Länge gezogen: Farbe, Stil, Größe und Pointiertheit also auch hier in einem Maße, wie das wirkliche Leben sie nur selten beschert.

Das Bedürfnis des Publikums nach Gehobenheit und Erhebung wird, oft sehr handgreiflich, durch Luxus in der Lebensführung und sozial hohen Rang der Romanhelden gestillt. Ein paar glückliche Stunden lang möchte der Leser an dem Leben teilhaben, das für ihn sonst nicht erreichbar ist, er will selbst die Prinzessin oder der Millionär oder der große Gelehrte sein. Die vornehme Umgebung, der alte Name, ererbter Reichtum, ehrwürdige Tradition vermögen ihm im Roman in kleinen Portionen dieses Gefühl zu vermitteln. Es ist selbstverständlich, daß es sich dabei nur um rundherum vollkommene Idealgestalten handeln kann. Fehler und menschliche Schwächen hat der Leser selbst; er will sich nur mit einer Gestalt identifizieren, die höchsten Ansprüchen und Idealen genügt. Es ist durchaus berechtigt, die Frage zu stellen, ob zum Beispiel Agnes Günthers Roman auch dann so großen Erfolg gehabt hätte, wenn er nicht im Langenburger Schloß, sondern unter der dortigen Bevölkerung gespielt hätte; wahrscheinlich wäre er ohne die Kulissen von Schlössern und Rivieravillen überhaupt nicht möglich gewesen. Zwar kommen auch die ›ehrenfesten Bauern‹ und die Honoratioren des Städtchens vor, aber sie sind nur Requisiten, ein kleiner Teil des Hintergrunds für die ›Herrschaft‹. Ihr Leben kennen die meisten Leser, weil es auch das ihre ist, aber im Roman wollen sie an der Lebenssphäre der oberen Schichten teilnehmen.

Dieses Bedürfnis ist oft gekoppelt mit einem recht konkreten Wissensdrang. Auch ihm wird Rechnung getragen durch die detaillierte Schilderung von Mahlzeiten, Interieurs, Kleidern und Umgangsformen. Es muß einem bei der Schilderung kulinarischer Genüsse das Wasser im Munde zusammenlaufen, die Beschreibung eines Kleides muß so genau sein, daß man es kopieren könnte. Das Fernweh des Publikums wird durch die Landschaftsbeschreibungen und die exotischen Elemente des Trivialromans gestillt. Der Leser genießt in der Phantasie, was ihm in Wirklichkeit versagt ist: Ansehen, Begehrtheit, Erfolg im Beruf oder in der Liebe. Die mannigfaltigen Erlebnisse der Romanhelden schaffen ihm dafür eine Ersatzbefriedigung, wobei die Betonung darauf liegt, daß diese Helden eben überhaupt etwas erleben, während das eigene Leben langweilig und leer bleibt. Zu den Bedürfnissen des heutigen Romanlesers gehört auch die Sehnsucht nach Geborgenheit. Damit läßt sich die Vorliebe für alte trauliche Städtchen und stille Waldschlösser erklären, die im Trivialroman immer wieder erscheinen. Auch der beliebte Rückgriff auf vergangene Zeiten wird dadurch verständlich.

Ein Blick auf den Schlager zeigt, wie dem Roman in immer stärkerem Maße die Aufgabe übertragen wird, die geordnete Welt, so wie sie sein sollte, zu spiegeln. Die Funktion, die ursprünglich beim Märchen lag, die den Trivialroman dann zum modernen Märchenersatz machte, scheint ganz auf diesen übergegangen zu sein. Im Schlager sind beide Begriffe, Märchen und Roman, sehr häufig. Neuerdings kann man beobachten, daß der Roman noch über das Märchen gestellt wird, wie die folgende Probe zeigt:

> »Wenn zwei Herzen sich verstehn
> in Paris an der Seine,
> fängt ein kleines Märchen an,
> fast so schön wie ein Roman.«

Es ist gewiß fragwürdig, Schlagertexte in diesem Zusammenhang als Belegmaterial anzuführen, denn erstens werden die Begriffe Märchen und Roman hier kaum in einer streng definierten Bedeutung verwendet, sondern willkürlich oder des Reimes wegen, und zum zweiten werden die Texte von routinierten Fachleuten gemacht und nicht von der Masse der Konsumenten, um die es hier geht. Das letzte Argument ließe sich aber genau so gut gegen den Trivialroman anführen. Es ist nur beschränkt gültig, denn wenn auch diese literarischen und musikalischen Erzeugnisse von psychologisch und soziologisch erfahrenen Experten gemacht werden, so sprechen doch ihr Erfolg und ihre Beliebtheit dafür, daß sie den Geschmack des Publikums treffen und seine Bedürfnisse befriedigen.

Man kann dem Trivialroman also manche, zum Teil durchaus legitime, Funktionen zusprechen. Er kann unterhalten, erfreuen, rühren. Seine Lektüre garantiert Erholung und Entspannung durch seine Problemlosigkeit beziehungsweise durch seine von vornherein durch die Aussicht auf das happy end entschärfte Problematik. Er kann dem durchaus berechtigten menschlichen Bedürfnis nach Unterhaltung und Zerstreuung dienen und eignet sich gut als Einschlaflektüre. Das alles darf jedoch nicht über seine Gefahren hinwegtäuschen. Durch die ausschließliche oder übertriebene Lektüre solcher Romane kann der Leser negativ beeinflußt werden. Er liest, so formulierte es K. F. Borée, um »schwarz zu leben«. Diese Wendung enthält schon das Zweiseitige dieser Beschäftigung. Sie klingt nach Verbot und Gefahr, nach etwas, das man eigentlich nicht — oder doch nicht nur — tun sollte und deshalb lieber im Verborgenen treibt. Es scheint sich um etwas nicht völlig Einwandfreies und Ungefährliches zu handeln, und tatsächlich ist der Trivialroman — bei allem Recht, das man ihm zugestehen mag — nicht so harmlos, wie man leichthin und spöttisch schulterzuckend meint.

Nur zu leicht kann der Trivialroman unerfüllbare Wunschträume wecken, die den Leser dann unzufrieden und für seinen Alltag untauglich machen. Sein ständiger Genuß verfälscht allmählich das Weltbild; die Traum- und Scheinwelt des Romans wird für die Wirklichkeit gehalten. Es ist bezeichnend, wie häufig der Trivialroman mit Narkotika und Rauschgiften verglichen wird. Das macht sein Doppelgesicht deutlich, seine angenehme Wirkung und seine Gefahr bei übermäßigem Genuß. Nur derjenige ist ihm auf die Dauer gewachsen, der Distanz zu bewahren versteht und aus eigenem Entschluß immer wieder die Lektüre beenden kann. Ist er aber einmal süchtig geworden und diesem bequemen Genuß erlegen, so muß er erst wieder lernen, für andere Lektüre tauglich zu sein. Mit Maßen genossen jedoch — wer außer rigorosen Kunstfanatikern wollte mehr gegen ihn sagen, als man auch gegen Alkohol und Zigaretten sagen könnte? Damit soll keine Lanze für den Trivialroman gebrochen, sondern nur angedeutet werden, daß man ihn nicht einfach aus dem heutigen Leben streichen, ihn gleichsam verbieten kann. Wichtiger wäre es, auf einige Gesichtspunkte hinzuweisen, die man dem Trivialroman, ohne ihn zu überfordern, zur Bedingung machen könnte. Zunächst ist auf die Stimmigkeit in Stoff und Sprache zu achten. Der Unterhaltungsroman muß nicht hohe Kunst sein, aber er kann und soll handwerklich gut gearbeitet sein. Die Sprache muß nicht dichterisch sein, aber sauber und grammatikalisch einwandfrei; die Bilder müssen nicht künstlerisch sein, aber sie sollten stimmen. Ferner müßte geachtet werden auf Wirklichkeitstreue oder aber — wo es sich um reine Phantasie- und Traumdichtung handelt — auf die Betonung des Fiktionscharakters, damit Literatur und Wirklichkeit nicht miteinander verwechselt werden können. Dem Verlangen des einfachen Lesers nach Typen statt Charakteren könnte durchaus Rechnung getragen werden; dafür müßte sich die Milieuzeichnung durch Genauigkeit und Dichte auszeichnen.
Daß man gute Unterhaltungsromane ohne ›poetischen‹ Ehrgeiz schreiben kann, beweist die angelsächsische und die französische Literatur. Der deutsche Leser dagegen ist immer wieder in Gefahr, die Romanwelt zu verabsolutieren und die eigene Wirklichkeit darüber zu vergessen. Wie leicht und wie gern er sich den wirklichkeitsfernen Elementen im Trivialroman hingibt und sich in eine irreale Traum- und Märchenwelt, in eine gefährliche Lethargie gegenüber wichtigen Fragen der Gegenwart zurückzieht, zeigt eine Beschreibung der Wirkung von Muschlers Romanen auf ihre Leser. Ein Kritiker schrieb:
»Sehnsüchtige sind seine Menschen, dunkle Fragen träumen in ihren Augen, Sehnsucht ist seine Landschaft. Wenn der silbergrüne Nil im Schatten umdunkelter

Sykomoren vorüberströmt und der Gesang aus lautlos dahingleitenden Nachen sich in den Zweigen mondverschleierter Bäume verliert, dann blüht Muschlers Menschen die blaue Blume deutscher Sehnsucht, wo in der Welt es auch immer sein mag... Aus diesem Erfühlen verborgenster Zusammenhänge hat Muschler seine deutsche Welt gestaltet, die in ihrer fest umrissenen Realität in Form und Sprache vom Zauber verhauchender Märchenstimmung umweht ist, als läge wahr und wirklich ein Knabe am Quell deutscher Phantasie und bliese tagesselig sein Wunderhorn.«

Es wird eine große Zahl von Lesern geben, die sich davon zutiefst gerührt und angesprochen fühlen und denen die Worte ›deutsche Seele‹ und ›deutsche Sehnsucht‹ klingen wie Musik. Wie gefährlich eine solche Vernebelung für die Gesamtheit eines Volkes werden und welch schwere Folgen diese Betäubung haben kann, muß nicht eigens betont werden.

Es wäre jedoch eine falsche Reaktion, wenn man nun in krassem Rigorismus die triviale Literatur auszurotten suchte. Ungleich wichtiger wäre es, wenn man — ohne ambitiöse ästhetische Forderungen — versuchte, ihr Niveau zu heben. Es ist nicht möglich, gegen die Trivialliteratur mit Hilfe der höchsten Kunstdichtung anzugehen; sie muß vielmehr mit ihren eigenen Waffen geschlagen und auf ihrer Ebene bekämpft werden. Sie kann nicht als gleichförmige Masse gesehen und als solche verurteilt werden, da ihre Merkmale in verschiedener Häufigkeit und in immer neuen Mischungen auftreten. Der Trivialroman ist dadurch vielfältig differenziert und weist manche Ansätze auf, durch die er verbessert werden könnte, um dann als — notwendiges und berechtigtes — Gebrauchs- und Unterhaltungsschrifttum im Literaturganzen anerkannt zu werden.

*Exkurs*

*Dorothee Bayer kommt in ihrer Untersuchung von Struktur- und Formelementen des trivialen Familien- und Liebesromans zu Kennzeichnungen, von denen einige seltsamerweise wie zugeschnitten auf bestimmte moderne Romantheorien der ›hohen Literatur‹ erscheinen. Sie decken sich z. B. weitgehend mit einigen Charakterisierungsmöglichkeiten des ›roman nouveau‹: die Charaktere »können sich nicht verwandeln«; die Helden »entwickeln sich nicht«; »am Schluß ist wieder alles beim alten«; in der Landschafts- und Milieuschilderung herrscht die »Stilisierung« vor; es steht nicht das Bemühen im Vordergrund »Wirklichkeit wiederzugeben«; »Kursbücher, Stadtpläne, Modejournale und Speisekarten« liegen dem Text in höherem Maße zugrunde als »die Wirklichkeit«; der Roman sei »nicht mehr geformtes Abbild der Wirklichkeit, sondern Stoffsammlung, Rohmaterial«.*

*Daß hier solche verblüffenden Ähnlichkeiten in einigen (ganz und gar nicht in allen) Charakterisierungspunkten auftreten können, hängt damit zusammen, daß die Verfasserin den Trivialroman gegen den literarischen psychologischen Entwicklungsroman und gegen den gesellschaftskritischen Roman, wie sich beide aus der Tradition des 19. Jahrhunderts heraus fortgesetzt haben, absetzt — und daß der ›roman nouveau‹ seinerseits bewußt gegen diese Arten von Romanen konzipiert worden ist. Was die Verfasserin als die Erstarrung und Trivialisierung eines Romantyps kennzeichnet, könnte andererseits mit ähnlichen Ausdrücken, so scheint es, ein neues, ernst zu nehmendes Programm bedeuten — wenn man dabei nicht Gefahr liefe, grundlegendere Unterschiede zu übersehen.*

*In was der Trivialroman unbesehen hineinfällt oder was er, in anderer Ausprägung, gezielt produziert, hat einen vom modernen Roman verschiedenen Bewußtseinsgrad, andere Realitätsperspektiven und damit auch andere Stillagen. Der moderne Roman macht gleichsam den Herstellungsvorgang des Trivialromans, den beobachteten Vorgang der versachlichten, vororganisierten Vermittlung von Gefühlen und Urteilen, auch von Wahrnehmungsgehalten, zu seinem Gegenstand und versucht ihn, zugleich mit seinem Wirklichkeitsmodell, durch angemessene, geschärfte Mittel mit darzustellen; — oft genug, indem er ihn zitiert. Ein moderner Roman, der sich auf stilisierte pantomimische Bewegung des typisierten Helden zurückzieht, der das Milieu eines zum Kurhaus umgebauten Schlosses in immer den gleichen Zieraten vorführt, der sich aus Wehrmachtsberichten, Zeitungsnachrichten, Gerichtsprotokollen zusammensetzt, stellt das Einzelgeschehen kritischer in andere Nachbarschaften als der hier zitierte Trivialroman, führt schwebende Zustandsmischungen dort vor, wo hier Festlegungen erfolgen; zudem versucht sich dort jedes Buch in einer anderen Methode, die Klischees zu benutzen und sie als Elemente der Komposition auszuspielen, während hier die Regelhaftigkeit der Anwendung im jeweiligen gesamten Genre auf der Hand liegt. Dort erscheint schwer Ausdrückbares als Nebengeräusch und gleichsam zwischen den*

244

Zeilen, und gewinnt so die Oberhand — hier hat die Oberhand das, was von vornherein gemeinhin erwartet werden kann. Die Norm des hochstilisierten, individualistisch-psychologischen und des gesellschaftlichen Romans reicht jedoch, als ›positiver‹ Hintergrund, nicht aus, um durch Vergleich die Tüchtigkeit und Untüchtigkeit von Struktur- und Formelementen nachzuprüfen. Ein unterschwelliger Zusammenhang, ex negativo, besteht zwischen der Trivialliteratur von heute und der modernen Literatur, dessen Problematik noch zusätzlich anhand von Stilvergleichen herauszuarbeiten wäre.

# Wilfried Berghahn
# In der Fremde

Es war 1939, deutsche Truppen marschierten in Prag ein, italienische Soldaten besetzten Albanien, Hitler und Stalin schlossen einen sogenannten Nichtangriffspakt und verständigten sich über die zukünftige Teilung Polens, in London und in Paris wehrte man sich noch gegen die Vorstellung, der zweite Weltkrieg stehe vor der Tür, da sang man in Deutschland einen Schlager, es war der erfolgreichste des Jahres, und er hieß: ›Das kann doch einen Seemann nicht erschüttern.‹ Das Lied versprach, man werde sich das Leben nicht verbittern lassen: »Und wenn die ganze Erde bebt / und die Welt sich aus den Angeln hebt, / das kann doch einen Seeman nicht erschüttern, / keine Angst, keine Angst, Rosmarie!«

Nicht lange, da bebte die Erde tatsächlich. Die Welt, jedenfalls die vertraute Welt, hob sich aus den Angeln. Genauer gesagt: sie wurde aus den Angeln gehoben von denen, die dieses markige Lied angestimmt hatten. Das Jahr 1940 zeigte die Sänger auf der Höhe ihres Triumphes. Wieder war es ein Schlager, der ihren Gefühlen Ausdruck verlieh. Sie sangen: »Für eine Nacht voller Seligkeit, da geb ich alles hin!« — Ob sie damals schon ahnten, daß der Rausch tatsächlich sehr kurz sein würde, und daß sie alles würden hingeben müssen? Die Banalität der Schlagertexte kann hintergründig sein. Jedenfalls währte die Seligkeit zwei Jahre. Dann stellte sich heraus, daß die Panzer im Schnee vor Moskau steckenblieben, und daß Bezugscheine und Lebensmittelkarten einem das Leben auf die Dauer doch ›verbittern‹ konnten. Als schließlich eine ganze Armee — oder was von ihr übriggeblieben war — bei Stalingrad die Waffen strecken mußte, und man sich in Berlin, in Hamburg und Köln daran gewöhnte, immer häufiger die Luftschutzbunker aufzusuchen, begannen andere Lieder populär zu werden. Man sang von Einst, von einer Zeit, als die Soldaten ihre Abende noch im trauten Schein einer Laterne mit ihrem Mädchen verbringen durften. Es hieß Lili Marleen. Und man begann zu träumen:

»Kauf Dir einen bunten Luftballon, / halt ihn fest in Deiner Hand, / stell Dir vor er fliegt mit Dir davon / in ein fernes Märchenland.«

Die Wirklichkeit war unangenehm geworden. Man hoffte, ihr wenigstens im Kino und auf den Flügeln des Gesanges entkommen zu können.

Leider konnten aber die Träumer nicht übersehen, daß der Himmel voller Jagdbomber war, die sich verschworen hatten, die bunten Luftballons abzuschießen und ihre Passagiere in die ungemütliche Wirklichkeit zurückzubefördern. Es war 1944, die Zeit, als das deutsche Volk begann, sehnlichst auf die Wunderwaffen zu warten, die der Reichsminister für Volksaufklärung und Propaganda verheißen hatte. Es war die Zeit, als Zarah Leander sang: »Ich weiß, es wird einmal ein Wunder geschehn, und dann werden tausend Märchen wahr.« Dieses Lied wurde der letzte Versuch, die Einsicht in das Unvermeidliche noch einen Augenblick fernzuhalten und wenigstens einen Schimmer der einstigen Seligkeit zu retten. »So schnell kann keine Liebe vergehn, die so schön einst war und wunderbar«, behauptete der Schlager, und in den Augen der Sängerin vor der Filmkamera standen Tränen. Aber es sollte nur noch ein paar Monate dauern, bis auch der singende Teil der deutschen Nation seinen Widerstandswillen über Bord warf und sich entschloß, von Stund an gerade in der Vergänglichkeit einstiger Gefühle sein neues Heil zu erblicken. Nun konzentrierte alle Hoffnung sich darauf, möglichst schnell aus dem Schlamassel herauszukommen und noch einmal neu anfangen zu können:

»Es geht alles vorüber. / Es geht alles vorbei. / Auf jeden Dezember / folgt wieder ein Mai.«

Die Abfolge der Schlager in den Kriegsjahren war eine komplette Wiedergabe der Gefühle des deutschen Volkes in diesen Jahren. Die meisten Texte wahrten den Anschein des Unpolitischen nur oberflächlich. Sie gaben, obwohl man vom Schlager gewöhnlich annimmt, er sei zeitfremd, ihre Korrespondenz mit den militärischen Veränderungen und den daraus resultierenden Stimmungen des Publikums von Jahr zu Jahr offener zu. Das ist inzwischen selbst den naiven Schlagerkonsumenten aufgefallen, die gewiß nicht gewohnt sind, sich kritisch analysierend mit ihren Tagträumen zu befassen. Die generelle Vorstellung, Schlagergeschichte könne Zeitgeschichte sein, hat freilich für den normalen Kunden der Unterhaltungsmusik, selbst wenn sie im Einzelfalle akzeptiert wird, immer noch etwas durchaus Ärgerliches an sich. Wer sich in Diskussionen über dieses Thema mit sogenannten Schlagerfans einläßt, spürt den instinktiven Widerstand derer, die befürchten, mit den Illusionen von der Zweckfreiheit des Schlagerliedes auch das Vergnügen an ihm zu verlieren. Man bemüht sich deshalb — vor allem in der Industrie selbst, die größten Wert darauf legt, unproblematisch zu erscheinen — die Relevanz der Beispiele aus den Kriegsjahren einzuschränken und erklärt sie für einen Ausnahmefall. Mag sein, sagt man, daß in besonderen Situationen — und das war natürlich eine besondere Situation damals — der Schlager bestimmte Zeitstimmungen widerspiegelt, aber das gilt doch heute nicht. Die Annahme, man könne aus Liedern wie ›Ciao, ciao, Bambina‹ oder ›Am Tag als der Regen kam‹ vernünftige Schlüsse auf eine besondere Mentalität derer ziehen, die sie singen, erscheint in dieser Perspektive als nutzlose intellektuelle Spielerei oder schlimmer noch: als indiskrete Anmaßung.

Wir werden leider nicht umhin können, uns diesem Verdacht auszusetzen. Die Psychologie der Massenmedien ist ein seltsames Geschäft. Wahrscheinlich gehört es wesentlich zur emotionalen Aura des Schlagers — wie im übrigen auch des Unterhaltungsfilms und der Groschenromane —, daß sie ihre Analytiker mit Lächerlichkeit bedrohen. Läge die sozialpsychologische Funktion der Massenmedien offen zutage und böten sie sich jedem verständigen Zugriff dar, müßten sie ihre Wirkung verlieren. Die Funktion des Schlagers im Gefühlshaushalt des Publikums ähnelt der der Tagträume. Trauminhalte aber wollen für das kritische Wachbewußtsein alberne Ungereimtheiten bleiben, sonst müßte das Bewußtsein für seine Autonomie fürchten. Es wehrt sich gegen die Phantasmen, indem es ihre Interpreten für Scharlatane erklärt. Man kann das am Widerstand gegen die Psychoanalyse im Detail studieren.

Selbst die Aussicht, Schlagerpsychologie könnte geeignet sein, die Publikumswünsche besser zu erkunden und also helfen, das Produkt Schlager verkäuflicher zu machen — eine Vorstellung, die in anderen Industriezweigen zur Selbstverständlichkeit gehört — scheint in der Unterhaltungsbranche auf Abneigung zu stoßen. Jedenfalls gibt man vor, keine marktpsychologischen Untersuchungen anzustellen. Eine der Standardbehauptungen aller Schlagerhersteller, der man von Interview zu Interview immer wieder begegnet, so daß allein ihre Häufigkeit schon Mißtrauen hervorrufen muß, lautet: der Erfolg eines Liedes sei vollkommen irrational. Ein agiler Produzent meint: »Das ist wie eine Grippe, da kann man nichts dran drehen. Das Geheimnis des Erfolges ist lediglich, die Hits von morgen zu *spüren* wie den Regen im Hühnerauge[1].«

Eine Branche, die sich so intensiv bemüht, im Dunkeln zu bleiben, verdient besondere Aufmerksamkeit. Sie verdient sie noch mehr, wenn man sich klarmacht, welche wirtschaftliche Bedeutung ihr zukommt. »Im Jahre 1960 besaß jeder dritte deutsche Haushalt einen Plattenspieler; nur jeder sechste besaß ein Bad«[2], schreibt Siegfried Schmidt-Joos in einem Büchlein über ›Geschäfte mit Schlagern‹. In Produktionszahlen ausgedrückt heißt das, daß 1960 in der Bundesrepublik 61,4 Millionen Schallplatten verkauft wurden, von denen mehr als achtzig Prozent Schlager waren. Zum Vergleich die Zahl von 1949: damals waren es insgesamt 6 Millionen Platten. In elf Jahren also eine Ausweitung der Produktion um mehr als das Zehnfache. Nun mag man das für die ersten Jahre nach 1949 noch von der allgemeinen Expansion in allen Industriezweigen her verständlich finden; bemerkenswert wird die Statistik jedoch, wenn man feststellt, daß der Höchststand der Vorkriegsproduktion 1955 mit dreißig Millionen Platten bereits erreicht war, und seither sich die verkaufte Produktion noch einmal verdoppelt hat. Zwar verschiebt sich seit 1958 in den Verkaufszahlen das Verhältnis zwischen ernster Musik und Schlagern zugunsten der ernsten Musik, anders jedoch als etwa in der Filmbranche kann man von einer Rezession beim Schlager nicht sprechen. Er hat die Sättigungsgrenze beim Publikum erreicht und hält sich an ihr ohne wesentliche Einbußen. Fünf große Konzerne teilen sich in mehr als neunzig Prozent des Geschäftes. Ihr Gesamtumsatz betrug 1960 mehr als 600 Millionen Mark. Schlager-Illusionen sind also nicht nur bunt und hilfreich für ihre Kunden; sie sind auch außerordentlich gewinnbringend für die, die sie herstellen.

Siegfried Schmidt-Joos (dem wir die vorstehenden Zahlen verdanken) schätzt, daß monatlich in der Bundesrepublik etwa 360 neue Titel herauskommen. Das sind 180 Platten mit je zwei Nummern. Von denen haben nur die Produktionen der großen Firmen tatsächliche Verkaufschancen. Die meisten ihrer Titel erreichen

---

[1] Nach Siegfried Schmidt-Joos: ›Geschäfte mit Schlagern‹, Carl Schünemann Verlag, Bremen, S. 14.

[2] Ebenda S. 9.

die zur Deckung der Unkosten notwendige Auflage von ungefähr 30 000 Stück. Erfolge, die echten Schlager also, die aus Musikautomaten und Radiolautsprechern wiederhallen, kann man aber nur Auflagen über 100 000 nennen. Mit ihnen wollen wir uns beschäftigen.

Da Schlager kollektive Wachträume sind, gehorchen sie wie alle Träume nicht der Logik und Vernunft, sondern Wünschen und Ängsten. Sie müssen, wenn sie sprechen sollen, interpretiert werden, denn sie tragen ihre Botschaften nur halbbewußt, gänzlich unbewußt, in sonderbaren Verkleidungen und auf Schleichpfaden zwischen Wach- und Traumzustand. Auf den ersten Blick scheint es, als ob wenige Stereotypen genügten, alle Schlager zu bilden: Liebe und Leid, Sehnsucht nach Süden und Heimweh nach zuhaus, Mandolinen und Mondschein. Das, so meint man, ist das immer gleiche Vokabular des Schlagers. Aber der erste Blick verbirgt, daß unter der Oberfläche, hinter der scheinbaren Wiederkehr des Gleichen, ein subtiles Zusammensetzspiel stattfindet, in dem sich die Bedeutung der Motive von Fall zu Fall verschiebt. Das Mischungsverhältnis der Ingredienzen ist in jedem markanten Exemplar der Gattung Schlager ein anderes. Diese Variation macht die Motive erst interessant. Erst sie ermöglicht, Veränderungen nachzugehen und neue Schlagerkonstruktionen als Indiz neuer Publikumsstimmungen zu lesen.

Leider hat sich in Deutschland die Diskussion bisher fast ausschließlich bei den ›Vokabeln‹ aufgehalten. Bis zur ›Grammatik‹ ist sie nicht vorgedrungen. Es gibt kein anderes Massenmedium, das — obwohl es von Millionen konsumiert wird — so leicht und ungeprüft, unter Ausschluß der Öffentlichkeit, passiert wie der Schlager. Unser Versuch, Schlagerpsychologie zu betreiben, kann sich deshalb auf Vorgänger kaum berufen. Er bleibt ein Versuch auf einem unbekannten Territorium, das von Millionen bewohnt wird.

Beginnen wir mit dem Lied, das unter allen deutschen Schlagern die höchste Auflage erreicht hat. Mehr als zwei Millionen Platten wurden davon verkauft. Auf dem größeren amerikanischen Markt wäre das nur ein beachtlicher ›Hit‹. In Deutschland darf es als überragender Erfolg gelten. Kein anderer Titel kommt auch nur annähernd an die Zweimillionenmarke heran. Das Wunderlied heißt ›Heimweh‹. Es wurde 1956 auf den Markt gebracht:

»So schön, schön war die Zeit... / Brennend heißer Wüstensand, / fern, so fern dem Heimatland, / kein Gruß, / kein Herz, / kein Kuß, / kein Scherz, / alles liegt so weit, so weit. / Dort wo die Blumen blühn, / dort wo die Täler grün'n, / dort war ich einmal zu Hause. / Wo ich die Liebste fand, / da ist mein Heimatland. / Wie lang bin ich noch allein? / So schön, schön war die Zeit... // Viele Jahre schwere Fron, / harte Arbeit, karger Lohn, / tagaus, tagein, / kein Glück, kein Heim, / alles liegt so weit, so weit. / Dort wo die Blumen blühn, / dort wo die Täler grün'n, / dort war ich einmal zu Hause.«

Der Sänger seines Heimwehs war ein Unbekannter namens Freddy Quinn. Die erste Auflage verkaufte sich schlecht, heißt es heute. Erst als ein Redakteur des Bayerischen Rundfunks die Platte demonstrativ vor dem Mikrophon zerbrochen habe, um sie als ungenießbar zu charakterisieren, sei die Nachfrage sprunghaft angestiegen. Man darf diese Version aber ruhig ins Reich der Legende verweisen.

Zwar mag das Verdikt die Platte zunächst tatsächlich bekanntgemacht haben, ihren Erfolg erklärt es jedoch nicht mehr. Man hat andere Gründe zu finden versucht. Einer scheint in der von der Schallplattenfirma verbreiteten Biographie Freddy Quinns zu liegen. Diese Geschichte wußte zu berichten, Freddy sei ein Seemann, der jahrelang unstet durch die Welt gewandert, in New York Schuhe geputzt, in Finnland in einem Reisebüro gearbeitet und in Marokko in der Fremdenlegion gedient und immer Heimweh gehabt habe. Dieser Lebenslauf habe die Leute mehr angesprochen als das Lied, sagt die Theorie; er habe vor allem in den weiblichen Schallplattenkunden, die alle Erfolge bestimmen, denn Platten werden vorwiegend von Frauen gekauft, Sympathie für einen herumgestoßenen großen Jungen geweckt. (Das wäre gleichsam der Forestier-Effekt in der Schlagerbranche.)

Freddy Quinn selbst tat sein Bestes, um diese Version zu stützen. »Ich bin jahrelang getrampt. Manchmal hatte ich Hunger, Durst und keine Arbeit. Und da schlägt sich dann meist das Heimweh dazu. Heimweh nach irgendetwas. Manchmal auf meinen Fahrten in die Welt habe ich geweint wie ein Schloßhund. Wenn ich heute über Heimweh singe, dann fühle ich etwas dabei[3].« Der Käufer der Platte soll das Gefühl haben, reelle Ware bekommen zu haben. Dieses Heimweh — soll er sich sagen — kann niemand leichtfertig als Schnulze denunzieren, denn es ist dokumentarisch. Der Sänger selbst hat es hundertfach erlebt. Man würde aber die Stärke solcher Rechtfertigungsbedürfnisse, die gewiß beim Erfolg der Platte mitsprechen, überschätzen, wenn man sie zum Kernpunkt der Erklärung machte. Das Publikum hat heute, wenn es von den Massenmedien Träume bezieht, ein viel zu gutes Gewissen, als daß es sich deren Redlichkeit noch eigens beglaubigen lassen müßte. Schlagerkonsum ist eine Selbstverständlichkeit, die man nicht mehr entschuldigt.

Freddy sagt jedoch etwas Bemerkenswertes. Er meint, zu Hunger und Arbeitslosigkeit schlage sich sehr schnell das Heimweh, und er nennt es »Heimweh nach irgendetwas«! Hier ist Heimweh also gar nicht als konkretes auf eine geographisch fixierbare Heimat gerichtetes Gefühl gemeint, sondern Heimweh so allgemein wie möglich, nach allem und jedem oder irgendetwas: eine Klage über die Heimatlosigkeit als menschliche Verfassung schlechthin. Der Hinweis auf Hunger und Arbeitslosigkeit ist nur ein klischierter Vorwand, den das Lied selbst außer acht läßt. Dort werden andere, charakteristischere Symptome dieser Heimatlosigkeit genannt:

»Kein Gruß, / kein Herz, / kein Kuß, / kein Scherz, / alles liegt so weit, so weit.« Das ist Klage über mangelnde menschliche Wärme, über fehlende Vertrautheit; ein Katalog von Frustrationen, die einem Einsamen in einer zumindest gleichgültigen, wenn nicht feindseligen Welt widerfahren. Oder, ins Soziale gewendet: Das folgenreiche Erlebnis der politischen Philosophie aus dem 19. Jahrhundert, daß der Mensch in der kapitalistischen Gesellschaft ein Fremder ist in einer immer fremder werdenden Welt, wird hier mit den banalen Worten eines Schlagers ausgesprochen. Die Assoziation des brennend heißen Wüstensandes stellt sich

---

[3] Zitiert nach Schmidt-Joos, S. 45.

schließlich als zusammenfassende Metapher für den Ort des leeren Lebens genau so selbstverständlich ein wie bei T. S. Eliot, der sein Gedicht über die Entfremdung ›The Waste Land‹ nannte. Ästhetisch betrachtet trennen beide Werke natürlich Abgründe, aber psychologisch meinen sie die gleiche Situation.

Ungewöhnlich und deshalb besonders wichtig an Freddy Quinns Lied ist, daß es seinen Konsumenten nicht einmal Hoffnung auf einen glücklichen Ausgang macht. Natürlich wäre ›Heimweh‹ kein Schlager, wenn sein Autor nicht als Gegenbild zum Leben in der Entfremdung eine Utopie der heilen Welt entwürfe: »Dort wo die Blumen blühn, dort wo die Täler grün'n, da war ich einmal zuhause.« Aber die Perspektive ist rückgewandt. Das Paradies liegt unwiederholbar in der Vergangenheit. Nur durch Erinnerung und das kindliche Gestammel »Schön war die Zeit«, wird es noch einmal beschworen.

Seit Freddy Quinns Erfolg gibt es Heimwehschlager zu Dutzenden, die versuchen, das Vokabular der Einsamkeit zu übernehmen:

»Endlos sind die Straßen, / und endlos ist das Leid. / Endlos ist die Sehnsucht, / die Heimat ist so weit.« Oder: »Schwer war der Abschied , so schwer war die Zeit. / Wir mußten hinaus in die Nacht. / Die Welt war so dunkel, der Weg war so weit, / und das Glück hat an uns nicht gedacht.«

Aber keines dieser Lieder wagt, seinen Helden im Elend sitzen zu lassen. Die Vokabeln der Entfremdung sind immer nur Einleitung zur Lobpreisung der Rückkehr ins Paradies. In der einen oder anderen Form heißt es am Schluß jedesmal:

»Zu Hause, da werden wir uns wiedersehn, / und alles wird noch mal so schön, so schön. / Zu Hause, zu Hause, da werden wir uns wiedersehn / und nie mehr auseinandergehn!«

Die Schlagerindustrie reagierte spekulativ. Das heißt: sie übernahm den neuen Ton sofort, aber sie versuchte, ihn ihren alten Mustern anzupassen. Man verstand nur, daß man auf eine Publikumsschicht gestoßen war, die bisher nur indirekt berührt worden war und sich erst jetzt durch Freddys offene Klage voll angesprochen fühlte. Diese Käufer durfte man nicht wieder verlieren. Freddys zweiter großer Erfolg brachte die Kalkulation in den ersten Zeilen unverblümt zum Ausdruck:

»Heimatlos sind viele auf der Welt, / heimatlos und einsam wie ich. / Überall verdiene ich mein Geld, / doch es wartet keiner auf mich.«

Bezeichnend ist, daß hier keine materielle Not mehr vorgegeben wird, nicht einmal harte Arbeit. Der Sänger weiß, daß er ohne große Anstrengung überall sein Geld verdienen kann. Ein Versager ist er bestimmt nicht. Deswegen brauchte niemand ihn zu bemitleiden, wenn die Einsamkeit nicht wäre, wenn man sich nicht sagen müßte, daß aller äußere Erfolg vergebens ist, weil er uns mit niemand wirklich verbindet.

»Keine Freunde, keine Liebe, / keiner denkt an mich das ganze Jahr. /Keine Freunde, keine Liebe, / wie es früher einmal war.«

Doch Freddy soll diesesmal von seinem neuen Publikum nicht zuviel verlangen. Man weiß nicht, ob es sich noch einmal ein Lied ohne Verheißung des Glücks gefallen lassen würde, scheinen die Produzenten gedacht zu haben. Bisher war das jedenfalls nicht üblich. Also singt Freddy diesmal in der zweiten Strophe, was man schon immer gesungen hat:

»Hoffnungslos ist keiner auf der Welt. / Einmal kommt für jeden die Zeit. / Und ich weiß, ich weiß, das Schicksal hält / auch für mich noch einmal bereit: / ein paar Freunde, eine Liebe. / Daran denke ich das ganze Jahr. / Ein paar Freunde, eine Liebe, / wie es früher, früher einmal war.«

Das Arrangement, die Aufteilung der glücklichen Verheißung auf einen Chor, der den Einsamen hörbar in die Gemeinschaft aufnimmt und natürlich vor allem die dick unterstreichende sentimentale Musik zeigen an, daß dieses Lied kein Zufallstreffer mehr war, sondern eine bewußte Konstruktion, mit der der Heimweherfolg ausgemünzt werden sollte.

›Heimweh‹ erschien 1956 auf dem deutschen Schlagermarkt. ›Heimatlos‹ ein Jahr später, 1957, das war das Jahr, in dem die Regierungspartei den Wahlkampf mit der Devise führte »Keine Experimente!« und »Sicherheit für alle«. Wie erfolgreich diese Parolen waren, wissen wir. Wenn man den Schlagermarkt beobachtet hätte, wäre das voraussehbar gewesen, denn es gab nach dem Kriege kein Jahr, in dem so viele traurige, die Unsicherheit beklagende, nach Trost verlangende Lieder das Rennen um die Publikumsgunst machten, wie 1957. Wenn wir vier Titel nehmen, die bei Polydor, dem wichtigsten deutschen Schallplattenkonzern die Bestsellerliste anführten, treffen wir viermal auf vermeintlich Zukurzgekommene, die gehätschelt werden wollen. Nach ›Heimatlos‹ steht an zweiter Stelle der Foxtrott ›Cindy, oh Cindy‹, eine Ballade von einem verlassenen Mädchen und einem gebrochenen Versprechen. Der Refrain bestätigte »Cindy, oh Cindy, Dein Herz muß traurig sein, der Mann, den Du geliebt, ließ Dich allein!« Gefühle sind leider veränderlich in dieser Welt, auch wer selbst an etwas festhält, weiß nicht, ob der andere es tut, klagt das Lied. An dritter Stelle stand ein Titel, der verlangte: »Ein bißchen *mehr* könntest du mich schon lieben!« »Laß mich bitte nie mehr *träumen* von den Stunden, die so fern, laß mich bitte nie versäumen, was das Leben Schönes bringt.« Und dann immer wieder die Aufforderung, man möge ihn, den Sänger, doch ein bißchen mehr lieben und verwöhnen, erst dann würde er wahrhaft glücklich sein. An vierter Stelle schließlich folgte ›Solang die Sterne glühn‹, das Lied eines Mädchens an den fernen Geliebten, der leichtsinnig hinausgezogen ist, um das Glück in der Fremde zu suchen, und der natürlich nur Not und Gefahr gefunden hat. Darum die Aufforderung an ihn, nicht mehr weiter zu suchen, sofort zurückzukommen, damit er nicht auch noch das letzte Glück seines Lebens versäume: »Laß keinen Tag mehr vergehn! Bist Du erst bei mir, was kann uns geschehn!«

Wenn man sich fragt, woher soviel Unsicherheit und Unzufriedenheit mit dem Erreichten kommt, kann man auf sichtbare Ereignisse nicht zurückgreifen. Keine akute Kriegsdrohung, keine Wirtschaftskrise, nicht einmal eine Stagnation waren 1957 spürbar. Allerdings wurde 1957 sehr heftig diskutiert, ob in Deutschland Atomwaffen gelagert werden sollten, ob gar die Bundeswehr mit Atomsprengköpfen ausgerüstet werden dürfe. Die sowjetische Regierung drohte Vergeltungsmaßnahmen an. Von den Gewerkschaften, von Studenten und Professoren und der Opposition wurden Anti-Atomkundgebungen organisiert. Es ist aber fraglich, ob diese Beunruhigung allein ausgereicht hätte, im kollektiven Unterbewußtsein des Publikums jene Baisse-Stimmung zu erzeugen, von der die Schlager künden. Wahrscheinlich sind beide Phänomene, die Angst, die aus den Schlagern tönt und die Sorgen, die die Atombomben für die Sicherheit bedeuten, nur Symptome eines tiefer sitzenden Gefühls, daß man sich auf die Welt — so wie sie ist — nicht verlassen kann.

1956/57 war der Wiederaufbau der Bundesrepublik in ein Stadium eingetreten, in dem alle wichtigen äußeren Positionen endlich erreicht waren. Acht Jahre lang, von 1948 an, hatte das Volk gearbeitet, um sein Leben wieder auf eine gesicherte materielle Basis zu stellen. 1956 ungefähr, aber eigentlich auch nicht früher, hatte dieser Staat sein heutiges Gesicht angenommen. Seither haben im Lebensstil nur noch Oberflächendifferenzierungen stattgefunden. Die wesentlichen Institutionen, alle wichtigen Verhaltensschemata, die man heute als repräsentativ für das Leben in diesem Teile Deutschlands ansehen darf, wurden in den Jahren bis 1956 geprägt... Und dann kam der Moment, in dem man zum erstenmal von der Arbeit aufsah, sich umblickte in der Welt, die man aufgebaut hatte und entschlossen war, sich an ihr zu freuen. Da entdeckte man, daß äußerlich alles zum besten stand; man durfte sicher sein, überall in dieser Gegend sein Geld verdienen zu können. Aber war das alles? — Das mußte der Moment sein, in dem man sich fragte, was man eigentlich gewollt hatte. Den perfekten Wirtschaftswunderstaat, in dem man alles kaufen kann? Gewiß, den hatte man bestimmt auch gewollt. Aber war er Heimat und Zuhause? Fühlte man sich geborgen in einer Gemeinschaft? Nahm man Anteil aneinander? Wohin die Träume des Publikums gingen, die in der Wirklichkeit nicht befriedigt worden waren, zeigte nicht nur der Schlager. Fürs Kino war 1956 das Jahr, in dem der größte Erfolg ›Die Trappfamilie‹ hieß. Damals begann die Schauspielerin Ruth Leuwerik ihren Triumphzug mit der Ideologie des Seid-nett-zueinander. Zur gleichen Zeit — und auch noch 1957 — spielte Romy Schneider die Traumrolle von der mädchenhaften Kaiserin Sissi in rosaroten, ganz unschuldigen, von keiner widrigen Wirklichkeit angerührten Filmen.

Der Schlager Jammer und der Filme Seligkeit, Freddy und Sissi, waren zwei Seiten derselben Münze. Der deutsche Bürger hatte entdeckt, daß materielle Güter allein nicht glücklich machen, daß sie im Gegenteil Belastungen mit sich bringen, daß sie leicht den Menschen zum Sklaven der Apparate und der angeblichen Notwendigkeiten, die man nicht mehr los wird, erniedrigen. Der Schlagertexter Moesser fand dafür eine geschickte Umschreibung, als er seine Kunden einlud, ihr Schicksal mit dem der Fremdenlegionäre zu identifizieren.

Eine kürzere und schlagendere Metapher für Verlassenheit, Fremdheit in der Welt und harten Zwang ließ sich kaum finden. Natürlich wurde das Lied wieder ein Erfolg für Freddy Quinn:

»Fremd ist die Erde, / fremd der Himmel, / fremd sind die Reden, / fremd die Lieder, / fremd sind die Herzen und keines schlägt für ihn. / Immer nur träumt er von den Wäldern, / träumt von den Wiesen, von den Feldern, / träumt von den Sternen, die in der Heimat glühn. / Der Weg nach Haus ist schwer / für einen Legionär. / Und viele sehen die Heimat, die Heimat niemals mehr.«

Schlager leben davon, ihre Anhänger zu trösten. Selbst wenn sie der Menschheit Jammer ausschütten, tun sie es nur, weil Sorgen, über die man singen kann, schon nicht mehr ganz so schwer auf uns lasten. Der Legionär im Wüstensand übernimmt stellvertretend den Unwillen biederer Hausfrauen, Schüler und Arbeiter angesichts der vielfältigen Belastungen, denen sie im Alltag unterworfen sind. Er schüttet sein Herz aus, und sie tun es mit ihm. Ebenso wie wirkliche Träume sind auch die Produkte der Traumfabrik nicht immer bunt und fröhlich. Es gibt Zeiten, in denen die Gesellschaft schwer träumt mit allen Merkmalen des Alpdrückens. Die Heimwehlieder markieren eine solche Phase. Indem sie ihren Anhängern die Chance geben, sich zu erleichtern, verraten sie dem Soziologen, der prüft, was dabei zutage kommt, daß die Bundesrepublik durchaus nicht das seiner selbst gewisse Land voll zufriedener Menschen ist, für das oberflächliche Betrachter sie halten. Unsere Schlagerträume offenbaren, daß wir uns in unserer Haut nicht wohlfühlen. Heimlich hoffen wir, daß alles ganz anders werden möge. Wenn Politiker Schlager hörten und gewohnt wären, darin nicht nur belanglosen Zeitvertreib zu sehen, hätten sie eigentlich aufmerksam werden müssen, als 1959 aus allen Lautsprechern ein Lied tönte, in dem eine große Wende beschworen wurde.

»Am Tag als der Regen kam, / langersehnt, heißerfleht, / auf die glühenden Felder, / auf die durstigen Wälder. / Am Tag als der Regen kam, / langersehnt, heißerfleht, / da erblühten die Bäume, / da erwachten die Träume, / da kamst Du!«

Das Leben vor der wunderbaren Wendung ist auch hier ein Vegetieren in der Fremde und in der Wüste. Glühende Felder und vertrocknete Wälder stehen für eine unbarmherzige Umgebung, in der der Mensch verdorrt und sehnlichst auf Erlösung wartet. Und damit niemand Zweifel darüber hegen kann, heißt es ausdrücklich:

»Ich war allein im fremden Land, / die Sonne hat die Erde verbrannt, / überall nur Leid und Einsamkeit / und Du, ja Du — so weit, so weit! // Doch eines Tages von Süden her, / da zogen Wolken über das Meer, / und als endlich dann der Regen kam, / fing auch für mich das Leben an. / Ja, Ja, Ja, Ja. / Am Tag als der Regen kam, / langersehnt, heißerfleht, / auf die glühenden Felder, / auf die durstigen Wälder. / Am Tag als der Regen kam, / weit und breit, wundersam, / als die Glocken erklangen, / als von Liebe sie sangen, / da kamst Du! / Da kamst Du!«

Vielleicht sollten wir noch einmal anmerken, daß ästhetische Urteile uns in diesem Zusammenhang nicht sonderlich interessieren, daß wir die Frage nach dem Niveau angesichts eines Schlagers für falsch gestellt halten, damit wir ohne Mißverständnisse sagen können, daß dieses Lied psychologisch betrachtet ein Stück adventistischer Mystik darstellt.

Hier wird in der Sprache der Verzückung die Ankunft eines alle Not wendenden Bräutigams geoffenbart. Wie in den Texten mittelalterlicher Nonnenmystik das Erscheinen des HERRN und die geistliche Vermählung mit ihm in der Sprache sexueller Ekstasen ausgedrückt wurde, so auch hier auf dem Niveau des Schlagers. Der Regen, der das Land befruchtet und der Bräutigam, der die Frau zur

254

Liebe erweckt, kommen gleichzeitig. Sie sind in Wahrheit einunddasselbe, ebenso wie das ausgedörrte Land und das bisher leere Leben derer, die nur warten konnten, einander entsprechen. Sehr wahrscheinlich hat das Publikum, das das Lied zu einem großen Erfolg machte, von seinen Sexualsymbolen nichts bemerkt. Das ist ganz in der Ordnung, denn wäre es anders, träte die sexuelle Thematik offen zutage, rückte sie sofort in den Mittelpunkt des Interesses und verengte die Aussage des Liedes allein auf sich. So aber — unterschwellig bleibend — wirkt sie nur als Transportmittel der eigentlichen, weit über den sexuellen Bereich hinausgehenden Botschaft. Es ist die Verheißung des großen Umbruchs, die Erlösung aus der seelischen Dürreperiode, es ist eine Beschwörung des noch unbekannten aber bald in Erscheinung tretenden Retters. Er muß ja kommen, sagt dieses Lied. Die Wolken werden brechen; er wird aus ihnen herniedergehen und das Land verwandeln wie der Regen. Und die Glocken werden läuten zur großen Hochzeit der neuen schöpferischen Macht mit allen Kräften, die bisher brachlagen.

Das alles ist natürlich nicht bewußt politisch gemeint. Allzu simpel wäre der Schluß, ein neuer ›Führer‹ werde offenbar erwartet, oder das deutsche Volk hoffe auf einen konkreten Umsturz.

Die Leitbilder des Schlagers sind kein Orakel. Sie enthüllen Denkmodelle, genauer gesagt: Gefühlsmodelle, die latent beim Publikum vorhanden sind. Welchen konkreten Inhalt sie einmal annehmen werden, ob sie zu öffentlicher Wirksamkeit kommen und in welcher Form, ob sie nur unruhestiftend unter der Oberfläche der zugelassenen Gedanken ihr Wesen treiben oder durch neue Erfahrungen einfach aufgelöst werden, entscheiden die politischen und kulturellen Initiativen der Nation. Die Psychologie des Schlagers kann nur zeigen, wohin die Träume der Massen flüchten, nicht, was die Massen tun werden. Allerdings kann es sein, daß sie tatsächlich einmal mit sich tun lassen, was sie träumen.

Übrigens war ›Am Tag, als der Regen kam‹ kein isoliertes Beispiel. 1962 machte ein neues Lied bei uns die Runde, das von derselben Ankunftsmystik erfüllt ist: »Ein Schiff wird kommen / und meinen Traum erfüllen / und meine Sehnsucht stillen«, sangen alle unsere Schlagerstars.

Diese Lieder hatten nicht nur in Deutschland Erfolg, sondern in allen westeuropäischen Ländern und den Vereinigten Staaten. Das kann als weiterer Hinweis dafür gelten, daß man keine allzu schnellen Schlüsse ziehen darf, etwa von der angedeuteten Art, die Deutschen seien eben unverbesserlich, sie könnten immer nur an neue Befreier denken. Andererseits freilich bestätigt die Internationalität solcher Wunschträume ihre gesellschaftlichen Ursachen. Die Lebensverhältnisse in der westlichen Welt sind heute in so hohem Maße überall die gleichen, daß der Schlager im gesamten atlantischen Raum mit gemeinsamen emotionalen Voraussetzungen beim Publikum rechnen darf. Der Wunsch, aus dem Alltag erlöst zu werden, ist ein allgemeiner Wunsch in unserer Zivilisation. Ähnliche soziale Schichtungen und ähnliche Regierungsformen, ähnliche Belastungen, führen zu ähnlichen Schlagern.

Soweit der allgemeine Satz. Man würde aber die Anpassungsfähigkeit des Schlagers unterschätzen, und vor allem würde man seinen symptomatischen Wert

für die Sozialpsychologie verkennen, wenn man bei dieser Feststellung halt-
machte. Unter der Oberfläche der Übereinstimmung beginnen höchst interessante
Differenzierungen. Schon das Phänomen Freddy Quinn ist primär auf Deutschland beschränkt. Die Klagelieder anderer Nationen werden von anderen Protagonisten mit anderen Texten gesungen. Und das wiederum hat seine Gründe.
Zum Beispiel haben wir in Deutschland zu dem Amerikaner Jonny Ray, der in
den Jahren zwischen 1951 und 1955 seinem Publikum direkt und ohne Umwege
die Tränenschleusen öffnete, kein Pendant. »Cry!«, Weine! rief Jonny Ray seinen
Zuhörern zu; er verzerrte das Gesicht wie unter Schmerzen, ließ sich auf die
Knie fallen und ballte die Fäuste, so berichten die Augenzeugen, und die Leute
im Saal weinten hemmungslos, ohne sich zu genieren. Sein Producer erklärte das
später so: »Damals als der Koreakrieg im Gange war, da fühlten wir plötzlich
alle die verdammte große Ungewißheit, der Boß genauso wie sein Chauffeur.
Die Leute auf der Straße, zu Fuß oder im Cadillac, sie konnten plötzlich alle
keine Pläne mehr machen, die Zukunft war wie zugerammelt — es war zum
Weinen! Damals dachte ich mir, daß es besser sei, zu weinen als die Tränen zu-
rückzuhalten. Mancher rettet sich, indem er weint!«[4]
Sehr bezeichnend für nationale Unterschiede ist auch die verschiedenartige
Adaption des amerikanischen Rock 'n Roll in den europäischen Ländern. Während er in England spontane Nachfolge auslöste, fand er in Frankreich nur sehr
geringen Widerhall und so gut wie gar keine Nachahmer. In der Bundesrepublik
hingegen induzierte er eine besondere Art von Teenagersentimentalität, die mit
dem ursprünglichen Rock 'n Roll wenig zu tun hatte. Die Aufsässigkeit eines
Elvis Presley verwandelte sich in Jungmädchen-Albernheiten und die Obszönität
in harmlosen Klamauk. Genauer gesagt, man versuchte in der Schlagerindustrie
gar nicht erst Presley oder Bill Haley einzudeutschen, sondern hielt sich von
vornherein an die romantisch und im Grunde recht friedfertig gestimmten jungen
Sänger, die im Gefolge des Rock 'n Roll in Amerika auftraten, ihn aber nur
als Gelegenheit benutzten, alte Schablonen modisch aufgeputzt neu zu verkaufen. Noch einmal verdünnt kamen deren Lieder nach Deutschland und wurden hier im Repertoire der Conny Froboes und Peter Kraus vollends zur
Schnulze. Für die explosive Stimmung der amerikanischen Rocks, für Provokation und Aufruhr im Schlager, war in Deutschland kein Platz. Während die
amerikanischen Fans der ›heißen Musik‹ gegen die konformistische Welt der
Erwachsenen, in der sie nur ein Leben für Konsum und Sozialprestige sehen,
aufmuckten — gewiß nicht sehr intelligent, aber instinktiv —, ging der Trend
in Deutschland in jenen Jahren zwischen 1956 und 1958 gerade dahin, an den
vermeintlichen Freuden der Erwachsenen teilzunehmen. Die amerikanische Gesellschaft war auch im Hinblick auf die Jugendlichen saturiert und suchte eine
Ausflucht, die deutsche wollte sich erst saturieren. Davon künden die Texte der
deutschen Lieder ganz offen.
»Wir Boys und Girls von heute / sind junge Leute, / wie du und ich. / Wir Boys
und Girls wir lieben / dies schöne Leben, / wie du und ich. / Doch nichts wird

---

[4] Zitiert nach Walter Haas: ›Das Schlagerbuch‹, List-Verlag, München, S. 28.

man uns schenken, / und wenn wir daran denken, / dann haben wir die Zukunft in der Hand.«

Wie ausländische Erfolge bei der Übertragung der gängigen Tendenzen des Importlandes angefaßt werden, ist eigentlich ein besonderes Thema für eine eigene Untersuchung. Man könnte höchst interessante Einzelheiten über die jeweiligen emotionalen Verhältnisse in den korrespondierenden Ländern dabei erfahren. Wir können diesen Komplex hier nur andeuten. Eine erste Untersuchung darüber hat Hermann Schreiber im ›Monat‹ geliefert. Als einen der krassesten Fälle nennt er das amerikanische Lied ›Sixteen Tons‹, »...ein Song mit einer massiv klassenkämpferischen Tendenz, wie man ihn überall eher anzutreffen gewagt hätte als in den so überzeugt kapitalistischen USA (und für den sich in der Bundesrepublik wohl allenfalls der Verfassungsschutz ernsthaft interessieren würde): Ein Mann, der in einem Bergwerk Kohlen schaufelt, erzählt die ausweglose, niederschmetternde Geschichte seines Lebens, zu kraftlos schon, um noch aufzubegehren, aber voll versteckter Anklage.«[5] Die wörtliche Übersetzung würde etwa so lauten:

»Sechzehn Tonnen Kohle ladet man! / Und was hat man davon? / Wenn so ein Tag rum ist, / sitzt man nur noch tiefer in den Schulden. / Heiliger Petrus! / Ruf mich nicht zu dir, / ich kann nämlich nicht kommen: / meine Seele gehört dem Kompanie-Geschäft!«

In Deutschland strich man diesen Text völlig weg und unterlegte der Musik eine banale Seemannsballade über ein Schiff namens Mary Ann. Die Klage über die Arbeitsfron wurde ersetzt durch die gängigste Metapher der Freiheit, die der deutsche Schlager aufzuweisen hat, durch den Seemann und das weite Meer.

So war im Handumdrehen der Inhalt des amerikanischen Songs in sein Gegenteil verkehrt. Solche Veränderungen werfen ein bezeichnendes Licht auf die Schlagerindustrie. Sie zeigen, daß der Schlager nicht nur ein Produkt der Phantasielosigkeit seiner Hersteller ist, wie naive Kritiker meinen, sondern ideologische Konsequenz besitzt.

»Sei zufrieden mit dem Heute, / wenn es dich auch wenig freut. / Denk doch nur, wie viele Leute / leben ohne jede Freud. / Was nutzt all das viele Denken, / bleibt die Welt doch wie sie war, / mag sie noch so reich beschenken, / bleiben Menschen immer da. / Sei zufrieden, sei zufrieden, / mit dir selbst und was du hast. / Jeder Tag hat seine Sorgen. / Jeder Tag hat seine Last. / Sei zufrieden, sei zufrieden! / Jeder hat doch seine Not. / Jede Nacht hat ihren Morgen. / Wer nicht Sorgen hat, ist tot!«

Das ist in einem Lied zusammengefaßt die Konsequenz aller Schlagerproduktion in Deutschland, und solcher Texte, die an Deutlichkeit nicht mehr zu überbieten sind, gibt es Dutzende. Der Schlager leugnet nicht, daß die Welt, so wie sie ist, nicht gut ist. Allzuviele Menschen quälen sich durch ihren Alltag. Allzuwenig Blütenträume reifen. Allzuoft meint man, verbannt zu sein in Einsamkeit. Allzuviele spüren, daß sie sich abrackern für nichts und wieder nichts. Aber was nützt es, sich dagegen aufzulehnen, nicht wahr? Paß dich besser an, sagt der

---

[5] Hermann Schreiber: Lebenslüge nach Noten, ›Der Monat‹, Jahrgang 1959/60.

Schlager. Lerne darauf verzichten, deine großen Träume verwirklichen zu wollen. Begnüge dich mit den kleinen Annehmlichkeiten des Lebens, die du hast. Halte dich zurück, sonst verlierst du auch die noch! Im Schlager wird das Menschenbild konsequent auf das unterste Mittelmaß reduziert. Und damit die Entsagung leichter fällt, tut er dann ein übriges und zaubert in verschwenderischer Fülle alle Herrlichkeiten der Welt, die in Worten und Melodien zu kaufen sind, für seine Kunden herbei. Dann auf einmal ist ihm keine Südseeinsel zu fern und kein Liebesglück zu groß, als daß er es nicht herbeizitieren könnte. Er tut das nicht aus Übermut oder gar aus Freundlichkeit, wie seine braven Kunden meinen. Er muß es einfach. Es bleibt ihm keine andere Wahl, denn dafür wurde er erfunden, daß er die Wirklichkeit erträglicher macht. Ändern, so heißt die Voraussetzung aller Schlager, kann man sie nicht. Von einer heilen Welt läßt sich nur träumen.

Es herrscht in der öffentlichen Diskussion der Massenmedien ein merkwürdiges Mißverständnis. Die meisten Kulturkritiker beschweren sich immer wieder darüber, daß die Inhalte der Filme, der Schlager, der Fernsehprogramme so oberflächlich, so konfliktlos, so banal und rosarot seien. Sie vermissen Lebenswahrheiten und die vielberufenen ›echten Probleme‹.

Diese Kritiker erliegen einem doppelten Irrtum. Sie machen sich nicht klar, daß es unter der Oberfläche, dort, wo man die Banalität und die rosarote Haut der Dinge durchstößt, immer ungemütlich wird, daß für Entspannung und Beruhigung dort gar kein Platz ist, weil aus allen Löchern sofort die Lemuren hervorkriechen. Und sie übersehen außerdem, daß die Inhalte der Massenmedien gar nicht so wirklichkeitsfremd sind, wie sie meinen. Selbst der bunteste Schlagertraum produziert seine Bilder der Glückseligkeit nur vor einem Hintergrund der Angst. Wenn Heidi Brühl singt »Wir wollen niemals auseinandergehn«, tut sie es nur, weil zu befürchten steht, daß man eines Tages doch auseinandergehen wird. Der Schlager ist eine Versicherung gegen den Lauf der Welt. Man kennt das unvermeidliche Ende nur allzugut und versucht hilflos, sich noch einmal dagegen zu stemmen. Die Harmonie, die sich dann einstellt, währt zwei Minuten, und danach ist man wieder bei den Sorgen. Diese Lieder sind durchaus nicht so problemlos, wie sie erscheinen. Mitten drin steckt die Angst. Bevor Heidi Brühl bittet, sich immer nur Liebe und Vertrauen zu schenken, wirft sie einen Blick in das Jammertal:

»Sieht man die Menschen sich sehnen / und sieht ihren Schmerz, ihre Tränen, / dann fragt man sich immer nur: Muß das so sein? / Immer nur Scheiden und Meiden / und immer nur Warten und Leiden, / und hier so wie dort ist ein jeder allein.«

Das ist der Untergrund aller Schlager und erst dann kommt die Verheißung, die Hoffnung, das kleine Glück doch noch retten zu können. Der Illusionismus der Schlager überzieht als dünner Lack einen großen Katzenjammer. Alle Vorwürfe, die sich gegen die Oberflächlichkeit wenden, verfehlen deshalb ihr Objekt. Sie verkennen, daß die Texter nicht aus Dummheit oberflächlich sind, sondern aus Notwendigkeit. Sie *können* nur oberflächliche Hoffnungen erwecken, weil der Untergrund, aus dem sie schöpfen, voller Pessimismus ist. Die Lobpreisungen des heilen Lebens sind unwahr, aber sie sind nicht wirklichkeitsfremd, denn sie entwerfen keine Welt für sich, kein reines Phantasieprodukt, sondern nur ein Gegenbild zur Wirklichkeit. Die Illusionen sind mit tausend Ketten in jedem Detail an die Misere des Alltags gebunden. Hinter jeder Verheißung steckt eine heimliche Sorge, hinter jeder Glückseligkeit eine Befürchtung. Wer Schlager analysiert, stößt Schritt für Schritt an Unzufriedenheit und Einsamkeit. Aber daran ist nicht der Schlager schuld, sondern die Gesellschaft, die ihn braucht, damit ihre Zukurzgekommenen wenigstens für zwei Minuten, solange sich die Platte dreht, einen Trost haben, bevor die Wirklichkeit ihre Kräfte wieder überfordert. Schlagergeschichte ist Sozialgeschichte, auch wenn es vielen nicht gefällt.

# Nachwort

Die meisten der hier vorliegenden Aufsätze entstanden im Laufe eines *Colloquiums*, das in Berlin stattfand und einen Kreis von jungen Wissenschaftlern und Studenten zusammenführte. Es war zunächst eine ernst genommene Spielerei auf Neuland, auf einem Gebiet, von der Literaturwissenschaft fast ausschließlich ignoriert, von der Soziologie teilweise bearbeitet und vollkommen offen einer Kulturkritik, deren Stärke bisher nicht gerade darin bestand, sich an Gegenstände zu heften, sie zu analysieren und mit Material zu argumentieren.

Die Spielerei wurde Ernst, als einige der Mitarbeiter sich daran machten, Einsichten in ihr Teilgebiet schriftlich zu fixieren und schließlich zu veröffentlichen. Es wurde klar: Die Spielerei barg Notwendigkeit. Warum sollte nicht in einer größeren Publikation der Weg versucht werden, fort von den kanonisierten Beständen der hohen Literatur, ein Weg, der entlangführte an dem weiten Feld der Gebrauchsliteratur: er besaß den Kitzel des Stolperns *und* die Chance zu Entdeckungen.

Die Herausgeber mußten sich mit beiden Möglichkeiten abfinden. Das betraf die ihnen anvertrauten Aufsätze und ihre eigenen Einstellungen zu ihnen. Methodische Probleme, Fragen der Perspektive, mit denen ein Autor seinen Gegenstand faßte, waren ja nicht nach objektiven Kriterien, über die eine bereite Fachwissenschaft verfügte, zu beurteilen und zu lösen. Für die Autoren *und* für uns tauchten diese Fragen auf, und zwar um so dringender, je diffuser das Teilgebiet war. Die Herausgeber wurden in die individuelle Auseinandersetzung mit dem Stoff hineingezwungen — sie hatten keine sakrosankten Lösungsmöglichkeiten zur Hand und die Diskussion um Methode und Mittel begann bei ihnen noch einmal. Weshalb dies verschweigen? Die methodische Unsicherheit gehörte zur Problematik des gesamten Stoffes; sie zu ignorieren hieße: einen Schritt zurückgehen.

Am Ende dieses Bandes sollte also keine falsche Selbstbestätigung zu finden sein. Vielmehr sollen einige Dinge neu angerührt werden — vielleicht nur als Frage und vorläufig —, damit die Schattierungen wechseln und einige Starrheiten sich auflockern, denen wir uns selbst in den Exkursen zuweilen schuldig gemacht haben.

Trivialliteratur. Mit diesem Begriff operieren wir von Anfang an: Vielleicht war es fahrlässig, ihn zu strapazieren. Es geriet so eine pejorisierende Zwangsvorstellung in die Argumentation. Oft wurden die Ergebnisse, bevor sie abgerundet und gleichsam auch umgekehrt durchdacht waren, zu schnell und zu vordergründig in gesellschaftliche Beziehung gesetzt. Aber wie ginge es anders?

In großen Umrissen ist die Bedeutung der Gebrauchsliteratur in der Gesellschaft, das heißt für den Leser, für seine Denk- und Lebensgewohnheiten klar. Sie besitzt einen Einfluß, der den der hohen Literatur gewiß nicht nur quantitativ, sondern auch in der Intensität der Leitbilder weit übersteigt.

Auf der anderen Seite sollte man einmal den Beziehungen nachgehen, die zwischen den *qualitativen* Stufen innerhalb des Gesamtbereichs der Literatur bestehen oder bestanden. Als in Deutschland im Zuge der Aufklärung der Roman als eigengewichtige Gattung sich konstituierte, stand an seiner Wiege die Trivialliteratur; und über die Aufklärung hinaus, über die Romantik bis tief hinein ins 19. Jahrhundert — in den großen bürgerlichen Roman — gab sie der sogenannten hohen Literatur Anstoß und Motive.

Das ist heute nicht anders. Die strenge Trennung, die wir gerade in Deutschland zwischen Gebrauchsliteratur vornehmen und einer, die künstlerischen Anspruch erhebt, hat die letztere oft in eine ›zu dünne Luft‹ getrieben. Damit sind manche Gattungen immer unverbindlicher und fragwürdiger geworden. So etwa die moderne Lyrik, die sich in ›Lettrismen‹ zerlegt, in blasse Symbol- oder Metaphernsprache. Nicht anders in der Prosa mit ihren ›Feldern‹ oder ›Dünnschliffen‹.

Einige Autoren wirkten dieser ›Verdünnung‹ entgegen, indem sie die bewährten Modelle der Trivialliteratur aufgriffen, handhaben und sie auf listige, auf fruchtbare Weise veränderten. So erscheinen zum Beispiel gewisse Elemente des Kriminalromans in den beiden Büchern von Robbe-Grillet ›Der Augenzeuge‹ oder ›Ein Tag zuviel‹. Günter Grass benutzt das Modell des Abenteuer- oder Schelmenromans, und das Modell des Sachbuchs oder des Tatsachenromans scheint durch in den Arbeiten von Uwe Johnson.

Gewiß verharren diese Autoren nicht bei den starren Modellen des Trivialromans. Sie versetzen sie vielmehr mit dem differenzierten Bewußtseinsstand der Gegenwart. Die Modelle werden gleichsam durchlöchert, sie werden schwebend gemacht. Damit wird zweierlei erreicht: Einerseits gibt es noch einen ganz bestimmten Rahmen für eine Gattung herkömmlicher Art und nicht dieses Zerfließen in einzelne lyrische Prosatexte, und auf der anderen Seite wird eben doch das gegenwärtige Bewußtsein in einem solchen Roman ausgedrückt. Eigentlich hängt die Definition von Trivialliteratur und hoher Literatur vom Realitätsbegriff ab. Wenn man schon von Wirklichkeit und Realismus spricht, so kann man das in der Gegenwart nicht qua Abschilderung des Sichtbaren und Greifbaren meinen. Ebensowenig ist eine fruchtbare Wiedergabe dessen, was uns umgibt, sich zu Problemen auswächst und uns bedroht, nach einem festgelegten Denkmodell zu leisten, daß das Machen festlegt und meint, es sei Realismus, wenn ein einmal eingespieltes Verfahren und eine einmal inthronisierte Literaturgattung wiederholt wird. Welche abgenützten Verfahrensweisen ein Autor, der auf Realität aus ist, auch übernehmen mag, immer wird er das Machen in nicht festgelegten Modellen zeigen und so demonstrieren, daß stetig neue Versuche notwendig sind, um ein Suchbild an die Wirklichkeit anzulegen, das dann tatsächlich realitätsentdeckend ist. Dieses Suchbild, dieses Axiom kann heuristisch die alten Modelle benützen und sie dann zersetzen, versetzen, umsetzen. Hier sehen wir die Verbindung zwischen der Trivialliteratur und der modernen Literatur.

Diese Spekulationen allerdings betreffen einen rein innerliterarischen Bereich. Literatur, weniger in Hinsicht ihrer Erfahrbarkeit durch den Leser oder ihrer Wirkung, sondern in Hinsicht ihres eigenen Haushaltes, ihrer Entwicklung, ihrer Tendenzen, ihrer Rückgriffe und Vorgriffe. Betrachtet man die eben dargestellten

Beziehungen innerhalb des Gesamtbereichs der Literatur *allein*, dann sind die methodischen Probleme relativ eingeengt. Die Literaturwissenschaft hätte ihren festgefügten Spielraum. Die Anfänge und Schlüsse von Trivialliteratur könnten analysiert und exakt beschrieben werden. Szenische Modelle, der Gebrauch des Dialogs, die Formen der Beschreibung, Sprachformen der Moral und der Wertung wären die Objekte eines werkimmanenten Zugriffs und mögliche Ergebnisse könnten die Literatur, aus der sie gezogen sind, erkennbar machen, vielleicht auch denunzieren, ohne daß man mehr oder weniger unsicher überzuwechseln hätte in Hilfswissenschaften, um von dorther ausdrücklich Position zu beziehen. Diese Möglichkeit wurde in einigen Aufsätzen ausgeschöpft; in anderen wieder schien die Sache stärker gewesen zu sein, das heißt, der Blick auf den gesellschaftlichen Sachverhalt lag näher, schien fruchtbarer und notwendiger.

Was bedeutet das? Jede Kunstform erfährt ihre eigentümliche Ausprägung und ihre Struktur in einer wechselseitigen Beziehung mit dem Gegenüber, dem Leser, dem Hörer, dem Beschauer. Die Gesellschaft im weitesten und differenziertesten Sinn ist mitverantwortlich für das, was in ihr als Kunst geschieht und *wie* sie geschieht. Auf jeden Fall aber sind diese Beziehungen und wechselseitigen Bestimmungen höchst diffizil und nur wenig einsichtig.

Was nun die Gebrauchsliteratur angeht, scheinen diese Abhängigkeiten sehr viel stärker, prägender und offener zutage zu liegen als es bei der ›hohen‹ Literatur der Fall ist. Gebrauchsliteratur: fassen wir unseren Gegenstand mit diesem Begriff, so meint er die eigentümlichen industriellen Formen der Herstellung, er zeigt das starke Bedürfnis nach Stereotypen, nach Wiederholungen, nach den Leser bestätigenden Inhalten, nach vorfabrizierten Erfahrungen und Gemeinplätzen. All das entzieht sich einem *nur* ästhetischen Denken und nicht nur das: es zwingt den Betrachter in die Voraussetzungen, in das, was *vor* der schriftlichen Fixierung geschieht, und was für sie verantwortlich ist.

Was gehört zu diesen von der Literaturwissenschaft kaum abwägbaren Voraussetzungen? Zunächst die Frage nach der unmittelbaren Herstellung, dem Verfassen; die Frage nach dem Autor oder den Autoren und ihrer Arbeitsweise. Die Vorstellung nämlich vom ›schöpferischen Individuum‹ das — verantwortlich seinem künstlerischen Gewissen — einem spontanen Antrieb folgt, gehört in diesem Zusammenhang in den Bereich der Fabel.

Der Autor oder das Autorengremium sind verantwortlich allein der Tatsache, daß ihre Produkte serienmäßig geschrieben, gedruckt und vertrieben werden; daß sie eine Unzahl — und relativ amorphe Masse — von Lesern zu versorgen haben, deren Wünsche nur durch breiträumige und verschiedenartig ausfüllbare Klischees unter einen Hut zu bringen sind. Die Verfasser richten sich also nicht nach dem, was sie zu bieten hätten, sondern was sie bieten *müssen*. Für diese Voraussetzung läßt sich noch keine statistische, durch Umfrage erhärtete Basis finden. Einzelne Autoren klagen nicht über einen Mangel an Einfällen, sie klagen über eine Fülle an Einfällen, die der Verleger ihnen austreiben muß, um auf dieses serienmäßig herstellbare Niveau zu kommen, das unmäßig verbreitet werden kann, dem aber jedes eigenwillige Individuum unter den Autoren im Wege stehen müßte. Die Wechselbeziehungen zwischen dem einzelnen, der schreibt und den mechanischen Verfahrensweisen, die Autor und Publikum in Verbindung bringen, entscheidet die Mechanik für sich und diese spannt das Publikum ein, das zahlt. Entscheidend sind also nicht in erster Linie Autor und Publikum, entscheidend sind die vielfältigen überpersönlichen Vermittlungsweisen, die zwischen ihnen stehen und die beide Teile fortwährend und tiefgehend bestimmen. In diesem Nachwort rühren wir das Problem lediglich an. Ansätze zu einer Lösung fanden wir in dem Aufsatz von Walter Nutz und in seinem Buch ›Die Trivialliteratur. Ihre Formen und ihre Hersteller.‹ Einschränkend muß jedoch gesagt werden, daß uns die Verengung des Begriffes Trivialliteratur auf die groben serienmäßigen Verfahrensweisen, auf die Anbiederungsweise von schreienden Umschlägen und Druck auf schlechtem Papier nicht ganz richtig erscheint. In unserem Band werden Grenzfälle abgehandelt, die nach Herstellung und literarischer Qualität nicht sofort oder ausschließlich als trivial zu kennzeichnen sind; als Beispiele nennen wir die Arbeiten über den Kriminalroman, die nicht wertende Arbeit über Karl May und die ausdrücklich an die Grenze gerückten Produkte von Ceram und Paul Sethe im Aufsatz über den Tatsachenroman.

Autor, Herstellungsweisen und Publikum: ein zusammenhängender Dreisprung. Versuchen wir weiter die Sprünge zu trennen. Die Herstellungsweisen oder woran orientiert sich die Herstellung? Nicht nur im Bereich der Trivialliteratur, auch in dem der hohen Literatur, sind die Träger des Risikos, die Verlage, abhängig geworden von einer betriebswirtschaftlichen Akkumulation, vom raschen Absatz wie jeder andere Industriebetrieb auch, gleichgültig, was er produziert. Das Verlagswesen, ursprünglich mit dem Buchhandel zusammen in der Nähe eines Dienstleistungsgewerbes stehend, ist gezwungen, die ökonomischen Grundlagen an die Prinzipien der frei konkurrierenden Marktwirtschaft anzugleichen. Das bedeutet Aufstockung des Kapitals, Investition, schnelle Produktion und raschen Absatz. Dieses Umdenken zeigt sich im Einsatz einer Werbung, die nicht mehr vom Qualitätsdenken gelenkt wird. Beispiel: die künstlich erzeugten und schnell verlebenden Bestseller. Dieses Umdenken zeigt sich ferner in der Tendenz zum Taschenbuch, jenem Prototyp der raschen Herstellung und des raschen Verbrauchs, insgesamt der raschen Umsetzung und Verzinsung des Kapitals.

Nennen wir das: zwischen den Menschen stehende, abstrakt gesteuerte Mechanismen; — für die Trivialliteratur sind sie von selbstverständlicher Bedeutung, steuernd die Vorstellungswege des Autors und prägend die Vorstellungskräfte des Lesers. Wir deuteten schon an: was an spontanem Einsatz von seiten des Autors und spontanem Mittun des Lesers möglich wäre, wird ersetzt durch Stereotypen, die die Massenhaftigkeit und Schnelligkeit des Verbrauchs verlangen.

Schließlich im Dreisprung von Autor, Vermittlung und Leser — die Leserschaft. Die Untersuchung der Trivialliteratur wird hier am stärksten von Imponderabilien und unbekannten Größen belastet. Bleiben wir im Bild vom zusammenhängenden Dreisprung, so ist der Leser mitverantwortlich für die spezifischen Ausprägungen der Gebrauchsliteratur. Produzent und Konsument scheinen gleichsam in einer unterschwelligen aber genau abgekarteten Beziehung zu stehen. Sie sind Komplizen *eines* Unternehmens. Theoretisch können ihre Rollen ausgetauscht werden. Sie sind Komplizen, von denen sich jeder das Bewußtsein des anderen, das heißt die austauschbaren und zu vervielfältigenden Modelle des Denkens, Fühlens, des literarischen Wahrnehmens überhaupt zu eigen gemacht hat. Betreffen jedoch diese Übereinkünfte nicht insgesamt die Möglichkeit der Mitteilung, des Verstehens, die Absprache über ein Signal, das der andere zu begreifen und nach seinen Erfahrungen auszuwerten vermag — auch dort, wo es um hohe Literatur geht? Wie ist es in der Lyrik, wo bestimmte Formen, Gesten, Topoi, wo bestimmte Landschaftsbilder, Farbanklänge, wo metaphorische Verspannungen und Inhalte zu einer modellartigen Regelmäßigkeit gebracht sind und wiederholt werden, so daß der Leser nicht unbedingt auf neue Erfahrungen stoßen muß, sondern die alten bestätigt findet? Wie ist es in der Epik? Nehmen wir die Kurzgeschichte. Hier im kurzen Aufriß einer bestimmten existenziellen Situation, der sowohl Charakterisierung wie Innerlichkeit wie ein Maß an Handlung verlangt, ist der Autor geradezu gezwungen, auf modellartige Formen zurückzugreifen, will er den Leser in ein ihm Zunächst-Vertrautes hineinzwingen, um seine Absichten verständlich zu machen. — Es ist klar: bestimmte Gesprächsstereotypen oder solche der Charakterisierung bei Fontane zum Beispiel sind ohne weiteres abzuheben von vergleichbaren Stereotypen der Trivialliteratur. Trotzdem sollte dieser Aspekt nicht verlorengehen, denn er führt uns zu der wichtigen Frage der Leserpsychologie.

Was geschieht im Leser, der sich literarischer Stereotypen, Modelle und Klischees bedient und nur auf solche zu reagieren, gleichsam innerlich zu antworten vermag? Bewirken sie Veränderungen, vielleicht sogar Erstarrungen in ihm, oder werden sie von seiner eigenen Erfahrung überflutet, so daß die Wirkung wichtiger ist als ihre Ursache? Ist der eigene und individuelle Traum, der sich an einem trivialen Heimatroman entzündet, für den Leser vielleicht wichtig, wertvoll und so bereichernd, daß von ihm aus gesehen die Frage nach der Trivialität seiner Lektüre vollkommen absurd erscheint? Woher bezieht dann die Wissenschaft das Recht, Maßstäbe dort zu erstellen, wo sie in die Erlebnissphäre, die doch außerhalb unserer Betrachtung liegen sollte, hineinreichen? In diesem Fall wären in unseren Aufsätzen pädagogisierende, wertende und die Gegenstände strikt abtuende Züge nicht recht am Platz.

Dieser Einwand kam in unseren Diskussionen auf und er provozierte andere. Einwände vor allem, die die Bestimmung des Begriffes ›Erlebnis‹ oder ›Erlebnissphäre‹ betrafen. Kann heute an eine Innerlichkeit geglaubt werden, an spontane Erlebnisfähigkeit, an Begriffe, die vor zweihundert Jahren entstanden und die unbeschadet von gesellschaftlichen Veränderungen in unser Jahrhundert getragen wurden und heute noch ein würdiges, aber vielleicht nur fiktives Dasein führen? Oder ist diese Innerlichkeit ein ›Außen‹ geworden; etwas, das zwischen den einzelnen steht? Hat nicht jeder seine spontane Erlebnisfähigkeit abgegeben an die Formen der Vermittlung und läßt sich von ihnen bestimmen, was als Erlebnis in Frage kommt, was Innerlichkeit verarbeiten darf? Peter Rühmkorf hat in seinem Aufsatz — anläßlich eines extremen Falles — diese Frage berührt: Eine ältere Dame beginnt einen Roman zu schreiben. Gewiß verfügt sie über ganz persönliche Erfahrungen, über Erlebnisfähigkeit, über alles, was den einzelnen dem Anschein nach von den anderen unterscheidet. Die Hinfälligkeit dieser *Werte* stellt sich jedoch dort heraus, wo sie offensichtlich — in rührend naiver Weise, aber darum um so deutlicher — an die stereotypen Formen abgegeben werden, wie sie die Konsumliteratur entwickelt hat. Der einzelne verschwindet hinter dem, was er in die Hand nimmt: den Illustrierten-Roman, den Dreigroschenroman. Er verschwindet hinter dem, was die Gesellschaft ihm anbietet: den Film, das Fernsehen. Was er zurückzugeben weiß, ist nichts als eine — wenn auch naive — Wiedergabe dessen, was ihm geboten wurde.

Denkt man in dieser Richtung, dann ist sicher: jedes Insistieren auf den *ungebrochenen* oder unreflektierten Werten von Innerlichkeit, auf Erlebnisfähigkeit aus sich selbst heraus, auf persönliche und nirgendwo geliehene Kraft unklischierten Denkens beruht auf Täuschung. Die Auseinandersetzung mit Trivialliteratur gewinnt damit im weitesten Sinn einen politischen Aspekt insofern, als die Grundlagen der Meinungsbildung und der Übernahme von Leitbildern berührt werden. Zwar handelt es sich bei unserem Gegenstand um einen relativ peripheren Bereich, denkt man an die übrigen Medien, die Bewußtsein formen. Aber gerade da er so trügerisch harmlos und außer Sichtweite erscheint, da Trivialliteratur in der Ferne einer Beschäftigung am Feierabend steht, ist es wichtig, an ihre Potenz zu erinnern.

Die Herausgeber

# Drucknachweise

Der Beitrag von *Karl Markus Michel* ist 1958 unter dem Titel ›Über Romanlektüre‹ in der Zeitschrift ›Akzente‹, S. 323 ff. erschienen. Er wurde geringfügig überarbeitet und gekürzt.

In der Zeitschrift ›Sprache im technischen Zeitalter‹ sind die Beiträge veröffentlicht von *Hermann Peter Piwitt* (Heft 3/1962), *Gerhard Schmidt-Henkel* (Heft 3/1962), *Wolfgang Maier* (Heft 8/1963).

Der Aufsatz von *Volker Klotz* wurde vorabgedruckt in ›Akzente‹ Heft 4/1962.

Im Zusammenhang der Arbeit von *Walter Nutz* weisen wir hin auf seine Publikation ›Der Trivialroman. Seine Formen und seine Hersteller. Ein Beitrag zur Literatursoziologie‹, Köln/Opladen 1962, 119 S.

1963 erschien im Rowohlt Verlag ein mit der Hand in ein Schulheft geschriebener, faksimilierter Roman ›Sechs Richtige‹ von Bengta Bischoff, einer Hamburger Hausfrau. Es ist der Roman eines Lottogewinnes, ganz naiv verfaßt nach den Rezepten des Illustriertenromans. *Peter Rühmkorf,* Lektor dieses Verlages, gab für die Zeitschrift ›Konkret‹ (Februarnummer 1964) eine Analyse dieses Romans. Eine erweiterte Fassung liegt hier vor.

*Helmut Heissenbüttels* Essay über den Kriminalroman wurde zuerst veröffentlicht in ›Der Monat‹ Nr. 181.

Die Untersuchung von *Gertrud Willenborg* wurde gedruckt in der ›Kölner Zeitschrift für Soziologie und Sozialpsychologie‹ Heft 4, 14. Jahrgang 1962 und zwar unter dem Titel ›Autoritäre Persönlichkeitsstrukturen in Courths-Mahler-Romanen‹. Wir veröffentlichen diesen Aufsatz mit der freundlichen Genehmigung des Herausgebers der Zeitschrift, Professor René König, und der Autorin.

*Dorothee Bayer* ist die Verfasserin des Buches ›Der triviale Familien- und Liebesroman im 20. Jahrhundert‹, Tübingen 1963, 184 S.

Die Analyse von *Wilfried Berghahn* ist in kürzerer Fassung zuerst erschienen in den ›Frankfurter Heften‹ Heft 3/1962.